KB097502

열사,
분노와 슬픔의
정치학

열사,
분노와 슬픔의
정치학

한국저항운동과
열사 호명구조

임미리 지음

오월의봄

차례

서문

어느 신문팔이 소년의 죽음

2012년부터 이 주제로 박사학위 논문을 쓰기로 작정하고 자료를 모았다. 그러다 한순간에 포기해버렸다. 첫 번째 열사인 전태일의 유서를 읽고서다. 너무 괴로워서 버틸 자신이 없었다. 유서 한 장을 보고도 마음이 무너지는데 나머지를 어떻게 다 볼 수 있을지 걱정이 됐다. 마음을 고쳐먹은 것은 세월호 사건을 목격하고서다. 300여 어린 학생들의 죽음을 지켜본 뒤 뭐라도 할 수 있을 것 같았다. 아무려면 그만큼이나 마음이 무너질까 싶었다.

열사의 자살상황과 유서를 통해 죽은 자의 마음을 들여다보고자 했다. 죽음의 여러 특징들을 범주화해서 저항적 자살의 유형을 분류하려면 죽은 자의 마음을 알아야 했기 때문이다. 그래서 사회운동 연구의 일반적인 방법론보다는 '죽음'을 이해하기 위한 고민을 많이 했다. 가장 크게 도움을 받은 것은 하이데거의

《존재와 시간》이다. 하이데거에게 죽음은 삶의 한 방식이고 자살은 현존재를 스스로 마감하는 실존적 결단으로서 삶 전체의 투영이다. 이에 따르면 내가 보게 될 유서는 자살자가 살아온 삶 전체이자 세상과 관계하는 방식이었다.

자살이 주변 사람들에게 미치는 영향을 알기 위해서 단식농성장과 고공농성장을 찾아다녔다. 죽기를 각오한 사람을 지켜보며 더 이상 죽지 말라고 힘을 보태는 사람들의 절실한 마음에 다가가고자 했다. 아니, 그곳에 갔을 때 내게도 그 절실한 마음이 생기지 않을까 생각했다. 그 마음을 알게 되면 죽은 자를 열사로 기려 추모하는 이유를 알 것 같았다.

죽은 자와 그 뒤를 따르는 산 자, 그리고 죽은 자를 추모하며 더 이상 죽지 않는 세상을 만들려는 사람들에게 감정이입하고자 했다. 죽기를 각오하기까지, 그리고 그것을 실행에 옮기기까지 찰나의 순간에 무수히 많은 결단들이 필요하다는 것을 알았다. 그러한 결단의 각 단계를 알기 위해 걷고 또 걸었다. 왜 그랬을까, 왜 그랬을까. 죽을 수도 있다는 결심과 실제 자살의 실행 사이에는 수없이 많은 '왜'가 있었다. 처음의 '왜'에서 다음의 '왜'로 가기 위해 계속 걸었다.

걸으면서 노래를 들었다. 5·18 광주학살에 항의해 죽은 열사를 고민할 땐 〈오월가〉와 〈오월의 노래〉를, 죽은 자를 뒤따른 열사의 마음을 알기 위해서는 〈열사가 전사에게〉를 들었다. 〈임을 위한 행진곡〉은 연주곡에서 중국과 동남아 노동자들이 부른 것까지 수많은 버전을 들었다. 노래에는 그 노래를 부르며 죽음을 결심한 열사의 마음이 깃들어 있었다. 죽은 자를 추모하는 산 자의 마음도 들어 있었고, 둘은 다르지 않았다. 전사의 투쟁을 바라는 열사의 마음과 열사의 뜻을 이으려는 전사의 마음은 같은 것이기 때문이다.

알아낸 마음들이 각각의 부문운동에서 어떤 의미를 지니는지 파악하고자 했다. 열사가 전체 저항운동에서 투쟁의 도덕적 상징이라면 부문운동별 열사는 그 운동이 추구하는 목표와 맞닿아 있었다. 그러나 불행히도 학생운동과 제조업노조운동을 제외하면 이 같은 목적을 파악할 수 있는 부문운동사 연구가 거의 없었다. 택시노조운동을 비롯해 노점상운동, 철거민운동의 역사를 새로 구성해야만 했다.

다행인지 불행인지 부문운동사 연구 성과는 열사 수와 거의 비례했다. 열사가 적으면 부문운동사 연구도 적었다. 연구 초반에 열사 수가 실제 저항적 자살자 수와 비례하지 않을 것이라는 의심을 가졌다. 부문운동사 연구 현황은 그러한 의심이 사실이며 원인이 무엇인지도 밝혀주는 일이었다. 열사는 단지 저항운동 과정에서 죽은 자를 일컫는 단어가 아니었다. 특정한 죽음만이 열사로 호명됐다. 열사라는 호명에는 저항운동 내부의 권력관계가 반영돼 있었다.

누가 과연 열사로 호명됐는가에 대한 의문이 풀린 뒤 한국 저항운동에서 열사의 역할은 과연 무엇이었으며, 그 역할은 지금도 유효한가를 고민했다. 이 글의 차례에도 드러나 있듯 열사는 이미 해체됐다. 열사 호명은 계속되고 있지만 열사가 갖는 의미는 형해화했다는 것이다. 그렇다면 이제 열사는 우리에게 어떤 의미여야 할까. 지금까지가 열사가 우리에게 던진 의미를 고민해야 했던 시기라면, 이제부터는 열사 호명의 의미를 고민해야 하는 시기이다. 과거에 열사가 투쟁을 추동하는 힘이었다면, 이제는 열사 호명을 통해 추동됐던 투쟁의 공과를 살펴야 한다.

이 책은 열사의 호명구조에 대해 말하고 있지만 열사로 호명되지 않은 죽음을 더 많이 살펴봤다. 누가 열사로 호명됐는가를 알기 위해서는 그렇지 않은 죽음을 알아야 했기 때문이다. 본문에는 넣지 않았지만 '신문팔이' 소년 두 명의 죽음이 기억에 남는다.

1966년 12월 연세대 기숙사 뒤 쓰레기장 옆에서 19세의 신문배달부가 분신자살을 했다. 그 무렵 신문배달부는 부랑아 취급을 받았고 신문도 소년의 신원을 밝혀내지 못했다. 1991년에는 서울 성동구에 있는 야학의 중등과정에 다니는 17세 소년이 분신자살했다. 경찰은 신병을 비관한 자살로 발표했지만 1년 뒤 소년의 기일에 그를 아는 사람이 신문 투고를 했다. 소년의 자살은 장애인에 대한 차별 대우와 무관심, 그것을 낳게 한 사회의 구조적 모순에 항의하는 일이라고 했다. 소년이 죽은 것은 그가 평소 좋아했던 박노해 시인의 사형 구형 소식을 접하고 이틀 뒤였으며 "내 못다 한 한을 풀어달라"는 유서를 남겼다.

두 신문팔이 소년의 죽음은 이 책이 궁극적으로 말하고자 하는 것을 가리킨다. 이 책에서 열사의 호명구조는 한국 사회의 이분법적 전선운동과 동일한 맥락에 있다고 결론을 내렸다. 따라서 열사 호명에서 배제된 죽음은 그러한 전선운동에서 배제된 삶이었다고 말할 수 있다. 5·18 광주학살에 대한 항의로 시작된 반정부투쟁이 왜 더 많은 신자유주의적 죽음을 방기하고 있는지, 죽음에 대한 깊은 공감에서 시작한 투쟁이 왜 열사 호명을 통해 죽음을 미화하게 됐는지, 이 책에서 모든 것이 밝혀지지 않더라도 근본적 질문을 던지는 계기가 되기를 바란다.

논문을 쓰는 과정에서 지도교수를 맡아 과분한 지원과 배려를 해주신 김원 선생님과 한국학중앙연구원 정치학과의 정윤재, 이완범 선생님, 신랄한 비평으로 논문의 깊이를 한층 더해주신 사회학과 김경일 선생님, 큰 틀에서 세부적인 내용까지 여러 조언을 주신 고려대 민족문화연구원 김정한 선생님, 다섯 분 심사위원께 진심으로 감사드린다.

이 글의 최종 감수는 '다른 세상을 꿈꾸는 밥차 밥통'의 활동가 정상천 선생님께서 봐주셨다. '밥통'은 노동자들이 더 이상 죽지 말고 살아서 싸우도록 투쟁 현장에 밥을 지원하는 단체이고 정상천 선생님은 그곳에서 구도자 같은 모습으로 활동하시는 분이다. 이 책을 내는 목적이 '밥통'이 바라는 세상과 같을 것이라고 생각해서 감수를 부탁드렸다. 연대하되 열광하지 않는 '밥통' 회원들과 함께, 전선에서 투쟁하되 전선에 매몰되지 않는 '데모당' 당원 동지들은 처음 가졌던 문제의식을 끝까지 견지하게 한 힘이었음을 말씀드린다.

烈士

1. 문제 제기

이 연구는 한국 정치에서 발생한 저항적 자살을 열사 호명구조를 중심으로 분석하는 것을 목적으로 한다. 이 같은 목적이 의미하는 것은 두 가지다. 하나는 저항적 자살을 통해 지배세력과 저항세력의 관계를 파악하는 것이고 다른 하나는 열사 호명구조를 둘러싼 저항세력 내부의 권력관계를 분석하는 것이다.

권위주의 통치 기간이 길었던 만큼이나 한국 사회에서는 수많은 저항적 자살들이 발생했다. 그 가운데 특정한 죽음들을 열사로 호명해 집단적으로 추모하는 한편 저항의 도덕적 상징으로 삼아 그 정신을 계승해오고 있다. 그간 발생한 저항적 자살들이 권위주의 통치의 폭압성을 나타내는 것이라면 열사 호명은 한국 저항운동이 갖는 특수성을 의미한다. 이 연구는 1980년대 이후 열사로 호명된 저항적 자살들의 특성 및 시기별 변화와 함께 호명구조를 분석하는 것을 목적으로 한다. 이를 통해 저항적 자살을 야기한 지배세력의 특성과 열사 호명에 내재된 저항세력의 전략과 한계를 파악할 수 있을 것이다. 한편 이 연구는 아래 세 가지 방향을 중심으로 수행됐다.

첫 번째, 왜 특정한 죽음들만 열사로 호명됐는가 하는 것이다. 한국 사회의 저항운동진영에서 열사 추모는 1980년대까지 개별적으로 이루어지다가 1992년 3월 '민족민주열사·희생자 추모(기념)단체 연대회의'(이하 추모연대)가 결성되면서 매해 합동추모제로 치러지고 있다. 합동추모제의 대상은 1959년 조봉암을 시작으로

2012년까지 439명에 이르며 그중 자살한 열사는 전태일을 시작으로 136명이다. 그러나 136명 이외에도 한국 사회에는 지배세력의 폭압에 저항해 자살한 수많은 사람들이 있다. 그렇다면 여러 저항적 자살 중에 왜 유독 일부만 열사로 호명됐을까. 이 글의 첫 번째 연구 방향은 왜 특정한 자살만이 열사로 포섭되고 나머지 죽음은 열사 호명에서 배제됐는가 하는 것을 밝히는 것이다.

두 번째는 무엇 때문에 자살했는가 하는 것이다. 열사로 호명된 자살에는 자살자 스스로 호명의 결과를 예측한 경우도 있겠지만 그렇지 않은 경우도 있을 것이다. 왜 특정한 죽음들만 열사로 호명됐는가 하는 질문이 열사로 호명된 죽음의 공통점을 찾아내기 위한 것이라면, 무엇 때문에 자살했는가는 각 죽음들의 차이를 발견하기 위한 것이다. 이것은 똑같이 열사로 호명된 죽음이라 할지라도 자살자 스스로 자신의 죽음에 부여한 의미나 목적이 달랐을 것이라는 점을 전제로 한다. 각각의 죽음에 내재된 차이는 지배세력의 폭압이 갖는 다양성을 의미한다. 열사라는 하나의 이름으로 호명되었더라도 그것을 초래한 지배세력의 폭압은 하나가 아니라 여러 가지라는 것이다. 이처럼 수많은 열사의 죽음에 내재돼 있는 차이를 규명하는 것이 이 논문의 두 번째 연구 방향이다.

마지막으로 세 번째 방향은 한국의 저항운동진영은 왜 저항적 자살들에 열사라는 이름을 부여해 저항의 상징으로 삼아 추모해왔는가 하는 것이다. 저항의 목적은 죽음을 막는 것, 다시 말해 죽음으로써 항의하는 것이 아니라 죽지 않고 살 수 있게 하는 것이다. 자살은 개인이 스스로 자신을 둘러싼 세계와 단절하는 일이다. 자살자가 자신의 죽음에 어떠한 의미를 부여하든, 자

열사, 분노와 슬픔의 정치학

살로써 이루려는 것이 무엇이든 간에 자살자에게로 귀속되는 것은 없다. 따라서 자살자를 열사로 호명하는 것은 자살자를 위한 것이 아니라 산 자들을 위한 것이라고 할 수 있다. 그렇다면 누가, 무엇 때문에 저항적 자살자를 열사로 호명했는가를 분석하는 작업이 필요하다. 이러한 연구 방향은 저항적 자살을 야기한 지배세력의 폭압이 동일한 하나가 아니듯이 저항세력 또한 하나로 일체화된 세력이 아니라는 것을 전제로 한다. 하지만 저항세력 내부의 균열에도 불구하고 지배세력의 폭압에 대응하는 저항세력의 전략은 열사라는 하나의 이름으로 구체화됐다. 따라서 이 세 번째 연구 방향은 저항세력의 단일한 전략으로서 열사 호명이 갖는 특성과 한계를 규명하기 위한 것이다.

연구는 크게 다음 세 단계를 거쳤다. 우선 열사로 호명된 저항적 자살의 유형을 분류했다. 자살과 관련한 기존의 분류가 없는 것은 아니나 대부분 자살 일반에 관한 것으로 저항적 자살에 한정한 유형 분류는 없기 때문이다. 유형 분류는 여러 저항적 자살에 내재된 정치적 의미를 범주화하기 위한 것이다. 저항적 자살은 지배세력과 저항세력이 적대적으로 대립하는 가운데 발생한 정치적 사건이다. 따라서 열사 호명구조를 밝히기 위해서는 각각의 저항적 자살 사례에 내재된 정치적 의미의 공통점과 차이점을 분석할 필요가 있다. 유형 분류는 그러한 공통점과 차이점을 명확히 함으로써 1980년부터 2012년까지 발생한 전체 저항적 자살 가운데 특정 자살만이 열사로 호명된 원인을 밝히는 데 도움을 줄 것이다.

저항적 자살의 유형을 분류하는 또 다른 목적은 열사 호명을 둘러싼 저항세력 내부의 균열 또는 권력관계를 밝히기 위해서다. 저항적 자살이 지배세력의 폭력에 대응한 행위라는 측면에서 공통점을 갖는다면 각각의 유형은 지배세력이 행한 폭력의 차이 또는 여러 저항세력들 간의 차이를 나타낼 수 있다. 따라서 저항세력 내부의 균열과 권력관계를 밝히기 위해서는 각 유형에서 드러난 차이와 그것이 열사 호명과 갖는 관계를 분석해야 한다.

두 번째로 전체 열사와 유형별 열사의 인적 특성과 자살의 주요 내용이 갖는 빈도와 추이를 양적으로 분석했다. 이를 통해 열사로 호명된 자살이 갖는 여러 특성들을 계량화된 수치로 알 수 있었으며 분석 결과는 다음 단계에서 진행한 질적 분석의 기초로 사용했다.

세 번째로 각 열사의 구체적 사례를 시기별로 '질적 분석'했다. 이것은 앞서 시행한 양적 분석의 결과를 구체적 사례를 통해 확인하는 한편 양적 분석에서 드러나지 않는 미세한 의미들을 찾아내는 과정이었다. 여기서는 시기별 특성을 포착하는 한편 정권별 변화의 계기와 내용을 살폈다. 시기별 특성을 통해서는 유형 간 관계 그리고 직업 간 관계와 함께 특정 직업 또는 부문운동에서 첫 번째 열사가 탄생하는 배경과 이유를 중점적으로 살폈다. 다음으로 시기별 변화에서는 열사의 직업 및 유형의 추이와 함께 특정한 직업군이나 자살 내용이 열사 호명에 포섭되는 과정을 주로 분석했다. 시기는 열사의 기원, 의례화, 해체 세 단계로 나눴다. '열사의 기원' 시기는 1980년대 반독재민주화운동 과정에서 전태일이 열사의 기원으로 소환되면서 투쟁의 도덕적 상징으로 자리매김한 때로 전두환 정권이 여기에 해당한다. '열사의 의례화' 시기는 개별적·분산적으로 이루어지던 열사 추모가 1987년 6월항쟁 이후 사회운동 의례로 정착한 때로 노태우·김영삼 정권이 해당한다. '열사의 해체' 시기에는 김대중·노무현·이명박 정권이 해당하는데 열사 호명 기제가 붕괴하면서 열사가 형해화된 때이다.

정리하면 이 연구는 이상의 방향과 과정을 통해 1980년부터 2012년까지 열사로 호명된 저항적 자살을 분석함으로써 저항적 자살에 내재된 지배세력의 폭압, 그리고 열사 호명을 둘러싼 저항세력의 전략과 한계를 규명하고자 했다. 우선 2부에서는 열사로 호명된 자살들에 내재된 정치적 의미의 공통점과 차이점이 드러날 수 있도록 저항적 자살의 유형을 분류하고 이 결과를 토대로 해 유형별 열사가 갖는 특성과 추이를 양적 분석으로 개괄적으로 살펴보았다. 3부부터 5부까지는 구체적 사례의 시기별 분석을 통해 양적 분석의 결과를 확인하는 과정이다. 끝으로 6부에서는 3부에서 5부까지의 분석 결과를 바탕으로 열사 호명구조를 파악하는 한편 열사가 해체된 맥락을 분석했다.

2. '저항적 자살'의 개념

하이데거는《존재와 시간》에서 "어느 누구도 타인에게서 그의 죽음을 빼앗을 수는 없다"고 했다. 죽음은 오로지 죽는 자에게만 귀속될 수 있다. 지배세력의 힘이 아무리 크고 억압이 강하다고 해도 죽일 수는 있을지언정 죽음 자체를 개인에게서 빼앗을 수는 없다. 가진 것 전부를 빼앗겨도 마지막까지 결코 빼앗길 수 없는 게 바로 '나의 죽음'이다. 죽음의 이 같은 존재론적 의미 때문에 억압받는 자는 자신의 죽음을 억압하는 자에 저항하는 최후의 수단으로 삼기도 하는데, 이것이 바로 '저항적 자살'이다.

자살은 지배에 대항하는 가장 극단적인 저항의 형태로 지배세력의 힘이 저항세력에 비해 압도적으로 우위에 있다는 것을 말해준다. 자살은 일반적인 저항 형태라고는 할 수 없지만 결코 한국 사회에 국한된 일만은 아니다. 세계적으로 보편화된 현상이라고까지 할 수는 없더라도 특정 문화권이나 몇몇 나라에서만 일어나지는 않았다. 특히 인도와 중국 티베트에서는 한국보다 훨씬 많은 사람들이 저항적 이유로 분신자살을 감행했고 지금도 여전하다.

2009년에서 2014년 2월까지 중국 티베트와 인도에서 분신자살한 사람이 최소 127명에 달할 것이라는 분석이 있다.[1] 또 위키피디아의 'List of Political self-immolations' 항목에는 1963년 이후 2013년까지 40개 국가에서 발생한 143건의 분신자살이 등재돼 있다.[•] 한국의 경우 1970년 전태일, 1991년 박승희, 2007년 허세욱 등 3건만이 올라 있는 것으로 보아 일부만 등재됐다는

열사, 분노와 슬픔의 정치학

것을 알 수 있다. 중국의 티베트 자치구와 인도의 텔랑가나Telangana
에서는 분리독립을 목적으로 각각 37건, 23건의 분신자살이 있었
고 미국에서는 베트남전과 이라크전 반대 등을 이유로 12건의 분
신자살이 있었다. 구소비에트 지역에서는 1969년 체코슬로바키
아에서 얀 팔라치Jan Palach가 분신한 이후 소련 점령군에 항의하는
저항적 자살이 잇달아 발생했다. 최근에는 불가리아에서 보이코
보리소프Boyko Borisov 정권의 학정과 유로존 재정위기에 따른 경제
난으로 2013년 한 해에만 6명이 분신자살했다. 그리고 일본에서
는 2014년 6월 29일 일본 도쿄 중심가에서 한 남성이 아베 신조
정권의 집단 자위권 행사 용인 방침에 반대하며 분신한 일도 있
었다.[2]

　　분신자살은 인도의 과부 순장 전통인 사티Sati를 기원으로 보
고 있다. 사티는 인도에서 1829년에 공식적으로 금지됐지만 여성
과부와 분신이 연결된 신화는 인도 외에도 여러 곳에서 발견되고
있다. 사티가 일반적인 분신 전통의 기원이라면 저항을 목적으로
한 분신자살의 효시는 1963년 베트남 승려 띡꽝득Thich Quang Duc이
응오딘지엠Ngo Dinh Diem 정부에 저항해 분신한 것으로 보고 있다. 비
아시아권 국가에서 발생한 분신자살로는 위에서 언급한 체코슬로
바키아의 얀 팔라치가 널리 알려져 있는데, 자국에서는 종교개혁
운동 와중인 1415년 화형에 처해진 얀 후스Jan Hus의 정신을 계승
한 것으로 보고 있다.

　　지배세력의 폭압에 대응한 자살에 분신만 있는 것은 아니

●　　2015년 5월 1일 기준.

다. 투신, 음독, 목맴, 할복, 단식 등 스스로 목숨을 끊을 수 있는 모든 수단이 포함된다. 1905년 을사보호조약이 체결되자 민영환은 〈이천만 동포에게 고함〉이라는 유서를 남기고 할복했고, 1981년 IRA(아일랜드공화국군) 소속의 프랜시스 휴즈, 보비 샌즈 등 10명은 단식으로 목숨을 끊었다.[3] 이 연구에서 저항적 자살은 이처럼 수단을 불문하고 지배세력에 대항해 스스로 목숨을 끊은 모든 경우를 말한다.

저항적 자살과 비슷하게 쓰이는 말로는 공적 자살, 이타적 자살, 희생적 자살 등이 있다. 또 마르탱 모네스티에Martin Monestier는 《자살백과》[4]에서 저항적 자살과 유사한 용어로 '정치적 자살'이라는 표현을 썼다. 소속 공동체의 정의를 위해 다른 사람을 '살육'하는 것이 아니라 한 사람의 죽음으로 끝나는 경우로 '공적 자살' 또는 '희생적 자살'이 이에 해당한다. 즉 모네스티에는 '정치적 자살'과 '공적 자살' '희생적 자살'의 세 가지 용어를 같은 의미로 사용한 것이다. '이타적 자살'은 뒤르켐이 《자살론》에서 이기적 자살, 아노미적 자살, 숙명론적 자살과 함께 네 가지 자살 유형 중 하나로 쓴 용어이다. 뒤르켐은 이타적 자살이 공동체에 대한 개인의 일체감이 매우 강한 편인 전근대 시기의 자살에서 흔히 나타나며, 근대에 들어서는 군대 등 특수집단에서 예외적으로 나타난다고 말했다.

〈그림 1〉 지배/피지배 구도로 본 자살 용어

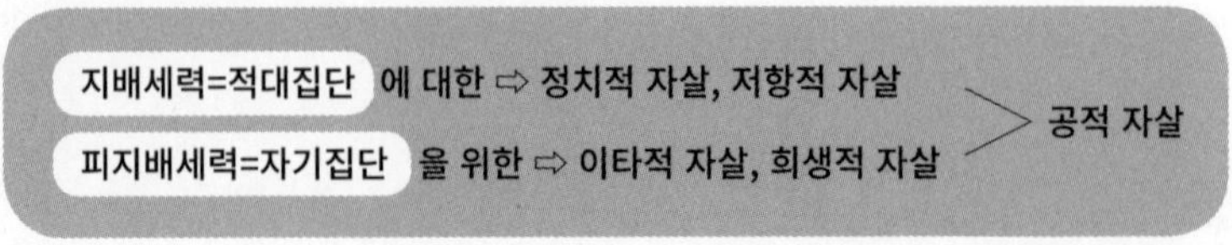

지배세력=적대집단 에 대한 ⇨ 정치적 자살, 저항적 자살
피지배세력=자기집단 을 위한 ⇨ 이타적 자살, 희생적 자살
> 공적 자살

열사, 분노와 슬픔의 정치학

지배와 피지배 관계에서 저항세력에게 지배세력은 적대집단이고 피지배세력은 자기집단에 해당한다. 위의 용어 가운데 '이타적'과 '희생적'은 〈그림 1〉처럼 피지배세력, 즉 자기집단을 위한 것이며, '정치적'과 '저항적'은 적대집단과의 '관계'에서 나오는 성격이다. 그리고 이 모두는 '사적' 또는 '개인적'에 반대되는 의미로서 '공적'인 자살이라고 할 수 있다. 이 연구에서는 이들 용어 가운데 '저항적 자살'을 사용하고자 한다. 이것은 폭력에 대한 반폭력, 즉 지배세력의 억압에 대한 저항세력의 반작용이라는 의미를 강조하기 위해서다. 정리하면 저항적 자살은 지배와 피지배세력의 대립을 전제로 해 피지배세력인 저항세력에서 일어나는 공적, 이타적, 희생적, 정치적, 저항적 성격을 갖는 자살이라고 할 수 있다.

3. 연구 대상으로서의 '열사'

한국 사회에서는 국가나 민족을 위해 죽은 자를 공적으로 추모할 때 '열사烈士' 또는 '의사義士'라는 말을 쓴다. 비슷한 말로 '지사志士'도 있지만 이것은 죽은 자와 산 자를 막론해 사용된다. 표준국어대사전에 열사는 "나라를 위해 절의를 굳게 지키며 충성을 다해 싸운 사람", 의사는 "나라와 민족을 위해 제 몸을 바쳐 일하려는 뜻을 가진 의로운 사람"으로 나와 있다. 국가보훈처는 양자의 차이에 대해 열사는 "맨몸으로써 저항해 자신의 지조를 나타내는 사람"으로, 의사는 "무력으로써 항거해 의롭게 죽은 사람"으로 밝히고 있다. 그런데 이보다는 아래 설명이 더 이해하기 쉽다.

> 이 '열사'와 '의사'를 어떻게 구분하느냐는 기준은 10여 년 전 원호처의 독립운동사편찬위원회에서 독립운동사 편찬을 앞두고 항일 선열들의 공적을 조사할 때 대충 정해졌는데, 직접 행동은 안 했어도 죽음으로 정신적인 저항의 위대성을 보인 분들은 '열사'라고 하고, 주로 무력으로 행동을 통해서 큰 공적을 세운 분들을 '의사'라고 하기로 했다.[5]

간단히 말하면 의사는 '행위'에, 열사는 자살과 타살을 막론하고 '죽음'에 초점이 맞춰진 단어라고 할 수 있다. 안중근과 윤봉길은 의사라고 하면서 유관순과 이준은 열사라고 하는 데서도 알 수 있다.[*] 따라서 이 연구에서 대상으로 하는 열사는 죽은 자의 삶과 행위보다는 죽음 자체가 사회적으로 큰 의미를 남긴 경우라고 할 수 있다.

그러나 이 경우에도 열사에 해당하는 죽음이 어떤 것이었는가는 논란의 여지가 있다. 1965년 7월 21일 추풍회 중앙당 통계부장 허식이 대일굴욕외교 반대를 주장하며 분신해 다음달인 8월 1일 사망했다.[6] 허식은 열사로 불리지 않는 반면 1986년 4월 28일 서울대 전방입소반대투쟁에서 분신자살한 김세진·이재호의 경우는 열사로 호명되고 있다. 따라서 한국 사회 저항운동진영에서 열사로 호명하는 경우는 별도의 의미를 지닌 죽음이라고 할 수 있고 과연 그러한 의미가 무엇인가를 규명하는 것이 이 연구의 목적이다.

한편 이 연구의 구체적인 대상은 추모연대에서 합동추모하는 열사 중 자살자로 한정했다. 추모연대는 단체명에 민족민주열사라고는 돼 있으나 모든 열사가 민족민주운동만 한 것은 아니다. 추모연대는 열사를 노동, 학생, 농민, 빈민/장애, 사회운동 부문으로 나누고 있으며 전국민주노동조합총연맹(이하 민주노총) 열사 추모 홈페이지에도 추모연대와 동일한 열사들이 등재돼 있다. 이것은 곧 추모연대 열사가 민족민주열사뿐 아니라 모든 부문운동 열사를 포괄한 것이며 거꾸로 각각의 부문운동에서도 전체 열사를 공동으로 추모한다는 의미이다.

추모연대는 1991년 말 논의가 시작돼 1992년 3월 15일 결성

• 그러나 〈尹奉吉 烈士(윤봉길 렬사)를 追念(추념)하면서〉(《동아일보》, 1946.04.30.), 〈靑史(청사)에 빛난 金相玉 烈士(김상옥 렬사)의 血跡(혈적)〉(《동아일보》, 1946.12.26.)에서처럼 윤봉길(1932.11.18. 총살)과 김상옥(1923.01.22. 자살)을 두루 열사라고 한 경우도 있다.

된 단체로 출범 이후 매해 전국의 사회민주단체들이 모여 추모제 행사위원회를 구성해 6월경 민족민주열사(희생자)범국민추모제를 개최하고 있다. 추모연대에서는 열사 호명 기준을 문서로 공식화하고 있지는 않으며 매년 추모제를 앞두고 구성되는 범국민추모제 행사위원회에서 선정 여부를 논의해 결정한다. 추모연대에서 합동추모하는 열사들이 죽음을 맞이한 방식은 자살, 타살, 지병 등 다양하지만, 모두 사망할 때까지 운동에 헌신했다는 공통점을 갖는다. 다만 4·19나 5·18 같은 시기에 집단적으로 살해된 경우는 포함되지 않는다. 추모연대 결성 이전에는 1986년 결성된 전국민족민주유가족협의회(이하 유가협)를 중심으로 1990년부터 민주열사합동추모제를 치렀다.

추모연대가 여러 부문운동을 망라한 추모단체이기는 하지만 1970년대 자살자가 전태일과 김상진 단 2명에 불과한 것에서 짐작할 수 있듯이 한국 사회에서 발생한 모든 저항적 자살을 포괄한다고는 할 수 없다. 그럼에도 추모연대에 등재된 경우만을 대상으로 한 것은 그 수와 직업 및 시기별 분포에서 본 연구의 목적을 달성하기에 부족하지 않을뿐더러 추모연대에서 배제된 죽음과 비교해 또 다른 의미를 찾아낼 수 있다는 장점이 있기 때문이다.

추모연대에서 합동추모하는 열사 및 희생자*는 1959년 조봉암을 시작으로 2012년까지 모두 439명이며 자살자는 136명이다.** 전체 자살자 중 1970년대에 사망한 열사는 1970년 전태일

---

* 추모연대에서는 자살과 타살을 막론해 국가나 자본의 폭력에 의해 사망한 경우는 열사로 부르고 그 밖에 민주화운동이나 기타 부문운동에 종사하다 지병을 얻어 사망한 경우 희생자로 부르고 있다.

열사, 분노와 슬픔의 정치학

과 1975년 김상진 두 명이고 전두환 정권이 시작되는 1980년부터 2012년까지는 134명이다. 이 연구는 이 중 정형기***를 제외한 133명을 대상으로 한다.

•• 추모연대 등재자 중 고정희(1988.05.13.), 박동학(1996.05.06.)은 한때 자살로 알려지기도 했으나 타살 의혹이 제기되고 있어 연구 대상에서 제외했다.

••• 기아자동차 노동위원장과 민주노동자전국회의 의장을 역임한 정형기(2009.04.01.)는 자살은 틀림없지만 자살 당시 사측과 투쟁하는 상황이 아니었던 데다 죽음과 관련한 자료가 전혀 없어 연구 대상에서 제외했다. 정형기 외에도 투쟁상황이 아닐 때 자살한 경우가 더러 있으나 죽음을 야기한 우울증과 생활고가 이전의 투쟁과 직접적인 관련이 있는 것으로 판단된 경우는 연구 대상에서 제외하지 않았다.

정형기의 장례는 조합장으로 치러졌는데 유사한 시기에 자살한 다른 노동열사의 경우 전국노동자장으로 치러졌다는 차이가 있으며 매해 열리는 추모제에서도 연구 대상에 포함시킨 다른 노동열사의 경우와 달리 '열사'라는 호칭 대신 '고 정형기 동지'로 불리고 있다.

2부 / 열사의 특성과 유형 분류

2부에서는 먼저, 1980년부터 2012년까지 133명 열사의 개인적 특성, 그리고 주요 자살 내용의 분포와 추이를 살펴보려고 한다. 그다음에는 자살 과정상의 주요 특징을 통해 자살 유형을 분류했으며, 마지막으로 분류한 유형별로 개인적 특성 및 주요 자살 내용의 분포와 추이를 다시 검토했다.

1. 열사의 특성과 추이

먼저 연구 대상에 대한 전반적인 이해를 위해 열사의 일반적인 특성과 추이를 살펴보았다. 부록의 〈표 1〉은 연구 대상인 추모연대 열사 133명의 개인적 특성과 자살과 관련한 주요 내용을 정리한 것이다. 여기서는 부록의 〈표 1〉의 내용 중 직업, 연령, 학력, 출신 지역과 자살 지역, 그리고 자살 방법을 대상으로 분포와 추이를 구체적으로 파악하고자 한다.

전체 133명 중 여성은 ⑭박혜정(1986.05.21., 서울대)*, ⑱박선영(1987.02.20., 서울교대), ㉔김성애(1987.11.03., 진흥요업), ㉚곽현정(1988.04.01., 한신대), ㉝김수경(1990.06.05., 대구 경화여고), ⑩박승희(1991.04.29., 전남대), ⑥이정순(1991.05.18., 한독산업), ⑥이진희(1991.06.08., (주)삼미기공), ⑭권미경(1991.12.06., (주)대봉), ⑩고정자(1993.05.21., 원진레이온), ⑱길옥화(1993.09.26., 서울대/전교조), ⑱김시자(1996.01.13., 한일병원), ⑩황혜인

• 괄호 안은 자살 연월일, 직업 순. 이하 동일.

(1996.04.16., 성균관대), ㉒이상희(1996.09.18., 경원대), ⑩최옥란(2002.02.21., 노점상), ⑪오추옥(2005.11.13., 성주농민회), ⑫문수(2010.05.31., 대산사 주지), 모두 17명이다.

수차례 자살 시도 끝에 사망한 경우도 있다. 건설노동자 ㉝김병구는 1988년 10월 18일 연세대 학생회관에서 제13대 대선과 총선 부정을 폭로하며 투신했으나 생명을 구했다가 1990년 9월 2일 목을 매 자살했다. 버스기사 ⑪정상국은 2004년 5월 21일 감독기관인 군청의 방관에 항의해 "장흥교통 문제 해결을 위해서는 김○○ 군수를 직접 만나야만 한다"며 1차 분신을 시도했으나 목숨을 구했다가 닷새 뒤인 26일 제초제를 마시고 사망했다. ㉟최동(1990.08.07., 인천부천민주노동자회), ㊋장현구(1995.12.04., 경원대), ㊖이길상(1998.12.07., 전민학련)은 고문후유증을 앓던 중 수차례의 자살 시도 끝에 사망했다.*

같은 날 같은 장소에서 동반자살한 경우도 있고 2명 이상이 함께 자살을 시도했으나 일부는 사망하고 일부는 살아남은 경우도 있다. 또 같은 날 동반자살한 것은 아니더라도 앞선 죽음에 영향을 받아 자살한 경우도 있다. ㉗이대건(1988.01.06., 우성택시)은 동료 택시기사 1명과 함께 분신했으나 혼자만 사망했고[1], ㊼강현

---

* 수차례 자살을 시도해 마침내 사망에 이른 경우가 있다는 것은 자살을 시도했다가 살아남은 경우도 있다는 것을 의미한다. 1998년 1월 24일 분신자살을 시도했다가 살아남은 민주택시연맹 경기이천지역 노조위원장 권오영은 다음해 자신과 같은 생존자들의 모임인 '분신노동자연합회'의 결성을 시도해 20명의 이름을 확보하고 9명의 소재를 파악했다. 대학생 신분으로 분신을 시도했다가 살아난 경우로는 강원대 이미희(1990.06.11.), 동우전문대 정연석(1991.03.20.), 충주 서원대 박병배(1991.03.26.) 등이 있다.

중 · ❹김종하(1989.09.04., 경동산업)는 5명이 함께 분신자살을 기도한 뒤 2명이 동조해 할복했으나 강현중 · 김종하 2명만 사망했다.[2] ❸성완희(1988.06.29., 태백탄광)와 ❸이문철(1988.11.01., 대원여객)은 다른 사람과 함께 분신했으나 나머지 1명은 생존했다. 금강공업 ❺박성호 · ❺원태조(1990.08.30.)는 함께 시너를 뒤집어쓰고 라이터로 불을 붙이는 과정에서 시너를 뿌리지 않은 다른 노동자들에게 불이 옮겨 붙었으나 둘만 사망했다.

대우조선 ❹이상모(1989.05.29.)는 ❹박진석이 분신자살한 날 이어서 분신했으며, 한진중공업 ⑪곽재규(2003.10.30.)는 같은 회사 ⑩김주익(2003.10.17.)이 목을 맨 크레인의 바로 밑 도크에서 13일 뒤 투신자살했다. ❽장현구와 ❽진철원(1996.04.06.)은 대원고와 경원대 선후배, ❾이상희와 ❾이길상은 남매 사이다. ❼권미경의 오빠는 저항적 자살에 해당하지는 않지만 권미경이 자살한 1년여 뒤 자살했다.[3] 자식의 죽음이 부모의 죽음으로 이어지는 경우도 있었다. 고문후유증 끝에 분신한 ❺최동(1990.08.07., 인천부천민주노동자회)의 부친 최수호는 아들의 49제를 지낸 지 일주일도 되지 않아 화병으로 사망했다.[4]••

저항적 자살에 수반해 지배세력 측의 사망자가 발생한 경우

•• 이 연구의 대상은 아니지만 추모연대 열사 중 한 명으로 의문사한 이이동(1987.06.15.)의 경우 부친 이춘원이 "아들 죽음의 진실을 밝혀달라"는 유서를 남기고 1990년 11월 13일 음독자살했다. 이춘원이 자살할 때까지 군 당국은 이이동의 죽음이 자살이라 주장했다.(〈철거민 마을 50대 자살, 군 입대 아들 죽음 비관〉, 《동아일보》, 1990.11.13.) 아들의 죽음을 밝히는 과정에서 가산을 탕진한 그는 자살 5개월 전 거주하던 서초동 갯골마을이 철거당하면서 한 달 정도 노숙을 하다가 검찰청사 앞 비닐하우스촌으로 옮겨와 살던 중 자살했다. 유서는 평소 집회에서 자주 외치던 구호인 "살려내라, 살려내라, 내 자식을 살려내라"는 말로 끝을 맺고 있다.(〈한 많은 죽음〉, 《한겨레신문》, 1990.11.14.)

도 있다. 강현중·김종하의 분신 때는 관리이사가 함께 숨졌으며[5] ⑧최성묵(1994.03.11., 성호여객)의 분신 때는 회사 전무가 숨지고 경리 직원이 중화상을 입었다.[6] 원태조·박성호의 분신자살 뒤에는 '금 강공업노조 탄압과 경찰 투입'을 규탄하는 거리시위 과정에서 경 기도경 경감이 시위대와 대치한 상태에서 갑자기 쓰러져 숨지는 일도 있었다.[7]

1) 직업별 분포와 추이

〈표 1〉은 열사의 직업을 시기별로 표시한 것이다. 대시기는 3부에 서 5부까지의 시기 구분과 같고 소시기는 각각의 대시기에 포함 되는 정권에 해당한다. 133명 열사의 직업별 분포는 규모가 큰 순 으로 노동자 75명(56.4%), 대학생 32명(24.1%), 사회운동가 7명(5.3%), 노점상 6명(4.5%), 고교생·농민 각 4명, 입시생·교사·종교인·철거 민·무직 각 1명씩이다.

　〈표 1〉의 직업 중 노동자에는 특수고용직으로 분류되는 화 물운송노동자 3명을 포함시켰다. 개인사업자 신분이지만 실질적 으로는 운송업체에 소속된 노동자의 성격이 강하기 때문이다. 노 동자 75명 중 운수노동자는 21명으로 택시 13, 버스 5명, 화물 운송 3명이다.* 광산노동자는 ㊱성완희 1명이고, 일용직 건설노동 자는 ❻홍기일(1985.08.15.), ㊳김병구(1988.10.18.) 2명이며 그 밖에는 대부분 제조업노동자이다. 제조업노동자 중 산재후유증 끝에 자 살한 경우는 모두 4명으로 ㉔김성애(1987.11.03., 진흥요업), ㊷최완용

〈표 1〉 직업 분포와 추이

구분		열사의 기원(3부)		열사의 의례화(4부)				열사의 해체(5부)						합계••	
		전두환		노태우		김영삼		김대중		노무현		이명박			
비육체노동	대학생	13	50.0%	11	22.9%	8	40.0%	0	0.0%	0	0.0%	0	0.0%	32	24.1%
	사회운동가	1	3.8%	3	6.3%	1	5.0%	1	11.1%	0	0.0%	1	11.1%	7	5.3%
	고교생	0	0.0%	4	8.3%	0	0.0%	0	0.0%	0	0.0%	0	0.0%	4	3.0%
	입시생	1	3.8%	0	0.0%	0	0.0%	0	0.0%	0	0.0%	0	0.0%	1	0.8%
	교사	0	0.0%	0	0.0%	1	5.0%	0	0.0%	0	0.0%	0	0.0%	1	0.8%
	종교인	0	0.0%	0	0.0%	0	0.0%	0	0.0%	0	0.0%	1	11.1%	1	0.8%
	무직	0	0.0%	1	2.1%	0	0.0%	0	0.0%	0	0.0%	0	0.0%	1	0.8%
	소계	15	57.7%	19	39.6%	10	50.0%	1	11.1%	0	0.0%	2	22.2%	4	3.0%
육체노동	노동자	10	38.5%	27	56.3%	9	45.0%	5	55.6%	17	81.0%	7	77.8%	75	56.4%
	농민	1	3.8%	0	0.0%	0	0.0%	0	0.0%	3	14.3%	0	0.0%	4	3.0%
	노점상	0	0.0%	1	2.1%	1	5.0%	3	33.3%	1	4.8%	0	0.0%	6	4.5%
	철거민	0	0.0%	1	2.1%	0	0.0%	0	0.0%	0	0.0%	0	0.0%	1	0.8%
	소계	11	42.3%	29	60.4%	10	50.0%	8	88.9%	21	100.0%	7	77.8%	86	64.7%
합계•••		26	19.5%	48	36.1%	20	15.0%	9	6.8%	21	15.8%	9	6.8%	133	100.0%

(1989.04.09., 인천흥업사), ❼❻고정자, ❾❽이상관(1999.06.22., 대우중공업)이 해당한다.

대학생 32명에는 군인 신분이었던 ❸❼양영진(1988.10.01., 부산대), ❼❶손석용(1991.08.18., 대구대), ❽❻장현구를 포함시켰다. 자살 원인이 군대 내 폭력과는 관련이 없고 학생운동의 연장선상에서 자살했기 때문이다. ❹박관현(1982.10.12., 전남대), ❶❾표정두(1987.03.06.)도 자살 당시는 학생 신분이 아니었으나 대학생으로 분류했다. 박관현은 학생운동 과정에서 수배돼 교도소에서 사망했고, 표정두는 호

• 택시기사는 ❺박종만, ❶❷변형진, ❷❷이석구, ❷❼이대건, ❷❽김장수, ❸❹장용훈, ❼❶석광수, ❼❷김처칠, ❽❶김성윤, ❾❹홍장길, ❶⓿⓿박용순, ❶⓿❸천덕명, ❶❷⓿전응재, 버스기사는 ❸❾이문철, ❻❼차태권, ❽❶최성묵, ❶❶❸정상국, ❶❷❸정태봉, 화물운송노동자는 ❶⓿❺박상준, ❶❶❼김동윤, ❶❷❻박종태이다.
•• 합계에서 비율은 전체 133명 중 해당 구분(여기서는 직업)의 비율. 이하 〈표〉에서 같음.
••• 합계에서 비율은 전체 133명 중 해당 시기의 비율. 이하 〈표〉에서 같음.

남대 자퇴 후 학생운동의 연장선상에서 야학 활동을 하다 현장 투신의 일환으로 신흥금속에 입사했기 때문이다. 반면 ⑯강상철 (1986.06.26., 목포민주회복국민연합)은 학생운동가로 분류했다. 목포전문대 교정에 추모비가 세워졌고 추모 작업이 출신 대학을 중심으로 이뤄지고는 있지만 자살행위가 학생운동과 무관하게 이뤄졌기 때문이다. ⑫⑦강희남(2009.06.06., 범민련)은 목사이지만 종교인보다는 통일운동가로서의 활동이 더욱 두드러졌기 때문에 사회운동가로 분류했다. 사회운동가는 모두 7명으로 강상철과 강희남 외에 ⑤⑤최동, ⑥③김기설(1991.05.08., 전민련), ⑦③양용찬(1991.11.07., 서귀포나라사랑청년회), ⑦⑤권두영(1993.01.14., 민중당), ⑨⑥이길상이 해당한다.

2000년 성인 자살자의 인구사회학적 특성 조사에 따르면 직업군 중 최상위계층이라 할 수 있는 입법공무원, 고위임직원 및 관리자의 자살률이 인구 10만 명당 남자 2.3명, 여자 2.6명으로 가장 낮으며, 육체노동자일수록 높은 자살률을 보이고 있다.[8] 따라서 〈표 1〉에 나타난 저항적 자살자의 직업과 일반적 자살자의 직업과는 관련이 없다고 할 수 있다.

2) 연령별 분포와 추이

〈표 2〉에서 열사의 연령별 추이를 보면 20대 45.1%, 30대 25.6%, 40대 15.0%이다. 10대는 5명으로 이 중 4명이 고교생이다. 전교조 탄압과 관련해 1990년에 자살한 ⑤②정성묵(1990..06.04., 공주 한일고), ⑤③김수경, ⑤⑧심광보(1990.09.08., 대전 충남고)와 1991년 5월투쟁 시

〈표 2〉 연령 분포와 추이

구분	열사의 기원 (3부)		열사의 의례화(4부)				열사의 해체(5부)						합계	
	전두환		노태우		김영삼		김대중		노무현		이명박			
10대	1	3.8%	4	8.3%	0	0.0%	0	0.0%	0	0.0%	0	0.0%	5	3.8%
20대	21	80.8%	28	58.3%	10	50.0%	1	11.1%	0	0.0%	0	0.0%	60	45.1%
30대	4	15.4%	14	29.2%	4	20.0%	4	44.4%	5	23.8%	3	33.3%	34	25.6%
40대	0	0.0%	2	4.2%	2	10.0%	3	33.3%	9	42.9%	4	44.4%	20	15.0%
50대	0	0.0%	0	0.0%	2	10.0%	0	0.0%	6	28.6%	0	0.0%	8	6.0%
60대 이상	0	0.0%	0	0.0%	2	10.0%	1	11.1%	1	4.8%	1	11.1%	5	3.8%
미상	0	0.0%	0	0.0%	0	0.0%	0	0.0%	0	0.0%	1	11.1%	1	0.8%
합계	26	19.5%	48	36.1%	20	15.0%	9	6.8%	21	15.8%	9	6.8%	133	100.0%

기 자살한 ❻❻김철수(1991.05.18., 전남 보성고)가 해당한다. 나머지 1명은 산재사고 뒤 투신한 노동자 ❷❹김성애이다.

60세 이상은 5명인데 이 중 2명은 사회운동가로 ❼❺권두영과 ❶❷❼강희남이다. 그 밖에는 농민 ❶❶❽정용품(2005.11.11., 성주농민회), 택시기사 ❽❶김성윤(1994.01.24., 상호운수), ❶❶❷박봉규(2002.08.23., 노점상)이다. 미상 1명은 2010년 5월 13일 이명박 정권의 4대강 사업에 반대해 분신한 ❶❷❽문수가 해당한다.

정권별 추이를 보면 점차 고령화되는 것을 알 수 있다. 전두환에서 김영삼 정권까지 20대가 각각 21명(80.8%), 28명(58.3%), 10명(50.0%)이었으나 노무현 정권 이후에는 40대와 50대의 비중이 늘어났다. 노무현 정권 시기에 40대와 50대는 각각 9명(42.9%), 6명(28.6%)이었으며 30대는 김대중 정권 시기에 4명으로 44.4%를 차지한 것 외에는 대체로 20~30%대에 머물렀다.

3) 학력별 분포와 추이

〈표 3〉은 133명 전체 열사의 학력 분포와 추이를 나타내고 있고, 〈표 4〉는 노동자 75명만을 대상으로 한 것이다. 고교생, 입시생, 교사는 직업만으로도 학력을 짐작할 수 있으며, 노동자, 농민, 노점상, 철거민은 상당수가 학력이 알려져 있지 않다.

우선 〈표 3〉에서는 '전문대 이상'이 45명(33.8%)으로 대학생 32명과 사회운동가 7명 중 ❻❸김기설을 제외한 6명, 교사 1명, 농민 2명, 노동자 4명이다. 노동자는 ❷❸김수배(1987.10.16., 성균관대), ❹❶김윤기(1989.04.03., 국민대), ❽❽김시자(경기간호전문대), ⓶⓶⓪이용석(2003.10.26., 전남대)이며, 이 중 김윤기는 학생운동 과정에서 노동현장에 투신한 '학출 활동가'에 해당한다. '전문대 이상'은 전두환·노태우·김영삼 정권 시기에 각각 57.7%, 29.2%, 55.0%를 차지했다가 김대중 정권 이후 확연하게 줄어드는 것을 볼 수 있다. 이것은 〈표 1〉의 직업별 추이에서 대학생열사가 김대중 정권 이후 출현하지 않는 것과도 관련이 있다.

출신 대학은 서울대가 ❸김태훈(1981.05.27), ❿김세진(1986.04.28.), ⓫이재호(1986.04.28.), ⓭이동수(1986.05.20.), ⓮박혜정, ❸❷조성만(1988.05.15), ❼❽길옥화 7명으로 가장 많았고, 경원대가 ❼송광영(1985.09.17.), ❻❷천세용(1991.05.03.), ❽❻장현구, ❽❾진철원, ❾❷이상희 5명이다. 그리고 성균관대와 전남대가 각 3명으로 ❷❸김수배, ❺❺최동, ❾❿황혜인 그리고 ❹박관현, ❻❿박승희, ⓶⓶⓪이용석이다. 그 밖에 2명인 곳은 광주교대 ❼❼이경동(1993.09.08.), ❼❾한상용(1993.11.01.), 부산대 ❷❿장재완(1987.03.27.), ❸❼양영진, 서울교대 ⓲박선영, ❹❶남태현

〈표 3〉 학력 분포와 추이(전체)

구분	열사의 기원(3부)		열사의 의례화(4부)			열사의 해체(5부)						합계	
	전두환		노태우		김영삼		김대중		노무현		이명박		
국졸 이하	2	7.7%	3	6.3%	0	0.0%	0	0.0%	0	0.0%	0	0.0%	5	3.8%
중졸 이하	2	7.7%	7	14.6%	3	15.0%	1	11.1%	1	4.8%	0	0.0%	14	10.5%
고졸 이하	5	19.2%	12	25.0%	1	5.0%	1	11.1%	4	19.0%	0	0.0%	23	17.3%
전문대 이상	15	57.7%	14	29.2%	11	55.0%	1	11.1%	3	14.3%	1	11.1%	45	33.8%
미상	2	7.7%	12	25.0%	5	25.0%	6	66.7%	13	61.9%	8	88.9%	46	34.6%
합계	26	19.5%	48	36.1%	20	15.0%	9	6.8%	21	15.8%	9	6.8%	133	100.0%

〈표 4〉 학력 분포와 추이(노동자)

구분	열사의 기원(3부)		열사의 의례화(4부)			열사의 해체(5부)						합계	
	전두환		노태우		김영삼		김대중		노무현		이명박		
국졸 이하	2	7.7%	2	4.2%	0	0.0%	0	0.0%	0	0.0%	0	0.0%	4	5.3%
중졸 이하	2	7.7%	7	14.6%	3	15.0%	1	11.1%	1	4.8%	0	0.0%	14	18.7%
고졸 이하	3	11.5%	7	14.6%	1	5.0%	1	11.1%	4	19.0%	0	0.0%	16	21.3%
전문대 이상	1	3.8%	1	2.1%	1	5.0%	0	0.0%	1	4.8%	0	0.0%	4	5.3%
미상	2	7.7%	10	20.8%	4	20.0%	3	33.3%	11	52.4%	7	77.8%	37	49.3%
합계	10	13.3%	27	36.0%	9	12.0%	5	6.7%	17	22.7%	7	9.3%	75	100.0%

(1989.04.07.), 한신대 ❸⓿곽현정, ⓫⓴강희남이다. 고등학교는 서울 대원고가 ❻❶김영균(1991.05.01.), ❽❻장현구, ❽❾진철원 3명이고 광주일고가 ❸김태훈, ❼❾한상용 2명이다.

4) 출생 지역·자살 지역별 분포와 추이

〈표 5〉에서 열사의 출생 지역으로 강원, 전북, 전남이 높게 나타났다. 각각 11명(8.3%), 12명(9.0%), 22명(16.5%)인데 인구비율을 적용했을 때는 각각 15.16명(11.4%) 13.78명(10.4%)와 26.01명(19.6%)으로 더욱 높았다. 서울은 원수치는 11명(8.3%)이었으나 인구 대비로는

구분	열사의 기원 (3부)		열사의 의례화(4부)				열사의 해체(5부)						합계			
	전두환		노태우		김영삼		김대중		노무현		이명박					
	원수치	인구 대비	원수치	인구 대비	원수치	인구 대비	원수치	인구 대비	원수치	인구 대비	원수치	인구 대비	원수치	비율	인구 대비	비율
서울	2	0.45	5	1.01	2	0.43	0	0.00	2	0.55	0	0.00	11	8.3%	2.44	1.8%
부산	5	3.14	0	0.00	0	0.00	0	0.00	2	1.52	1	0.54	8	6.0%	5.21	3.9%
대구	0	0.00	1	0.80	0	0.00	0	0.00	0	0.00	0	0.00	1	0.8%	0.80	0.6%
인천	1	0.88	0	0.00	0	0.00	0	0.00	1	1.06	0	0.00	2	1.5%	1.94	1.5%
광주	4	6.25	0	0.00	0	0.00	0	0.00	0	0.00	0	0.00	4	3.0%	6.25	4.7%
대전	1	1.54	0	0.00	0	0.00	0	0.00	1	1.86	0	0.00	2	1.5%	3.39	2.6%
울산	0	0.00	0	0.00	0	0.00	0	0.00	0	0.00	0	0.00	0	0.0%	0.00	0.0%
경기	1	0.21	2	0.38	1	0.20	0	0.00	1	0.26	0	0.00	5	3.8%	1.06	0.8%
강원	0	0.00	4	5.39	4	5.80	2	2.66	0	0.00	1	1.31	11	8.3%	15.16	11.4%
충북	1	1.52	4	5.42	0	0.00	0	0.00	0	0.00	0	0.00	5	3.8%	6.94	5.2%
충남	2	2.35	4	4.19	0	0.00	0	0.00	0	0.00	0	0.00	6	4.5%	6.54	4.9%
전북	0	0.00	7	7.75	2	2.38	0	0.00	1	1.50	2	2.15	12	9.0%	13.78	10.4%
전남	5	6.08	9	9.77	4	4.67	1	1.07	3	4.42	0	0.00	22	16.5%	26.01	19.6%
경북	1	0.85	3	2.28	1	0.82	0	0.00	2	2.06	0	0.00	7	5.3%	6.01	4.5%
경남	1	0.73	2	1.30	1	0.70	2	1.28	2	1.76	0	0.00	8	6.0%	5.75	4.3%
제주	0	0.00	1	3.71	0	0.00	0	0.00	0	0.00	0	0.00	1	0.8%	3.71	2.8%
미상	2	2.00	6	6.00	5	5.00	4	4.00	6	6.00	5	5.00	28	21.1%	28.00	21.1%
합계**	26		48		20		9		21		9		133	100.0%	133	100.0%

2.44명(1.8%)에 불과했다. 5·18 광주항쟁의 경험으로 정권에 대한 저항의식이 가장 클 것으로 예상되는 광주는 원수치 4명(3.0%), 인구 대비 수치 6.25명(4.7%)으로 대도시 중에는 높은 편에 속했다. 전체적으로는 대도시에 비해 비도시권에서 출생한 열사가 많았다.

- '인구 대비'는 '원수치'에 각 시도별 인구 비율을 적용한 수치이다. 기준 인구비는 2005년 도를 적용했다. 울산광역시가 생긴 이후 인구조사가 2000, 2005, 2010년 세 차례에 걸쳐 있었고, 이 중 2005년 자살자가 가장 많기 때문이다. 시도별 인구비는 서울 20.75%, 부산 7.47%, 대구 5.22%, 인천 5.35%, 광주 3.01%, 대전 3.06%, 울산 2.22%, 경기 21.98%, 강원 3.11%, 충북 3.09%, 충남 4.00%, 전북 3.78%, 전남 3.86%, 경북 5.52%, 경남 6.46%, 제주 1.13%이다.
- 원수치와 인구 대비 수치 각각의 합을 말한다. 〈표 6〉에서도 같다.

〈표 6〉 자살 지역별 분포와 추이

구분	열사의 기원(3부)		열사의 의례화(4부)				열사의 해체(5부)						합계			
	전두환		노태우		김영삼		김대중		노무현		이명박					
	원수치	인구 대비	원수치	인구 대비	원수치	인구 대비	원수치	인구 대비	원수치	인구 대비	원수치	인구 대비	원수치	비율	인구 대비	비율
서울	14	4.98	12	3.60	6	2.20	4	1.48	3	0.76	1	0.20	40	30.1%	13.22	9.9%
부산	3	2.97	3	2.50	0	0.00	0	0.00	3	2.11	1	0.55	10	7.5%	8.14	6.1%
대구	0	0.00	2	2.38	0	0.00	0	0.00	0	0.00	0	0.00	2	1.5%	2.38	1.8%
인천	1	1.38	6	6.98	0	0.00	1	1.44	2	1.97	0	0.00	10	7.5%	11.76	8.8%
광주	2	4.92	4	8.29	2	5.07	0	0.00	0	0.00	1	1.38	9	6.8%	19.65	14.8%
대전	1	2.42	0	0.00	1	2.49	1	2.51	1	1.72	0	0.00	4	3.0%	9.14	6.9%
울산	1	3.33	0	0.00	0	0.00	0	0.00	2	4.74	1	1.86	4	3.0%	9.92	7.5%
경기	1	0.34	8	2.27	6	2.08	0	0.00	1	0.24	0	0.00	16	12.0%	4.92	3.7%
강원	0	0.00	1	2.00	1	2.45	0	0.00	0	0.00	0	0.00	2	1.5%	4.46	3.4%
충북	0	0.00	1	2.01	0	0.00	0	0.00	0	0.00	0	0.00	1	0.8%	2.01	1.5%
충남	1	1.85	2	3.12	0	0.00	0	0.00	0	0.00	2	2.07	5	3.8%	7.04	5.3%
전북	0	0.00	0	0.00	0	0.00	0	0.00	1	1.39	2	2.19	3	2.3%	3.58	2.7%
전남	2	3.83	2	3.23	1	1.97	0	0.00	2	2.73	0	0.00	7	5.3%	11.75	8.8%
경북	0	0.00	2	2.26	1	1.38	0	0.00	2	1.91	1	0.75	6	4.5%	6.29	4.7%
경남	0	0.00	4	3.85	2	2.36	3	3.57	3	2.44	0	0.00	12	9.0%	12.22	9.2%
제주	0	0.00	1	5.52	0	0.00	0	0.00	0	0.00	0	0.00	1	0.8%	5.52	4.1%
멕시코	0	0.00	0	0.00	0	0.00	0	0.00	1	1.00	0	0.00	1	0.8%	1.00	0.8%
합계	26		48		20		9		21		9		133	100.0%	133	100.0%

〈표 6〉의 자살 지역을 보면 원수치에서는 인구가 많은 서울, 경기, 경남이 각각 40명(30.1%), 16명(12.0%), 12명(9.0%)으로 높게 나타났다. 인구 대비 비율로는 대구를 제외하고는 대도시가 다른 지역에 비해 비교적 높게 나타났고 그 밖에는 전남, 경남이 11.75명(8.8%), 12.22명(9.2%)으로 높게 나타났다.

다른 광역지방자치단체와 달리 경기도는 특정 지역에 집중돼 있다는 특징이 있다. 경기도 전체 16명 중 ⑦송광영, ㉛최윤범(1088.04.25., 고려피혁), ㊵김윤기, (51)이원기(1990.05.17., 철거민), (62)천세용, (89)진철원, (92)이상희 7명은 성남에서 자살했고 (93)한상근(1997.02.01., 용인대)은 인근 용인에서 자살했다. 또 자살 지역은 다른 곳이지만

❷김종태(1980.06.09., 노동자), ㉖김기설, ㉔윤용하(1991.05.11., 성남피혁)는 성남시에서 거주하거나 근무하던 중 자살해 전체 자살자 133명 중 11명이 경기도 성남과 직접적으로 관련이 있었다.

전체적으로는 대학이 소재한 대도시와 경남과 같은 공단 지역에서 많은 열사가 출현했다. 반면 강원과 전북, 전남은 자살자의 출생 지역으로는 높은 빈도를 보였으나 자살 지역에서는 상대적으로 빈도가 낮았다.

〈표 5〉와 〈표 6〉을 종합하면 저항적 자살은 주로 비도시 지역에서 출생한 사람이 대도시에서 생활하는 가운데 일어났다고 볼 수 있다. 이는 1960년대 후반부터 진행된 이촌향도와 함께 자살자의 직업 중 대학생과 노동자들이 많다는 것에서 이유를 짐작할 수 있다. 즉 농촌 출신 인구가 도시의 대학이나 공장에서 생활하던 중 자살했다는 것이다.

5) 자살 장소·자살 방법별 분포와 추이

〈표 7〉에서 자살 장소는 크게 '직장'과 '학교', 자택 등 '개인 공간', 그리고 다수에게 개방된 '광장'으로 나눴다. '직장'은 직장 내부뿐 아니라 직장 인근, 직장 관련 장소 모두를 포함시켰고, '개인' 공간에는 자택뿐 아니라 야산, 한강, 교도소, 미상을 포함시켰다. 야산과 한강은 개인의 사적 공간은 아니지만 구체적으로 인적이 드문 시간이나 장소에서 자살이 행해졌기 때문이다. 교도소는 자살자가 수형 생활을 하는 공간이기 때문에 굳이 분류하자면 '직장'에

구분		열사의 기원(3부)		열사의 의례화(4부)				열사의 해체(5부)						합계	
		전두환		노태우		김영삼		김대중		노무현		이명박			
개인		5	19.2%	4	8.3%	3	15.0%	4	44.4%	4	19.0%	4	44.4%	24	18.0%
광장		9	34.6%	12	25.0%	4	20.0%	2	22.2%	4	19.0%	1	11.1%	32	24.1%
직업생활	직장	5	19.2%	21	43.8%	7	35.0%	3	33.3%	13	61.9%	4	44.4%	53	39.8%
	학교	7	26.9%	11	22.9%	6	30.0%	0	0.0%	0	0.0%	0	0.0%	24	18.1%
합계		26	19.5%	48	36.1%	20	15.0%	9	6.8%	21	15.8%	9	6.8%	133	100.0%

구분		열사의 기원(3부)		열사의 의례화(4부)				열사의 해체(5부)						합계	
		전두환		노태우		김영삼		김대중		노무현		이명박			
공개적	분신	17	65.4%	37	77.1%	13	65.0%	5	55.6%	9	42.9%	3	33.3%	84	63.2%
	투신	5	19.2%	7	14.6%	2	10.0%	1	11.1%	1	4.8%	1	11.1%	17	12.8%
	할복	0	0.0%	0	0.0%	0	0.0%	0	0.0%	1	4.8%	0	0.0%	1	0.8%
	단식	1	3.8%	0	0.0%	0	0.0%	0	0.0%	0	0.0%	0	0.0%	1	0.8%
소계 1		23	88.5%	44	91.7%	15	75.0%	6	66.7%	11	52.4%	4	44.4%	103	77.4%
개인적	목맴	1	3.8%	1	2.1%	4	20.0%	1	11.1%	5	23.8%	4	44.4%	16	12.0%
	음독	1	3.8%	2	4.2%	1	5.0%	2	22.2%	4	19.0%	0	0.0%	10	7.5%
	연탄	0	0.0%	0	0.0%	0	0.0%	0	0.0%	0	0.0%	1	11.1%	1	0.8%
	미상	1	3.8%	1	2.1%	0	0.0%	0	0.0%	1	4.8%	0	0.0%	3	2.3%
소계 2		3	11.5%	4	8.3%	5	25.0%	3	33.3%	10	47.6%	5	55.6%	30	22.6%
합계		26	19.5%	48	36.1%	20	15.0%	9	6.8%	21	15.8%	9	6.8%	133	100.0%

가까우나 외부와 폐쇄돼 자살행위를 다중이 접촉할 수 없다는 점에서 개인 공간에 포함시켰다. '미상'은 ⑪⑤김춘봉(2004.12.27., 한진중공업), ⑪⑨오추옥 2명이다. 이를 '개인' 공간에 포함시킨 것은 광장이나 직장, 학교일 경우 대체로 자살 장소가 알려지기 때문이다. 정리하면 '직장'과 '학교'는 자살자가 일상적으로 생활하는 사회활동 공간이라는 점에서 '직장생활'로 묶었고, '광장'은 다수에게 개방된 공간, '개인'은 고립된 공간에 해당한다.

자살 장소로 비중이 가장 큰 것은 '직업생활'로 '직장' 39.8%

와 '학교' 18.1%를 합쳐 57.9%이다. 이것은 자살자가 죽음을 통해 남긴 메시지가 공동체 구성원들에게 향하고 있다는 것을 의미한다. '광장'은 24.1%인데 소속 공동체를 넘어 사회 구성원 전체를 향해 메시지를 발하는 경우라고 할 수 있다. '광장'의 경우 전두환 정권 때 가장 많았다가 시간이 갈수록 줄어들었으며 '개인'은 갈수록 늘어났다.

〈표 8〉은 자살 방법을 정권별로 나타낸 것이다. 분신, 투신, 할복, 단식은 공개적인 성격이 강하고 목맴, 음독, 연탄, 미상은 개인적이고 고립적인 성격이 강하다. 미상은 목맴이나 음독 등 개인적인 방법이라고 추정할 수 있다. 분신이나 투신인 경우 신문에 자살 방법이 대체로 널리 알려지기 때문이다. 미상 3명은 ❷⓿장재완, ❸⓿곽현정, ⓵⓿⓺송석창(2003.08.04., 국민연금관리공단)이다.

김대중 정권 때까지는 공개적인 방법이 70%를 훨씬 웃돌다가 노무현 정권 때부터 줄어들었고 이명박 정권 시기에는 미상이 크게 늘어났다. 분신은 84명으로 63.2%에 달했는데 전두환에서 김영삼 정권까지 60%를 상회하다가 김대중 정권 때부터 점차 줄었다. 다음으로 투신은 12.8%로 시간이 갈수록 줄어들었고, 목맴은 12.0%으로 갈수록 늘어났다.

자살 장소와 자살 방법은 대체로 일치했다. 자살 장소와 자살 방법 모두 시간이 갈수록 공개적인 성격은 줄어들고 개인적 장소와 방법이 증가했다. 즉 자살 장소가 광장, 학교 등 공개된 장소였다면 자살 방법도 대체로 공개적이었다. 이것은 자살이 개인적 차원을 넘어 공적인 배경과 목적으로 감행됐음을 말해준다. 공개적인 방법 중에서도 '분신'이 많은 것도 마찬가지 이유에서다. 분

<표 9> 직업별 자살 방법

	고교생	교사	군인	노동자	노점상	농민	대학생	사회운동가	입시생	종교인	철거민	무직	합계
분신	2	0	0	51	4	0	21	4	0	1	0	1	84
투신	1	1	0	6	0	0	7	1	1	0	0	0	17
할복	0	0	0	0	0	1	0	0	0	0	0	0	1
단식	0	0	0	0	0	0	1	0	0	0	0	0	1
소계	3	1	0	57	4	1	29	5	1	1	0	1	103
목맴	0	0	0	11	1	0	1	2	0	0	1	0	16
음독	1	0	0	5	1	3	0	0	0	0	0	0	10
연탄	0	0	0	1	0	0	0	0	0	0	0	0	1
미상	0	0	0	1	0	0	2	0	0	0	0	0	3
소계	1	0	0	18	2	3	3	2	0	0	1	0	30
합계	4	1	0	75	6	4	32	7	1	1	1	1	133

신은 자살 과정의 고통이 극심한 만큼 사회적 충격이 매우 크고 이에 따라 자살의 목적 또한 더욱 강력하게 드러낼 수 있기 때문이다. 이와 함께 1970년의 전태일 분신이 미친 영향도 있을 것으로 보인다. 5·18 한 달 뒤 분신한 ❷김종태는 전태일추모회 활동을 했고 1986년 분신자살한 구로공단 노동자 ❾박영진(1986.03.17., 신흥정밀)은 "내가 전태일 선배가 다하지 못한 일을 하려 했는데……"라며 자신의 분신이 전태일을 계승하는 일임을 강조했다.

〈표 9〉는 직업별 자살 방법이다. 분신이 가장 많은 직업은 노동자로 51명이며 전체 75명 중 68.0%에 해당한다. 그다음은 대학생 21명으로 전체 32명 중 65.6%에 해당한다. 노점상은 6명 중 4명, 사회운동가는 7명 중 4명이 분신했다. 투신은 대학생 7명, 노동자 6명이며, 음독은 노동자와 농민이 각각 5명과 3명이다. 할복, 단식, 연탄은 각각 1명씩이다. 할복은 ⓐ이경해, 단식은 ❹박관현, 연탄은 ⓑ허광만(2011.11.21., 철도청)이 해당한다.

2. 열사의 유형 분류

유형화 작업은 공통점과 차이점을 동시에 규명하는 일이다. 자살자의 개인적 삶이나 그 삶을 둘러싼 지배세력의 폭압에는 여러 유형이 있다. 그러나 각 유형의 차이에도 불구하고 같은 것으로 볼 수 있을 만한 공통점이 있는가 하면 그렇지 않은 차이점도 있을 것이다. 저항적 자살의 각 유형이 독자적 본질을 가지려면 특수한 존재조건이 있어야 한다. 따라서 여기서 저항적 자살의 유형을 분류하는 일은 그 존재조건의 유형을 밝히는 일이라 할 수 있으며 동시에 저항적 자살을 유발한 지배폭력을 유형화하는 일이라고도 할 수 있다. 그렇다고 해서 저항적 자살의 유형 분류가 지배폭력의 유형 분류와 완전히 같다는 의미는 아니다. 유형 분류를 시도하는 것은 저항적 자살들 간의 본질적인 차이를 규명함으로써 그것을 초래한 지배폭력 또한 본질적으로 단일하지 않다는 점을 보이려는 것이다.

또한 저항적 자살의 유형 분류는 여러 저항행위의 본질적 차이를 밝히는 일이기도 하다. 저항적 자살이 다른 저항행위에 비해 사회적으로 큰 충격을 미치는 이유는 행위의 극단성 때문이다. 그리고 그 같은 극단성은 자살이 개인과, 개인을 둘러싼 세계를 단번에 절연하는 데서 나온다. 하이데거의 《존재와 시간》에 따르면 자살의 결과인 '죽음'은 사건이 아니라 현상으로서, 실존하고 있는 존재자의 전★존재를 구성할 수 있게 해주는 '끝남'이다. 따라서 자살은 '세계 내 존재'인 자살자가 전체 삶에서 맺은 관계를 드러내는 일이라고 할 수 있다. 이 때문에 저항적 자살에는 자살자가 갖는 저항의 목표, 그리고 추구하는 이념 및 가치가 가장 순수한 형태로 드러날 수 있다. 따라서 저항적 자살의 유형 분류는 여러 저항행위가 갖는 본질적 차이를 규명하는 일이라고도 할 수 있다.

물론 뒤르켐의 《자살론》에 나오는 이기적 자살, 아노미적 자살, 숙명론적 자살, 이타적 자살과 같이 자살과 관련한 기존의 분류가 없는 것은 아니지만, 이는 자살 일반에 관한 것이기 때문에 이 연구에 적용하기는 어렵다. 그리고 모네스티에의 《자살백과》에 등장하는 정치적 자살, 공적 자살, 희생적 자살과 같은 구분도 저항적 자살이 갖는 속성을 대변하는 말이지 분류라고 보기는 어렵다.

한국에서 자살 유형을 언급한 연구로는 조현연의 〈한국의 민주주의 투쟁과 역사적 희생: '분신투쟁'을 중심으로〉가 있다. 조현연은 1997년까지의 분신자살을 노동자와 대학생으로 나눠 살펴본 뒤 전체 분신자살을 "누적된 분노의 응축된 폭발 혹은 돌발적 표출"과 "암울한 시대상황의 돌파와 민주화투쟁의 확산을 위한 염원을 담은 일종의 '준비된' 극한적 저항"으로 나눴다.[10] 전자의 중심어는 '분노'와 '폭발'이고, 후자는 '염원'과 '준비'이다. 각각 자살자의 내면의 정서와 자살에 이르게 된 과정을 표현하는 단어들로서 자살의 양태와 관련이 있다. 그러나 돌발적인 자살이더라도 유서 대신 구호나 상황 자체에 준비된 결단이 나타나는 경우도 있고,* 준비된 자살이라 하더라도 그것에 내재된 정치적 의미의 차이를 발견하는 것이 더욱 중요하다. 또 '준비된 극한적 저항'이라는 후자의 특성은 대학생뿐 아니라 노동자의 분신에서도 나타나고 있기 때문에 조현연의 분류는 자살자의 직업과 자살 상황을 모두 포괄하는 것이라고 하기는 어렵다.

그 외에도 정치적 자살과 경제적(생계형) 자살로 구분하는 경우도 있지만 정치적 자살 역시 생계 문제가 원인일 수 있고 그 반대도 가능하기 때문에 적절한 분류로 볼 수 없다. 한편 추모연대에서는 자살과 타살을 막론해 노동, 학생, 농민, 빈민/장애, 사회운동이라는 다섯 부문의 열사로 구분하고 있지만 직업이나 부문운동의 명칭에 불과하지 그 자체로 저항의 목적이나 내용을 나타낸다고 할 수 없다. 결국 자살자의 직업과 자살상황 등을 모두 포괄하면서 저항적 자살이 갖는 정치적 함의를 드러낼 수 있는 새로운 분류가 필요하다.

1) 자살 유형의 범주화

여기서는 전체 자살 과정을 자살상황, 내면화 단계, 자살행위의 세 단계로 나누고 각 단계별 특징들을 범주화해 자살 유형을 도출했다.

먼저 자살상황은 지배세력과 저항세력이 충돌하는 상황이다. 조희연은 《국가폭력, 민주주의 투쟁, 그리고 희생》[11]에서 '국가폭

• 구로공단 신흥정밀의 ❾박영진과 안산 경동산업의 ㉘강현중, ㉙김종하가 여기에 해당한다. 이들은 물리적 충돌상황에서 유서도 없이 죽음을 맞았지만 그들의 자살에서는 죽음을 맞닥뜨린 상황에서 즉각적으로 생겨난 각오 외에 이전부터 다져온 자살에 대한 준비와 각오가 드러난다.

력'을 ①법률적 폭력과 제도화된 관행으로서의 폭력 ②국가 주도
의 폭력과 국가 묵인하의 폭력 ③물리적·법제도적·이데올로기적
폭력 ④권위주의적 '상황' 등 네 가지로 나눴다. 이 연구에서는 국
가폭력과 유사한 의미로 '지배폭력'이란 용어를 사용했다. '저항'이
갖는 대립적 의미를 강조할 수 있을 뿐만 아니라 연구 취지에 더
욱 부합하기 때문이다. 자본가의 노동 착취나 구사대 폭력처럼 ②
의 폭력에 해당할 경우 자살자가 폭력의 배후에 국가권력이 있다
는 사실을 알아채지 못할 수도 있는 데다 배후보다는 눈앞의 폭
력에 분노해 자살했을 수 있다. 따라서 자살자의 시각에서 자살
을 감행하게 한 것은 지배폭력 일반이라는 점에서 국가폭력보다
는 지배폭력이란 용어를 사용하는 것이 연구 취지에 맞는다.

지배폭력은 ① ② ③ ④의 분류 중 같은 유형에 해당하더라
도 구체적인 모습으로 나타날 수도 있고, 억압적인 상황, 즉 추상
적인 수준에 머물 수도 있다. 구체적 폭력은 자신에게 직접 가해
진 폭력이며, 추상적 폭력은 가능성으로서의 폭력이다. 가능성으
로서의 폭력은 타인에게 가해진 폭력에 공감함으로써 미래에 자
신에게도 직접 다가올 수 있는 폭력으로 예감하는 것이다. 따라
서 구체적 폭력이 '폭력의 체험'이라면 추상적 폭력은 '폭력의 예
감'[**]이라 할 수 있다. 즉 자신에게 닥친 구체적이고 물리적인 형태
의 폭력은 아니지만 공동의 목표를 가진 타인에게 가해진 폭력에

[**] 도미야마 이치로는 오키나와의 식민지화를 다룬 《폭력의 예감》(손지연·김우자·송석원
옮김, 그린비, 2009)에서 오키나와인을 타자화하는 언설들에서 예감된 폭력의 증후들을
읽어내면서 일상에 내재한 폭력의 모습을 밝혀내고, 바로 그 지점에서 폭력에 저항할 가
능성을 모색하고 있다.

서 일상에 내재한 폭력을 느끼며, 그것을 자신에게 가해질 폭력으로 예감하는 것이다.

지배폭력이 저항적 자살이라는 희생을 야기하려면 저항폭력과 충돌해야 하는데 이때 지배와 저항의 충돌 역시 구체적이거나 추상적인 형태로 나타날 수 있다. 부록의 〈표 1〉에서 '자살상황 1'은 자살에 전반적으로 영향을 준 지배폭력 또는 투쟁의 내용을 말하며 '자살상황 2'는 자살 당시 자살자가 처한 특수 상황이나 추가적 폭력을 말한다. '자살상황 2'는 없을 수도 있는데 이 경우는 '자살상황 1' 이후 다른 상황의 개입 없이 자살이 이뤄진 경우이다. 자살상황의 구분은 '자살상황 1'을 기준으로 했다. '자살상황 2'가 죽음을 촉발한 직접적인 이유였더라도 자살로써 저항하고자 한 것은 선행하는 억압 또는 투쟁상황이기 때문이다. 예를 들어 ❸❷최정환(1995.03.08., 노점상), ❾❾윤창녕(1999.07.10., 노점상) 등 노점상의 경우, '자살상황 2'에서 관청 직원의 폭언이 자살의 직접적인 계기가 됐다고 하더라도 그 이전에 지속적으로 행해진 '자살상황 1', 즉 노점 탄압과 그에 따른 생계 곤란이 없었더라면 자살에 이르지 않았을 것이다.

지배폭력과 저항폭력의 충돌 과정에서 희생이 발생하더라도 그 희생이 모두 자살로 이어지는 것은 아니다. 자살이 갖는 존재론적 단절을 고려했을 때 다른 폭력과 자살을 초래하는 폭력은 '질적'으로 다르리라는 것을 예상할 수 있다. 이 같은 질적 차이는 지배폭력의 압도적 우위에서 찾을 수 있고 또 그러한 압도성은 저항의지 자체를 좌절시키는 수준에 이르는 것이라고 추측할 수 있다. 최장집은 저항적 자살을 "변화를 추구하는 강력한 열망

열사, 분노와 슬픔의 정치학

에도 불구하고, 지배세력의 압도적 폭력성으로 인해 이를 실현할 수단을 갖지 못할 때, 약자가 최대한의 도덕적 힘을 발휘할 가장 치열한 무기"라고 했다.[12] 이에 따르면 지배세력과 저항세력이 충돌하는 문제상황이 발생했을 때 압도적 힘의 차이로 인해 자살자는 실패를 인식하게 되고 그 같은 실패를 영구한 좌절로 내면화했을 때 자살행위로 연결된다는 것이다. 그리고 실패의 내면화 과정에서 좌절과 연계된 여러 유형의 정서가 유발될 수 있는데 이러한 정서는 저항적 자살이 외부와 소통하려는 메시지의 목적 및 내용에 영향을 준다.

좌절이 내면화되는 과정에서 유발되는 정서는 폭력과 관련이 있다. 그리고 폭력이 인간에게 가해졌을 때 일어날 수 있는 정서로는 공포, 분노, 슬픔 등이 있다. 이 중 공포는 저항보다 굴복을 낳는다. 따라서 지배폭력에 의한 자살이더라도 공포가 주요 원인이라면 저항적 자살이라 부르기 어렵다. 공포에 따른 행동의 본질적 특징은 도피 또는 회피로 '저항'과는 거리가 있기 때문이다. 따라서 폭력이 유발하는 세 가지 정서 중 이 연구의 주요 분석 대상은 분노와 슬픔이다.

우선 저항적 자살과 가장 밀접한 정서는 분노이다. 분노는 지배폭력에 대응해 발생한다. 기쁨이나 슬픔을 느끼는 상황은 대개의 사람들에게 유사하게 나타나지만 분노는 그렇지 않다. 폭력이 있다고 해서 모두 분노를 느끼는 것은 아니다. "오직 정의감에 어긋날 때만 분노로 반응"[13]한다. 즉 분노는 폭력 그 자체가 아니라 폭력에 내재된 위선(불합리, 모순) 때문에 일어나는 것이다. 따라서 자살행위자가 갖는 사회의식의 수준과 내용은 분노의 대상과 내용에 영향을 미치게 되고 최종적으로 자살메시지에 반영된다. 따라서 분노는 저항적 자살의 문제상황과 자살메시지를 매개하는 역할을 한다고 볼 수 있다.

분노가 자살메시지를 통해 자살자가 인식한 적의 정체를 밝히는 역할을 한다면 타인에 대한 슬픔은 공감의 대상을 지시한다. 이 때문에 저항적 자살은 평상시에는 경계가 모호할 수도 있었던 '적'과 '우리'를 갈라 적대적 전선을 명확히 하는 역할을 한다. 김원은 "열사의 탄생은 적-동지라는 적대의 증폭을 통해 기존 정치공동체와 구분되는 새로운 공동체를 구성하는, 정치적 상상력의 기폭제 역할을 했다"[14]고 했는데 저항적 자살에서 공감은 이같은 '새로운 정치공동체'의 경계와 성격을 지시하는 기능을 한다.

내면화 정서를 지배와 저항의 두 측면에서 도식화하면 각각 '지배세력-폭력(학살)-분노'와 '저항세력-희생-슬픔(애도)'으로 연결할 수 있다. 지배세력의 폭력이 분노를 유발하고, 그 폭력에 의한 저항세력의 희생은 슬픔으로 이어진다. 이때 지배세력은 타도의 대상이자 투쟁의 객체이고 저항세력은 보호의 대상(보호이익)이자 투쟁의 주체이다.

자살행위에서는 자살메시지의 수신인, 소통방식을 주로 분석했다. 박형민은 《자살, 차악의 선택》에서 자살의 소통방식을 '일방적 소통방식'과 '상호적 소통방식'으로 구분했는데 전자에는 '비난'이나 '고발', 후자에는 '각인'이나 '탄원'의 메시지가 담길 수 있다.* '○○○ 물러나라'처럼 메시지 수신인이 지배세력일 때는 일방적 소통방식에 해당하며, '○○○ 궐기하라'처럼 저항세력일 때는 상호적 소통방식에 해당한다. 또 전자는 분노의 정서와 연결돼 있고 후자는 슬픔의 정서와 연결돼 있다.

이상과 같이 저항적 자살의 유형 분류를 위해 자살의 주요 세 단계, 즉 문제상황에서 자살자의 성찰과 해석을 통해 지배폭력이 수용되는 방식, 지배폭력의 압도성으로 인해 실패를 내면화하면서 발생하는 정서와 대상, 또 그것이 자살메시지에 어떻게 드러나는지를 각각 분석했다.

분석 결과 각 단계별 특징들은 크게 두 가지 그룹으로 묶을 수 있었는데 경계가 가장 뚜렷한 것은 문제상황이었다. 구체적 충돌상황이냐 추상적 충돌상황이냐에 따라 내면화 정서와 자살메시지의 특징이 크게 달랐다. 구체적 충돌상황에서 내면화 정서는 분노가 강한 가운데 슬픔을 수반했으며 자살메시지는 일방적 소통방식이 상호적 소통방식보다 강했다. 또 추상적 충돌상황에서는 분노의 정서는 그다지 강하지 않았고 자살메시지는 일방적 소통보다는 상호적 소통이 강하게 나타났다. 따라서 충돌상황을 중심으로 하는 두 자살 유형은 서로 배타적이라 할 수 있는데 첫 번째 유형을 '실존형 자살', 두 번째 유형을 '당위형 자살'로 명명했다.

자살 유형의 명명은 자살자가 몸담은 운동의 성격을 염두에 두었다. 당위형 자살의 대다수를 차지하는 학생운동은 주로 관념적인 도덕률에 의해 마땅히 해야만 하는 실천을 중요하게 간주하기 때문에 '당위적 운동'이라 할 수 있다. 또 실존형 자살자의 다

• 박형민은 《자살, 차악의 선택》(이학사, 2010)에서 비난과 각인은 정서적 메시지, 고발과 탄원은 문제지향적 메시지에 해당한다고 분석했다.

수가 관계된 노동운동은 일상에서 계급 경험에 기초한 분노에 의해 자생적으로 일어나는 운동이라는 점에서 '존재론적 운동'이라고 할 수 있다. 존재론적 운동 과정에서 발생한 자살의 주된 목적은 구체적이고 실질적으로 존재하고 있는 주체의 존엄성을 회복하는 데 있기 때문에 '실존형 자살'이라고 했다.

자살 유형은 각 단계별 특징을 파악하고 그것을 범주화하는 연역적 방법을 통해 도출했지만 여기서는 그러한 도출 과정을 기술하기보다 도출된 두 유형을 중심으로 단계별 특징을 설명하겠다.

한편 이 연구는 자살 유형을 포착하고 추정하는 데 머물지 않고 연구 대상인 133명의 열사 모두에게 도출한 유형을 적용했다. 물론 다양하고 복잡한 여러 의미를 담고 있는 자살을 일률적으로 유형화하는 것은 오류의 가능성을 내포할 수 있다. 개개의 저항적 자살들에 내재된 맥락은 제거한 채 몇 개 변수로만 표현할 경우 실제 의미가 왜곡될 수도 있다. 그러나 다소의 오류를 감수하더라도 도출된 자살 유형을 전체 사례에 적용한 것은 계량화의 장점 때문이다. 계량화 작업은 자살자의 직업이나 자살 방법 등 저항적 자살의 다른 요소들에서는 드러나지 않은 특성을 추이 분석 등을 통해 파악할 수 있게 해준다.

2) 당위형 자살

단계별 분석 내용

① 문제상황: 추상적 충돌상황

당위형 자살을 유발하는 문제상황은 지배세력과 저항세력이 추상적으로 충돌하는 상황이다. 추상적 충돌상황은 지배세력과 저항세력이 관념적으로 충돌하는 상황이다. 즉 개인에게 직접적인 폭력이 가해지지는 않았지만 추상적인 지배폭력에 저항하는 과정에서 발생하는 충돌상황을 말한다. 5·18 광주학살에 항의하는 학생운동이나 전방입소반대투쟁, 대통령선거 때의 여당 후보 반대운동, 88올림픽 공동개최 요구투쟁 등이 여기에 해당한다. 대학생들의 학원민주화투쟁이나 교대생들의 교육정상화투쟁, 전방입소반대투쟁의 경우 구체적 충돌상황으로 보이기도 하지만 추상적 충돌상황으로 해석해야 한다. 왜냐하면 개인에게 가해진 구체적이고 물리적인 폭력을 회피하려고 자살한 것이 아니기 때문이다. 학원민주화나 교육정상화의 내용과 결과가 개인들에게 영향을 전혀 미치지 않는 것은 아니지만 투쟁의 목적이 국가의 정책 그 자체의 성격과 내용을 바꾸는 데 있었다는 것이다.* 이러한 추상적

---

* ㊾정성묵, ㊿김수경, ⒅심광보, Ⓔ길옥화 4명은 전교조 탄압 속에 신체나 심리적인 압박을 겪는 경우였고 ⒇장재완, ㊲양영진, ⑰손석용 3명은 군인 신분이었으며, ⑯권두영은 투옥 중이었다. 유서 등에 드러난 정황으로 보아 자살에 영향을 미친 것은 개인에게 가해진 억압보다는 조국통일이나 참교육 쟁취 같은 추상적인 목표와 충돌하는 정치상황이라고 할 수 있다.

충돌상황에 해당하는 직업군은 대학생, 사회운동가, 고교생 등이다. 이들이 선택한 자살 장소로는 학교와 광장이 대부분이었지만 개인 공간도 있었다.

추상적 충돌은 '폭력의 예감'에 의한 것이기 때문에 구체적 충돌에 비해 지배폭력의 압도성이 가시화되지 않는다. 외부에서 보기에 자살자에게 미친 지배폭력이 스스로 목숨을 끊을 만큼 극심한 고통을 유발했다고 여겨지지 않는다는 것이다. 이 때문에 추상적 충돌상황에서 감행한 자살은 그 불가피성이 사회적으로 용인되기 힘들다. 그러나 지배폭력의 압도성은 자살 당사자에게는 주관적으로 인식되는 것이기 때문에 추상적 충돌이라 하더라도 자살자 본인에게 압도성이 떨어지는 것이라고 일반화할 수는 없다.

제도나 정책의 개폐와 관련해서는 충돌상황을 일률적으로 특정하는 것이 곤란하다. 예를 들어 똑같이 쌀 수입 개방에 반대한 자살이더라도 자살자가 대학생이면 추상적 충돌상황으로 볼 수 있고 벼농사가 주업인 농민이라면 구체적 충돌상황으로 볼 수 있다. 대학생이 식량제국주의에 반대하는 것인 반면 농민은 생계에 직접적인 타격을 받기에 반대한 것이기 때문이다.

② 내면화 정서: 슬픔

실존형과 당위형 모두 분노의 정서가 가장 크게 드러났지만 당위형에서는 실존형보다 슬픔의 정서가 좀 더 두드러졌다. 5·18 광주학살이 직접적인 이유가 된 자살에서 슬픔의 정서가 특히 강했는데, 그 예로 ❷김종태를 들 수 있다. 김종태는 분신 직전 뿌린 〈광주 시민 학생들의 넋을 위로하며)[15]라는 글에서 "내 작은 몸뚱이를 불사질러서 광주 시민 학생들의 의로운 넋을 위로해드리고 싶습니다. …… 도저히 이 의분을 진정할 힘이 없어 몸을 던집니다"라며 슬픔을 드러냈다. 또 ㉟박래전(1988.06.04., 숭실대)은 "아아! 학우여! 얼마나 더 많은 사람들이 죽어가고 쓰러져야 하는가? …… 들리지 않는가. 광주 영령들의 울부짖음이. 들리지 않는가. 세진이, 재호, 윤범, 덕수의 함성이"[16]라며 광주 영령과 앞선 죽음을 애도했다. 5·18과 직결되지 않은 죽음에서 슬픔의 대상은 "이산가족 …… 노동형제들, 농민들, 학생, 공무원, 경찰, 사병 등등 반쪽이 된 조국의 구성원들"(㊷조성만)[17], "미제국주의에 의해 분단된 땅, 고통받고 있는 땅, 창백한 식민지 조국"(㊲양영진)[18]에서 언급된 민족이나 민중, 조국처럼 추상적인 개념이 많았다.

③ 메시지의 소통방식: 상호적 소통방식

추상적 충돌상황의 메시지는 구호에서는 일방적 소통방식이 많았고 유서에서는 상호적 소통방식이 많았다. 이것은 구체적 충돌상황에서도 마찬가지다. 구호에서 비난·고발의 대상은 '학원 탄압 노태우 정권' '파쇼의 선봉 전두환' '조국통일 가로막는 미국 놈들' '장기집권 음모' 등이었으며, 유서에서는 '일어나라' '타도하자' '투쟁하자' 등 소속 집단 또는 저항세력을 향한 탄원의 메시지가 많았다.

초기에는 대체로 지배세력을 규탄하는 일방적 메시지가 많았다가 1987년 말 건대항쟁 직후 ㉗진성일의 죽음에서부터 저항세력의 궐기를 촉구하는 상호적 메시지가 많아졌다.[19] 또 각인보다는 탄원이 강했으며, 같은 탄원이라도 당위형은 '○○을/를 위해 일어나 행동하라' 등의 촉구형이 많았다. 궐기를 촉구하는 대상에 해당하는 메시지 수신인은 초기에는 ❶김의기(1980.05.30., 서강대)의 "동포여, 일어나라! 유신 잔당의 마지막 숨통에 결정적 철퇴를 가하자"[20]나 ❷김종태의 "국민 여러분! 과연 무엇이 산 것이고 무엇이 죽은 것입니까?"처럼 국민을 대상으로 했다면, 건대항쟁서부터는 ⓱진성일의 "산대인이여! …… 우리 모두 앞장서서 나갑시다"[21] 처럼 대학생에 한정된 경우가 많았다. 후자의 사례로는 "사랑하는 한반도의 백만 학도에게"(㉟박래전)[22], "조국의 자주·민주·통일의 그날까지 교대인이여 깨어나라!"(㊽남태현)[23], "2만 학우 단결하라!"(㊿박승희)[24], "6천 경원대 단결투쟁 노태우 정권 타도하자!"(㊷천세용)[25] 등이 있다. 예외적으로 "마지막 고별사: 8천만 동포들에게"(⓬⓲강희남)[27]처럼 남북한의 민족 전체를 대상으로 하는 경우도 있었다.

④ 자살 목적(보호이익)과 죽음의 의미: 추상적 공동체를 위한 소명의 실천•

자살의 최종 목적 또는 보호이익은 '민족' '민중' 등 대체로 추상적 공동체였다. 또 보호이익이 직접 드러나지 않고 "전두환 물러가라"(❸김태훈), "반전반핵 양키 고 홈"(❿김세진, ⓫이재호), "미제 축출"(⓱진성일)처럼 지배세력의 반대에 초점이 맞춰진 자살메시지도 많

• "일한 만큼의 대가도 나오지 않는 이 세상에서 죽지 못해 살고 있는 노동자, 농민"(⓯이경환, 재수생), "새로운 민중의 나라를 위해"(㊷천세용, 학생), "슬프고 아프게 살아가는 이 땅의 민중을 위해"(㊽김기설, 사회운동가) 등이 그런 사례에 해당한다.

열사, 분노와 슬픔의 정치학

왔는데 비난·고발의 대상이 '반독재'나 '반제' 등이라는 데서 거꾸로 보호이익이 민족이나 민중이라는 것을 알 수 있다.

보호이익과 상호적 메시지의 수신인이 다른 경우도 많았다. "5천만 민중이여, 궐기하라!"에서 '민중'은 자살의 보호이익이자 메시지 수신인이지만, '2만 학우'나 '청년학도'의 궐기를 촉구하는 자살메시지에서 보호이익은 민족이나 민중이고 메시지 수신인은 동료 집단인 대학생이다. 이처럼 보호이익과 메시지 수신인이 다른 것은 자살자의 소속 공동체가 민족, 민중 등의 추상적 공동체와 대학생 집단이라는 구체적 공동체로 이원화됐기 때문이다.

또 당위형에서 자살은 소명을 위한 실천이었다. ❻홍기일은 부모에게 남긴 유언에서 "폭탄을 터뜨리기 위해선 성냥이 필요합니다" "12시경에 죽었으면 좋겠다. 왜냐하면 일간지에 나갈 수 있을 것 같으니까"라고 했고[27], ❻❸김기설은 유서에서 "아버지 어머니의 아들이 아닌 조국의 아들임을 선포해 부모님께 마지막 효도를 하려 합니다"[28]라고 했는데 미안함보다는 자부심이 드러나는 말이다. 그 밖에도 ❶❻강상철은 양심선언문에 "정의의 죽음은 의로운 죽음이요 승리의 죽음입니다. 마지막으로 남은 것은 전 민중의 함성"[29]이라 남겼으며, ❸❺박래전은 "어두운 시대의 참 인간이고자 했던 작은 사람의 아들이 이 땅의 모든 사람에게 드립니다"[30], ❻❽정상순(1991.05.22., 무직)은 "승희 양과 철수 열사 등의 뒤를 이어 젊음을 불태우렵니다"[31], ❶❷❼강희남은 "최익현 선생의 뒤를 따라 이 길을 가는 것"[32]이라고 했다. 자살자가 자신의 자살행위 자체를 의미 있는 '실천'***의 하나로 인식한다는 것을 알 수 있다.

자살을 실천행위의 하나로 인식하게 되는 배경에는 1970년 전태일의 분신과 1980년 5·18 광주의 죽음이 있다. 전태일의 분신은 1970년대 초반 예수의 삶에 비유되었고[33] 그로부터 10년 뒤 일어난 5·18은 전태일 사건의 부활로, 궁극적으로는 예수 사건의 부활로 해석되기도 한다.[34] 예수 사건, 전태일의 분신, 광주의 죽음을 일치시키는 맥락의 메시지로는 "척박한 팔레스타인에 목수의 아들로 태어난 한 인간이 고행 전에 느낀 마음을 알 것도 같습니다"(㉓조성만)[35]와 "어머님, 내가 전태일 선배가 다하지 못한 일을 하려 했는데……"(❾박영진)[36] 등이 있다.

당위형 자살의 특징

당위형 자살에 해당하는 열사는 모두 59명으로 대학생 32명, 사회운동가 7명, 고교생 4명, 노동자 11명, 농민·종교인·입시생·교사·무직 각 1명씩이다. 구체적인 명단은 부록의 〈표 1〉에서 확인할 수 있다. 1970년대 자살자 중에는 김상진이 해당한다.

당위형 자살은 대의명분을 위한 실천행위의 하나로 조직적이고 목적의식적인 운동 과정에서 공동체의 장단기적인 과제를 실현하기 위한 것이다. 당위형 자살의 특징으로는 크게 세 가지가 있다.

첫 번째로, 지배세력과 저항세력이 충돌하는 강도나 양상과는 무관하게 나타날 수 있고 그 때문에 지배폭력의 압도성도 쉽

——

•• 김정한은 분신자살을 "자기희생을 통해 대중의 도덕적 분노, 힘의 결집을 이끌어낼 수 있는 실천"으로 보았다.(김정한, 《대중과 폭력》, 이후, 1998, 43쪽)

게 인정받지 못한다. 즉 '죽을 만한 상황'이 아닌데도 죽었다는 평가가 나오게 되는 것이 당위형 자살의 첫 번째 특징이라 할 수 있다. 반면 실존형 자살은 사회적 타살 또는 "강요당한 자살"[37]이라 불릴 정도로 지배폭력의 압도성이 두드러진다. 그러나 지배폭력의 압도성은 자살자 개인에게는 매우 주관적인 것이기 때문에 외부에서 객관적 잣대로 단정하기 어렵다. 그리고 외부에서 생각하는 '죽을 만한 상황'은 주로 자살자의 생존과 직결되는 것인데 거꾸로 자살자의 생존과 자살의 목적이 무관하다는 것이 당위형 자살의 특징이다.

두 번째로, 당위형 자살은 대부분 대학생을 비롯해 육체노동을 하지 않는 직업에서 나타나지만 노동자도 11명이나 된다. 농민도 1명이 있는데 서울대 농대 출신으로 농어민신문사 초대 회장을 지낸 **107**이경해이다. 그는 이미 1990년 스위스 제네바에서 우루과이라운드 협상에 반대해 할복자살을 기도한 일이 있으며 WTO에 반대해 수차례 단식농성을 전개한 바 있다. 이경해와 당위형 자살을 한 노동자 11명의 자살 장소는 모두 광장이다.

세 번째로, 당위형 자살의 일부는 '자기귀책형' 자살이다. 박형민이 개념화한 '소통적 자살'에서 자살은 문제상황이 실패에 이르게 된 책임을 누구한테 돌리느냐에 따라 '타인전가형'과 '자기귀책형'으로 나뉜다. 저항적 자살은 자살에 이르게 된 문제상황의 책임을 지배세력에게 둔다는 데서 대표적인 '타인전가형' 자살이라고 할 수 있다. 그런데 '열사'로 호명된 자살임에도 자책감이 크게 드러나는 경우가 있는데 **14**박혜정, **18**박선영, **20**장재완, **59**최응현(1990.11.08., 한양대)이 이에 해당한다. 그러나 비록 자신에게 책임을 돌렸을지라도 근본적인 문제상황은 지배폭력에 의한 것이었기 때문에 이 경우 역시 저항적 자살로 볼 수 있다. 자기귀책형 자살은 다른 저항적 자살에서 나타나는 비난·고발이나 '각인·탄원의 메시지'가 강하지 않다. 분노의 정서도 두드러지지 않으며 슬픔은 다른 자살자들처럼 공동체에 대한 것보다는 '개인의 반성'에 초점이 맞춰져 있다. 구체적으로는 다음과 같다.

박혜정은 유서에서 "반성하지 않는 삶, 아파하면서 살아갈 용기가 없는 삶, 이 땅의 불의와 억눌림을 방관하는 삶. 부끄럽게 죽을 것"이라 했는데 여기서 '반성하지 않는 삶'은 자신뿐 아니라 동료 학생 모두에게 해당하는 것으로 읽을 수 있다. 박혜정이 한강에 투신해 사망했을 때 서울대 학생들이 열사 호명 여부를 두고 토론한 결과 암묵적으로 호명하지 말자는 의견을 보였다고 전해지는데,[38] 이것은 박혜정의 자살이 이처럼 자기귀책적 성격을 가졌기 때문이라고 추정된다.

장재완은 방위병으로 근무할 때 조직 관련 문건을 분실했는데 이것이 보안대에 넘겨져 수사가 진행되는 도중 조직을 보위하고자 자살했다. 1990년 11월 8일 투신자살한 최응현은 전방입소 반대특위 부위원장을 했다는 이유로 구속됐다 출소한 뒤 가정형편으로 휴학과 복학을 반복하면서 민주화투쟁에 제대로 복무하지 못하는 것을 자책해 자살했다.

박선영의 경우 "그 어떤 행위들을 시도해도 보이는 것은 나의 반동밖엔 없었다. 인생에 대한 열렬한 의문, 탐구, 실천, 지금껏 나를 떠받쳐온 모든 욕망을 잃어버린 채 지금 나는 빈껍데기로 서 있다"고 썼는데 이 역시 자책감이 간접적으로 드러나기 때문에 자기귀책형으로 보았다. 박선영의 유서에서 나타나듯이 자기귀책형 자살은 당위형으로 분류하기는 했지만 실존적인 성격도 함께 공존한다. 여기서 실존적이라는 것의 의미는 '존재 자체와 관련된 의문'과 관련이 있다.

한편 당위형 자살의 경우 간혹 저항적 자살이 아니라 개인적 문제로 자살한 것을 '열사'로 포장한다는 비난이 제기되기도 한다. 즉 자살의 메시지와 무관한 생계 문제나 애정 문제, 심지어 정신질환 때문에 자살했다는 것이다. 1991년 연세대 앞 철교에서 분신자살한 이정순은 자살 원인으로 "이혼한 뒤 서울에 올라와 식당 주방일 등을 하며 월세 5만 원짜리 셋방에서 혼자 지내온 것"[39] 또는 "결혼 후 이혼했으며 평소 기독교에 심취"[40]했다는 점이 강조됐다. ❼송광영이 분신했을 때는 국회 국정감사에서 민정당 국회의원이 분신자살자가 성적 불량으로 제적됐다는 사실을 상기시킨 일이 있었고[41], ㉝최덕수(1988.05.18., 단국대)의 분신에 대해서는 광주항쟁 추모 기간에 치러진 대동제가 향락적인 분위기로 흐르는 것에 분노해 빚어진 '즉흥행위'로 축소·왜곡 보도하기도 했다.[42] ㉖윤용하의 분신 기사에서는 다른 자살 시도자의 증언을 통해 저항적 의미를 훼손하려는 시도도 있었다. 그와 같은 날 한강에서 투신자살을 시도했다가 살아난 31세의 간호조무사는 "삶이란 어떤 것인가. 강경대 군 추모식에 참석 못하니 미안하게 생각한다"는 메모를 남겼는데 병원에 옮겨진 뒤 "생활이 고달파 죽으려 했을 뿐 강군 이야기에 의미를 부여하지 말라"고 했다고 보도되었다. 한편 ㉓김기설의 분신에서는 지배세력이 유서 대필 의혹을 제기하기도 했다.

1986년에는 분신자살의 주요 원인이 가정불화와 정신질환이라는 논문이 발표됐다. "분신자살자나 일반 자살자나 특별히 원인적으로 비교될 차이는 발견할 수 없고 다만 분신자살이 올해 많았고 치사율이 70~80%로 일반 자살보다는 높다는 정도 …… 분신자살이든 일반 자살이든 상당수가 정신질환의 악화로 일어나는 것"이라는 내용이었다.[43] 물론 우울증 등 실제 정신질환도 있었지만 '열사'로 호명된 자살자의 정신질환은 대부분 고문을 비롯한 지배폭력의 결과였다. 그들의 정신질환은 국가폭력의 흔적이기 때문에 그것을 이유로 죽음이 갖는 저항적 의미를 축소시키는 것은 타당하지 않다.•

당위형 자살 중 고문후유증 속에 유서나 유언 없이 자살한 경우는 ❸⓪곽현정, ❺❺최동, ❽❻장현구, ❾❷이상희, ❾❻이길상으로 신병 비관이나 정신질환이 자살에 영향을 미쳤을 수 있다. 하지만 그렇다고 해도 이들의 자살은 지배폭력의 결과로 나타난 '준타살'에 해당하며 신체적·정신적 고통에 따른 좌절감을 넘어 정권에 대한 분노를 죽음으로써 표출한 것으로 볼 수 있다. 앞서 보았듯 생계곤란, 가정불화 등을 빌미로 죽음의 의미를 축소하려는 시도도 종종 나타났는데, 자살자의 개인적 상황은 자살의 저항성을 판단

• 1986년에는 노동자 박영진과 대학생 김세진·이재호를 시작으로 6명이 분신자살을 했다. 1986년은 이 같은 저항적 자살에 대한 주류 언론의 본격적인 공세가 시작된 때이기도 하다. 《동아일보》와 《중앙일보》는 문익환 목사가 외신과의 기자회견에서 "국가와 민주주의 그리고 통일을 위해 49명이 분신할 각오로 기다리고 있다"며 분신자살에 대한 배후조정 의혹을 제기했다.(〈文(문)목사 拘束(구속)되기 전 外信(외신)과 會見(회견) 때 밝혀 "49명 焚身(분신) 각오 대기"〉, 《동아일보》, 1986.05.24.; 〈49명이 분신 대기, 문목사 기자회견〉, 《중앙일보》, 1986.05.24.)

열사, 분노와 슬픔의 정치학

하는 근거가 될 수 없다. 왜냐하면 당위형 자살은 '소명의 실천'이라는 특성상 자살자 개인의 실존과는 무관하기 때문이다. 즉 당위형 자살은 자살자가 비난·고발하고 각인·탄원하려는 공동체의 과제 때문에 일어난 실천행위이지 자살자의 생존과 관련해 촉발된 행위가 아니라는 것이다.

3) 실존형 자살

단계별 분석 내용

① 문제상황: 구체적 충돌상황

실존형 자살을 유발하는 문제상황은 지배세력과 저항세력이 구체적으로 충돌하는 상황이다. 구체적 충돌상황은 지배세력과 저항세력이 자살자의 신변이나 생활상의 구체적인 문제로 충돌하는 상황이다. 당위형처럼 추상적인 지배에 저항하는 것이 아니라 임금 인상이나 노동시간 단축 등 구체적인 내용을 둘러싸고 충돌하는 상황이다. 직업별로는 노동자와 농민 대부분과 노점상과 철거민 전부가 해당한다. 실존형은 노동자의 경우 파업농성 중에 많이 발생했지만 노조 탄압 과정이나 산재사고 후의 보상 과정, 살인적 노동환경도 원인을 제공했다. 자살 장소는 대부분 직장이었고, 광장이나 개인 공간도 더러 있었다.

구체적 충돌상황에서 발생한 저항적 자살의 가장 큰 특징은 추상적 충돌상황과 달리 지배폭력의 '압도성'이 외부로 크게 드러난다는 것이다. 지배세력과 저항세력이 충돌한 상황에서 압도적인 지배폭력은 자살자로 하여금 문제상황을 실패로 인식하게 한다. 그리고 문제상황의 이 같은 좌절은 분노나 슬픔의 정서로 연결돼 자살자에게 큰 고통을 주게 되고 견디기 어려운 고통에서 벗어나기 위해 최후의 저항수단으로서 자살을 선택하게 된다. 다시 말해 구체적 충돌상황이 저항적 자살을 야기하는 맥락은 지배폭력의 압도성과 그에 따른 극심한 고통이라 할 수 있다.

② 내면화 정서: 분노

실존형의 경우 당위형에 비해 분노가 더욱 두드러졌다. 분노가 극단적으로 드러난 메시지로는 ❺⓿이영일(1970.05.03., 통일중공업)이 모친에게 남긴 유서에 쓴 "이런 세상을 만든 놈들을 저주합니다"[44]와 ❽②최정환과 ❾④홍장길(1997.05.31., 연희교통)이 병상에서 남긴 "복수해 달라"[45]는 말이 있다. 또 서울시장 이명박에게 "서민의 삶의 질을 개선하기 위해 노력하겠다던 공약을 지켜라"라고 쓴 서한을 보낸 뒤 자살한 ❿②박봉규는 "끝까지 싸워 나의 한을 풀어달라"[46]고 했고, ❸④장용훈(1988.05.24., 현대교통)은 병상에서 "이놈의 세상 비통해서 살 수 없다"[47]는 말을 남겼다. '30분 일 더 하기 운동' 등 살인적 노동환경 속에서 관리자의 폭언을 듣고 투신자살한 ❼④권미경의 팔에는 검은 볼펜으로 "내 이름은 공순이가 아니라 미경이다"[48]라고 쓰여 있었다. 분노의 정서가 극단적으로 드러난 자살의 경우 자살자가 대상을 특정하지 않은 가운데 세상 전체 또는 자신과 동료를 제외한 나머지 모두를 분노의 대상으로 삼았다는 특징이 있다.

열사, 분노와 슬픔의 정치학

슬픔의 정서에서는 자살자 스스로에 대한 슬픔과 동료 노동자에 대한 슬픔을 서로 분간하기 어려웠다. 자살자가 소속 공동체와 일체화됐기 때문이다. "이 돈으로 생활은 어떻게 하며 자녀 교육은 무슨 수로 시키겠습니까"(**⑨**김성윤)[49], "이제 이틀 후면 급여 받는 날이다. 약 6개월 이상 급여 받은 적 없지만 이틀 후 역시 나에게 들어오는 돈 없을 것"(**⑩④**배달호, 2003.01.09., 두산중공업)[50] 등은 자살자의 처지를 말한 것이지만 실제로는 동료 노동자 모두에게 해당하는 내용이다. **⑩⑧**김주익은 "아이들에게 힐리스인지 뭔지를 집에 가면 사주겠다고 크레인에 올라온 지 며칠 안 돼서 약속을 했는데 그 약속조차 지키지 못해서 정말 미안하다"[51]라고 했는데 유서에 함께 쓰인 "나 한 사람 죽어서 많은 동지들을 살릴 수가 있다면 그 길을 택할 수밖에 없지 않겠는가?"라는 말에서 자신과 동료를 일치시키고 있다는 것을 알 수 있다.

③ 메시지의 소통방식: 일방적 소통방식

일방적 소통 메시지가 좀 더 강하게 드러났다. 이것은 실존형 자살의 두드러진 정서가 분노라는 것과 관련이 있다. 일방적 메시지에서 비난·고발하는 대상과 분노의 대상은 같기 때문이다. 전태일을 예로 들면 분신 직전 "근로기준법을 준수하라" "일요일은 쉬게 하라" "우리는 기계가 아니다" "내 죽음을 헛되이 하지 말라"는 네 개의 구호를 외쳤는데 앞의 셋은 비난·고발의 뜻이 담긴 일방적 메시지이고 마지막은 동료에게 자신과 죽음을 각인시키려는 상호적 메시지이다. 여기서 비난·고발 대상은 사측이며 세 번째 메시지에는 인간의 존엄성을 지키려는 실존적 의지가 함께 담겨 있다.

일방적 메시지의 수신인은 사측, 정권, 세상 전체 등이었다. 구체적 사례로는 "두산이 해도 너무한다"(⑩④배달호), "이 한 몸 바쳐 노태우 정권에 경고한다"(㊼이재식, 1989.10.16., 노점상), "이런 세상을 만든 놈들"(㊿이영일) 등이 있다. 각인·탄원의 상호적 메시지의 수신인은 대체로 동료 노동자였지만 드물게는 수신인이 국가인 경우도 있었다. 이 경우 국가는 사측이나 자본가와 달리 적으로 간주되지 않았다. ⑧⓪김성윤은 〈김영삼 대통령께 드리는 탄원서〉에서 "꼭 택시 요금 현실화를 이룩해주십시오"[52]라고 했으며, ⑪⓪이용석도 노무현 대통령에게 남긴 유서에 "아버지를 여읜 저에게는 대한민국의 아버지로서 감히 상담을 하고자 합니다"[53]라고 했다. 상호적 메시지일 경우 "나의 죽음을 헛되이 하지 말라"처럼 탄원보다 각인이 강했으며 탄원일 때는 '○○를 이루어달라'는 소망형이 많았다.

④ 자살 목적(보호이익)과 죽음의 의미: 구체적 공동체를 위한 자기보전행위

실존형 자살의 목적은 인간의 존엄성을 회복하는 것이라고 할 수 있다.* 자살자에게 죽음은 '자기파괴행위'가 아니라 거꾸로 생물

---

* 노동자의 자살에서는 '인간다움'과 관련된 단어가 여럿 등장한다. "광산쟁이도 인간이다"(㉞성완희), "인간 대접을 받고 싶다"(㊴이문철), "노동자들의 투쟁이 정당하고 인간다운 삶을 위한 것"(㊸김종수), "인간다운 삶의 맛이 나는 세상이 그립습니다"(㊿이영일), "인간답게 살고 싶었다"(㊹권미경), "우리도 인간답게 살려고 살아가는 게 아닙니까"(㉷박삼훈), "최소한의 인간 대우를 해달라는 요구"(⑩⑧.김주익), "비정규직 노동자로 산다는 것은 인간임을 포기해야 하는 것이며, 현대판 노예로 살아가야 하는 것"(⑪②박일수) 등이 있다.

학적 삶을 끝냄으로써 인간의 존엄함을 회복하는 '자기보전행위'였기 때문이다. 그리고 자살 목적에 해당하는 보호이익과 슬픔의 대상이 동일했는데 자살자 개인뿐 아니라 동료 노동자까지 포함됐다. 아래 ⑫박일수(2004.02.14., 현대중공업)의 유서에서는 박탈당한 자존감으로 인한 자신과 동료 노동자들에 대한 슬픔이 사측과 국가에 대한 분노를 거쳐 자신과 노동자 전체의 해방 의지로 나아가는 것을 읽을 수 있다.

> 하청 비정규직 노동자로 산다는 것은 인간임을 포기해야 하는 것. …… 노동부에 고발해봐야 부당해고비 몇 푼 받으면 끝난다. …… 나의 한 몸 불태워 하청 비정규직 노동자의 열악한 환경이 착취당하는 구조가 개선되길 바란다.[54]

㉙오범근(1988.03.10., 후지카 대원전기)은 당시 직장 내 직무가 수위였기 때문에 물리적 폭력이 직접적으로 자신에게 가해지지 않았는데도 동료 노동자가 당했던 폭력에 항의해 분신했다. ㊱성완희도 동료가 단식하는 상황에서 구사대가 진입한 데 항의하며 분신했다. ⑩김주익도 유서에서 "나 한 사람 죽어서 많은 동지들을 살릴 수가 있다면"이라고 했고, ⑭김춘봉의 유서에도 "다시는 이러한 비정규직이 없어야 한다. 나 한 사람 죽음으로써 다른 사람이 잘되면"이라고 쓰여 있다. 노동자의 자살에서 동료 노동자와 자살자 자신과의 일체화는 "관계된 사람들과 힘 모아 밀어붙여 꼭 복수를 해야 한다"는 ㉞장용훈의 유언에 잘 나타나 있다.

이러한 일체화는 자살을 시도했다가 생명을 구하게 된 생존자들의 증언에서도 나타난다. 2007년 12월 11일 콜트콜텍 노동자 이동호는 사측의 정리해고에 맞서던 중 시너와 아세톤 등 휘발성 물질을 온몸에 끼얹고 불을 붙였다가 살아났다. 그는 3개월 전 분신자살한 ⓬정해진(2007.10.27., 영진전업사)을 떠올리며 "정해진 열사가 분신해서 문제가 해결됐다는 생각이 머리를 스쳐지나가면서 나는 가정도 없으니까 나 혼자 죽어서라도 우리 문제 해결하자"는 생각을 했다고 한다.[55] 즉 노동자에게 자살은 투쟁의 돌파구임과 동시에 자신과 동료 노동자들의 '인간해방'을 위한 것이다.

한편 자살의 보호이익 역시 상호적 메시지의 수신인과 일치했다. 즉 자살자에게 동료 노동자는 슬픔·공감의 대상으로서 자살의 보호이익임과 동시에 각인·탄원의 대상인 투쟁 주체였다.

자살자는 가족, 동료 등 주변에 미안함을 표시하는 경우가 많았는데 이는 자살이 '불가피한' 선택이었다는 것을 의미한다. 이러한 심정을 나타내는 사례로는 "(가족에게) 미안하다. 하지만 이 길밖에 없다"(⓬변형진, 1986.04.30., 삼환택시)[56], "부모님 전상서: 더러운 세상 먼저 하직하는 불초소생을 용서해주십시오"(㊺이상모)[57], "내가 없더라도 우리 가족 보살펴주기 바란다. 미안합니다"(⓯배달호)[58], "그동안 부족한 나를 믿고 함께해준 모든 동지들에게 고맙고 또 미안할 따름이다"(⓯김주익)[59], "해고를 막지 못해 미안하다"(⓬전웅재, 2007.01.23., 우창운수)[60], "형, 같이 못해서 미안해. 부모님께 미안하다고 전해줘"(⓭허광만)[61] 등이 있다. 반면 당위형에서는 미안함보다는 자부심이 더 크게 드러났다.

실존형 자살의 특징

실존형 자살자는 모두 74명으로 노동자 75명 중 64명, 농민 4명 중 3명, 노점상 6명과 철거민 1명 전원이 이에 해당한다. 구체적인 명단은 부록의 〈표 1〉에서 확인할 수 있다. 1970년대 자살자 중에는 전태일이 여기에 해당한다.

실존형 자살의 첫 번째 특성은 죽음을 통한 '자기보존행위'라는 점이다. 즉 인간의 존엄성이 훼손될 정도의 상황에 직면해 죽음으로써 자존감을 회복하고 인간의 존엄성을 보존하려는 것이 자살의 목적이다. 대부분 구체적 충돌상황에서 발생했고 자살 메시지도 '부당해고 철회'처럼 대체로 구체적이다. 그렇지 않은 경우도 있는데, 노동자 일부와 농민의 경우 충돌상황은 구사대 폭력이나 농가 부채처럼 구체적인 데 비해 자살메시지는 추상적인 법제도 개선을 요구할 때가 있다. 이것은 비정규직제도나 FTA에 의한 농산물 개방처럼 법제도가 자살자에게 직접적이고 구체적인 폭력으로 작용할 때 나타날 수 있다.

두 번째로, 실존형 자살에서는 개인적 자살과 저항적 자살의 구분이 무의미할 수 있다. 실존형 자살의 가장 두드러진 특징은 현실의 구체적 문제들이 자살메시지의 목표로 연결된다는 것이다. 따라서 실존형 자살은 자신과 소속 공동체의 생존을 현실적으로 억압하는 지배폭력에 항의해 주의를 촉구하고 여론을 환기시킴으로써 자살자 자신과 공동체를 보전하려는 행위라고 할 수 있다. 이처럼 실존형 자살은 생존 그 자체를 위한 투쟁이기 때문에 조직성을 띠고 목적의식적으로 전개되는 운동 과정에서 발생하기도 하지만 다른 한편으로는 집단적 부문운동과 무관하게 일어날 수도 있다. 이러한 사례로 택시기사 ㉞장용훈이 자전거와 접촉사고 후 승무정지를 당해 노동부에 고소한 것을 이유로 해고되자 "이렇게 무시당하고 살 수 없다"며 분신한 것을 들 수 있다. 이처럼 실존형 자살에서는 개인적 문제와 집단의 문제가 구분되기 어렵고 마찬가지로 개인적 자살과 저항적 자살도 구분되기 어렵다. 예를 들어 저임금에 의한 생계 곤란으로 자살했을 경우 개인의 좌절감과 체제에 대한 분노 중 어느 쪽이 자살의 근본 원인인지 구분하기란 쉽지 않다. 특히 자살메시지를 별도로 남기지 않았을 경우에는 더욱더 그렇다. 따라서 노동자의 모든 개인적 자살은 저항적 자살이라고 할 수 있다. 다만 저항적 자살과 개인적 자살을 구분하는 것은 추모행위를 통해서만 의미를 가질 수 있다.

세 번째로, 실존형 자살 중에는 당위형 자살의 특성이 함께 들어 있는 '당위적 실존형'이 존재한다. 당위적 실존형은 당위형과 실존형의 중간이 아니라, 구체적 충돌상황에서 발생한 실존형 자살이 일부 당위형과 유사한 속성을 보이는 경우를 말한다. 당위적 실존형은 전두환 정권 시기 ⑨박영진을 시작으로 노태우 정권에서 정점을 이뤘다가 김영삼 정권 이후 사라졌다.

당위적 실존형에 해당하는 자살로는 박영진 외에 ㊵김윤기, ㊹박진석, ㊺이상모, ㊼강현중, ㊽김종하, ㊿이영일, ㉚이진희, ⑪⑲오추옥 등이 있다. 이 중에서도 당위형의 속성이 가장 크게 드러나는 것은 박영진이다. 박영진은 분신 당시 임금 인상 파업을 주도하고 있었다. 파업농성 중에 구사대와 대치한 구체적 충돌상황에 있었지만 메시지는 다분히 추상적이었다. 그가 남긴 "근로기준법을 지켜라, 관리자들은 사규를 준수하라, 어린 소년과 여성노동자에 대한 부당행위 철회하라"는 구호는 대부분의 노동자들이 자신과 직결되는 억압에 항의한 것과는 차이가 있다. 또 입원한 병실에 전태일의 모친인 이소선 여사가 방문했을 때는 "삼반세력* 타도하자! 투쟁하자! 노동자가 주인이 되는 사회가 돼야 한다. 이 땅에 정의가 넘치고 사랑이 있어야 하고 평화가 있어야 한다"고 했다.[62]

김윤기는 학출 활동가여서 직접적인 생존의 문제보다는 학생운동의 영향이 컸으리라는 추측에서 당위적 실존형으로 분류했다. 이영일은 회사에서 노모를 찾아가 노조 탈퇴를 강요한 뒤 "군부독재 타도, 독점재벌 해체"를 외치며 분신했고, 오추옥은 토마토 농사 실패로 가계부채를 지자 "쌀 개방 반대"를 외치며 음독자살했다. 이 두 사람은 충돌상황의 구체적 내용과 메시지가 동떨어져 있다.

대우조선의 박진석·이상모와 경동산업의 강현중·김종하는 동반자살을 한 경우이다. 박진석·이상모는 구사대 입회원서를 찢고 "회사는 더 이상 노동자를 분열시키기 말라"고 한 뒤 분신했고,[63] 강현중·김종하는 친목회 활동을 징계한 데 항의해 태극기를 두른 채 "경동의 동료들은 싸워 이깁니다"[64]라고 한 뒤 분신했다. 박진석·이진석의 경우 다른 실존형 자살에 비해 자살상황을 야기한 지배폭력의 폭압성이 덜한 편이고 강현중·김종하의 경우 태극기를 두르는 등 자살메시지가 다소 추상적이다. 이진희는

• 　반민족, 반민주, 반민중을 뜻하며, 당시 정권을 지칭하는 말이다.

〈표 10〉 실존형·당위형 자살의 유형별 특성

실존형 자살	내용	당위형 자살
구체적 충돌상황	문제상황	추상적 충돌상황
강한 분노	대표 정서	강한 염원
가시적	지배폭력의 압도성	비가시적
분노 〉슬픔	자살 감정	분노 ≤ 슬픔
구체적	자살메시지의 양태	추상적
일방적 소통 〉상호적 소통	소통 방향	(전기) 일방적 소통 → (후기) 상호적 소통
비난 〉고발	일방적 소통	비난 〈 고발
각인 〉탄원	상호적 소통	각인 〈 탄원
구체적 공동체	상호적 메시지의 수신인	추상적 공동체, 구체적 공동체
구체적 공동체	보호이익(슬픔의 공감 대상)	추상적 공동체
인간 존엄성의 회복	자살의 목적	궐기의 촉구
불가피한 선택으로서 자기보존행위	자살행위의 성격	소명의 실천행위

"임금 인상 폭이 너무 적다"고 외친 뒤 분신했는데 그해 평균 임금 인상 폭인 17%보다 약간 낮은 13.57%였고, 당시 함께 있던 다른 노동자들의 경우 별다른 분노를 나타내지 않았다는 특징이 있다.[65] 이들 외에도 실존형 자살에서 당위형의 속성이 드러나는 경우는 더 있다. 한편 자살 유형별로 주요 분석 내용을 정리해보면 〈표 10〉과 같다.

3. 열사의 유형별 특성과 추이

앞에서 133명 열사를 당위형 자살과 실존형 자살로 분류했다면, 이제부터 실존형 자살을 한 열사는 실존형 열사, 당위형 자살을 한 열사는 당위형 열사라고 부를 것이다. 〈표 11〉과 〈그림 2〉는 앞에서의 분석 결과를 토대로 해 열사의 유형과 직업을 연도별 빈도와 그래프로 나타낸 것이다.

〈표 11〉은 1980년부터 2012년까지 각 연도별로 133명 열사의 출현 빈도를 유형별·직업별로 나타낸 것이다. 전체적으로는 1986년부터 1991년까지가 최소 9명에서 최대 15명으로 가장 많다. 한 명도 없는 해는 1983년, 1992년, 2000년, 2001년, 2006년이다. 유형별로는 당위형의 경우 1991년에 11명으로 가장 많고 실존형은 1988년과 1989년 각각 7명과 9명으로 가장 많다.

〈그림 2〉은 당위형과 실존형 열사와 함께 직업을 '육체노동'과 '비육체노동'으로 나눠 표시한 그래프이다. '육체노동'에는 노동자, 농민, 노점상, 철거민, '비육체노동'에는 대학생, 사회운동가, 고교생, 입시생, 교사, 종교인, 무직을 포함시켰다. 당위형은 비육체노동이, 실존형은 육체노동이 다수이다. 1992년 이전에는 유형과 직업이 어긋나고 있으나 뒤의 시기에는 대체로 일치한다. 또 1990년까지는 유형과 직업뿐 아니라 두 유형 간에도 등락이 교차하고 있으나 1991년부터는 유형 간 추세가 비슷하다. 즉 1991년부터는 당위형이 많아지면 실존형도 함께 많아졌다는 것을 알 수 있다.

여기서는 〈표 11〉과 〈그림 2〉에 나타난 이와 같은 변화를 토

〈표 11〉 직업별 자살 방법

유형	직업	1980	1981	1982	1983	1984	1985	1986	1987	1988	1989	1990	1991	1992	1993	1994	1995
당위	대학생	1	1	1	0	0	1	5	4	5	1	1	4	0	2	0	1
	사회운동가	0	0	0	0	0	0	1	0	0	0	1	2	0	1	0	0
	입시생	0	0	0	0	0	0	1	0	0	0	0	0	0	0	0	0
	고교생	0	0	0	0	0	0	0	0	0	0	3	1	0	0	0	0
	교사	0	0	0	0	0	0	0	0	0	0	0	0	0	1	0	0
	노동자	1	0	0	0	0	1	0	2	1	0	0	3	0	0	0	0
	농민	0	0	0	0	0	0	0	0	0	0	0	0	0	0	0	0
	종교인	0	0	0	0	0	0	0	0	0	0	0	0	0	0	0	0
	무직	0	0	0	1	0	0	0	0	0	0	0	1	0	0	0	0
	소계	2	1	1	0	0	2	7	6	6	1	5	11	0	4	0	1
실존	노동자	0	0	0	0	1	0	2	3	7	8	4	4	0	1	2	4
	농민	0	0	0	0	0	0	1	0	0	0	0	0	0	0	0	0
	노점상	0	0	0	0	0	0	0	0	0	1	0	0	0	0	0	1
	철거민	0	0	0	0	0	0	0	0	0	0	1	0	0	0	0	0
	소계	0	0	0	0	1	0	3	3	7	9	5	4	0	1	2	5
합계		1	1	1	0	1	2	10	9	13	10	10	15	0	5	2	6

〈그림 2〉 자살 유형과 직업의 추이 그래프

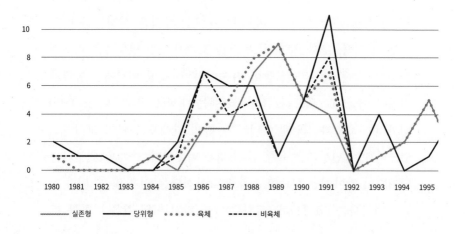

1996	1997	1998	1999	2000	2001	2002	2003	2004	2005	2006	2007	2008	2009	2010	2011	2012	합계
4	1	0	0	0	0	0	0	0	0	0	0	0	0	0	0	0	32
0	0	1	0	0	0	0	0	0	0	0	0	0	1	0	0	0	7
0	0	0	0	0	0	0	0	0	0	0	0	0	0	0	0	0	1
0	0	0	0	0	0	0	0	0	0	0	0	0	0	0	0	0	4
0	0	0	0	0	0	0	0	0	0	0	0	0	0	0	0	0	1
0	0	0	0	0	0	0	1	0	0	0	1	1	0	0	0	0	11
0	0	0	0	0	0	0	1	0	0	0	0	0	0	0	0	0	2
0	0	0	0	0	0	0	0	0	0	0	0	0	1	0	0	0	1
0	0	0	0	0	0	0	0	0	0	0	0	0	0	0	0	0	1
4	1	1	0	0	0	0	2	0	0	0	1	1	1	1	0	0	59
1	1	1	3	0	0	1	6	4	2	0	3	0	1	0	2	3	64
0	0	0	0	0	0	0	0	0	2	0	0	0	0	0	0	0	2
0	0	0	1	0	0	2	0	0	0	0	1	0	0	0	0	0	6
0	0	0	0	0	0	0	0	0	0	0	0	0	0	0	0	0	1
1	1	1	4	0	0	3	6	4	3	0	4	0	1	0	2	3	74
5	2	2	4	0	0	3	8	4	5	0	5	1	2	1	2	3	133

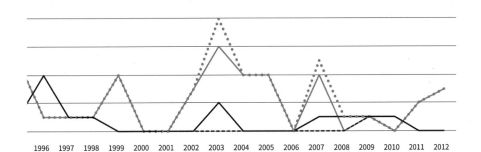

대로 자살 유형과 관련한 정권별 특성을 전체적으로 살펴본 뒤 각 유형별로 직업, 출신 지역·자살 지역, 자살 장소·자살 방법의 분포와 추이를 각각 살펴보았다.

1) 정권별 자살 유형·직업 간 관계

〈표 12〉는 유형별 열사 수와 직업별 열사 수를 나타낸 것이다. 유형과 직업 간 열사 수의 관계는 김영삼과 김대중 정권 시기에 비육체노동과 당위형, 육체노동과 실존형의 비율이 각각 50.0% 대 50.0%, 11.1% 대 88.9%로 일치하고 있다. 나머지 정권에서는 당위형이 비육체노동 비율보다 낮고 실존형이 육체노동 비율보다 낮은데 이것은 당위형 열사 중에 육체노동자가 있다는 것을 의미한다. 전두환, 노태우, 노무현 정권 때 4명, 이명박 정권 때는 1명이다. 비율로는 전두환 정권 때 21.1%로 가장 높다.

자살 유형은 '열사의 의례화' 시기의 노태우와 김영삼 정권 때 당위형과 실존형이 비슷하며, '열사의 기원' 시기의 전두환 정권 때에는 당위형과 실존형이 73.1%와 26.9%로 당위형 비율이 가장 높다. 반면 '열사의 해체' 시기에서는 당위형 비율이 낮고 실존형의 비율이 대체적으로 높다. 당위형 비율은 김대중 정권 때 가장 낮고 그다음으로 노무현, 이명박 정권 순이다. 직업 면에서 보면 육체노동 비율이 높았을 때는 '열사의 해체' 시기이고 육체노동과 비육체노동 비율이 비슷한 때는 '열사의 의례화' 시기이다. '열사의 기원' 시기에는 육체노동자의 비율이 가장 낮다.

<표 12> 자살 유형과 직업 분포와 추이

구분		열사의 기원(3부) 전두환		열사의 의례화(4부) 노태우		김영삼		열사의 해체(5부) 김대중		노무현		이명박		합계	
유형	당위	19	73.1%	23	47.9%	10	50.0%	1	11.1%	3	14.3%	3	33.3%	59	44.4%
	실존	7	26.9%	25	52.1%	10	50.0%	8	88.9%	18	85.7%	6	66.7%	74	55.6%
직업	비육체노동	15	57.7%	19	39.6%	10	50.0%	1	11.1%	0	0.0%	2	22.2%	47	35.3%
	육체노동자	11	42.3%	29	60.4%	10	50.0%	8	88.9%	21	100.0%	7	77.8%	86	64.7%
당위형 중 육체노동자		4	21.1%	4	17.4%	0	0.0%	0	0.0%	3	100%	1	33.3%	12	20.3%

주: '당위형 중 육체노동'은 '육체노동'에서 '실존'을 뺀 수치이다. 비율은 당위형 전체에서 육체노동자가 차지하는 비율이다.

정권별로 자살 유형 간 비율을 살펴보면 '열사의 의례화' 시기의 노태우와 김영삼 정권이 가장 유사하고 '열사의 기원' 시기와 '열사의 해체' 시기는 상반된다. 그중에서도 당위형과 실존형 비율이 가장 크게 차이가 나는 것은 전두환과 김대중 정권 시기이다. 자살 유형 간의 관계는 각 정권의 정치적 성격과 유사성을 보인다. 노태우와 김영삼 정권은 1987년 민주화 이후 절차적 민주주의의 정착기라는 점에서 유사성을 보인다. 또 전두환과 김대중 정권은 권위주의 강압 통치기와 민주적 정권 교체기라는 점에서 서로 대립된다. 당위형의 비율은 전두환 정권 때 73.1%로 가장 높고 김대중 정권 때 11.1%로 가장 낮았다가 이명박 정권 때 33.3%로 다시 증가하는 모습을 보였는데 이는 해당 정권의 권위주의적 통치 강도와 맥을 같이한다.

<그림 2>의 그래프를 보면 각각 전두환, 노무현 정권 시기에 해당하는 1985~1987년과 2002~2007년에 당위형과 실존형의 추세가 비슷한 모습을 보인다. 당위형과 실존형의 두 그래프가 약간의 시간적 간격은 있지만 비슷한 기울기로 등락하고 있다. 이것은 두 기간에서 당위형과 실존형 열사가 증가하고 감소하는 시기와

배경이 같았다는 것을 의미한다. 그러나 자살 유형의 추세는 같더라도 내용에는 차이가 있다. 〈표 12〉의 유형별 비율에서 알 수 있듯이 전두환 정권 시기에는 당위형이, 노무현 정권 시기에는 실존형이 훨씬 많다. 저항적 자살이 지배폭력에 대항하는 반폭력임을 감안하면 전두환과 노무현 정권의 경우 당위형과 실존형 자살을 불러온 지배폭력이 같았거나 동시에 작용했다는 것으로 풀이할 수 있다.

반면 김영삼 정권 시기인 1993~1997년과 이명박 정권 시기인 2008~2012년에는 당위형과 실존형 그래프가 서로 교차하고 있다. 이것은 당위형과 실존형 열사가 출현한 시기와 배경이 달랐다는 것을 의미한다. 마찬가지로 당위형과 실존형 자살을 불러온 지배폭력이 달랐거나 다른 시기에 작용했다는 것으로 해석할 수 있다.

〈표 12〉의 당위형과 실존형의 관계는 사회운동에도 그대로 적용할 수 있다. 전두환 정권 때에는 노동운동과 같은 존재론적 운동보다 민주화운동 같은 당위적 운동이 우위에 있었고 노태우와 김영삼 정권 때는 비슷했다가 김대중 정권 때부터는 존재론적 운동이 우위에 섰다. 어느 운동이 주도적이었는지까지 말해주는 것은 아니지만 두 운동의 강도를 어느 정도 대변해준다고 할 수 있다.

2) 자살 유형별 직업 분포와 추이

〈표 13〉은 자살 유형별 세부 직업을 정권별로 나타낸 것이다. 당위형 열사 59명 중에는 대학생이 54.2%인 32명으로 가장 많고 그 다음이 노동자로 18.6%인 11명이다. 그 밖에는 사회운동가 7명(11.9%), 고교생 4명(6.8%), 농민·입시생·교사·종교인·무직 각 1명(1.7%)씩이다. 실존형 74명 중에는 노동자가 86.5%인 64명으로 가장 많고 그다음은 노점상 6명(8.1%), 농민 3명(4.1%), 철거민 1명 (1.4%)이다.

정권별로 특징적인 것은 '열사의 해체' 시기에는 대학생열사가 한 명도 없다는 것과 고교생열사 4명이 모두 노태우 정권 시기에 출현했다는 것이다. 또 노점상열사는 김대중 정권 시기에 6명의 절반인 3명이 출현했으며 농민은 전두환 정권 시기의 실존형 1명을 제외하고는 나머지 3명은 모두 노무현 정권 시기에 출현했는데 당위형 1명, 실존형 2명이다.

3) 자살 유형별 연령 분포와 추이

〈표 14〉는 자살 유형별 연령대를 나타낸 것이다. 당위형은 20대가 69.5%인 41명으로 가장 많고 실존형은 20대, 30대, 40대가 25.7%, 37.8%, 23.0%로 비교적 골고루 분포돼 있다. 당위형의 연령대가 실존형에 비해 낮은 것은 당위형 자살이 추상적인 '소명의 실천행위'라는 것과 연관해 해석할 수 있다. 이념이나 사상에 대

〈표 13〉 자살 유형과 직업 분포와 추이

구분		열사의 기원(3부) 전두환		열사의 의례화(4부) 노태우		김영삼		열사의 해체(5부) 김대중		노무현		이명박		합계	
당위	대학생	13	68.4%	11	47.8%	8	80.0%	0	0.0%	0	0.0%	0	0.0%	32	54.2%
	사회운동가	1	5.3%	3	13.0%	1	10.0%	1	100.0%	0	0.0%	1	33.3%	7	11.9%
	입시생	1	5.3%	0	0.0%	0	0.0%	0	0.0%	0	0.0%	0	0.0%	1	1.7%
	고교생	0	0.0%	4	17.4%	0	0.0%	0	0.0%	0	0.0%	0	0.0%	4	6.8%
	교사	0	0.0%	0	0.0%	1	10.0%	0	0.0%	0	0.0%	0	0.0%	1	1.7%
	노동자	4	21.1%	4	17.4%	0	0.0%	0	0.0%	2	66.7%	1	33.3%	11	18.6%
	농민	0	0.0%	0	0.0%	0	0.0%	0	0.0%	1	33.3%	0	0.0%	1	1.7%
	종교인	0	0.0%	0	0.0%	0	0.0%	0	0.0%	0	0.0%	1	33.3%	1	1.7%
	무직	0	0.0%	1	4.3%	0	0.0%	0	0.0%	0	0.0%	0	0.0%	1	1.7%
	합계	19	100.0%	23	39.0%	10	16.9%	1	1.7%	3	5.1%	3	5.1%	59	100.0%
실존	노동자	6	85.7%	23	92.0%	9	90.0%	5	62.5%	15	83.3%	6	100.0%	64	86.5%
	농민	1	14.3%	0	0.0%	0	0.0%	0	0.0%	2	11.1%	0	0.0%	3	4.1%
	노점상	0	0.0%	1	4.0%	1	10.0%	3	37.5%	1	5.6%	0	0.0%	6	8.1%
	철거민	0	0.0%	1	4.0%	0	0.0%	0	0.0%	0	0.0%	0	0.0%	1	1.4%
	합계	7	9.5%	25	33.8%	10	13.5%	8	10.8%	18	24.3%	6	8.1%	74	100.0%

〈표 14〉 자살 유형별 연령 분포와 추이

구분		열사의 기원(3부) 전두환		열사의 의례화(4부) 노태우		김영삼		열사의 해체(5부) 김대중		노무현		이명박		합계	
당위	10대	0	0.0%	4	17.4%	0	0.0%	0	0.0%	0	0.0%	0	0.0%	4	6.8%
	20대	18	94.7%	15	65.2%	8	80.0%	0	0.0%	0	0.0%	0	0.0%	41	69.5%
	30대	1	5.3%	3	13.0%	1	10.0%	1	100.0%	0	0.0%	0	0.0%	6	10.2%
	40대	0	0.0%	1	4.3%	0	0.0%	0	0.0%	1	33.3%	1	33.3%	3	5.1%
	50대	0	0.0%	0	0.0%	0	0.0%	0	0.0%	2	66.7%	0	0.0%	2	3.4%
	60대 이상	0	0.0%	0	0.0%	1	10.0%	0	0.0%	0	0.0%	1	33.3%	2	3.4%
	미상	0	0.0%	0	0.0%	0	0.0%	0	0.0%	0	0.0%	1	33.3%	1	1.7%
	합계	19	32.2%	23	39.0%	10	16.9%	1	1.7%	3	5.1%	3	5.1%	59	100.0%
실존	10대	1	14.3%	0	0.0%	0	0.0%	0	0.0%	0	0.0%	0	0.0%	1	1.4%
	20대	3	42.9%	13	52.0%	2	20.0%	1	12.5%	0	0.0%	0	0.0%	19	25.7%
	30대	3	42.9%	11	44.0%	3	30.0%	3	37.5%	5	27.8%	3	50.0%	28	37.8%
	40대	0	0.0%	1	4.0%	2	20.0%	3	37.5%	8	44.4%	3	50.0%	17	23.0%
	50대	0	0.0%	0	0.0%	2	20.0%	0	0.0%	4	22.2%	0	0.0%	6	8.1%
	60대 이상	0	0.0%	0	0.0%	1	10.0%	1	12.5%	1	5.6%	0	0.0%	3	4.1%
	미상	0	0.0%	0	0.0%	0	0.0%	0	0.0%	0	0.0%	0	0.0%	0	0.0%
	합계	7	9.5%	25	33.8%	10	13.5%	8	10.8%	18	24.3%	6	8.1%	74	100.0%

열사, 분노와 슬픔의 정치학

해 갖는 청년 특유의 순수성이 그들로 하여금 죽음을 결단하게 한 것이다. 마찬가지로 실존형의 연령대가 20대에서 40대 사이에 골고루 있는 것도 '불가피한 선택으로서 자기보존행위'라는 실존형 자살의 성격과 관련이 있다. 20대에서 40대는 경제활동이 가장 활발한 연령대로서 실존적 삶을 개척하는 시기이며 따라서 이에 대한 폭력을 극복하기 위한 의지도 가장 크게 발현될 수밖에 없는 시기이다.

정권별로는 당위형과 실존형 모두 뒤로 갈수록 연령대가 높아지는 것으로 나타났다. 당위형의 경우 〈표 13〉의 직업별 분포에서 살펴봤듯 '열사의 해체' 시기에 대학생 자살이 사라지고 다른 직업군의 자살이 대부분을 차지하는 것과 관련이 있다. 실존형에서는 전두환과 노태우 정권 시기에 20대와 30대가 대부분을 차지했다면 '열사의 해체' 시기부터는 30대 이후로 연령대가 이동했다. 당위적 실존형 열사가 주로 전두환과 노태우 정권에서 출현했다는 사실을 고려하면 앞 시기의 상대적으로 낮은 연령대는 당위형에서와 같이 청년 특유의 이념적 순수성과 관련이 있다고 할 수 있다.

4) 자살 유형별 출생 지역·자살 지역 분포와 추이

〈표 15〉는 출생 지역·자살 지역의 특성과 추이를 보여준다. 여기서 당위형의 출생 지역은 전남이 15명으로 가장 많고 그다음으로 전북과 서울이 각 7명씩이다. 자살 지역은 서울이 23명으로 가장

〈표 15〉 자살 유형별 출생 지역·자살 지역 분포와 추이

| 유형 | 구분 | 열사의 기원(3부) | | 열사의 의례화(4부) | | | | 열사의 해체(5부) | | | | | | 합계 | | | |
| | | 전두환 | | 노태우 | | 김영삼 | | 김대중 | | 노무현 | | 이명박 | | 출생 | | 자살 | |
		출생	자살	출생	지살	출생	자살	출생	지살	출생	자살	출생	지살	원수치	인구 대비	원수치	인구 대비
당위	서울	2	10	3	9	2	2	0	1	0	1	0	0	7	1.54	23	8.95
	부산	3	3	0	1	0	0	0	0	0	0	0	0	3	2.64	4	5.51
	대구	0	0	1	2	0	0	0	0	0	0	0	0	1	0.75	2	2.31
	인천	0	0	0	0	0	0	0	0	0	0	0	0	0	0.00	0	0.00
	광주	4	2	0	4	0	0	0	0	0	0	0	0	4	2.73	8	8.36
	대전	1	1	0	0	0	0	0	0	0	0	0	0	1	1.58	1	2.65
	울산	0	0	0	0	0	0	0	0	0	0	0	0	0	0.00	0	0.00
	경기	1	1	2	1	0	4	0	0	1	0	0	0	4	0.81	6	2.27
	강원	0	0	0	0	2	1	1	0	0	0	0	0	3	2.50	1	1.50
	충북	1	0	1	0	0	0	0	0	0	0	0	0	2	1.61	1	1.09
	충남	0	0	1	2	0	0	0	0	0	0	0	0	1	1.06	2	3.25
	전북	0	0	3	0	1	0	0	0	1	1	2	2	7	8.17	3	3.56
	전남	5	2	7	1	3	1	0	0	0	0	0	0	15	20.99	4	10.20
	경북	1	0	2	1	0	0	0	0	0	0	0	1	3	4.09	2	3.05
	경남	1	0	1	0	0	0	0	0	0	0	0	0	2	2.07	0	0.00
	제주	0	0	1	1	0	0	0	0	0	0	0	0	1	3.47	1	5.32
	기타	0	0	1	0	2	0	0	0	1	1	1	0	5	5.00	1	1.00
합계		19		23		10		1		3		3		59			
실존	서울	0	4	2	3	0	4	0	3	2	2	0	1	4	0.86	17	4.75
	부산	2	0	0	2	0	0	0	0	2	3	1	1	5	4.03	6	4.97
	대구	0	0	0	0	0	0	0	0	0	0	0	0	0	0.00	0	0.00
	인천	1	1	0	6	0	0	0	1	1	2	0	0	2	2.60	10	16.74
	광주	0	0	0	0	0	0	0	0	0	0	0	1	0	0.00	1	0.62
	대전	0	0	0	0	0	0	1	1	1	1	0	0	1	1.32	3	5.31
	울산	0	1	0	0	0	0	0	0	0	2	0	1	0	0.00	4	8.00
	경기	0	0	0	7	1	2	1	0	0	1	0	0	1	0.20	10	2.44
	강원	0	0	4	1	2	0	2	0	0	0	0	1	8	5.78	1	0.85
	충북	0	0	3	0	0	0	0	0	0	0	0	0	3	2.54	0	0.00
	충남	2	1	3	0	0	0	0	0	0	0	0	2	5	6.02	3	3.98
	전북	0	0	4	0	1	0	1	0	0	0	0	0	5	6.20	0	0.00
	전남	0	0	2	1	1	0	1	0	3	2	0	0	7	9.64	3	4.30
	경북	0	0	1	1	1	1	1	0	2	2	0	0	4	5.66	4	6.71
	경남	0	0	1	4	1	2	1	3	2	3	0	0	6	6.15	12	15.33
	제주	0	0	0	0	0	0	0	0	0	0	0	0	0	0.00	0	0.00
	기타	2	0	5	0	3	0	3	0	5	0	4	0	23	23.00	0	0.00
합계		7		25		10		8		18		6		74			

주: • '인구 대비'는 각 시도의 인구 비율을 적용한 수치로 〈표 5〉의 각주 내용 참조.
　　• '기타'는 출생 지역은 '미상', 자살 지역은 '멕시코'를 뜻한다.

열사, 분노와 슬픔의 정치학

많고 그다음으로는 광주 8명이다. 각 시도별 인구 비율을 적용한 '인구 대비' 수치로는 출생 지역은 전남 20.99명, 전북 8.17명 순이고, 자살 지역은 전남 10.20명, 서울 8.95명, 광주 8.36명 순이다. 즉 단순 수치로 볼 때 전남과 전북 등 비도시권에서 출생해 서울과 광주 등 대도시에서 자살했다고 할 수 있다. 그러나 인구 대비 수치로는 서울 지역을 제외하고는 출생과 자살 지역 모두 전남이 가장 많았다.

실존형은 출생 지역의 경우 강원도가 8명으로 가장 많고 그다음으로 전남 7명이다. 자살 지역은 서울이 17명으로 가장 많고 경남이 12명, 인천과 경기가 각 10명씩이다. 인구 대비 수치로는 출생 지역의 경우 전남 9.64명으로 가장 많고 자살 지역은 인천 16.74명, 경남 15.33명 순이다. 단순 수치와 인구 대비 수치 모두 출생 지역은 비도시권, 자살 지역은 대도시가 많았다.

결과적으로 당위형과 실존형 모두 단순 수치로는 주로 비도시권에서 출생해 대도시 또는 공단 지역에서 자살한 것으로 볼 수 있다. 실존형은 인구 대비 수치에서도 유사한 모습을 보였다. 다른 결과를 보이는 것은 당위형의 인구 대비 수치에서다. 당위형 열사 다수가 호남 지역에서 출생해 호남 지역에서 자살했는데 이처럼 호남 지역의 당위형 열사 수가 많은 것은 지배폭력이 다른 지역에 비해 훨씬 컸거나, 같았더라도 더 압도적으로 느꼈기 때문이라고 추정할 수 있다. 또 당위형 자살의 특징이 '슬픔'과 '강한 염원'이라는 점으로 미루어볼 때 호남 출생의 경우 지배폭력에 대한 슬픔과 그것을 타개하기 위한 염원이 다른 지역보다 더 컸을 것이라는 짐작이 가능하다.

5) 자살 유형별 자살 장소·자살 방법 분포와 추이

〈표 16〉은 유형별 자살 장소의 분포와 추이를 보여준다. 당위형의 경우 '학교'가 24명(40.7%)으로 가장 많고 그다음으로 '광장' 23명(39.0%), '개인' 9명(15.3%), '직장' 3명(5.1%) 순이다. '광장'은 전두환, 노태우 정권 시기에 각각 8명(42.1%), 10명(43.5%)이었으나 김대중 정권 시기에는 사라졌다. 그러나 노무현 정권 때에는 66.7%로 다시 많아졌으며 이명박 정권 때에도 33.3%로 나타났다. 자살 장소가 '학교'일 경우 자살자 직업이 대체로 대학생일 것이라고 짐작할 수 있다. 따라서 '열사의 해체' 시기인 김대중·노무현·이명박 세 정권에서 '학교'가 자살 장소로 전혀 등장하지 않는 데서 당위형 자살자의 직업이 이전의 대학생에서 다른 직업군으로 바뀌었다는 것을 짐작할 수 있다.

실존형은 '직장'이 50명(67.6%)으로 가장 많고 '학교'는 한 명도 없다. 실존형 자살자는 노동자가 다수이고 대학생과 고교생이 전혀 없기 때문이다. 그다음으로는 '개인'이 15명(20.3%)이고 '광장'은 9명(12.2%)이다. '직장'은 김대중 정권 시기에 3명(37.5%)으로 일시 감소했다가 노무현 정권 때 다시 증가했다. '개인'은 시간이 갈수록 늘어나 이명박 정권 때에는 50.0%에 달했다. 이를 통해 자살이 점차 개인화되었다는 것을 알 수 있다.

한편 〈표 17〉은 자살 유형별 자살 방법의 분포와 추이를 나타낸다. 당위형은 공개적 방법과 개인적 방법이 각각 52명(88.1%)과 7명(11.9%)이고 실존형은 51명(68.9%)과 23명(31.1%)으로 당위형이 실존형보다 더 공개적이다. 그리고 당위형은 김대중 정권 때까

유형	직업		열사의 기원(3부) 전두환		열사의 의례화(4부) 노태우		김영삼		열사의 해체(5부) 김대중		노무현		이명박		합계	
단위	개인		54	21.1%	1	4.3%	2	20.0%	1	100.0%	0	0.0%	1	33.3%	9	15.3%
	광장		8	42.1%	10	43.5%	2	20.0%	0	0.0%	2	66.7%	1	33.3%	23	39.0%
	직업생활	직장	0	0.0%	1	4.3%	0	0.0%	0	0.0%	1	33.3%	1	33.3%	3	5.1%
		학교	7	36.8%	11	47.8%	6	60.0%	0	0.0%	0	0.0%	0	0.0%	24	40.7%
	합계		19	32.2%	23	39.0%	10	16.9%	1	1.7%	3	5.1%	3	5.1%	59	100.0%
실존	개인		1	14.3%	3	12.0%	1	10.0%	3	37.5%	4	22.2%	3	50.0%	15	20.3%
	광장		1	14.3%	2	8.0%	2	20.0%	2	25.0%	2	11.1%	0	0.0%	9	12.2%
	직업생활	직장	5	71.4%	20	80.0%	7	70.0%	3	37.5%	12	66.7%	3	50.0%	50	67.6%
		학교	0	0.0%	0	0.0%	0	0.0%	0	0.0%	0	0.0%	0	0.0%	0	0.0%
	합계		7	9.5%	25	33.8%	10	13.5%	8	10.8%	18	24.3%	6	8.1%	74	100.0%

유형	자살방법		열사의 기원(3부) 전두환		열사의 의례화(4부) 노태우		김영삼		열사의 해체(5부) 김대중		노무현		이명박		합계	
당위	공개	분신	12	63.2%	16	69.6%	7	70.0%	0	0.0%	1	33.3%	2	66.7%	38	64.4%
		투신	4	21.1%	5	21.7%	2	20.0%	1	100.0%	0	0.0%	0	0.0%	12	20.3%
		할복	0	0.0%	0	0.0%	0	0.0%	0	0.0%	1	33.3%	0	0.0%	1	1.7%
		단식	1	5.3%	0	0.0%	0	0.0%	0	0.0%	0	0.0%	0	0.0%	1	1.7%
		소계	17	89.5%	21	91.3%	9	90.0%	1	100.0%	2	66.7%	2	66.7%	52	88.1%
	개인	목맴	1	5.3%	0	0.0%	1	10.0%	0	0.0%	0	0.0%	1	33.3%	3	5.1%
		음독	0	0.0%	1	4.3%	0	0.0%	0	0.0%	0	0.0%	0	0.0%	1	1.7%
		연탄	0	0.0%	0	0.0%	0	0.0%	0	0.0%	0	0.0%	0	0.0%	0	0.0%
		미상	1	5.3%	1	4.3%	0	0.0%	0	0.0%	1	33.3%	0	0.0%	3	5.1%
		소계	2	10.5%	2	8.7%	1	10.0%	0	0.0%	1	33.3%	1	33.3%	7	11.9%
	합계		19	32.2%	23	39.0%	10	16.9%	1	1.7%	3	5.1%	3	5.1%	59	100.0%
실존	공개	분신	5	71.4%	21	84.0%	6	60.0%	5	62.5%	8	44.4%	1	16.7%	46	62.2%
		투신	1	14.3%	2	8.0%	0	0.0%	0	0.0%	1	5.6%	1	16.7%	5	6.8%
		할복	0	0.0%	0	0.0%	0	0.0%	0	0.0%	0	0.0%	0	0.0%	0	0.0%
		단식	0	0.0%	0	0.0%	0	0.0%	0	0.0%	0	0.0%	0	0.0%	0	0.0%
		소계	6	85.7%	23	92.0%	6	60.0%	5	62.5%	9	50.0%	2	33.3%	51	68.9%
	개인	목맴	0	0.0%	1	4.0%	3	30.0%	1	12.5%	5	27.8%	3	50.0%	13	17.6%
		음독	1	14.3%	1	4.0%	1	10.0%	2	25.0%	4	22.2%	0	0.0%	9	12.2%
		연탄	0	0.0%	0	0.0%	0	0.0%	0	0.0%	0	0.0%	1	16.7%	1	1.4%
		미상	0	0.0%	0	0.0%	0	0.0%	0	0.0%	0	0.0%	0	0.0%	0	0.0%
		소계	1	14.3%	2	8.0%	4	40.0%	3	37.5%	9	50.0%	4	66.7%	23	31.1%
	합계		7	9.5%	25	33.8%	10	13.5%	8	10.8%	18	24.3%	6	8.1%	74	100.0%

주: '소계'의 비율은 위 네 가지 자살 방법의 합이며, '합계'의 비율은 전체 중에 해당 시기의 비율임.

지 공개적 방법이 89.5%에서 100.0%로 압도적으로 많았으나 노무현·이명박 정권에서는 66.7%로 줄었다. 실존형도 공개적 방법이 노무현 정권 때부터 줄었다. 자살 방법에서 공개적 방법이 줄고 개인적 방법이 늘어난 것과 마찬가지로 〈표 16〉에서 자살 장소도 '개인' 공간이 점차 증가했다는 것을 알 수 있다. 시간이 갈수록 자살 장소와 자살 공간 모두 고립적 성격을 띠게 된 것이다.

구체적인 자살 방법은 '분신'이 당위형과 실존형 모두 38명(64.4%)과 46명(62.2%)으로 가장 많다. 그다음으로 당위형은 '투신' 12명(20.3%), 실존형은 '목맴' 13명(17.6%)이었다. 주목할 만한 점은 김대중, 노무현 정권에서 당위형의 분신자살이 아예 없거나 한 명이었던 데 반해 실존형은 각각 5명과 8명이나 됐다는 것이다. 여러 자살 방법 중 분신의 경우 자살자의 고통이 특히 크고 그에 따라 사회적 반향도 큰 것으로 미루어볼 때 해당 시기는 당위형 자살자에게서 주로 나타난 민주화나 민족해방에 대한 염원보다는 노동자와 노점상 등의 인간의 존엄성이 훼손된 데 따른 분노가 훨씬 더 컸던 것으로 짐작할 수 있다.

3부 / 5·18 광주항쟁과 열사의 기원

烈士

2부에서 저항적 자살의 유형을 당위형과 실존형으로 분류한 뒤 추모연대 열사 133명에 적용해 각 유형의 양적 특성과 추이를 살펴보았다. 3부부터 5부까지는 이러한 분석 결과를 바탕으로 133명 열사의 개인적 특성과 자살메시지의 내용을 정치 변동 및 사회운동과의 관계 속에서 살펴보고자 한다.

3부는 '열사의 기원'에 해당하는 시기(전두환 정권)를 다룰 것이다. 이 시기를 '열사의 기원'이라 한 까닭은 일제강점기나 해방 이후 정권에서 일본 제국주의나 독재정권에 저항해 죽어간 사람을 열사로 지칭한 것과는 다른 의미로 1980년대 이후 민주화운동 과정에서 발생한 죽음이 열사로 불리게 된 기원이 이 시기에 형성됐기 때문이다. 이 같은 열사 호명의 기원은 1970년대 최초의 열사인 전태일과 김상진을 통해 추적할 수 있다.

1975년 4월 11일 서울대 농대 교정에서 김상진이 할복자살한 뒤 그해 4·19 기념행사에서 당시 신민당 총재 김영삼은 자유민주주의의 토착화를 주장하며 "김상진 '열사'의 죽음을 헛되이 하지 말라"고 했다.[1] 반면 1970년 11월 13일 서울 평화시장에서 분신자살한 전태일은 사망 직후 열린 추도식에서 '고 전태일 씨 추도회 및 국민권리선언대회'에서와 같이 '전태일 씨'로 불렸다.[2] 또 〈전우여 잘 자라〉라는 대중가요를 개사한 추모가에서는 '선생' 또는 '동지'라는 호칭이 사용됐다.*

---

* 〈전우여 잘 자라〉를 개사한 가사는 "전태일 선생(동지)의 죽음을 헛되이 하지 말자/ 노동자와 학생은 다 같이 투쟁한다/ 피에 맺힌 복지사회 언제나 오려나/ 강철같이 단결해 끝까지 투쟁한다"이다. 청계피복 노동자들은 주로 '동지'라는 호칭을 사용했다.(민종덕 전 청계피복노조 지부장 구술, 2017.03.25.)

전태일을 '열사'로 부른 것은 1976년 말부터로 김상진의 영향을 받은 것으로 추정된다. 청계피복노조의 야학 교사들이 열사라는 말을 가장 먼저 사용했는데 이때도 청계피복 노동자나 전태일기념사업회에서는 동지라는 호칭을 더 많이 사용했다.[3] 1981년 발족한 전태일기념사업회의 문건에는 "전태일 동지"라고 나와 있으며,[4] 같은 단체에서 1985년 5월 23일 생산한 문건에도 "전태일 동지를 기리고"라고 쓰여 있다.[5] 언론보도에서 전태일이 열사로 불리기 시작한 것은 1985년 15주기 추도식 즈음해서다. 전남대 민족수호민중생존권쟁취투쟁위원회 명의의 〈전태일 열사 15주기에 즈음해 시민께 드리는 글〉이라는 문건에서 최초로 확인되고 있다.[6]

일제강점기 열사인 유관순과 이준에 이어 1970년대 전태일과 김상진의 사례에서 알 수 있는 사실은 죽음의 목적이 국가나 민족과 관련 있는 당위형 자살의 경우 처음부터 열사로 불렸다는 것이다.* 1980년 5·18 이후 자살한 서강대 학생 김의기와 노동자 김종태의 경우도 사망한 첫 해부터 열사로 불린 것이 확인되고 있다.[7] 그러나 김상진이 감리교회 추모집회에서 '형제'로 호칭[8]된 것을 제외하면 처음부터 열사로 일관됐던 데 반해 김종태는 한동안 '님' 등의 호칭이 혼용되다가 4주기인 1984년부터 본격적으로 열사로 불리기 시작했다.** 반면 실존형 자살인 전태일은 나중에 가서 열사로 고쳐 부르기 시작했고, 이 호칭이 완전히 정착된

• 　유관순이나 이준의 경우 해방 직후부터 열사로 불린 것이 확인된다.(〈순국의 소녀 유양 병주에서 기념비 제막식〉, 《경향신문》, 1947.11.27.; 〈이준 열사 추념사〉, 《동아일보》, 1946.07.14.)

•• 　전태일재단, 〈성남 시민 여러분께〉, 민주화운동기념사업회 오픈아카이브, 1984.06.09.; 그 밖에 대부분의 문건에서 김종태를 열사로 부르고 있다.

것은 1980년대 중반쯤이다. 노동자가 사망 직후부터 열사로 불린 것은 1984년 11월 30일 분신한 민경교통 택시기사 박종만이 처음이다.••• 이후에는 1986년 3월 17일 분신자살한 신흥정밀 박영진을 포함해 당위형과 실존형을 막론하고 노동자들도 사망 직후부터 '노동열사'라고 불리기 시작했다.

1980년대 들어 당위형과 실존형을 막론하고 열사 호칭이 본격화된 것은 5·18과 관련이 있다. 1970년 전태일의 분신은 유례가 없던 '저항적 죽음'으로 수용되면서 예수의 부활로도 해석됐다. 하지만 1970년대는 1980년대와 달리 지식인에 의한 온정주의적 재현이 많았으며 '민중의 한恨'과 관련해 이웃을 위해 자기 자신의 목숨을 바친, 세상의 죄를 짊어지고 가는 '예수의 십자가 사건'으로 해석됐다. 그러다가 1980년 5·18 광주항쟁 이후 이전 시기와 구분되는 별개의 서사구조를 지니게 되면서 열사의 기원으로 소환된 것이다. 전태일의 분신은 1970년대에 예수의 '대속'에 빗대 해석됐으나 1980년대에 와서는 반민중적 군사정권에 대한 '저항'에 초점이 맞춰졌다.9 1970년대에 전태일의 죽음이 지배세력의 폭압에 맞선 극단적 자기희생을 의미했다면, 1980년대에 열사로 소환된 전태일은 지배세력의 폭압에 죽음으로 저항한 투사였던 것이다. 바로 이때 전태일을 기원으로 5·18 광주항쟁 이후 연이어 호명된 열사들 또한 지배세력의 폭압을 증거하며 투쟁의 도덕적 상징으로 자리매김하게 됐다.

••• 박종만은 1984년 11월 30일 분신했다. 당시 한국노동자복지협의회가 주관한 추도식 안내장에는 〈고 박종만 열사 합동추도식〉이라고 나와 있다.(고박종만열사추도위원회, 〈고 박종만 열사 합동추도식[안내장]〉, 민주화운동기념사업회 오픈아카이브, 1985.12.13.)

3부에서 다룰 전두환 정권 시기는 5·18 광주항쟁의 영향으로 정권타도투쟁이 본격적으로 전개되면서 학출 활동가의 노동현장 투신과 함께 변혁적 노동운동이 시작된 때이다. 유형별로는 당위형과 실존형이 모두 상승하는 가운데 당위형이 전체 73.1%인 19명으로 26.9%인 7명의 실존형보다 훨씬 많다. 당위형이 실존형보다 많은 것은 전 기간을 통틀어 이때가 유일하다.

자살의 두 유형은 우선 당위형부터 살펴볼 예정인데, 당위형 열사의 출현이 실존형보다 앞서는 데다 실존형에서도 당위적 실존형이 먼저 나타났기 때문이다. 따라서 당위형 열사를 먼저 살필 때 열사 호명의 배경을 좀 더 분명하게 포착할 수 있다. 당위형 열사는 가급적 시기 순으로 살펴보았고 실존형은 직업이나 직종, 지역별로 재분류해 살펴보았다. 당위형의 경우 앞뒤 죽음이 직접적으로 관련되는 일이 많았기 때문이고 실존형은 직업이나 직종, 지역별 연관성이 두드러졌기 때문이다. 또 필요한 경우 각 장에서 유형별로 다시 시기를 세분화했다. 소시기의 구분은 열사가 집단적으로 출현하는 시기를 중심으로 했다.

한편 열사의 출현 배경을 알기 위해 필요할 경우 공권력에 의한 타살도 함께 살펴보았다. 공권력에 의한 사망은 직접적으로는 지배세력이 실제로 자행한 폭압의 크기를 나타내며, 간접적으로는 당위형 자살을 초래하는 '폭력의 예감'과 관련이 있다. 타살에 의한 죽음이 폭력의 예감으로 작용해 다른 자살을 초래한 경우로는 강경대 타살에서 시작한 1991년 5월투쟁을 들 수 있다.

추모연대에서 합동추모하는 열사 중 1980년부터 2012년까지 공권력에 의한 타살로 분류할 수 있는 경우는 모두 97명*이다.

여기에는 권력기관 내부의 장소에서 일어난 것으로 고문치사, 옥사, 사형이 있고, 외부에서 일어난 것으로 총상, 최루탄, 폭행, 추락사, 기타 공권력에 의한 타살, 그리고 행방불명과 의문사가 있다. 이 가운데 박정희 정권 시기에 발생한 구속 및 고문후유증과 관련된 8명**을 제외한 나머지 89명을 부록의 〈표 2〉에 정리했다.

• 한때 자살로 알려졌던 고정희(1988.05.13.), 박동학(1996.05.06.)도 포함시켰다.

•• 김용성(1980.07.11.), 변형만(1980.07.11.), 이재문(1981.11.22.), 신향식(1982.10.08.), 전재권(1986.05.07.), 유진곤(1988.05.05.), 김현순(2000.06.02.), 강남근(2003.02.11.)이 여기에 해당한다.

1. 당위형 열사

이 시기는 두 개의 기간으로 구분했다. 첫 번째는 5·18 광주항쟁 이후 억압적 정치상황이 계속되는 1980년에서 1985년까지이고, 두 번째는 1986년에서 1987년까지이다. 앞 시기는 전태일과 김상진 이후 사라졌던 열사가 5·18 광주항쟁 이후 재등장하는 때이고, 뒤는 김세진·이재호의 분신자살 이후 당위형의 연쇄적 자살이 처음으로 나타나기 시작하는 시기이다. 그리고 뒤의 시기는 1983년 말 자율화조치에 의해 학생운동이 활성화되면서 대학가에 급진화된 학생운동이 본격적으로 등장하는 때이기도 하다.

1) 반독재민주화운동과 열사의 '기원': 1980~1985년

1980년 5·18 광주항쟁이 있고 바로 뒤인 5월 30일 서강대 학생 김의기가 투신해 사망한 데 이어 1985년까지 김의기, 김태훈, 박관현, 홍기일, 송광영 등 모두 6명의 당위형 열사가 출현했다. 이 시기 열사는 두 가지 이유에서 1970년대와 명확히 구분된다. 하나는 지배폭력의 희생자에 대한 애도 차원에서 자살이 감행됐다는 것이고, 다른 하나는 정권 타도 메시지가 처음으로 등장하기 시작됐다는 것이다. 또 이 시기 열사는 서로 관계없는 직업군에서 고립적이고 분산적으로 출현했다는 것이 특징이다.

5·18이 있기 약 한 달 전인 1980년 4월 11일, 1975년 4월 11

일 할복자살한 서울대생 김상진의 추모제가 5년 만에 처음으로 열렸다.[10] 1975년 5월 13일 긴급조치 9호가 발령된 이후 공식적인 추모가 금지됐다가 1980년 초 '서울의 봄'으로 일컬어지는 민주화의 물결 속에서 비로소 다시 김상진을 애도할 수 있게 된 것이다. 그러나 이 같은 환경은 5·17 쿠데타로 인해 곧 종결됐고 이어서 발생한 5·18 광주의 죽음은 한동안 공개적으로 애도할 수 없었다. 김의기와 김종태의 분신자살은 광주 영령에 대한 공개적이고 집단적인 애도가 불가능한 정치상황에서 스스로의 죽음만이 광주 영령을 애도하는 유일한 방법이라는 것을 보여준 사건이었다.[*] 두 사람을 제외한 4명이 모두 광주와 전남 출생이라는 점에서도 이 시기 자살이 전두환 정권의 학살을 폭로하고 5·18 광주 시민들의 죽음에 대한 애도의 차원에서 감행됐다는 것을 짐작할 수 있다.

5·18 이후 첫 번째로 서강대 학생 김의기가 1980년 5월 30일 종로5가 기독교회관 6층에서 〈동포에게 드리는 글〉을 뿌린 뒤 사망했다. 농민운동가를 꿈꾸던 김의기는 1980년 5월 19일 광주 북동성당에서 열리기로 한 함평 고구마 농민투쟁 승리 기념식 참석을 위해 광주에 왔다가 계엄군의 학살을 목격했다. 광주가 고립

---

[*]   김정한은 〈1980년대 운동사회의 감성: 애도의 정치와 멜랑콜리 주체〉(《한국학연구》 33권, 인하대 한국학연구소, 2014, 82쪽)에서 "1980년대 운동사회의 정치 주체들은 사회적 애도가 불가능한 정치적 조건에서 독재체제에 저항하다 죽어간 자들의 뜻을 받들어 정의와 진리의 길을 추구하려 분투하면서, 편리한 일상생활에 젖어 민중의 아픔과 고통을 함께 나누지 못한다고 여겨지는 순간마다 스스로를 채찍질하며 자책하고 비판했고, 때로는 스스로 죽음을 선택함으로써 죽어간 자들을 뒤따르기도 했다. 이런 맥락에서 1980년대의 정치 주체를 애도에 실패한 멜랑콜리 주체라고 명명할 수 있을 것이다"라고 했다.

되지 않도록 다른 지역에서도 시위를 전개하는 게 필요하다는 윤기현*의 조언으로 서울로 돌아왔으나, 한 차례 더 광주를 방문한 뒤 선배의 집에 "광주의 진상을 알려야겠다"는 내용의 편지와 아래 〈동포에게 드리는 글〉의 초고를 전해놓고 얼마 뒤 투신한 것이다.[11]

피를 부르는 미친 군홧발 소리가 고요히 잠들려는 우리의 안방에까지 스며들어 우리의 가슴팍과 머리를 짓이겨놓으려 하는 지금, 동포여 무엇을 하고 있는가? 동포여 우리는 지금 무엇을 하고 있는가? 보이지 않는 공포가 우리를 짓눌러 우리의 숨통을 막아버리고 우리의 눈과 귀를 막아 우리를 번득이는 총칼의 위협 아래 끌려다니는 노예로 만들고 있는 지금, 동포여 무엇을 하고 있는가? 동포여 우리는 지금 무엇을 하고 있는가? 무참한 살육으로 수많은 선량한 민주시민들의 뜨거운 피를 뜨거운 오월의 하늘 아래 뿌리게 한 남도의 봉기가 유신 잔당들의 악랄한 언론 탄압으로 왜곡과 거짓과 악의에 찬 허위 선전으로 분칠해지고 있는 것을 보는 동포여, 우리는 지금 무엇을 하고 있는가? …… 동포여 일어나자! 마지막 한 사람까지 일어나자! 우리의 힘 모은 싸움은 역사의 정방향에 서 있다. 우리는 이긴다. 반드시 이기고야 만다. 동포여, 일어나 유신 잔당의 마지막 숨통에 결정적 철퇴를 가하자. 일어나자! 일어나자! 일어나자 동포여! 내일 정오. 서울역 광장에 모여 오늘의 성전에 몸 바쳐 싸우자, 동포여!

---

* 동화작가.

김의기가 투신한 5월 30일은 기독교회관에서 정기 금요기도회가 열리기로 한 날이었다. 그날은 5·17 비상계엄으로 수송차 2대가 기독교회관 정문 앞을 지키고 무장군인이 회관 안에 상주하고 있었다. 기도회는 취소됐지만 김의기는 12시경 회관에 들어가 〈동포에게 드리는 글〉을 작성하고 6층의 폭 1미터 베란다를 건너서 창문 밖으로 투신했다. 뒤따라온 계엄군들은 전단을 수거하는 데 급급했으며 김의기는 20여 분간 방치돼 있다가 인근 서울대병원으로 옮겨졌으나 곧 사망했다.[12] 김의기의 죽음은 한때 실족사 또는 타살로 알려지기도 했으나 유족들은 최종적으로 자살로 판단해 민주화운동보상심의 과정에서도 자살로 보고했다.[13]

두 번째로, 김의기의 죽음이 있고 10일 뒤인 6월 9일 성남의 노동자 김종태가 서울 신촌사거리에서 분신했다. 1958년 부산에서 가난한 목수의 아들로 태어난 김종태는 서울의 미아초등학교를 다니다가 미아리 일대 빈민가가 철거되면서 1970년 초에 성남으로 옮겨왔다. 성남은 1971년 광주대단지 사건의 여파로 서울 근교의 어떤 도시보다 사회운동이 활발하게 전개되던 곳이다. 수도권특수선교회 소속의 이해학 목사가 주민교회를 세워 빈민운동과 통일운동을 전개했는가 하면 1970년대 중후반에는 서울 성수동의 공장들이 대거 이전해오고 1978년 베네딕트수도회의 소피아 수녀가 '만남의 집'(이하 만집)을 설립해 노동자들을 지원하면서 성남의 노동운동은 비약적으로 성장하기 시작했다.

김종태는 1974년부터 검정고시 야학을 위주로 하는 제일실업학교 내 소그룹인 형제단 소속으로 만집 활동가들이 운영하던 노동야학인 한울야학에 다녔다. 김종태는 주민교회와 만집이라는, 성남에서 각각 개신교와 가톨릭을 대표하는 빈민사목과 노동 사목, 그리고 학생운동 출신 야학 교사들의 영향을 두루 받았던 셈이다.[14] 그는 "밥만 먹고 일만 하는 버러지 생활"[15]에서 벗어나기 위해 스스로 독서토론회를 조직하고 근로기준법을 공부했고, 동 일방직 사건에 지원을 나가기도 했다. 방위병으로 입대하고 1년여 뒤에는 주민교회에서 광주학살의 실상을 듣게 되는데 그 길로 전 단을 뿌리다 붙잡혀 구류를 산 뒤 다시 나가 돌아오지 않았다. 김 종태의 분신과 관련해 주민교회 목사 이해학과 모친 허두측은 다 음과 같이 회고했다.

> 5·18 때 쫓겨났던 사람 중에 나중에 전농 회장 한 정광우와 광주 의 동화작가가 우리 교회 와서 광주가 지금 힘든 상태다 하고 수 요일에 광주 보고를 한 거야. 김종태가 그걸 들은 거야. …… 전단 을 써서 전철에서 막 뿌리고 하다가 구류를 먹었는데 구류를 먹 고 나와서 너무 분노해가지고 분신을 해버린 거야. ─이해학[16]

> '전두환이가 할아버지 할머니 심지어 임산부까지 다 죽였다'며 통곡을 하는 거야. 다음날 종태가 70원을 달라 주었더니 나가서 하얀 종이를 한 뭉텅이를 사왔어. 마루에 전깃불을 켜서 가위로 종이를 오리고 글씨를 쓰더라고. …… 그런데 다음날 군복으로 갈아입고 '잠시 다녀오겠습니다' 하는 거야. 그 길로 나아간 후, 경찰들과 보안대 군인들이 새까맣게 들이닥쳤어. ─허두측[17]

'전태일 평전'이 《어느 청년노동자의 삶과 죽음》이라는 이름

열사, 분노와 슬픔의 정치학

으로 출간된 것은 1983년이지만 이전에도 소책자와 구전을 통해 전태일의 존재를 인식한 경우가 많았는데 김종태도 여기에 해당했다. 1977년부터 교회 청년들과 함께 전태일추모회를 조직했던 김종태는[18] 분신 직전 자신이 다니던 성남 주민교회 전도사였던 이해학에게 "내 작은 몸뚱이를 불사질러서 광주 시민 학생들의 의로운 넋을 위로해드리고 싶습니다"라는 유서를 남겼다.[19] 유서에는 전태일이 직접적으로 언급되지 않았지만 그의 삶과 자살 시점으로 보았을 때 김종태의 분신은 광주 영령에 대한 애도를 위해 전태일의 분신자살을 재현한 일이라고 할 수 있다.

김의기와 김종태의 죽음은 1975년 할복자살한 김상진과 큰 차이가 있다. 김의기가 유서에 "유신 잔당의 마지막 숨통에 결정적 철퇴를 가하자"고 쓰고 김종태가 "유신 잔당은 전원 퇴진하라! 계엄령을 즉각 해제하고, 군은 본연의 자세로 돌아가라!"고 외쳤다면, 김상진이 남긴 메시지는 정권 타도와 무관했다. 김상진은 경찰이 같은 대학의 학생 2명을 구속한 것을 성토하는 집회에서 양심선언문을 낭독한 뒤 할복자살했다. 그가 남긴 〈대통령에게 드리는 공개장〉에는 "각하의 숭고한 결단 하나로 사회의 안녕을 가져오고 학원의 평화가 유지되며 …… 단결된 힘으로 뭉친 안보태세의 만전이 기해지리라 믿는 바입니다"[20]라고 적혀 있었다. 유신헌법에 대한 반대와 민주주의에 대한 염원이 담겨 있기는 하지만 박정희나 당시 정권을 적으로 규정하지는 않은 것이다. 또한 김상진이 할복한 시점은 4월 9일의 인민혁명당(인혁당) '사법 살인' 직후였지만 이 역시 자살의 배경과는 무관했다. 할복 직전 낭독한 양심선언문은 "유신헌법의 비민주적 허위성을 고발"하기 위한 것이 주된 목적이긴 했지만 인혁당 사형에 대한 항의나 박정희 정권에 대한 직접적인 반대로 이어지지는 않았다.

김상진과 달리 5·18 직후 연이어 발생한 김의기와 김종태의 죽음은 한국 저항운동사에서 정권 퇴진 구호가 본격적으로 등장하는 순간이었다. 1970년대까지의 저항운동이 제도 개선이나 억압의 완화, 정권의 민주화에 목표를 두었다면, 1980년대에 와서는 좀 더 근본적인 변혁이 운동의 목표로 변한 것이다. 김의기와 김종태를 시작으로 이후 발생한 대부분의 죽음에서는 군사독재정권의 타도가 선명하게 외쳐졌다.

세 번째로, 김종태의 분신 1년 뒤 서울대생 김태훈이 도서관 6층에서 "전두환 물러가라"를 세 번 연속 외친 뒤 투신했다. 광주학살에 항의하는 교내시위가 전개되고 있던 중이었다. 투신 직전 경제학과 4학년생으로 졸업을 앞두고 있던 김태훈은 도서관에서 원서를 번역하고 있었고 창 너머로는 침묵시위를 벌이던 학생들이 경찰과 사복형사들에게 구타당하며 끌려가고 있었다. 김태훈은 광주일고 출신으로, 그가 1학년이던 1975년 4월 16일에 3학년생 500여 명이 김상진의 추도식을 거행하려고 운동장에 모였다가 무산된 일이 있었다.[21]

네 번째로, 5·18항쟁 당시 전남대 총학생회장이었던 박관현이 1982년 10월 12일 옥중 단식투쟁 끝에 사망했다. 김의기와 김종태의 분신은 신문에 전혀 보도되지 않았고 김태훈의 투신자살은 간략하게나마 보도됐지만[22] 더 이상의 파장을 불러일으키지 않았다. 그러나 박관현의 사망 소식은 삽시간에 전국으로 퍼져나갔고 검찰은 이를 무마하기 위해 "울혈성심부전증과 심근경색증의 병합"[23]이라는 사인을 개발해내야 했다. 광주교도소를 시작으로 전국의 교도소에서 박관현의 죽음에 항의하는 투쟁이 뒤를 이었고, 시신이 탈취돼 가족의 입회 없이 해부됐다는 소식이 전해진 10월 13일부터 분노한 시민들이 광주 시내 거리를 메웠다.[24]

다섯 번째로, 1985년 8월 15일 노동자 홍기일이 전남도청 앞에서 분신했다. 홍기일은 5·18항쟁에 참여했다가 총상을 입은 시민군으로 1984년 사우디에 미장공으로 취업해 다녀온 뒤 일용직 건설노동을 하고 있었다. 분신 뒤 전남대병원에서 진행한 문답에서는 "5·18에 살았다는 것이 부끄럽고 제국주의 침략에 항의하고자 8·15를 선택했다"는 취지의 말을 했다. 정권의 강경책으로는 학원안정법을 첫째로 꼽았으며 그 때문에 학교가 감방이 됐다고 했다. 병상을 지킨 부친에게는 "절대 비굴해지지 말라. 저 사람들(경찰)과 타협해서는 안 된다"는 유언을 남겼다.[25] 그는 분신 당시 "침묵에서 깨어나라"고 외쳤다. 아래는 시민들에게 배포한 〈8·15를 맞이하는 뜨거움의 무등산이여!〉라는 제목의 자필선언문 중 일부이다.[26]

4강의 각축장에서 미국의 안보를 위한 한국의 핵기지화와 일본의 경제적 침략의 한계를 넘은 군사적(문화적) 침략으로 우리 민족은 생사의 갈림길에 서 있습니다. …… 제국주의의 경제적 종속으로 농촌과 도시산업이 파괴돼 말라죽고 있습니다. 우리는 깨어나야 합니다. …… 민주주의 만세, 민족주의 만세! 민족통일 만세!

홍기일은 무명의 노동자였지만 유화국면 이후 시대상황이 그의 죽음을 세상의 시야에 드러냈다. 많은 신문기사에서 그의 죽음을 다뤘다.° 홍기일의 죽음은 재야에서 처음으로 공동 대응한 저항적 자살이기도 했는데 같은 해 3월 29일 민주통일민중운동연합(이하 민통련)이 발족했기에 가능한 일이었다. 민통련이 홍기일의 영결예배에 집단으로 참여하려고 하자 경찰은 간부 14명을 일제히 자택에 연금조치했다.[27] 경찰은 홍기일의 영결식에 맞춰 광주로 가려던 민통련 부의장 계훈제와 간부 14명을 가택연금했고, 제일교회 목사 박형규와 동월교회 목사 허병섭 등도 자택 출입을 차단하거나 긴급수배했다.[28] 또 홍기일이 낮에 운명할 경우 시신 탈취가 힘들 것을 예측해 강제로 산소호흡을 시키다가 새벽에 산소호흡기를 제거하고 부친을 동행시켜 시신을 야산에 매장했다.[29]

　마지막으로, 한 달 뒤인 9월 17일에는 성남 경원대생 송광영이 교내집회 중 옥내에서 미리 온몸에 휘발유를 끼얹고 불을 붙여 운동장으로 뛰어나오며 "학원안정법 반대"와 "광주학살 책임지고 전두환은 물러가라"고 외친 뒤 분신했다. 김태훈 이후 4년 만의 대학생 자살이며 대학생으로는 첫 번째 분신자살이었다. 그 무렵은 5월의 서울미문화원 점거농성 사건 이후 전두환 정권이 학원안정법 제정을 시도하며 학생운동을 강하게 탄압하던 때였다. 1985년 초부터 10월 말까지 73개교에서 419회의 시위가 있었고 25개 대학에서 102명이 제적됐다.[30] 학원안정법은 각 학교의 총·학장들에게 소요단체를 폐쇄할 수 있는 권한을 부여하는 법

•　〈분신자살 홍기일 씨 숨져〉(1985.08.22.)라는 기사를 비롯해《동아일보》에서만 분신 1주일 내 5건의 기사를 보도했다.

안으로 8월 12일 민통련 등 39개 단체가 '학원안정법반대투쟁위원회'를 결성하는 등 이에 거세게 반발했다.[31]

1958년 전남 광주에서 태어난 송광영은 서울 경신중학교를 졸업한 뒤 양복점에서 일하며 1975~1976년 사이 청계노조 활동을 했다. 그 뒤에는 인천에서 신문배달을 수년간 했으며 고졸 검정고시를 보고 1984년 경원대에 입학했다. 대학에서는 실존주의 철학연구회와 경제문제연구회를 창설해 활동했으며 분신 뒤에는 치료와 음식을 거부하다 한 달 만에 사망했다.[32]

2) 반미운동과 열사 계승: 1986~1987년

이 시기 당위형 열사는 김세진, 이재호, 이동수, 박혜정, 이경환, 강상철, 진성일, 박선영, 표정두, 장재완, 황보영국, 박응수, 박태영 등 모두 13명이다. 1980~1984년까지 5년 동안 일어난 5건보다 2.75배나 많은 수치이다. 이 시기에는 열사가 열사를 낳았으며 억울하게 죽어간 광주 민중을 기리며 대학생 스스로가 희생자의 자리에 섰다. 김세진·이재호와 이동수의 분신은 박혜정과 이경환의 죽음을 불러왔고, 1,288명의 대학생을 용공으로 몰아 구속한 건대항쟁은 진성일의 분신으로 이어졌다. 또한 1987년 초 타살당한 박종철의 억울함에 박선영이 목을 맸으며 추모제에 다녀온 노동자 황보영국은 "몇 사람 죽어야 갇힌 사람이 나온다"고 생각해 분신했다. 그리고 강상철, 표정두, 장재완, 박응수, 박태영이 그들 사이에서 광주 시민의 넋을 위로하거나 조국해방과 민주주의를 위해 죽어갔다.

앞 시기 열사가 고립적이고 분산적이었던 데 반해 1986년부터는 김세진·이재호를 시작으로 단기간에 연쇄적인 자살이 일어났다. 열사를 뒤따르는 열사가 생겨났기 때문이다. 구체적으로는 1986년 4월~6월에 6명, 1987년 2월~5월에 4명의 열사가 출현했다. 이 시기부터는 산 자가 죽은 자를 따르는 것으로 죽은 자의 투쟁을 계승했고, 이때 죽은 자는 5·18 영령이 아니라 5·18 영령에 대한 애도 과정에서 스스로 죽거나 죽임당한 자를 의미했다. 1984년 11월 발간된 책 제목 《산 자여 따르라》*는 1986년부터 시작된 잇단 죽음에 대한 예언과도 같았다.

이 시기 최초의 죽음은 1986년 서울대 김세진과 이재호의 분신자살이었다. 이들이 분신한 4월 28일은 학생운동에서 NLPDR(민족해방민중민주주의혁명론, 이하 NL), 즉 민족해방 계열의 본격적인 등장을 알리며 반미 구호가 처음으로 출현한 날이었다. 4월 4일 출범한 NL 그룹의 공개조직인 '반미자주화 반파쇼민주화 투쟁위원회'(이하 자민투)와 서울대 총학생회가 공동으로 결성한 '전방입소훈련 전면 거부 및 한반도 미제 군사기지화 결사저지를 위한 특별위원회' 주도로 전방입소훈련 거부투쟁이 이날 시작됐다. 주요 구호는 "반전반핵, 양키 고 홈"이었고 특별위원회의 공동부위원장인 이재호가 자연대 학생회장인 김세진과 함께 집회를 이끌었다.[33] 농성 중 경찰이 다가오자 김세진과 이재호는 온몸에 시너

• 서울대민주열사추모사업위원회, 《산 자여 따르라: 4인 열사 추모집》, 1984, 거름. 서울대 출신 김상진, 김태훈, 황정하, 한희철 등 4명의 '열사'를 추모하는 문집으로 황정하는 학교 시위 도중 추락사했고, 한희철은 전두환 정권의 녹화사업으로 강제징집돼 의문사했다.

열사, 분노와 슬픔의 정치학

를 뿌리고 다가오지 말라고 했으나 경찰이 체포를 시도하자 두 사람은 몸에 불을 붙였다.** 따라서 이들의 분신은 미리 준비된 것으로 보기는 어렵지만 결코 타살이나 사고사라고는 할 수 없다.

세 번째로, 김세진·이재호의 분신이 있고 한 달이 채 안 된 5월 20일 같은 서울대생 이동수가 분신자살했다. 그가 몸에 불을 붙이고 학생회관 옥상에서 뛰어내릴 때 건너편에서는 민통련 의장인 문익환 목사가 연설하고 있었다. '49명 분신 대기설'을 비롯해 정권의 '분신 배후설'이 유포된 것은 이때부터였다. 문익환은 이 일로 구속돼 1987년 6월항쟁 이후 출옥했다.[34] 한편 네 번째로, 이동수의 분신 다음날인 5월 21일 같은 학교 4학년생인 박혜정이 이동수의 분신 현장을 목격하고 괴로워하다 한강에 투신해 자살했다.[35] 박혜정은 나약한 자신을 자책하는 유서를 남겼는데 당시 언론에는 보도되지 않았다.

다섯 번째로, 6월 5일 고교생 이경환이 투신자살했다. 청량리 맘모스호텔 옥상에서 투신한 이경환이 남긴 일기에는 김세진, 이재호, 이동수 '열사'의 죽음을 애석해하고 죽음을 결심하며 "두렵다. …… 하지만 안 된다. 마음을 굽혀서는. 더 큰 어머니를 위해" 같은 말들이 쓰여 있었다.[36] 당시 신문에서는 성적 비관에 의한 투신으로 보도했지만[37] 투신 당시 소지한 가방 속에 가족과 친구에게 보내는 유서 외에 정권을 비판한 글과 복사물이 여러

** 이즈음 서울대 민주화투쟁위원회(MT) 그룹을 중심으로 반파쇼투쟁을 강조하던 그룹은 자민투에 대응해 '민족민주투쟁위원회'(민민투)를 결성했는데 두 사람의 분신 이후 정부는 자민투와 민민투를 국가 전복을 획책하는 용공좌익조직으로 규정해 대공 차원에서 수사력을 총동원하여 일제검거에 나서게 된다.(〈자민투·민민투 용공조직 규정 전면수사〉, 《경향신문》, 1986.05.05.)

장 들어 있었다는 것이 밝혀졌다. 이경환에게는 세 명의 형이 있었는데 서울대에 다니던 셋째 형은 학교에서 그의 추모시위를 벌였고 첫째 형과 둘째 형은 재야단체와 인권단체에 죽음의 진실을 알렸다. 첫째 형이 남긴 〈내 동생 경환이를 말한다〉[38]라는 제목의 글에 따르면 이경환의 사회에 대한 관심과 정권에 대한 비판의식은 세 형의 영향을 받은 것으로 나타났다.

여섯 번째로, 6월 26일 목포의 사회운동가 강상철이 분신자살했다. 강상철은 목포실업전문대학 건축과를 다니다 미등록으로 제적된 뒤 목포민주회복국민회의에서 일했다. 그는 분신 전 5·18 항쟁 당시 목포 시위를 주도한 혐의로 복역했던 선배 앞으로 "나의 죽음이 헛되지 않게 선생님께서 알려주십시오"[39]라는 편지를 남겼다. 사망 직전, 상태가 호전돼 "독재가 어떤 것인가를 온 국민에게 알리고 더 멀리 국제적으로 알려서 우리의 뜻인 민주화, 우리의 꿈인 민족의 통일을 이룩하고자 죽음을 선택할 수밖에 없었다"[40]라는 상당히 또렷한 유언을 남겼다.

일곱 번째로, 10월 31일 부산산업대(현 경성대) 학생 진성일이 분신했다. 10월 28일 건국대에서 열린 '전국반외세반독재애국학생투쟁연합'(애학투련) 결성식 직후였다. 이후 '건대사태' 또는 '건대항쟁'으로 불린 이날의 결성식은 경찰의 '황소진압작전'으로 학교가 봉쇄되고 무장헬기가 등장하고 소이탄이 퍼부어지는 가운데 1,525명이 연행되고 이 중 1,288명이 구속됐다. 단일 사건으로 세계적으로 가장 많은 인원이 구속된 사건이었다.[41] 진성일의 분신은 건대 사건에 대한 항의에서 비롯되었다. 아래는 그가 남긴 유서로 자살의 목적이 건대항쟁을 용공으로 몰아가려는 시도를 비

난함과 동시에 동료 학생들의 궐기를 촉구하는 데 있음을 알 수 있다.[42]

우리 학우들이 용공이니 공산혁명분자로 몰리고 있다. …… 저 비록 미약한 존재지만 격분을 참을 수 없어 여러 친구들보다 먼저 갑니다. 부디 흔들리지 말고 끝까지 싸우십시오. 승리할 그날까지. 건국대 농성사건 진상 보고하라, 군부독재 물러가라, 파쇼 타도!*

10월 29일 서울에 있는 대학가 특히 건국대와 부산의 부산대, 동아대 모두 민주를 위해 민중을 위해 투쟁하고 있는 시점에 우리 산대는 대동제나 하면서 희열에 빠져 있었다. …… 산대인이여! 여러분의 다정한 친구가 여러분 곁을 떠납니다. 왜? 무엇 때문에 목숨을 버리는가 여러분 우리 모두 앞장서서 나갑시다. 민족분단 영구화하는 군부독재 물러가라, 민족의 피 빨아먹는 미 제국주의 물러가라!**

1982년 부산산업대 행정학과에 입학해 군에 입대한 진성일은 1985년 말 마지막 휴가 때 민정당 부산시당을 찾아가 군인들의 부재자투표 비리에 항의하다 폭언을 뒤집어쓴 채 쫓겨났다. 1986년 봄 복학한 뒤로는 학교 근처 '산수글방'에 다니며 사회과

* 〈건국대 농성사건에 즈음해〉 중에서.
** 〈산대 학우에게〉 중에서.

학 공부를 했으며 '민민투' 또는 '자민투' 중 어느 쪽이었는지는 명확하지 않지만 동아대 투쟁조직과 관계를 맺고 있었던 것으로 추정됐다. 7월에는 공장 생활을 하기 위해 집을 나갔으며 여름방학이 끝나갈 무렵에는 '양담배 수입 개방 반대' 및 '산대 학우들의 각성을 촉구'하기 위한 유인물을 제작했으나 학생회 간부의 밀고로 부친에게 유인물을 모두 빼앗긴 경험도 있다. 진성일은 "운동권 학생이 아니었으며 염세주의 성향이 짙었다"[43]는 부친(당시 부산산업대 장학과장)의 말을 비롯해 그의 죽음을 우울증 등에 의한 개인적 자살로 치부하려는 시도가 있었으나 유서를 비롯한 동료 학생들의 말을 감안하면 지배세력인 전두환 정권에 저항해 학생들의 궐기를 촉구하는 자살임을 부인하기 어렵다.

여덟 번째로, 1987년 2월 7일 전남여고 출신의 서울교대 학생 박선영이 목을 매 목숨을 끊었다. 교대 당국은 박선영의 자살을 애정 문제로 왜곡했지만 실제로는 학생운동에 대한 학교 당국의 탄압이 주요한 원인이었다. 박선영이 목을 맨 창신동 자취방은 전태일기념관이 내려다보이는 곳으로 전태일의 모친 이소선의 증언에 의하면 그가 동료들과 함께 자주 기념관에 들렀다고 한다. 박선영이 입학한 1985년 서울교대 학장은 국가보위비상대책위원회(국보위) 문공분과위원장을 지낸 정태수였는데 학교 당국에서 대놓고 학생들을 사찰하는 일이 많았다. 박선영은 사회과학 서적을 읽다가 ROTC 교관에게 발각된 뒤부터 수시로 불려나가 취조를 받았다. 1986년 말에는 가두시위를 하다 잡혀 경찰서에서 훈방조치된 선배가 초등 교사가 될 기회를 원천적으로 박탈되는 모습을 목격하고 절망에 빠졌다고 한다. 박선영은 이즈음 자살을 결심한

열사, 분노와 슬픔의 정치학

것으로 보이는데 그가 자살했을 때 학생증에는 박종철의 사진이 대신 붙어 있었다.[*]

아홉 번째로, 3월 7일 미국대사관 앞에서 분신한 표정두는 5·18 참여자이자 학출 활동가였다. 1980년 5·18 당시 고향인 광주 대동고 1학년생이었던 표정두는 항쟁에 참여했다는 이유로 정학처분을 받았다. 이후 호남대에 입학했으나 가정환경이 어려워 학교를 자퇴하고 야학 교사로 활동했다. 1987년 2월에는 광주 하남공단에 있던 신흥금속에 입사했고 다음달 서울로 올라와 분신했다.[44]

열 번째로, 3월 27일 부산대 83학번으로 방위병으로 근무 중이던 장재완이 분실한 가방이 보안대에 넘겨진 사실을 알고는 조직 보위를 위해 자살했다. 가방 안에 조직 관련 문건이 들어 있었던 것이다. 유서에 언급되어 있지는 않지만 보안대에 잡혀갈 경우 자신과 자신으로 인해 검거될 동료들에게 가해질 신체와 생명에 대한 위협을 우려했던 것으로 보인다. 장재완의 자살은 2월 17일 치안본부가 박종철의 고문치사를 공식적으로 인정한 지 한 달 만의 일이었다. 경찰이 치안본부에서 박종철을 고문한 이유는 서울대 민주화추진위원회를 이끌고 있던 박종운의 소재를 파악하기 위해서였다. 당시는 공권력에 의한 타살이 많을 때였다. 이듬해 10월 6일 '5공화국 이후 군대 내 의문사 진상규명 공동대책위원

• 박선영은 1985년 5·3 인천항쟁과 1986년 9월~11월 신민당 직선제 추진 대회에 참여하기도 했는데 '직선제 개헌론'과 '제헌의회론'을 모두 비판했던 것으로 볼 때 그가 활동한 정파조직은 민족해방 진영의 개량주의적 개헌투쟁을 비판하고 나선 비주체사상 민족해방 그룹이나 반反민족해방 진영 중 한 갈래로 추정되고 있다.(박선영·남태현열사추모사업회)

회'가 군내 내 의문사 22명과 일반 의문사 12명을 발표했다.[45] 장재완이 가졌을 우려를 짐작할 수 있는 일이다.

열한 번째로, 5·18 하루 전인 5월 17일 부산역 광장에서 노동자 황보영국이 분신했다. 부산 출생인 황보영국은 부산 성지공고를 중퇴하고 울산 현대중공업, 부산의 삼화고무와 태화고무 등에서 근무했다. 앞의 노동자열사들과는 달리 5·18 광주항쟁과 관련한 경험이 전혀 없는 대신 연초 발생한 박종철의 고문치사와 관련이 있었다. 그는 분신 2개월 전인 3월 3일 박종철의 49제에 참가했다가 연행돼 일주일간 구류를 살다 나왔다. 다음은 모친의 이야기를 동생이 옮겨 적은 것이다.

박종철 추모제를 지낸다는 소식 듣고, 충무동 거리에서 식 올릴 적에 무더기로 잡혀 들어가다가 4일 밤 자고 …… 이건 완전 독재다 하고, 죄 없는 사람 징역 가는 것을 보고 몇 사람 투신자살하면 갇힌 사람 다 나온다고 해. 내가 피를 뿌리고, 천당 가면 죽는 게 아니고 영영 사는 것이라 여겼습니다. 엄마는 내가 피를 막 뿌리고 하늘나라로 가면 그 돈 다 어데 쓸라고. 엄마 나는 민중에 가입했다 하고, 서울 갈라고 하고 …… 회사를 그만두고 내가 서울 가면 언제 올지 모르니까 형님 생신이나 갔다 와야지.[46]

위의 글은 황보영국이 독재의 본질을 추모제를 통해 자각했음을 보여주며, "몇 사람 투신자살하면 갇힌 사람 다 나온다"는 대목에서는 그가 자살을 최선의 실천으로 생각했다는 것을 알 수 있다.

열사, 분노와 슬픔의 정치학

열두 번째로, 제13대 대통령선거를 열흘 앞둔 12월 5일에 대전의 노동자 박응수가 분신했다. 대전 계룡공고를 졸업하고 경북 왜관에서 카투사로 군복무를 마친 박응수는 1982년 투라가구에 입사해 성실한 노동자로 생활하던 중 13대 대통령선거를 맞았다. 분신 당일에는 선거가 종반전에 접어들면서 야권후보 단일화를 요구하는 시위와 야당 당사 내 농성, 서명운동이 연이어 있었다. 박응수는 오전 10시경 충남 대전 중동 홍명상가 앞 광장에서 민주당 청중 동원용 버스에 올라타 사람들을 내리게 한 뒤 대전역 광장으로 버스를 몰고 가 경찰과 대치하던 중에 "대통령 후보 단일화"를 외친 뒤 버스와 몸에 시너를 뿌리고 불을 붙였다.[47]

　　끝으로, 박응수가 분신한 지 3일 뒤 목포대 1학년생 박태영이 분신했다. 그는 13대 대통령선거를 일주일 남겨둔 12월 8일 대학생성경읽기선교회에 참석한 뒤 혼자 화장실에 들어가 "군부독재 종식하고 공명선거 보장하라"는 구호를 외치고 몸에 불을 붙였다.[48] 대학신문사 수습기자로 일했던 박태영은 분신 직전까지 학내에서 "군부독재 끝장내고 민주정부 수립하자" "제도교육 철폐하고 민주교육 실시하라" 등의 구호를 외치며 42일간 단독시위를 전개했다.[49]

　　대선이 끝나고 12월 18일에는 평민당 충주대책위원장 정재석이 김대중의 낙선을 비관해 연탄불을 피워놓고 자살했다.[50] 정재석은 추모연대 열사에는 이름이 오르지 않았지만 이듬해 열린 합동추모식에서 박응수와 함께 열사로 호명됐다.[51]

2. 실존형 열사

이 시기 실존형 열사는 둘로 나누어 살펴보았다. 첫 번째는 전태일 이후 최초의 노동열사인 택시기사 박종만이 자살한 1984년이고, 두 번째는 6명의 열사가 출현하는 1986~1987년의 시기이다. 첫 번째 시기의 박종만은 전태일 이후 최초의 노동열사로 사망 직후부터 열사로 불렸다. 두 번째 시기의 노동자들도 박종만처럼 사망 직후부터 열사로 불렸으나 농민 오한섭은 사망하고 약 1년 뒤인 1987년에 들어서야 열사로 불렸다.

1) 전태일 추모와 노동열사의 탄생: 1984년

1984년 11월 30일 전태일 이후 최초의 노동열사인 박종만이 노조 사무장을 해고한 데 대해 항의하며 분신했다. 협상 결렬 소식을 듣고 "내 한 몸 희생되더라도 기사들이 더 이상 피해를 보지 않도록 해야겠다"[52]는 유서를 남긴 뒤였다. 박종만의 분신은 노동자 자살로는 이전에 볼 수 없던 파장을 일으켰다. 분신 사실이 신문에 그대로 보도된 것은 물론 택시노조뿐 아니라 각계의 연대투쟁이 뒤따랐다. 분신이라는 극단적 방법을 택한 것도 이유였지만 택시노동자들의 조직화와 전태일에 대한 추모 열기가 맞물린 결과였다.

박종만이 분신자살한 때는 유화국면 이후 학생운동의 성장

속에 전태일 추모제가 처음으로 공개적으로 열리던 때였다. 1970년 11월 11일 전태일의 분신자살 이후 14년 만의 일이었다. 앞서 1983년 6월 1일에는 전태일의 일대기를 다룬《어느 청년노동자의 삶과 죽음》[53]이 공식 출판돼 그간 비공개 문건과 구두로만 전해지던 전태일의 삶이 세상에 알려지게 됐다. 전태일의 14주기 추모제는 1980년대 최초로 노·학연대투쟁으로 치러졌다. 추모제는 각 대학별로 사전 학습을 해가며 조직적으로 준비됐고[54] 14일에는 서울 시내 12개 대학에서 학교별로 추도행사를 가졌다.[55] 추모예배가 열린 서울 종로구 연동교회 주변에서는 예배에 참석하려던 노동자, 학생 81명이 연행됐고 민통련 의장 문익환 등 21명은 가택감금조치를 당했다.[56] 15일에는 고려대에서 '추모노동자문화제'가 열려 청계피복 노조원과 민주문화운동연합회 회원 그리고 노동자와 학생 800여 명이 참석해 오후 8시 30분부터 경찰과 격렬한 투석전을 벌이기도 했다.[57]

또한 1984년은 단위 사업체별로 진행되던 택시노동자들의 투쟁이 전국적으로 확산되던 때였다. 시작은 대구 5·25 투쟁이었다. 소규모 지입차주들에 의해 운영되던 회사택시들의 하절기 사납금 인하를 앞두고 대구 택시노동자들의 조직적인 투쟁이 시작돼 대구 시내의 교통이 완전히 마비될 정도였다. 투쟁은 구미, 인천, 부산, 서울 등 전국으로 확산됐으며 박종만의 분신은 택시노동자에 대한 사회적 관심을 다시 한번 환기시키는 역할을 했다.

박종만의 장례식에는 청계피복 노조원과 민주화청년연합(민청련) 회원들이 방문해 항의시위를 벌여 60명이 즉심에 넘겨졌으며[58] 고려대생 30여 명과 서울대생 9명도 관련 유인물을 배포하다 연행됐다.[59] 12월 13일에는 한국노동자복지협회가 주관하고 민주·통일국민회의, 민중민주운동협의회, 한국교회사회선교협의회가 후원하는 가운데 합동추도식이 거행됐다. 추도위원회에는 계훈제, 김승훈, 김영삼, 김재준, 문익환, 박형규, 신현봉, 윤반응, 이소선, 조남기, 함석헌이 고문으로 이름을 올렸고, 천주교정의구현전국사제단과 민청련, 《동아일보》와 《조선일보》의 자유언론수호투쟁위원회 등 당시 활동하고 있던 16개 단체가 참여했다.[60]

바로 다음해인 1985년 2월 12일 예정된 국회의원 총선도 추모 열기를 가속화하는 역할을 했다. 추모위원회에서 낸 〈고 박종만 열사 관련 결의문〉에는 민경교통과 관련 부처에 항의전화걸기운동을 전개하는 것과 함께 민정당 지지거부운동을 전개하는 것이 결의 사항으로 담겨 있었다.[61] 택시노동자의 자살을 두고 야권과 재야가 공조투쟁을 벌인 것은 이때가 처음이었고 택시노동자의 자살이 이처럼 주목받는 일은 이후로 다시 없었다. 1985년 초에는 박종만의 분신을 소재로 한 풍자극 〈뛰뛰빵빵〉이 마당극으로 꾸며져 무대에 오르기도 했다.[62]

박종만은 제조업노동자에 앞서 택시노동자가 실존형 열사로 호명된 첫 사례였지만 당시 제조업에 치우쳐 있던 학생운동의 관심을 돌리는 역할을 하지는 못했다. 그러나 5·18 때 온몸으로 저항한 택시기사들의 소문과 함께 일부 대학생과 지식인들에게 '영감'을 주는 계기가 됐다. 학생운동 출신의 이동섭(강원대 72학번)과 배규식(서울대 76학번)이 박종만의 죽음에 영향을 받아 택시운동에 몸담게 됐으며 1985년 12월 21일 발족한 박종만추모사업회(회장 김승훈 신부)는 이후 운수노동자들의 구심점이 됐다.[63]

열사, 분노와 슬픔의 정치학

2) 변혁운동의 영향과 부문운동별 열사 출현: 1986~1987년

1986년부터 1987년 사이 실존형 열사는 모두 6명으로 오한섭, 박영진, 변형진, 이석구, 김수배, 김성애가 이에 해당한다. 오한섭은 농민이었고 박영진과 김수배는 제조업노동자, 변형진과 이석구는 택시노동자, 김성애는 제조업종의 산재노동자였다. 도시빈민 분야를 제외하고는 모두 이 시기부터 열사 호명이 이뤄졌는데 학생운동을 중심으로 전개된 변혁운동과 밀접한 관련이 있었다.

먼저 최초의 농민열사인 오한섭의 죽음은 '소값 파동'을 배경으로 했다. 그는 1986년 3월 11일 "정부의 소 수입으로 농민들이 죽어간다. 정부가 농민의 피해를 보상해야 한다"라는 유서를 남기고 음독자살했다. 오한섭 외에도 소값 파동으로 자살한 농민이 많았지만* 이 시기 농민열사는 오한섭 한 명뿐이었다. 오한섭의 죽음은 유사한 이유로 자살한 다른 농민들에 비해 정권에 대한

---

* 　오한섭의 자살 한 해 전인 1985년 4월 22일에는 충북 청원군 서형석(35세)이 제초제를 마시고 자살했다. 1983년 부친 소유의 논 800여 평을 350만 원에 팔아 암송아지 3마리를 구입해 키우다가 병든 모친의 치료비와 영농비 마련을 위해 소를 팔려 했으나 2년 키운 어미 암소의 가격이 70~80만 원도 못 되자 삶의 의욕을 잃고 "농민도 할 말은 해야 한다. 가슴속에 감추지 말고 떳떳이 말하라"고 유언을 남기고 자살했다. 또한 11월 8일에는 강원도 화천군의 김영열(50세)과 그의 모친이 소값 폭락으로 빚을 진 데다 채권자인 춘천경찰서 소속 경찰로부터 폭행을 당한 뒤 "김 형사 너는 나를 막 차는구나. 나의 ○○도 다 찢었네. 너무하네"라는 유서를 남기고 자살했다. 11월 28일에도 전북 진안군 정만봉(59세)이 300여 만 원의 빚으로 집을 날리고 고민하다가 "정부에서 하는 일이 농촌 서민이 생각하기에도 모순이 있다고 생각합니다"라는 유서를 남긴 채 자살했다.(편집부, 〈빚더미에 몰린 농민 자살항거 속출〉, 《월간말》 6, 1986, 44쪽.) 1989년 1월 10일에도 강원도 춘성군 농민 반홍균이 1983년 2,300만 원의 빚을 얻어 송아지 40마리를 구입했으나 소값 파동으로 갚지 못하다가 원금 상환 날짜가 가까워오자 "정부 때문에 빚을 지고 갚을 길이 없어 세상을 하직합니다"라는 유서를 남기고 자살했다.(〈파탄 위기의 농촌 ②〉, 《한겨레신문》, 1989.02.19.)

항의가 두드러진 데다 1985년부터 제기되기 시작한 자주적 농민운동 요구와 결합해 농민운동 부문의 반정부투쟁에 도덕적 명분을 제공하는 일이 됐기 때문이다.

1970년대 가톨릭농민회를 중심으로 전개됐던 농민운동은 1970년대 말 도시산업선교회와 함께 가톨릭농민회가 정부의 강력한 탄압을 받으면서 교회 내 운동으로 전환했다. 그러나 1982년 농지세 시정투쟁, 1983년 농협조합장 직선제 100만 서명운동, 1985년 소몰이 시위투쟁, 1986년 미국 농축산물수입개방저지투쟁 등을 거치면서 자주적 농민회가 조직되기 시작했다. 1985년 전남 '함평농우회'를 시작으로 전국적으로 30여 개의 농민운동 조직이 결성됐고 1986년 말 준비위원회가 발족한 뒤 전남, 경남, 전북, 경북, 경기지역 군 단위 조직을 기반으로 1987년 2월 전국농민협의회가 창립했다.[64]

오한섭이 사망한 후에는 가톨릭농민회 회원 700여 명이 아산 천주교회에서 추모제를 지낸 뒤 천안의 오룡천주교회에서 농성을 벌였으며[65] '영농후계자 고 오한섭 형제 추도위원회'가 결성돼 정부 당국을 규탄하고 보상을 요구했다.[66] 또 "저지하자! 미국 농축산물 수입! 타도하자! 미국 예속정권"[67] 같은 주장이 나오기도 했으며 경남노동자농민연맹과 서울노동운동연합은 공동으로 "농가 부채상환 거부하자" "오한섭의 원수 갚자" "파업자유 쟁취하자" "삼반세력 쳐부수자"를 함께 주장하며 1,000만 노동자와 1,000만 농민의 단결을 호소했다.[68]

1년 뒤 있은 추모제에는 경찰의 과잉진압과 폭행이 사회문제가 됐다.[69] 추모제를 끝내고 귀가하는 농민들에게 테러가 가해져

열사, 분노와 슬픔의 정치학

일주일간 농성투쟁이 전개됐다. 이 일로 한국천주교주교회의는 서경원이 회장으로 있던 가톨릭농민회와 천주교평신도사도직협의회의 전국본부 활동을 잠정 중지시켜 파문이 일기도 했다.[70] 당시 가톨릭농민회는 오한섭의 추모행사와 농성을 주도했는데 비신자를 회원으로 받은 것 때문에 일부 주교들이 문제를 제기하고 있었다. 한편 오한섭은 죽음 직후 가톨릭농민회를 중심으로 '형제' 등으로 불리다가 1987년 3월부터 열사 호칭을 사용한 문건이 등장했다.[71]

두 번째로, 1986년 3월 6일 구로공단의 신흥정밀 노동자 박영진이 분신자살했다. 실존형의 제조업노동 부문 열사로는 처음이었고 당위형까지 포함해서 김종태에 이은 두 번째였다. 두 명 모두 학생운동 출신의 영향을 받아 근로기준법을 학습했으며 전태일을 동경했다. 차이가 있다면 김종태가 교류한 대학생들이 1970년대 말 서울대를 중심으로 확산됐던 '준비론'의 입장을 취했다면 박영진이 만난 대학생들은 당시 서울노동운동연합(이하 서노련)이 주도한 '변혁적 노동운동'*의 입장을 취했다는 것이다.

1978년 배문중학교를 중퇴한 박영진이 대학생 친구들을 만나 노동운동가로서 자의식을 갖게 된 것은 1982년 당시 행정구역상 시흥에 속해 있던 씨앗글방과 한얼야학을 통해서였다. 한얼야학은 교육운동가 이상호가 1970년대 후반 영등포에 있던 봉제

---

* 1970년대 말 학생운동은 학생운동 중심의 '정치투쟁론'과, 노동현장에의 투신과 노동운동을 강조하는 '현장론' 또는 '준비론'이 대결했고 김종태가 다녔던 성남의 한얼야학은 후자의 흐름에 있었다. 한편 1980년대 중반에는 1985년 6월 구로동맹파업 이후 변혁적 노동운동을 지향하는 노동자 대중정치조직이 필요하다는 문제의식 속에 서노련이 탄생했는데 박영진이 다닌 한얼야학 교사들이 주도적으로 참여했다.

공장인 우남산업에서 시작해 구로성당으로 옮긴 것으로, 구로지역 노동운동을 주도했던 대표적인 노동야학이다. 한얼야학은 또 1978년 윤상원, 박기순, 신영일 등이 시작한 들불야학과 그 뿌리를 같이하며 제19대 대통령선거 정의당 후보 심상정 역시 한얼야학에서 활동했다.*

박영진은 시흥 소재의 전기회사(마쩨꼬바)에 취직해 처음으로 공장노동자 생활을 하면서 한얼야학의 친목회에 몸담았고 1984년 7월 동일제강에 입사해서는 독서회를 운영하면서 노조 결성을 준비했다. 다음해 3월 첫 번째 노조 결성 시도가 좌절돼 부평 공장으로 부서 이동을 당했으나 4월 말 결국 노조 결성에 성공했으며 이후에는 동료들과 체계적인 사회과학 공부를 하면서 1985년 10월 신흥정밀에 입사했다.[72]

박영진의 분신 일주일 전인 3월 10일 영등포 당산동 성문밖교회에서 서노련, 한국기독교노동자총연맹, 성남생존권확보투쟁위원회, 안양지역노동삼권쟁취위원회 주최로 수도권 지역의 노동자 500여 명이 모인 가운데 '86 임금투쟁 전진대회'가 개최됐다.[73] 1986년 임금인상투쟁은 1985년 전후 최초의 지역 연대파업인 구로동맹파업을 계승한 서노련이 인천지역노동자연맹(인노련)과 결합한 '서인노'와 다른 세력의 분열 경쟁 속에 진행됐다. 박영진이 사망한 시점은 선도투쟁 중심의 1986년도 임금인상투쟁이 저조한 분위기에서 서노련과 서인노의 정치투쟁 우선주의와 패권주의에

---

* 심상정은 1979년 겨울 한얼야학을 통해 구로공단 야학을 시작했으며 세 번째 직장인 대우어패럴에서 미싱사로 일하던 중 구로동맹파업을 주도했다.(디지털구로문화대전, 〈구로 노동야학에서 다문화교육으로〉, 구로 교육 약사'.)

열사, 분노와 슬픔의 정치학

대한 반발과 비판이 고조될 때였다.[74]

박영진이 일하던 신흥정밀은 450여 명의 노동자가 근무하고 있었고 초임이 3,080원의 저임금에다 기본 근무시간이 9시간이었다. 신흥정밀 노동자들은 3월 7일부터 초임 4,200원 인상과 하루 기본 근무시간 8시간의 정상화를 요구하며 선전작업을 하고 있었다. 박영진의 분신은 선전투쟁 중 경찰이 투입돼 옥상까지 밀려올라가면서 벌어진 일이었다.

박영진과 구로공단을 소재로 한 소설 《파업》에는 3월 17일의 분신 과정이 생생하게 묘사돼 있다. 한 노동자가 구사대와 대치한 가운데 몸에 휘발유를 붓고 라이터를 켠 채 "물러가지 않으면 분신하겠다!"[75]고 외치는 모습은 박영진의 모습이자 한 달 뒤 분신하는 변형진의 모습이고 더 나아가 1,000만 노동자의 모습이었다. 제2회 전태일문학상 수상작인 《파업》은 "소모임, 정치학습, 일상투쟁, 해고, 복직투쟁, 노조 결성, 구사대와 경찰의 폭력, 분신, 파업농성, 투옥, 노조사수투쟁 등 일련의 노조 결성 과정을 실재했던 한 대규모 사업장을 무대로 해 정형화했다"는 평을 받았다. 《파업》의 작가 안재성은 강원대 출신의 학출 활동가로 박영진과는 동일제강에서 만난 동갑내기 친구였다.[76]

전태일이 혼자서 근로기준법과 씨름하며 "나에게 대학생 친구 한 명만 있었다면" 하고 일기에 썼다면 박영진은 그러한 대학생 친구를 가진 노동자였다. 박영진은 사망 직전 "전태일 선배가 못다 한 일을 내가 하겠다. 1천만 노동자의 권리를 찾겠다. 끝까지 투쟁해야 한다"[77]는 말을 남겼는데 이 같은 유언은 박영진이 단순한 노동자가 아니라 자신의 위치를 '노동운동가'로 규정했기 때문에 가능한 말이었다.

　박영진의 분신은 곧바로 후속투쟁을 불러왔다. 분신 이틀
뒤인 3월 19일 구로지역 노동가와 활동가 120여 명이 모세미용
실 점거투쟁을 벌여 34명이 연행됐고[78] 3월 20일에는 고려대, 성
균관대, 서울시립대, 국민대 등 4개 대학 1,000여 명이 각각 교내
에서 추모제를 겸한 반정부 집회를 가졌다.[79] 그리고 23일에는 민
통련 주도로 영등포구 대림동에서 추모시위가 벌어져 민통련 간
부 12명이 연행됐다.[80] 서울 창신동 전태일기념관에서는 구로와
인천지역 근로자 69명이 22일 밤부터 철야농성을 벌이다 모두 연
행됐다. 또 성남에서는 4월 2일 '4·2일 성남 노동자 고 박영진 열
사추모위원회'가 결성돼 〈임금투쟁의 장렬한 불꽃으로 억압과 착
취를 불사르자〉는 제목의 성명서를 발표했다.[81]

　4월 27일의 장례식은 노동자 장례 중 최초로 마석 모란공원
에서 열렸다. 박종만 때처럼 김영삼과 김대중이 고문으로 이름을
올리는 일은 없었으나, 청계피복 노조와 서노련, 인노련 등이 주
최하고 1985년 발족한 민통련과 한국교회사회선교협의회, 민주
화추진협의회가 후원하는 등 재야와 노동계의 전폭적인 관심 속
에 치러졌다. 박영진의 분신자살에 쏟아진 관심은 24쪽의 장례
식 문건[82]에서도 알 수 있다. 박영진의 생애가 5쪽으로 정리돼 있
고 박인, 박노해, 김정환의 '조시'가 실렸다. 박노해의 시 〈천만 개
의 불꽃으로 타올라라〉는 노동자 출신 소설가 정도상이 같은 제
목으로 박영진의 일대기를 담아 1988년 출판하기도 했다. 박영
진의 분신이 큰 여파를 불러일으켰던 것은 구로공단이 당시 변
혁적 노동운동의 구심이었기 때문으로 보인다. 민주화운동기념

사업회에서 1980년대 주요 민주화운동 사건으로 선정한 58건 중 박영진의 분신은 노동자의 저항적 자살로는 유일하게 이름을 올리고 있다.[83]

세 번째로, 1986년 4월 30일 삼환택시 변형진이 분신자살했다. 변형진의 분신은 부당해고에 항의한 것이었다. 4월 중순 사장이 자가용을 타고 가는 것을 가로막고 직접 노동조건 개선을 요구했는데 4월 22일 조회 시간에 변형진을 해고한다고 통고했다.[84] 다음날부터 복직을 요구하며 출근투쟁을 시작했으나 관리자들이 경찰을 부르는 바람에 그는 철장에 갇히기까지 했다. 분신 당일 "만약 복직을 안 시키면 분신하겠다"고 경고했을 때 사장은 오히려 "뒈질 테면 뒈져!" 하고 빈정거렸다.[85] 변형진의 분신은 당시 일간지에 술에 취해 나온 행위로 보도되었고[86] 가족이 경찰의 감금 속에 합의한 후 화장하면서[87] 후속투쟁으로 이어지지는 않았다.

변형진이 분신하기 한 달 전인 3월 28일에는 청주 대화운수 운전기사 김태웅이 회사가 도둑 누명을 씌우는 것에 항의해 분신자살을 기도했으나 생명을 구했다. 그는 분신 직전 "나는 결백하다. 나 한 사람이 죽고 대화운수 기사들과 안내양들의 근로조건만 향상된다면 더 이상 미련이 없다. 이 한 몸 불덩이가 돼 재물이 되겠다"는 내용의 말을 남겼다.[88]

네 번째로, 1987년 9월 2일 조흥택시 기사 이석구가 분신했다. 조흥택시 소속 130명 중 35명이 민주노조를 결성하고 설립신고를 마친 뒤 노조위원장으로 선출된 직후였다. 사측이 동원한 구사대 폭력에 항의해 사장 면담을 요구했으나 이를 묵살하자 택시 위에 올라가 몸에 불을 붙였다.[89] 장례는 회사에 대한 유가족과 조합 측의 항의로 연기되다가 한 달이 지난 10월 1일 민통련 의장 문익환과 1984년 분신자살한 박종만의 아내 조인식, 당시 민주당사에서 농성 중이던 무극사 노조원 등 200여 명이 참석한 가운데 치러졌다.[90] 조인식은 전태일의 모친 이소선이 그랬던 것처럼 박종만의 죽음 이후 유가협의 초대 사무국장을 맡는 등[91] 그 자신이 투사가 됐다.

다섯 번째로, 10월 16일 김수배가 분신자살했다. 김수배는 학출 활동가는 아니었지만 대학을 졸업한 일반 관리직으로 현장 노동자들과 어울려 노조를 설립하고 사무장까지 맡았다.[92] 김수배가 자살한 것은 1987년 7·8·9 노동자대투쟁이 8월 28일 대우 조선 노동자 이석규의 장례식을 계기로 위축되기 시작할 때였다. 경찰은 추모집회 및 시위와 관련해 933명을 연행해 그 가운데 67명을 구속했다. 이어 정부는 8월 28일 국무총리의 〈좌경용공세력 척결을 위한 담화〉 발표 후 9월 4일 대우자동차와 현대중공업 파업 농성장에 경찰 병력을 투입했다. 김수배가 사무장으로 있던 고려화학 역시 노조 탄압이 시작됐다. 노조에서 조합비를 징수하면서 일일이 조합원들의 서명을 받는 번거로움을 피하기 위해 사무장이 일괄해서 대리 서명했는데 이것이 문제가 됐다. 김수배는 사문서 위조로 고발돼 소환장이 발부됐고, 사직까지 고민하던 끝에 분신했다. 김수배의 자살은 울산지역 노동자의 첫 번째 저항적 자살이었으며 일반 관리직이 노조 탄압에 저항해 분신자살한 것으로도 첫 번째였다.

마지막으로, 산재노동자 김성애가 인천 산업재활원에 입원해 치료를 하던 중 18세의 나이로 투신자살했다. 1987년 9월 27일

열사, 분노와 슬픔의 정치학

전국산업재해노동자연맹이 발족하고 한 달여 뒤의 일이었다. 김성애는 화공약품에 의식을 잃고 기절해 뇌진탕으로 반신불구가 됐지만 회사 측이 가족을 협박해 산재처리를 해줄 테니 추후 어떤 법적 책임도 묻지 않겠다는 각서를 받아냈다. 김성애는 다른 산재환자들과 함께 정당한 보상을 요구하는 투쟁을 전개하고 민정당 노태우 총재 앞으로 진정서를 보냈지만 아무런 답변을 받지 못했다.[93] 김성애의 죽음으로 인천지역 산재노동자들이 휠체어로 경인국도에서 가두시위를 벌이면서 산재노동자들의 당사자 운동이 본격적으로 시작됐다.[94] 이후 김성애는 여성노동자 중 최초로 산재가 인정됐다.[95]

4부 / 1987년 민주화와 열사의 의례화

박종철의 고문치사에서 시작해 최루탄에 피격된 이한열의 죽음으로 폭발한 1987년 6월항쟁은 7월 9일 이한열의 장례식에서 민통련 의장 문익환이 광주 영령을 포함해 26명 열사를 애도하는 것으로 대미를 장식했다. 전날 가석방으로 출감한 문익환은 양심수 대표로 한 연설에서 전태일로 시작해 박영진을 마지막으로 26명의 열사 이름을 아무런 순서 없이 가슴에서 터져나오는 대로 불렀다.[1] 아래 인용문에는 타살당한 경우와 당위형, 실존형 자살을 한 열사가 모두 포함돼 있다. 이경환과 박선영이 빠져 있는데 이경환의 죽음이 저항적 자살로 인정된 것은 나중의 일이고 박선영의 죽음은 1988년 말에 가서야 알려졌다.

> **전태일** 열사여! 김상진 열사여! 장준하 열사여! 김태훈 열사여! 황정하 열사여! 김의기 열사여! 김세진 열사여! 이재호 열사여! 이동수 열사여! 김경숙 열사여! 진성일 열사여! 강상철 열사여! 송광영 열사여! **박영진** 열사여! 광주 2천여 영령이여! 박영두 열사여! 김종태 열사여! 박혜정 열사여! 표정두 열사여! 황보영국 열사여! **박종만** 열사여! 홍기일 열사여! 박종철 열사여! 우종원 열사여! 김용권 열사여! 이한열 열사여!"•

문익환의 연설은 6월항쟁 이후 민주화의 흐름 속에서 저항운

• 〈문익환 목사(그날이 오면)〉, 《유튜브》, 2013.01.31. 여기서 강조점이 표시되어 있는 부분은 타살당한 사람들을 가리키며, 볼드체에 강조점이 표시된 부분은 이 연구에서 실존형 자살로 분류한 사람들을 가리킨다.

동진영 내 열사 추모가 공식화됐다는 것을 의미한다. 수많은 사람들이 모인 광장에서 열사의 죽음을 공개적이고 집단적으로 애도할 수 있게 된 것이다.

4부는 노태우에서 김영삼 정권 기간(1988~1997년), 즉 '열사의 의례화' 시기를 다룬다. 열사의 '의례화'란 반독재민주화운동 과정에서 개별·분산적으로 이루어지던 열사 추모 및 계승이 1987년 6월항쟁 이후의 공식적이고 집단적인 추모와 1991년 추모연대의 결성을 통해 사회운동의 의례로 정착했다는 것을 의미한다. 3부에서 다룬 '열사의 기원' 시기에는 5·18 광주항쟁에서 비롯된 적대전선을 전제로 호명된 열사가 공개적이고 집단적인 애도·추모 속에 저항운동의 상징으로 자리매김했다면, 이 시기에는 열사 추모가 사회운동의 '의례'로 정착한 것이다.

뒤르켐의 《종교생활의 원초적 형태》에 따르면 의례는 기쁨을 고무하거나 슬픔을 위로하는 것처럼 감정적 고양을 통해 사람들을 단일한 도덕적 공동체 안으로 통합시키는 역할을 한다.[2] 마찬가지로 열사 추모의 의례화는 이후 한국 저항운동세력을 열사 중심으로 통합시키면서 그들의 집합적 정체성을 형성·강화시켜 나가는 수단이 됐다. 1987년 이한열의 장례가 민주국민장으로 치러진 데 이어 이 시기 당위형 열사의 장례는 대체로 민주국민장으로 치러졌고, 실존형은 민주노동자장이나 전국빈민장 등 부문운동의 이름으로 치러졌다.

이 시기는 기존 국가권력의 주도로 보수연합이 실현되면서 노대우 정권이 탄생한 때였지만 다른 한편으로 6·29선언 이후 통치력의 약화와 지배구조의 이완으로 사회 각 부문에서 민주화 요

열사, 분노와 슬픔의 정치학

구가 분출하던 때였다. 이에 따라 지배세력과 저항세력이 맞대결하는 가운데 국보법 구속자 수가 많아지고 노조 탄압도 극심해지면서 노태우 정권 시기에는 역대 최다의 열사가 출현했다. 노태우 정권 5년 동안에 전두환 정권 8년(국가보위비상대책위원회 시기 포함)의 25명보다 두 배 가까이 많은 48명의 열사가 출현했다.

전두환과 노태우 정권에서 출현한 열사 수는 탄압 강도, 즉 억압비용과 자살자 수가 비례하지 않는다는 것을 의미한다. 부록의 〈표 2〉를 보면 전체 89건의 타살 중 37건이 전두환 정권 때 발생했으며, 특히 1983년과 1987년에 집중돼 있다. 타살자 수는 억압비용을 의미한다. 억압비용이 정점에 달해 저항 자체가 불가능했던 시기에는 자살조차도 유효한 저항수단이 될 수 없었던 것이다. 저항수단으로서 자살이 유효하려면 지배폭력이 압도적이면서도 이에 대한 저항운동 또한 가시적이어야 한다. 애도·추모집단이 존재해야 열사도 출현할 수 있기 때문이다. 따라서 지배폭력과 이에 맞선 저항이 비등했을 때가 열사가 출현할 수 있는 최적의 조건이라 할 수 있다. 노태우 정권에서 가장 많은 열사가 출현했던 것은 바로 이 때문이다. 반면 김영삼 정권 때는 열사가 20명으로 줄어들었지만 실존형 열사의 장례투쟁이 대규모화되면서 열사의례가 더욱 큰 의미를 얻기 시작했다.

한편 이 시기에 당위형에서는 동조자살, 실존형에서는 동반 또는 집단자살이 많이 나타났다. 동조자살이 전선운동 전반에 미친 당위형 자살의 영향을 의미한다면 동반 또는 집단자살은 노동자의 실존형 자살이 갖는 제한성을 방증한다. 당위형이 전선에 대한 공감대를 바탕으로 연속된 죽음을 낳는다면 실존형에서 죽음의 본질적 의미를 공유하는 집단은 존재 기반이 같은 동료 노동자에 한정된다. 따라서 노동자의 죽음이 부문운동이나 지역 차원의 후속투쟁으로 이어질 수는 있지만 죽음을 유발한 상황 자체는 단위 사업장에 머물기 때문에 동조자살로 이어질 여지는 거의 없다.

노동자 자살의 이러한 특징은 실존형 자살이 구체적 충돌상황에서 발생한다는 것과 관련이 있다. 실존형 자살은 지배세력의 구체적 폭력에 대한 분노로 일어나는 것이기 때문에 그 같은 분노에 공감해 연대할 수는 있을지언정 구체적 충돌상황 자체를 공유하기는 어렵다. 반면 당위형은 죽음을 유발한 충돌상황이 추상적이기 때문에 그러한 추상적 충돌상황을 공유할 경우 다른 공간이나 직업군에서 동조자살이 일어나는 것이 가능하다. 물론 이것은 거꾸로 당위형 자살자가 느낀 추상적 충돌상황을 대중이 공유하지 못한다면 죽음의 의미가 사회적으로 수용되기 힘들며, 실존형의 구체적 충돌상황이라도 죽음이 갖는 분노와 슬픔을 대중이 공감할 경우 더 큰 연대로 나아갈 수 있다는 의미도 된다.

이 시기 열사의 유형별 추이는 1991년까지 당위형과 실존형모두 급상승했으나 1991년 5월투쟁이 실패한 직후인 1992년에양쪽 모두 소멸했다가 1993년부터는 다시 상승하기 시작했다. 노태우와 김영삼 정권에서 당위형과 실존형의 비율은 각각 47.9%(23명) 대 52.1%(51명), 50.0%(10명) 대 50.0%(10명)였다. 당위형이 실존형에 비해 월등히 많았던 3부의 시기에 비해 당위형은 줄어들고실존형 열사는 늘어난 것이다. 당위형에서 육체노동자는 노태우정권 시기에 4명이었고 김영삼 정권 때는 전무했다.

1. 당위형 열사

이 시기의 당위형 열사는 모두 4개 구간으로 나눠 살펴볼 것이다. 첫 번째는 통일운동이 고조되는 과정에서 발생한 대학생 3명의 연쇄자살을 포함해 모두 7명이 자살한 1988~1989년이고, 두 번째는 고등학생 3명을 포함해 4명이 자살한 1990년, 세 번째는 1991년 5월투쟁을 전후한 기간, 네 번째는 대학생열사가 마지막으로 출현하는 1993~1997년까지의 기간이다.

1) 죽음을 통한 실천과 통일운동: 1988~1989년

1986년과 1987년에 산 자가 죽은 자를 뒤따르는 열사의 계승이 시작됐다면, 노태우 정권이 시작된 1988년은 앞 시기 열사들이 공론장에 등장하고 사회운동의 의례로 자리매김하면서 죽음이 하나의 실천으로 가시화된 때이다. 이 시기 당위형 열사는 곽현정, 조성만, 최덕수, 박래전, 양영진, 김병구, 남태현 등 모두 7명이며 이 중에서도 조성만, 최덕수, 박래전의 죽음은 불과 20일 사이에 일어났다.

첫 번째로, 1988년 4월 1일 한신대 85학번 곽현정이 성지교회 2층 자택에서 자살했다. 곽현정은 학생운동을 하며 여러 차례 구류를 산 일이 있으며 1986년 건대항쟁 때는 구속된 지 115일 만에 출소했다. 곽현정의 죽음은 고문후유증에 따른 것으로 그는 노태우 정권보다는 전두환 정권의 희생자라고 할 수 있다.

두 번째로, 5월 15일 토요일 조성만이 명동성당에서 투신자 살하면서 1988년 통일운동의 포문을 열었다. 조성만의 자살은 공론장에서 열사의 효능을 본격적으로 보여준 사건이었고 이것이 곧바로 대학생들의 연쇄적 자살로 이어졌다. 조성만의 목숨과 바꾼 호소가 언론에 대서특필되면서 야권에 수용되는 것은 물론 여야 정치 일정을 바꿀 정도로 파장이 컸다.

자살 시점은 《한겨레신문》이 막 창간했을 때로 당시에는 남북 대화와 양심수 석방 문제가 사회 현안이었다. 5월 15일 창간호 1면에는 백두산 천지 사진이 크게 내걸렸고 2면에는 남북한 대화 창구를 정부로 일원화한다는 발표가 실렸다. 조성만의 투신은 이같은 분위기 속에 양심수 문제와 통일운동에 대한 사회적 관심을 촉발하는 계기가 됐다. 《한겨레신문》은 5월 17일 월요일 자(제2호) 1면 톱으로 〈양심수 전면 석방 요구, 야권 서울대생 조성만 씨 투신 사망…… 정치쟁점화〉[3]라고 조성만의 죽음을 보도했다.

서울올림픽이 치러진 1988년은 1960년의 통일운동 이후 27년 만에 처음으로 민간 차원에서 통일 논의가 터져나온 때이다. 3월 29일 서울대 총학생회장 선거유세에서 김중기 후보가 김일성 대학 학생들에게 '남북한 국토순례대행진과 남북청년학생 체육회담 개최'를 공개제안하면서 대학가에는 통일운동 바람이 거세게 휘몰아쳤다. 5월 14일에는 전국대학생대표자협의회(이하 전대협) 주최로 전국의 60여 개 대학 1만 7,000여 명의 학생들이 참가한 가운데 '6·10 남북청년학생회담 실무회담 성사 및 공동올림픽 개최를 위한 범시민학생 결의대회'가 열렸다. 이 대회에서는 회담에 나갈 학생대표를 선출하는 것과 함께 회담 일자를 6월항쟁 1주년이 되는 6월 10일로 하자는 제안이 채택됐다.

조성만의 죽음은 결의대회 바로 다음날 있었다. 그는 명동성당 옥상에서 유서 10여 매를 뿌리며 "양심수 가둬놓고 민주화가 웬 말이냐" "분단을 고착시키는 미제를 몰아내자" "공동올림픽 쟁취하여 조국통일 앞당기자"는 구호를 외친 뒤 과도로 왼쪽 배를 찌르고 투신했다.[4] 전북 김제 출생의 조성만은 전주 해성고를 나와 1984년 서울대 화학과에 입학했다. 1985년 2월부터 군 복무를 마친 뒤에는 1987년 12월 구로구청 항쟁으로 구류를 살기도 했으며 투신 당시 명동성당 '가톨릭민속연구회' 회장으로 활동하고 있었다.

조성만의 투신자살은 1991년 박승희의 분신자살을 제외하고는 대학생의 저항적 자살 중 가장 큰 반향을 불러일으켰다.[*] 조성만이 주장한 '양심수 석방' 문제는 재야와 야당은 물론 여당에까지 영향을 미쳤다. 자살자의 요구가 이렇게 전폭적으로 수용된 것은 유례가 없는 일이다. 사건 직후 평민·민주·공화 야권 3당은 시국사범의 전면 석방, 수배 해제, 사면·복권을 정부에 강력하게 촉구했고[5] 정부와 민정당은 4·16 총선 후 처음 열린 공식 4당 원내총무회담에서 구속자 석방 및 사면·복권을 위해 공동 노력하기로 하는 등[6] 전에 없이 전향적인 자세를 보였다.

조성만의 죽음은 미국을 주적主敵으로 설정한 NL 이론이 전

• 《한겨레신문》에서 '조성만'과 '박승희'로 검색했을 때 자살을 시도한 시점부터 6개월 뒤까지 조성만은 52건, 박승희는 75건이 검색됐다.

체 저항운동진영에 수용됐다는 것을 확인시킨 계기였다. 민주화 세력의 대표 언론으로 창간한《한겨레신문》은 5월 21일 민주국민 장 전날인 5월 20일 사설에서 "미국은 이 땅을 단 한 발의 원폭 으로 초토화시킬 수 있는 상황을 유발"한다는 조성만의 유서를 인용한 뒤 "민주화와 통일의 제단에 생명을 바친 사람들 …… 이 들의 어버이와 형제의 가슴에 서린 한과 맺힌 눈물은 나라가 민 주화되고 겨레가 통일될 때 비로소 풀리고 마를 것"이라며 통일 운동에 동참할 것을 호소했다.[7]《한겨레신문》은 조성만의 죽음 뒤 〈반미냐 자주화운동이냐 대등한 한미관계를 위해〉(사설)[8], 〈조성만 보살 죽음 통해 역사 속으로 부활, 민주화가 통일 앞당기는 길〉(칼럼: 현웅)[9] 등의 글을 잇달아 내보내면서 조성만의 자살을 계기로 대학가에서 통일 논의가 크게 고조됐다고 분석했다.[10]

세 번째로, 조성만의 투신 3일 뒤인 5월 18일 최덕수가 "광주 항쟁 진상규명, 국조권 발동"을 외치며 단국대 천안캠퍼스 시계탑 앞에서 분신했다. 1985년 9월 17일 송광영의 분신 이후 대학생 자살에서 사라졌던 5·18 광주와 관련된 메시지가 부활한 것이다. 단국대 호남향우회 회장이던 최덕수는 분신 하루 전인 5월 17일 단국대 교내에서 열린 '광주 영령 추모식'에서 "80년 5월 광주민 중항쟁을 겪은 지 8년이 지난 현시점에서 아직도 진상은 규명되 지 않은 채 허구적인 '말의 잔치'만이 넘쳐나는 현실이다"라는 내 용의 성명서를 낭독했다. 다음날 단국대 교정은 학교 축제인 대동 제 준비로 분주했는데 최덕수는 교정을 둘러본 뒤 총학생회실을 찾아가 "오늘이 5·18 여덟 돌인디 학교 분위기가 왜 이런대요? 광 주항쟁의 뜻을 되새겨야 하는 날인디"라고 했다.[11]

단국대생들은 분신 당일부터 30일까지 계속 시위를 벌였다. 24일에는 '최덕수 학형 분신항거 계승 및 광주학살 원흉 노태우 처단 범단국 궐기대회'를 열고 5일간을 투쟁 기간으로 선포했으며 수업 거부를 결의해 출석률도 30%까지 떨어졌다.[12] 또 30일에는 성조기를 불태우며 격렬한 반미시위를 벌여[13] 집시법 위반혐의로 단국대 조국통일특별위원회 건설준비위원장이 구속되기도 했다.[14]

최덕수가 사망하고 15년 뒤인 2003년 5월 18일 전북 정읍시에서는 최덕수 열사 추모제를 공식적으로 열고 추모비 기공식을 가졌다. 추모비가 세워진 구 정읍시 청사 자리는 '최덕수 광장'으로 불리고 있다. 전국에서 민족민주열사 추모비가 도심 한가운데 있는 것은 이것이 유일하다. 추모비 건립은 김대중에 이어 노무현이 대통령으로 당선되면서 여러 지방자치단체가 경쟁적으로 민주화투쟁사를 선전하는 과정에서 이뤄졌다.

네 번째로, 최덕수가 망월동 묘역에 묻히고 4일 뒤 숭실대 학생 박래전이 "광주는 살아 있다, 청년학도여 역사가 부른다. 군사파쇼 타도하자"라고 외친 뒤 분신했다. 박래전은 나흘 전 최덕수의 시신을 모교인 정읍의 배영고에서 광주 망월동 묘역까지 운반하는 운구차에 타고 있었다.[15]

당시 학생운동은 고려대, 연세대를 중심으로 하는 서울지역 총학생회연합건설준비위원회(이하 서총련)와 성균관대를 중심으로 하는 서울지역대학생총연합건설준비위원회(이하 서건추)로 나뉘어 있었다. 조성만이 NL 계열의 서총련 소속이었다면 박래전은 제헌의회(이하 CA) 계열의 서건추 소속이었다. 이즈음 서건추는 학생운동의 분열에 대한 비판이 심각해지자 100만 학도 총단결을 주장하며 자진해산한 상태였다. 남북학생 체육교류는 서총련에서 제안한 것이었다.

박래전은 경기도 화성 출신으로 1982년 숭실대 국문학과에 입학했으며 강제 휴학당한 뒤 1983년 군에 입대해 1985년 제대했다. 제대 후에는 1986년 화염병을 나르다 보름 동안 구류를 살았고 6월항쟁 기간에는 대공분실에 끌려갔다 나오기도 했다. 1987년 대선 때는 형 박래군과 함께 민중후보로 출마했던 백기완을 도왔으며 1988년 숭실대 인문대 학생회장으로 선출돼 사망 때까지 활동했다.[16] 박래전은 당시 통일운동이 강조됐던 시기에 오히려 광주 민중의 죽음을 되갚아야 할 때라고 생각했다. 장례 당일 서건추 소속 대학생들은 하얀 바탕에 검은색 '격擊' 자를 새긴 '격군擊軍' 티셔츠를 입고 "동지를 그냥 보낼 수 없다. 거리를 불바다로 만들자"며 운구차량에 화염병을 싣고 다녔다.[17]

연세대 81학번으로 노동운동을 했으며 지금은 인권운동가로 활동하고 있는 형 박래군의 기억에 따르면 박래전은 조성만과 최덕수의 죽음 뒤 "사람이 죽어도 세상은 별로 관심이 없어. 6월항쟁에 나왔던 사람들은 다 어디 갔지?"라고 했다.[18] 그래서 박래전은 유서에 남긴 것처럼 "더 많은 사람들이 죽어서는 안 되기에 나의 죽음이 마지막 죽음이길 바란다. …… 일어나라! 백만 학도여! 나의 죽음을, 선배들의 죽음을 헛되이 하지 마라!"라는 이유에서 죽음을 선택했을 것으로 추정된다.

잇달아 사망한 조성만, 최덕수, 박래전 세 명은 소속된 학생운동 그룹이 달랐던 것처럼 장례에도 차이가 있었다. 조성만의 장

열사, 분노와 슬픔의 정치학

레위원장은 나중에 조국통일범민족연합(이하 범민련) 남측본부 초대 의장을 지낸 강희남이었고, 최덕수는 서민투련* 의장 이부영과 민통련 의장 권한대행 이창복이, 박래전은 1987년 대선의 민중후보였던 백기완이 맡았다.[19] 또 세 명 모두 민주국민장으로 치러졌으나 조성만은 통일열사, 최덕수와 박래전은 '민중해방열사'라고 불렸다. 한편 1987년 7월 9일 이한열의 민주국민장에서 장례위원장은 조계종 승려 지선이 맡았다.

다섯 번째로, 10월 1일 방위병으로 근무하던 양영진이 출신 학교인 부산대에서 투신자살했다. 1987년 3월 27일 장재완에 이어 군인 신분으로 자살한 두 번째 경우였다. 경남 함양 출생의 양영진은 부산대 국문학과 86학번으로 1988년 전방입소거부투쟁에 참여했다. 7월에는 방위 입대 통지서를 받았으나 입영 연기 신청을 하고 '8·15 남북학생회담 조국순례 대행진'에 참가하기 위해 신청서를 냈다. 그러나 8월 8일 방위 소집 통지서를 받고 입소하게 됐으며 두 달이 채 안 돼 "인간 자주성 말살하는 군대조직 해체하라, 조국통일 가로막는 미국 놈들 물러가라"는 유서를 남기고 투신했다.**[20] 양영진의 장례는 10월 16일 부산대에서 부산시민장으로 치러졌는데[21] 장례명에서 짐작할 수 있듯이, 앞의 세 명의 죽음과 같은 큰 여파는 없었다.

1988년부터는 1987년 이전까지와 달리 전경이나 방위, 군인

---

* '광주학살과 부정비리 진상규명 및 책임자 처벌을 위한 서울민주투쟁연합'의 약칭으로 1988년 5월 16일 서건추를 비롯한 12개 단체가 결성한 단체이다.
** 양영진은 재학 당시 '부대문학' 회원으로 활동했는데 사망하고 두 달 뒤 유고시를 모은 시집이 1988년 《식민의 땅에 들불이 돼》란 이름으로 출판됐다.

들의 양심선언이 많았다. 군대를 국토방위가 아니라 정권보위수
단으로 활용하는 데 대한 거부감이 고조됐기 때문이다. 1988년
6월 전투경찰로 있던 양승균, 연성흠이 양심선언을 하고 전투경
찰부대를 탈영했으며,[22] 양영진이 투신하던 날까지 모두 4명의 전
경과 군인이 양심선언과 관련한 탈영으로 수배를 받고 있었다.[23]
1989년부터는 더욱 늘어났는데, 1989년 초에는 대선 부재자투표
를 포함해 군의 정치개입에 대해 장교 5명이 집단으로 양심선언
을 하기도 했다.[24]

여섯 번째로, 10월 18일 연세대 학생회관에서 전남 장성 출
신의 노동자 김병구가 태극기를 두른 채 "광주학살 원흉 처단"
"노태우 정권 퇴진" 등의 구호를 외치고 투신했다. 그가 〈애국청년
학도 여러분〉 앞으로 남긴 유서에는 "나라가 부패하고 민중의 삶
이 도탄에 빠졌을 때 용감히 일어서서 이를 개혁하려는 청년학도
들의 의지야말로 민족의 앞날을 밝혀주리라 확신한다. 조국의 민
주화와 통일로 가는 길에 내 한 몸을 제물로 삼아달라"고 돼 있
었다.[25] 김병구는 투신으로 척추와 골반 등이 골절되는 중상을 입
었지만 생명은 건졌다. 이후 입원 치료를 받았으나 치료비 문제로
1989년 2월 퇴원한 뒤 후유증으로 고통을 겪었다. 자신의 처지가
가족들에게 짐이 되는 것을 안타까워한 그는 그해 9월 2일 〈불효
자식 먼저 갑니다〉라는 유서를 남기고 목을 매 자살했다.

마지막으로, 1989년 4월 7일 서울교대 학생 남태현이 분신
했다. 남태현이 자살한 때는 서울교대의 학원민주화투쟁이 답보
상태에 빠졌던 시기로 분신 직전 〈반미 출정가〉와 〈우리의 소원
은 통일〉 노래를 부른 뒤 "자주, 민주, 통일을 위해 미제와 독재

의 가슴을 찔러 총"이라고 외쳤다. 그가 혈서로 쓴 유서에는 "자주·민주·통일을 위해 교대인이여 깨어나라!"라는 글귀가 적혀 있었다.[26]

2) 전교조 결성 이후 고등학생 분신: 1990년

전국교직원노동조합(이하 전교조) 탄압이 본격화된 1990년에는 고등학생 3명을 포함해 모두 5명의 당위형 열사가 나왔다. 고등학생열사의 출현은 1960년 4·19 직전 고등학생 김주열이 최루탄이 눈에 박힌 채 마산 앞바다에 떠오른 이래 30년 만의 일이며 자살한 열사로는 최초의 일이었다.

　1990년 발생한 3명의 고등학생의 죽음은 1987년 6월항쟁 민주화의 여파 속에 시작한 '고등학생운동'(이하 고운)이 정점에 달하던 시기에 발생했다. 1987년 12월 19일 4·19 이후 최초의 고등학생 조직으로 평가받는 '서울지역고등학생연합'(서고련)이 출범했다. 명동성당에 300여 명의 고등학생들이 모여 "노태우를 당선시킨 기성세대 각성하라!" "군부독재 타도해 민주교육 쟁취하자!" "백만 학도 단결했다 군부독재 각오하라!"는 구호들을 외쳤다. 그날의 선언문 내용은 아래와 같다.[27]

　진리를 탐구하고 정의를 추구할 대한민국의 아들·딸들은 독재의 왜곡된 교육과 의식 속에 길들여 있습니다. 나라를 사랑하고 민족의 역사를 역행하지 않으려는 젊은이의 혈기와 다짐은 오천 년

유구한 역사가 군화발 아래 짓밟히는 것을 원치 않으며 …… 진정코 죽으면 살리니 학우여, 끓는 가슴으로 일어나 이 땅에 한줌 민주의 씨앗을 뿌리고 갑시다. 쓰러지지 않을 민주의 횃불을 환히 밝히고 갑시다. 학우여, 죽으면 살리라!

1989년에는 전교조 출범과 함께 전교조 사수투쟁이 전개돼 연인원 50만 명이 참가했다. 이 가운데 전개된 고운은 교육운동이자 정치적인 성격의 운동, 즉 학내 민주화운동이었다.[28] 1989년 말까지 전교조 지원 활동과 관련해 전국에서 150명에 이르는 중고등학생들이 퇴학, 무기정학 등의 중징계를 받았으며, 징계와는 별도로 사법처리된 학생만 15명이었다.[29] 1990년에는 7월 초까지 12개 학교에서 58명이 징계를 받았다.[30] 구로고 학생회장 유호철이 전교조 교사의 구속에 항의하다 3층 교실에서 투신했으나 목숨을 건지는 일도 있었다.[31] 세 고등학생의 죽음은 이처럼 고운의 열기가 고조되고 전교조가 탄압을 받는 가운데 빚어진 일이었다.

첫 번째 고등학생열사인 정성묵의 죽음은 1990년 6월 4일 발생했다. 정성묵이 다니던 충남 공주의 한일고교는 지방의 유명한 사립명문으로 당시 전교생이 기숙사 생활을 하는 가운데 2주 1회의 외출만을 허용했다. 정성묵은 "나 하나 죽어서 우리나라 문교 정책이 바뀌고, 다시 태어난다면 입시지옥이 없는 나라에서 교회 활동을 하고 싶다"는 유서를 남기고 음독자살했다.[32] 유족들은 정상묵이 학교 측의 비교육적인 처사를 비관해 자살했다고 주장하며 정확한 사인규명을 요구했지만[33] 이와 관련한 교육운동계의 항의집회나 시위 정황은 발견되지 않았다.

두 번째로, 하루 뒤인 6월 5일 대구 경화여고 학생회 총무 김수경이 영남대에서 투신자살했다. 교사에게 "멋대로 행동하지 말라"는 말과 함께 머리를 맞고는 친구인 학생회장에게 "전교조와 관련해 이런 식으로 찍힌 학생은 대접을 못 받는다는 것을 알았다"는 쪽지를 남긴 뒤였다.[34] 평소 존경하던 교사에게 전교조를 지지한다는 이유로 모욕과 폭행을 당했으며, 성적 비관 자살로 왜곡되는 게 싫어서 자살 이유를 밝힌다는 취지의 글을 남기기도 했다. 김수경은 1989년부터 7월부터 전교조 가입 교사들에 대한 징계 반대시위를 벌인 것을 비롯해 담임교사 등 6명이 해직되자 복직을 요구하며 10여 차례의 집회와 시위를 주도했다.[35] 김수경과 같은 때 대구 경원고를 다닌 한 남학생이 27년 뒤 남긴 아래 글에는 당시 학생들이 갖고 있던 전교조 교사에 대한 생각이 잘 나타나 있다.

그 시절 전교조 교사는 '참교육'의 상징이었다. 학생을 때리지 않는, 때리지 않고도 잘 가르치는, 성적이 나빠도 존중해주는 선생님이 곧 전교조 교사였다. 그들을 해직시킨 정부를 용납할 수 없었던 나는 '지체된 정의는 정의가 아니다'라는 말을 좋아하게 됐다. '세상 바꾸고 싶으면 대학 가서 출세하라'는 말을 싫어하게 됐다. 정의를 위해 당장 무엇이건 하고 싶었다.*

---

* 안수찬, 〈만리재에서〉, 《한겨레21》 1156호, 2017. 본문에 인용한 내용은 1990년 대구 경원고 3년생으로 나중에 《한겨레21》 편집장을 역임한 안수찬이 편집장직을 후임자에게 넘기면서 마지막으로 쓴 기사에 포함돼 있다.

6월 7일 장례식 뒤 경화여고에서는 학생 300여 명이 참가한 가운데 추모식이 열렸고 김수경의 부모는 성적 비관 자살이라는 언론보도에 항의해 유서를 공개했다. 6월 9일에는 경북대에서 전교조 대구지부와 동문, 학부모회, 대학생들이 주최하는 위령제가 열렸고 24일에는 같은 곳에서 '고 김수경 추모 학생인권 유린 방지와 자주적 학생회 활동 보장을 위한 교사·학생 결의대회'가 1,500여 명이 모인 가운데 열렸다. 서울에서는 29일 종로5가 기독교회관 대강당에서 약 600명의 고등학생들이 모인 가운데 추모제가 진행됐다.

세 번째로, 석 달 뒤인 9월 8일 충주고 휴학생 심광보가 분신자살했다. 고교 2학년 때 휴학하는 과정에서 학교 측은 "(명문학교인) 우리 학교에 전학 오려면 몇 천만 원을 낸다. 휴학계를 내면 다른 학생이 올 수 있는 자리가 생기지 않으니 자퇴를 하라"며 심광보에게 학교를 그만둘 것을 종용한 일이 있었다. 심광보는 분신 당시 지하철 신문판매원, 외판원 등의 생활을 하고 있었으며 '참교육'과 관련한 유서를 남겼다.[36] 그가 쓴 편지에는 김세진 열사를 흠모한다는 내용과 "가장 낮은 곳으로 임하는 작은 예수가 되소서"라는 말이 들어 있었다.[37]

심광보가 죽은 뒤 고교생 자살로는 유일하게 시신 탈취 사건이 벌어졌다. 9월 10일 '민주학생 심광보 군 장례 시민대책위원회'(위원장 신경림)가 서울에서 충주로 주검을 옮기던 중 장호원에 미리 대기하고 있던 경찰 병력 2개 중대가 영구차를 빼앗고 이를 말리던 교사와 대학생 20여 명을 강제연행했다.[38] 충주고 학생들은 9일 전교생이 참가하는 추모제를 가졌으며 10일에는 노제 뒤

가두시위를 전개하고 경찰 당국의 공개사과를 요구했다. 영결식
은 시신이 없는 채로 충주 지원성당에서 열렸다. 경찰이 시신을
고향인 충북 중원군 앙성면 영죽리에 방치했는데 그 뒤 홍수로
시신 운구가 불가능해졌기 때문이다.[39] 충주고는 16년 뒤인 2006
년 2월 10일 졸업식에서 심광보의 유족들에게 명예졸업장을 전달
했다.[40]

　　이 시기에는 고교생 3명 외에도 노동운동가 최동과 한양대
생 최응현이 자살했다. 최동은 1980년 성균관대에 입학한 후 부
천의 노동현장에 투신했으며 1988년부터 인천부천민주노동자회
에서 활동했다. 1989년 관련 활동으로 국보법으로 구속된 뒤 5개
월 뒤 출소했으나 정신분열증과 실어증으로 고생했으며 1990년 8
월 7일 분신자살했다.[41] 한양대생 최응현은 가정형편으로 민주화
투쟁에 제대로 복무하지 못하는 것을 자책해 11월 8일 한양대 옥
상에서 투신자살했다. 당시 최응현은 전방입소반대특위 부위원장
활동으로 구속됐다가 출소한 뒤 가정형편으로 휴학과 복학을 반
복하고 있었다.[42]

3) 실패한 죽음과 열사 계승의 조직화: 1991년 5월투쟁

1991년에는 모두 11명이 분신자살했고 그중 9명이 타살정국, 치
사정국, 분신정국*으로도 불리는 '5월투쟁' 기간에 출현했다. 박
승희, 김영균, 천세용, 김기설, 윤용하, 이정순, 차태권, 김철수, 정
상순의 죽음이 이에 해당한다. 그 밖에는 손석용, 양용찬이 각각

8월과 11월에 분신했다. 한편 천세용과 이정순은 독실한 천주교인이었는데 두 사람의 장례에 한국 천주교회가 사상 처음으로 자살자에 대한 금기를 깨고 미사를 집전해 파문이 일기도 했다.[43]

이 시기를 즈음해 열사의례가 집합화됐다. 이전까지 개별적으로 치러졌던 열사 추모행사가 1990년에 처음으로 합동추모제로 치러지면서 집단화, 조직화된 것이다.[44] 당시는 연초 창당한 민자당 장기집권음모분쇄투쟁이 전개되던 때였다. 5월 18일에는 5·18 10주기를 맞아 민자당 반대시위가 노태우 정권 들어 최대로 전국 각지에서 전개됐다.[45] 합동추모제는 6월항쟁 3주기를 맞는 6월 10일 전국적으로 동시 개최됐으며 추모제에 이은 국민결의대회에서는 '민자당 일당독재 분쇄와 민중기본권 쟁취'(이하 국민연합)의 투쟁강령이 선포됐다.[46] 1980년 5·18이 투쟁의 도덕적 상징으로 1970년대의 전태일을 소환했다면 1990년 민자당 창당은 지배 폭력에 맞선 또 한 번의 전민항쟁을 위해 열사들이 '집단적'으로 호출된 계기가 되었다.

1991년 5월 노태우 정권 퇴진투쟁은 최대 40만 명이 참여[47]하면서 "6월항쟁 시기를 연상"**시킬 정도였다. 4월 26일 타살된 명지대 학생 강경대의 죽음은 1987년 박종철과 이한열을 떠올리

- 1991년 5월투쟁 당시 일간신문들은 당시 정국에 대해 각기 다른 용어들을 사용했다. 《경향신문》은 '치사정국'과 '분신정국'을 함께 사용했으며 《조선일보》와 《중앙일보》는 '치사정국', 《동아일보》는 '치사·분신정국'을 쓰다가 1992년부터는 '분신정국'이라는 표현을 쓰기 시작했다. 《한겨레신문》은 '타살정국'이라고 했다.

•• 당시 《한겨레신문》에서는 "강경대 씨의 죽음으로 촉발된 반집권당 투쟁은 87년 6월항쟁 시기를 연상시키는 국면으로 접어들고 있다"고 표현했다.(〈노 정권 퇴진투쟁 계속 확산〉, 《한겨레신문》, 1991.05.02.)

게 했고 6월항쟁과 같은 '전민항쟁'에 대한 상상력을 불러왔다. 그러나 1987년 6월항쟁 때는 살인정권에 대한 분노로 사람들이 거리로 뛰쳐나오기는 했으나 스스로 죽음을 택하지는 않았다. 전두환 정권 타도를 외치며 스스로 목숨을 끊는 일은 박종철의 고문치사가 알려진 뒤부터 6월항쟁이 끝날 때까지 한 건도 보도되지 않았다. 투쟁이 최고조기에 달했을 때 자살이 없는 것은 실존형에서도 비슷했다. 1987년 7·8·9월의 노동자대투쟁 기간 동안 대우조선 노동자 이석규가 최루탄으로 사망하면서 대투쟁의 파도가 전국적으로 확산됐지만 자살한 노동자는 보도되지 않았다. 그러나 1987년과 달리 1991년에는 타살이 자살을 불러왔고 대학생의 죽음은 노동자와 시민의 죽음으로 이어졌다.

5월투쟁에서 나타나는 당위형 자살의 특징으로는 우선 여러 직업군의 동조자살이라는 점을 들 수 있다. 대학생들의 잇단자살은 이전에도 있었다. 1986년 김세진·이재호, 이동수, 박혜정, 1988년 조성만, 최덕수, 박래전이 연이어 자살했다. 한 해 전인 1990년에도 대학생들이 잇달아 자살을 시도했으나 다행히 목숨을 건진 경우가 많았을 뿐이다. 1990년 6월 11일 강원대생 이미희가 경찰의 교내 압수수색에 항의해 분신을 기도했으나 생명을 구했고[48] 11월 8일 한양대생 최응현이 투신자살한 뒤 1991년 들어서는 3월 20일 춘천의 동우전문대생 정연석이 학원자주화 결의대회 중 분신을 시도했고,[49] 26일에는 청주 서원대생 박병배가 등록금 투쟁 중 분신을 시도했으나 목숨을 건졌다.[50]

5월투쟁은 대학생들의 잇단 분신으로 충격을 안겼지만 사실이때 대학생 자살자는 3명에 그쳤다. 그 두 배가 되는 6명은 다른 직업군이었다. 1986년과 1987년에도 대학생 자살에 이어 다른 직업군의 자살이 있었지만 자살 행위자가 직전의 자살을 자신의 자살 이유로 표명한 것은 이때가 유일하다. 다른 직업군의 동조자살은 4월 29일 박승희, 5월 1일 김용균, 5월 3일 천세용 등 대학생 3명의 분신이 있은 일주일 뒤부터 시작됐다. 5월 8일 김기설이 "폭력살인 만행 노태우 정권 타도하자"는 구호를 외치고 서강대에서 분신했다. 이후 유서 대필 의혹을 불러일으키면서 지배세력이 '분신 배후설'로 5월투쟁을 호도하는 데 이용됐던 김기설은 성남 민주화운동청년연합(이하 민청련) 회원으로 활동하다 1990년부터 전국민족민주운동연합(이하 전민련) 사회부장으로 일했다.*

김기설 이후에도 분신은 계속됐으며 예외 없이 앞선 분신과 관련이 있음을 유서 등을 통해 드러냈다. 5월 11일 전남대에서 분신한 성남피혁 노동자 윤용하는 "누가 분신을 배후조종한단 말인가"[51]라며 김기설의 죽음에 제기된 분신 배후설의 의혹을 부정했다. 광주항쟁 11주년인 5월 18일에는 3명이 분신했다. 전남 보성고 학생 김철수는 "박승희 분신 이후 죽음을 각오했다. 이제 전국의 고등학생들이 일어나 투쟁해야 한다"[52], 광주 전일여객 버스기사 차태권은 "고등학생이 분신하는 마당에 우리가 살면 무슨 의미가 있겠느냐"[53], 연세대 앞 철길에서 분신한 이정순은 "국가와

---

* 지배세력이 유독 김기설의 자살에서 유서 대필 의혹을 제기한 것은 그가 다수의 사회운동가들과 달리 대졸이 아니었기 때문인 것으로 보인다. 당시 일간지에서는 김기설이 한양대 철학과에 입학했으나 2년 뒤 중퇴한 것으로 자신을 소개하는 등 운동권 내에서 학력을 위장해 활동했던 것으로 보도했다.(〈전민련 간부 분신자살, 서강대서 투신〉, 《동아일보》, 1991.05.08.)

열사, 분노와 슬픔의 정치학

민족을 위해 자랑스런 자녀에게 나를 바친다"는 말을 남겼다. 3일 뒤인 5월 22일에는 전남대병원에서 분신한 정상순이 "승희와 철수 열사의 뒤를 이어 젊음을 태우렵니다"[54]라며 자신의 분신 이유가 앞서 분신한 박승희나 김철수 때문이라는 것을 분명히 밝혔다.

두 번째 특징은 대학생들의 죽음에 동조자살한 6명 중 김기설을 제외한 5명이 모두 전남 출생이라는 점이다. 윤용하는 전남 승주 출생으로 어려서부터 중국집 배달원, 가방공장과 성남의 피혁공장 공원 등의 노동일을 했다.[55] 분신 당시에는 중풍을 앓고 있는 부친을 수발하며 중졸 검정고시를 준비 중이었으며[56] 1989년 초에는 학출 활동가를 만나 서울민주화직장청년연합의 풍물강습반에서 활동했다.[57] 이정순은 전남 순천 출생으로 버스안내양, 가발공장 공원으로 일하다 분신 당시 부평의 한독산업에서 노동자 생활을 하고 있었다고도 하고[58] 중국집 요리사로 근무 중이었다고도 한다.[59] 독실한 가톨릭 신자였던 그는 "광명과 사랑으로 평화통일 이루소서. 분쟁은 악이니 서로 아끼며 살아갑시다"라는 유서를 남겼다. 차태권은 전남 강진 출생으로 광주 전일여객 운전기사였다. 그리고 고교생 김철수와 정상순은 모두 전남 보성에서 나서 보성고를 다녔다. 그 밖에 김기설은 경기 파주 출생, 대학생 중 박승희는 전북 전주, 김영균과 천세용은 서울 출생이다.

세 번째 특징은 '분신투쟁'의 출발이 된 박승희, 김영균, 천세용 3명의 대학생이 모두 90학번으로 2학년생이었으며 앞서 1990년에 자살했던 3명의 고교생들처럼 '고운' 세대라는 것이다. 박승희는 목포 정명여고 3학년 때 목포 고등학생들이 주축이 된 '자주교육쟁취고등학생연합'(자고연)의 지도부로 활동했다. 같은 해 전교조 탄압에 대한 항의로 시험 거부를 했을 때 자신이 속한 이과 반이 그대로 시험을 보자 "선생님들은 전교조에 가입해서 이렇게 탄압을 받고 있는데 우리는 시험만 치르고 지켜보고 있으면 되느냐"며 시험지를 찢어버리고 나가기도 했다.[60] 김영균은 서울 대원고 재학 시절 교육민주를 염원하는 학생 소모임 '목마름'을 조직해 전교조 지원 활동을 했고,[61] 동북고를 다닌 천세용도 학내 운동단체에는 직접 가입하지 않았으나 그룹 외곽에서 관심을 갖고 활동한 정황들이 보인다.* 대원고와 동북고 모두 1987년 12월 출범한 '서울지역고등학생연합'에 속한 20여 개 고등학교 가운데 하나였다.[62]

5월투쟁의 출발에 있었던 3명의 분신 대학생들이 고운 출신이라는 점은 고교생들이 5월투쟁에 적극 결합하게 하는 역할을 했다. 5월투쟁 무렵 고등학생들은 지속적으로 거리시위를 조직했다. 4월 29일 연세대 국민대회부터 5월 18일 노태우 정권 퇴진 범국민대회에 이르기까지 서울의 고등학생들은 매 시위마다 200명에서 1,000명에 이르는 대오를 이뤘다. 분신한 세 대학생의 출신 고교는 더욱 적극적이었다. 대원고에서는 "선배 뜻을 이어받자"는 구호를 학교 담벼락에 써넣다 정학처분을 받은 학생도 있었다. 그

• 　당시 서울지역고등학생운동연합 활동을 했던《황해문화》편집장 전성원(동북고 졸업)은 "고등학생 때 만들었던 민속문화연구반(학내 동아리 겸 준운동단체)에 천세용이 고등학생운동에 참여하여 활동하고 싶다며 가입신청을 했는데 당시 제 후배들이 그 친구에게 너는 학업 성적이 괜찮아서 나중에 대학에 들어가서 운동을 시작하는 것이 괜찮겠다며 가입신청을 반려했다는 이야기만 전해 들었다. 그러나 훗날 그에 대해 개인적으로 알아보던 중 그가 비록 당시 학내 단체는 아니었을지라도 고등학생 때 이미 학교 밖의 여러 고등학생운동에 참가했었던 것으로 안다"고 증언했다.

리고 김철수의 분신에 이르러서는 같은 고등학생이 분신했다는 이유에서 더욱 많은 고교생들이 조직적으로 거리시위에 나섰다.[63]

5월투쟁은 고등학생까지 거리로 불러모으면서 1987년 6월항쟁을 연상시켰지만 잇단 자살은 전체 저항운동을 오히려 약화시키는 것으로 귀결됐다. 서강대 총장 박홍의 발언에서 시작돼 김기설의 '유서 대필'로 마감한 '분신 배후설'이 대중들에게 '공포'로 다가왔던 것이다. "죽음과 폭력으로부터 분노와 공포를 경험하고 그 것을 제거하기 위해 봉기했지만, 연속적인 분신은 대중에게 공포를 불러일으켰다."[64] 그리고 공포는 대중들로 하여금 분노의 방향을 강경대를 때려죽인 정권보다 스승한테 밀가루와 계란 투척을 한 제자들에게 돌리도록 했다.**[65] 민자당 창당일인 5월 9일 반정권 시위 인파가 30만 명을 넘기고 18일 강경대 장례식 때에는 전국적으로 40만 명이 시위에 결합했지만, 5월 4일 한진중공업 노조위원장 박창수의 의문사도, 25일 전경들의 강제해산을 피해 달아나다 넘어져 숨진 성균관대 여학생 김귀정의 죽음도 대중들이 가진 공포의 벽을 극복하게 하지는 못했다.

1991년 5월의 죽음이 실패로 마무리된 것은 우선, 권력의 폭압성을 자살로써 폭로하는 일이 이미 '시효가 소멸된 기획'이었기 때문이다. 5·18 영령을 공개적으로 애도할 수 없었던 1980년대 초 자살은 대중이 알지 못했던 광주의 참상을 고발하는 일이자 애도를 금지하는 '살인정권'의 실체를 폭로하는 일이었다. 그러나

** 1991년 6월 3일 한국외국어대에서 정원식 총리가 학생들에게 폭행당한 사건이 벌어졌다. 이 사건은 '스승을 폭행한 제자들'로 포장되면서 5월투쟁에 큰 영향을 끼쳤고, 결국 5월투쟁은 내리막길을 걷게 되었다.

1991년 자살은 더 이상 같은 의미로 대중들에게 받아들여질 수 없었다. 이미 공식적인 애도와 공개적인 폭로가 가능한 시대였기 때문이다.

잇단 죽음이 실패로 끝난 것은 당위형 자살의 본질이 빚은 예정된 수순이기도 했다. 당위형 자살은 실존형과 달리 그 자체로 지배폭력의 압도성을 보장받지 못한다. 지배폭력의 압도성은 자살을 타살로 만드는 효과를 낳는다. 형식적으로는 자살이지만 실제로는 지배폭력에 의해 강요된 자살이기 때문에 타살과 마찬가지의 분노를 일으킨다는 것이다. '송파 세 모녀 자살'* 같은 생계형 자살이나 실존형 자살에서 보이는 극단적 분노는 자살에 이를 수밖에 없는 필연성을 직관적으로 표출한다. 그러나 당위형 자살에서 지배폭력의 압도성과 그에 따른 자살의 필연성을 알아내기 위해서는 추론이 필요하다. 5월투쟁의 실패는 바로 여기에서 비롯되었다. 자살의 필연성에 일시적으로 동조하는 대중들이 있긴 했지만, 연이은 자살은 결국 대중들이 자살의 필연성과 불가피성을 추상해내도록 하지 못했다.

당시 《르몽드》는 한국 학생시위의 역사적 배경으로 외세와 특권층의 압제에서 비롯한 '민중의 한'에 주목하면서 "학생시위의 '정열적' 요소는 바로 민족주의적 신비성에 근원을 두고 있으며 '분신'은 그것의 한 표현"[66]이라고 했다. "미국 놈들 몰아내자!"는

---

* 2014년 2월 송파구에 사는 세 모녀가 큰딸의 만성 질환과 어머니의 실직으로 인한 생활고에 시달리다가 "정말 죄송합니다"라는 메모와 함께 갖고 있던 전 재산인 현금 70만 원을 집세와 공과금으로 놔두고 번개탄을 피워 자살한 사건을 말한다.(〈세 모녀 죽음…… 사회안전망 '구멍'〉, 《YTN》, 2014.02.28.)

박승희의 마지막 구호나, 천세용의 유서에 등장하는 "새로운 민중의 나라", 김기설이 부모에게 남긴 "아버지 어머니의 아들이 아닌 조국의 아들임을 선포"한다는 말은 프랑스 언론뿐만 아니라 한국인으로서도 직관적인 이해가 불가능한 신비스러운 내용이었다. 강경대를 타살한 지배세력의 폭력성에 동의한다고 해도 신비한 말과 신비한 죽음은 그들만의 '제의'를 열게 했을 뿐 1987년에 경험한 '정치적인 것'을 다시 불러내지 못했다.

자살의 불가피성은 저항진영에조차 제대로 전달되지 않았다. 보수언론은 물론[**] 《한겨레신문》과 저항운동진영조차 분신 자제를 호소하는 게 먼저였다. 1988년의 연이은 자살 때까지만 해도 없었던 일이다. 5월 1일 안동대 학생 김영균의 두 번째 분신이 있은 직후 김세진의 모친, 강경대와 박승희의 부친, 그리고 신창균 전민련 공동의장, 한상렬 국민연합 공동의장, 계훈제 전민련 고문 등 원로·재야인사들이 직접 나서 분신자살의 자제를 호소했다.[67, 68, 69] 또 천세용의 세 번째 분신이 있은 다음날인 5월 4일에는 유가협이 기자회견을 갖고 전태일 모친 이소선, 박종철 부친 박정기, 이한열 모친 배은심 등 11명의 유가족이 참여해 "이제 죽을 일이 있으면 우리들이 대신 죽겠다"며 더 이상 죽지 말 것을 당부했다.[70] 또 1988년 6월 7일 조국통일운동의 와중에 분신을 시도했

[**] 보수언론들은 대학생들의 자살이 있을 때마다 의례적으로 해온 〈젊음 희생 더 이상 없게〉 (《동아일보》, 1988.06.10.) 같은 기사를 1991년에도 쏟아냈다. 〈'젊은 죽음' 더 없어야 한다〉(《동아일보》, 1991.05.02.)부터 〈생과 사의 지혜로운 선택〉(《동아일보》, 1991.05.02.), 〈'분신은 제발 그만' 시민·각계서 자제 호소 한목소리〉(《중앙일보》, 1991.05.02.), 〈더 이상 망월동 묻히는 젊음 없어야〉(《동아일보》, 1991.05.17.) 등 다양한 어조로 저항적 자살에 균열을 내려고 했다.

으나 동료들의 저지로 살아난 이동준은 "계속된 분신, 투신을 인명경시 풍조로 몰아세우고 있다"며 "지금은 살아서 싸울 때"라고 주장했다.[71]

5월투쟁이 죽음에 대한 공포와 계란 투척에 대한 분노로 마감된 뒤 1991년이 가기 전에 두 건의 당위형 열사가 더 발생했지만, 이는 5월투쟁과는 거리가 있었다. 범민족대회가 열리던 기간인 8월 중순 휴가를 나온 육군 일병 손석용(1991.08.18.)은 "미국의 용병이 돼 동포의 가슴에 더 이상 총부리를 겨눌 수 없었다"는 유서를 남기고 재학하던 학교인 대구대 옥상에서 분신했다.[72] 또 서귀포 나라사랑청년회(나사청) 간부인 양용찬(1991.11.07.)은 "제주도특별개발법 제정을 저지하고 민자당을 타도하자"는 유서를 남기고 분신했다.[73]

1992년에는 열사가 단 한 명도 출현하지 않았다. 전두환에서 김영삼 정권까지 1983년을 빼고는 이때가 유일했다. 1983년이 강제징집과 녹화사업으로 6명이 의문사하고 야학연합회 사건으로 야학 교사들이 연행되는 등 지배세력의 폭압으로 저항운동이 위축된 때라면, 1992년은 1991년 잇단 죽음의 결과로 학생운동을 중심으로 전체 저항운동이 암중모색에 접어든 때였다.

이어 1993년에는 한 건의 당위형 자살이 있었다. 1월 14일 통일운동가 권두영이 교도소 안에서 목을 매 자살했다. 권두영은 1965년에서 1978년 사이 고려대 노동문제연구소 소장을 지낸 뒤 1982년 창당한 신정사회당의 당수를 잠시 지냈다. 1985년에는 신정사회당과 한국사회당이 통합해 만들어진 사회민주당(초대 당수 김철)의 중앙위원장으로 활동했다. 이후 미국으로 가 1991년 뉴욕에서 코리아영세중립화추진본부를 결성한 뒤 1992년 중부지역당 사건으로 민중당 고문 김낙중과 함께 구속됐다. 95명이 간첩혐의로 구속·수배된 중부지역당 사건은 국민들의 레드콤플렉스를 자극하면서 주체사상 계열의 운동세력을 크게 위축시켰고, 권두영의 자살 또한 그 연장선상에서 별다른 반향을 불러일으키지 못했다.

1991년에 있은 여러 죽음은 이후 5월투쟁의 이름으로 함께 추모됐다. 그러나 추모 대상 열사는 단체나 시기별로 달라 각 죽음의 위상이 일치하지 않다는 것을 보여주었다. 20주기가 되던 2011년 합동추모제가 전국적으로 개최됐을 때 전대협동우회, 한국진보연대, 한국청년연대, 한국대학생연합이 공동주최한 '91년 5월투쟁 20년 기념·계승 및 5월투쟁 열사 20년 추모식'에서는 11명 중 차태권, 손석용, 양용찬을 빼고 타살당한 강경대(명지대)와 김귀정(성균관대)을 포함해 10명을 합동추모했다.[74] 또 같은 시기 (사)광주민족미술인협회, 광주전남추모연대, 박승희열사정신계승사업회가 전남대에서 공동주최한 '5·18 광주항쟁 31주년 기념 및 1991년 산화 12열사 20주년 특별전'에는 손석용과 의문사한 박창수 두 명을 더해 12명을 합동추모했다.[75] 손석용과 양용찬은 '5월투쟁' 기간이라 불린 1991년 4월 말에서 5월 중순까지가 아닌 8월과 11월에 각각 자살했기 때문에 합동추모 대상에 빠질 수도 있다. 그러나 차태권의 경우는 다르다. 차태권과 정상순은 모두 보성고교생 김철수의 분신에 영향을 받은 죽음이었다. 정상순이 무직이었던 것에 반해 차태권은 전일여객 소속 운수노동자였지만 합동추모 대상에 들지 못했다. 정상순이 차태권과 다른 점은 김철수와 같은 보성고 출신이라는 것뿐이다. 또 1991년 함께 자살한 실존형 열사 4명을 포함해 15명을 함께 추모하는 경우는 전혀 발견되지 않았다.

한편 1990년 시작한 합동추모제는 1992년 3월 15일 추모연대가 출범하면서 연례행사로 정착했다. 추모연대의 출범은 열사의 례가 저항운동진영에 집합적 형태로 정착했음을 의미한다.

4) 학생운동의 약화와 마지막 학생열사: 1993~1997년

1991년 당위형 11명과 실존형 4명의 열사가 출현한 뒤 1992년에는 단 한 명의 열사도 출현하지 않았다. 그러나 김영삼 정권 들어 다시 늘어나기 시작해 모두 9명의 당위형 열사가 출현했다. 전두환과 노태우 정권 시기 각각 18명과 22명에 비하면 적지만 대학생이 8명으로 전두환과 노태우 정권 시기의 각각 9명과 비교해 큰 차이가 없다. 게다가 1996년 한 해에만 모두 4명의 대학생이 자살했는데 이는 1986년의 5명 다음으로 많은 것이다. 김영삼 정권 시기 당위형 열사의 직업은 대학생 자살이 더 이상 다른 직업군의 동조자살을 불러오지 않았다는 것을 의미한다. 다시 말해 다른 직업군에 대한 학생운동의 영향이 소멸했다는 뜻도 된다.

김영삼 정권 시기 학생운동의 가장 큰 변화는 1994년 4월 출범한 한국대학총학생회연합(이하 한총련)이 전대협을 대체해 학생운동을 주도했다는 것이다. 전대협이 총학생회장단의 협의체 수준이었다면 한총련은 전대협을 확대해 전국 모든 대학 단과대 학생회장까지를 대의원으로 하는 학생회 연합체였다. 한총련은 출범 초기 전대협의 과격성을 반성하고 '생활, 학문, 투쟁의 공동체'를 표방하며 과격한 정치투쟁에서 거리를 두려 했다. 그러나 1995년 슬로건을 '민족의 운명을 개척하는 불패의 애국대오'로 변경하면서 오히려 더욱 폭력적이 됐다는 평가를 받았다.

한총련의 변화에는 당국의 탄압도 영향을 미쳤다. 1994년 7월 8일 북한의 김일성 주석 사망에 뒤이은 '조문논쟁'과 서강대 박홍 총장의 '주사파' 발언으로 인해 소위 신공안정국이 조성됐다. 이때부터 국가보안법 구속자가 급증하기 시작해 1996년에는 구속자가 1961년 이래 최대 수치인 499명에 달했다. 다음해에는 무려 677명이 구속됐으나 이듬해에 23명으로 대폭 줄어들었다. 1981년부터 1987년 사이에 국보법으로 기소된 인원은 총 1,512명이며, 그 가운데 13명이 사형, 28명이 무기징역 선고를 받았다. 민주화 이후에는 사형이나 무기징역은 없었지만 적용 대상은 오히려 넓어져 1988년에서 1992년 사이 모두 1,529명이 국보법으로 기소됐다. 김영삼 정권 시기인 1993년에서 1998년 사이에는 총 1,989명이 구속됐다.[76] 1996년의 대량 구속은 8월 13일부터 20일까지 연세대에서 있은 범민족대회 사건의 영향도 크게 받았지만 기본적으로는 과거 활동을 뒤늦게 문제 삼아 이미 해체된 조직의 회원들을 대량 구속한 것이었다.

김영삼 정권 시기 당위형 자살은 한총련의 성격 변화 또는 신공안정국 전후가 크게 다르다. 이 시기 자살은 크게 두 기간에 집중됐다. 첫 번째는 1993년 9월에서 11월까지이고, 두 번째는 1995년 12월에서 1997년 2월까지의 기간이다. 첫 번째 기간은 한총련이 생활정치를 표방했던 기간으로 자살자 셋 모두 교육운동과 관련되어 있다. 1989년에 전교조 탄압에 대한 여파로 고교생들이 자살했다면 1993년에는 교육의 또 다른 주체인 교사와 예비교사들이 자살한 것이다. 그리고 두 번째 기간에는 6명의 자살자 중 5명이 지배폭력의 직접적인 희생자였다.

먼저 첫 번째 기간인 1993년 9월 8일과 11월 1일 광주교대 학생 이경동과 한상용이 각각 분신했다. 두 명의 요구는 '교원임용고시 철폐'였는데, 교원임용고시제도는 당시 교육계의 최대 쟁점이었다. 특히 국립사범대 학생들이 전면적인 투쟁에 나섬으로써 전국 17개 국립사대의 학사 일정이 10월 이후 전면 마비됐다.[77] 그러나 정부는 임용고시 실시를 강행했고 결국 1991년 1월 첫 시험이 실시됐다.* 시험 실시 이후에도 철폐투쟁은 1994년까지 계속 진행됐다.

이경동의 분신 직후에는 광주전남지역총학생회연합(이하 남총련) 소속 대학생 1,500여 명이 13일 도심에서 격렬한 시위를 전개했고,[78] 서울교대생 2,000여 명은 15일부터 21일까지 임용고시 철폐를 요구하며 농성을 진행했다.[79] 그러나 1994년 8월 7일 '전국교육대학총학생회연합건설준비위원회'(전교대, 의장 광주교대 총학생회장 양동준) 주도로 전국 11개 대학 1만 6,000명 학생들을 대상으로 수업거부 찬반투표를 실시하겠다고 밝힌 것[80]을 마지막으로 더 이상 눈에 띄는 투쟁은 진행되지 않았다.

---

* 교원임용고시는 교원수급 정책의 실패로 빚어진 미발령 교사의 적체를 면피하고 전교조의 수원지 역할을 하던 사범대와 교육대를 원천적으로 통제할 수 있는 수단이었다.(정병남, 〈현행 교원임용고시제도의 문제점과 개선방향〉, 《중등우리교육》 1993년 2월호, 50쪽.)

이경동의 죽음이 있고 20일 뒤 9월 26일 서울 신양중학교 국어교사 길옥화가 투신자살했다. 김영삼 정권은 전교조 합법화 대신 전교조 탈퇴를 전제로 한 '조건부 복직 방침'을 제시했다. 전교조가 정부 방침을 전격 수용한 것은 아니지만 "학교로 돌아가 교육개혁을 실천"하겠다는 명분으로 교사들의 교단 복귀가 시작됐다.[81] 길옥화가 "굴욕감을 참을 수 없다"며 투신자살한 것은 전교조 탈퇴각서 시한인 1993년 9월 28일의 이틀 전이었다.

두 번째 기간은 학생운동이 신공안정국의 탄압에 대응하는 과정에서 폭력성을 노출하며 급속도로 쇠퇴하는 시기이다. 한총련은 1996년 8월 연세대 한총련 사건과 1997년 6월 한양대에서 개최된 한총련 5기 출범식에서 일어났던 '프락치 오인 치사 사건'으로 여러 학생운동 그룹들과 상당수 학교들이 탈퇴하면서 세력이 급격히 약화됐다. 1996년 연세대 사건에서 정부는 백골단이라고 불린 경찰 특수기동대 3개 부대를 투입해 이과동과 교내 시설을 점거한 대학생 5,000여 명을 연행하고 400여 명을 구속했다. 연세대 사건이 국보법 위반을 이유로 한 사상 최대의 구속으로 학생운동 역량을 크게 위축시켰다면 '프락치 오인 치사 사건'은 한총련을 폭력집단으로 인식하게 하면서 대중의 외면을 초래한 사건이었다.

이 시기에는 15개월 사이 6명이 자살했다. 그중 장현구, 오영권, 이상희 등 3명은 물리적인 지배폭력의 직접적인 희생자였다. 장현구, 이상희는 고문후유증을 앓고 있었고 오영권은 한쪽 눈을 실명한 상태였다. 또 진철원, 황혜인, 한상근의 자살은 앞선 죽음 또는 폭력을 배경으로 발생했다. 앞의 4명의 자살은 불과 13일 사이에 일어났고 이상희를 제외한 5명이 분신이었다. 또 6명 중 오영권을 제외한 5명의 출신 대학은 한총련 산하 용인성남지역총학생회연합(이하 용성총련) 소속이었다.

첫 번째로, 1995년 12월 4일 경원대 89학번 장현구가 서울 송파사거리에서 분신했다. 장현구는 1992년 학내 집회를 주도해오다 학교 측이 업무방해 등의 혐의로 고소해 구속된 뒤 심한 구타와 고문을 받았고 이듬해 2월 16일 석방된 뒤부터 정신질환 증세를 보였다. 장현구의 분신자살이 있은 뒤 경원대 학교측과 학생들은 진상규명을 놓고 4개월이 넘는 기간 동안 공방을 벌였다. 장현구를 고발한 교수들이 사퇴했으나 학생들은 학교 당국의 사과를 요구하며 130일이 지나도록 장례를 치르지 않고 천막농성을 진행했다. 이에 학교측은 총학생회장을 비롯한 학생회 간부 10여 명을 제적 등 중징계하고 7명을 형사고발하는 것으로 맞섰다.[82]

두 번째로, 1996년 4월 6일 같은 경원대 95학번 진철원이 장현구 관련 투쟁 중 총여학생회 사무실에서 불에 타 숨진 채 발견됐다. 경찰은 사고사로 추정했으나 학생들은 분신자살을 주장했고 검안의도 "분신자살했을 수도 있다"고 했다.[83] 민족사연구회 '한얼' 활동을 했던 진철원은 장현구의 대원고 후배이기도 했다. 대원고는 1991년 5월투쟁에서 분신자살한 안동대 김영균의 출신 고교이다.

세 번째로, 4월 16일 성균관대 자연과학캠퍼스 물리학과 2학년생인 황혜인이 동아리연합회 선전부장으로 활동하던 중 분신했다. 그가 남긴 메모지에는 "나의 죽음으로 현 정권에 대한 대중의 의식이 변하기를 바랄 뿐이다. …… 보다 많은 이들이 노동해방을

열사, 분노와 슬픔의 정치학

위해, 정권 타도를 위해, 자본가 타도를 위해 투쟁하기만을 바랄 뿐이다"라고 적혀 있었다.[84]

네 번째로, 4월 19일 분신자살한 오영권은 여수수산대 2학년 생이었다. 오영권은 약 1년 전인 1995년 6월 순천대 앞에서 한국통신 노조 탄압 규탄시위를 벌이다 왼쪽 눈에 돌멩이를 맞아 실명한 상태였다. 분신 당시 그의 가방에는 "김영삼 정권 타도! 미제 축출! 조국통일 만세!"라고 쓴 용지가 들어 있었다.[85]

다섯 번째로, 9월 18일 경원대 88학번 이상희가 고문후유증으로 치료받던 중 경희대 건물에서 투신했다. 이상희는 3학년 때인 1990년 11월 3일 용성총련이 경원대에서 주최한 '학생의 날과 보안사 안기부 분쇄투쟁 결의대회'를 마치고 동료들과 함께 거리시위를 하던 중 화염병 소지 혐의로 구속됐다. 동료들의 이름을 댈 것을 강요받으며 가혹행위와 고문을 당하고 100일 만에 석방됐을 땐 우울증 등의 정신장애를 앓고 있었다.[86] 이상희가 사망하고 1년 3개월이 지나 김대중 정권이 들어섰을 때인 1998년 2월 7일에는 그의 오빠 이길상이 마찬가지로 고문후유증으로 투신자살했다.

여섯 번째로, 1997년 2월 1일 용인대 동아리연합회 회장 한상근이 분신자살했다. '김형찬 고문수사 안기부 책임자 처벌과 안기부법 날치기 무효화를 위한 대책위원회'(이하 김형찬 대책위)에서 15일 동안 농성단으로 활동하고 난 뒤의 일이었다. 김형찬은 용성총련 소속 경희대 수원캠퍼스 소속으로 분신자살을 기도했다가 살아난 학생이었다. 1996년 12월 5일 연행돼 경기지방경찰청 대공분실로 넘겨져 조사대기 하던 중 피의자 대기실에 있던 석유난로의 석유를 끼얹어 분신자살을 기도했으나 3도 화상을 입은 채 생명은 구했다.[87] 한편 한상근은 분신 뒤 병원으로 이송되는 과정에서 동료 학우들에게 "운동을 열심히 해달라! 괜찮으니 너무 걱정마라!"고 하며 〈임을 위한 행진곡〉을 불렀다.[88] 그는 평소 "나는 조국과 연애하고 조국과 결혼한다"고 입버릇처럼 말하곤 했으며, 1996년 일본의 독도 망언 직후 있은 일본대사관 항의 방문 때는 단독으로 대사관 담을 넘은 일도 있었다.

한편 5월투쟁 때 자살한 박승희, 김영균, 천세용 등 세 대학생의 장례가 민주국민장으로 치러진 데 반해 이 시기 학생열사는 한상근이 애국학생장[89]으로 치러지고 오영권이 '여수수산대 학생장'[90]으로 치러지는 등 규모가 크게 축소됐다.

열사, 분노와 슬픔의 정치학

2. 실존형 열사

실존형 열사는 노태우 정권 시기와 김영삼 정권 시기 둘로 나눠 살펴보고자 한다. 노태우 정권 기간에 해당하는 첫 번째 시기는 최초의 노점상열사와 철거민열사를 포함해 모두 25명으로 역대 정권 중 최고를 기록했으며, 뒤의 시기에는 노점상 1명을 포함해 10명의 열사가 출현했다.

1) 민주노조 탄압과 노동열사의 급증: 1988~1992년

1987년 7·8·9월 노동자대투쟁이 전개되는 와중에 대우조선 노동자 이석규가 최루탄을 맞고 사망하는 일이 벌어졌다. 하지만 박종철과 이한열의 사망 때처럼 학생운동이나 화이트칼라층의 대대적인 연대는 결코 이뤄지지 않았다. 1987년 6월항쟁의 요구는 호헌 철폐와 직선제 쟁취를 중심으로 수렴됐으며 공권력과 자본에 맞서는 노동자들의 생존권에는 큰 영향을 주지 못했다.

　　노태우 정권 시기는 실존형 열사가 25명으로 전두환 정권의 7명보다 크게 늘었을 뿐 아니라 비율에서도 전체 48명의 열사 중 절반이 넘는 52.1%를 차지했다. 1991년 5월투쟁의 실패로 저항운동이 수세에 처했던 1992년을 제외하고는 매해 빠지지 않고 열사가 출현했다. 노동자 23명 외에 노점상과 철거민 열사도 각각 1명씩 출현했다. 노동자 중에는 운수노동자 6명(택시 5명, 버스 1명)이 포함돼 있다. 연도별 실존형 열사로는 1988년 7명, 1989년 9명(노점상 1명 포함), 1990년 5명(철거민 1명 포함), 1991년 4명이고, 25명 중 4명을 제외하고는 모두 분신했다.

노동자 8명과 노점상 1명이 분신자살한 1989년은 1980년에서 2012년까지의 기간 중 가장 많은 실존형 열사가 출현한 해이다. 이때는 1987년 노동자대투쟁 이후 노동조합 조직률이 크게 상승했다가 1990년부터 다시 하락하기 직전에 해당한다.[*] 1987년 노동자대투쟁 기간 동안 중소 사업장과 비제조업 부문에서의 노조 결성이 대부분 성공하면서 1987년 말까지 1,361개의 노조가 새로 만들어졌고 이 열기는 1989년까지 이어졌다. 그러나 제조업 부문은 1990년을 전후로 전국노동조합협의회(이하 전노협)를 와해하기 위한 경찰과 자본의 물리적 탄압이 집중되면서 어려움을 겪었다.

1988년에서 1989년 사이에 발생한 자살 중 절반이 넘는 5건(오범근, 강현중, 김종하, 박진석, 이상모)이 구사대 폭력과 직접적인 관련이 있다. 노동자대투쟁 기간 동안 대공장들은 대부분 집행부가 교체됐지만 어용노조가 모두 민주화된 것은 아니었다. 거꾸로 노동자대투쟁을 주도했던 세력들이 구속되거나 해고당하면서 회사 측의 의도대로 집행부가 구성된 경우가 많았다. 1988년부터는 회사 측과 어용노조가 결탁한 가운데 노조 탄압이 이뤄졌다. 이에 따라 구사대 폭력에 노조 간부가 관여된 경우도 상당수 있었다.

- 이즈음 노동조합 조직률은 1985년 16.9%, 1986년 16.8%, 1987년 18.5%, 1988년 19.5%, 1989년 19.8%, 1990년 18.4%, 1991년 17.2%이다.(통계청, 노동조합 소식 현황, 2015.09.31. 기준)

열사, 분노와 슬픔의 정치학

이 시기의 첫 번째 특징은 노동자들이 동반자살하는 사례가 증가했다는 것이다. 실존형 자살에서는 당위형 열사와 달리 다른 직업군에서 노동자 자살에 동조해 연속적으로 자살하는 일은 아예 없었다. 그러나 같은 사업장의 노동자들이 함께 자살하거나 연이어 자살하는 경우는 제법 있었는데 모두 이 시기에 발생했다. 강현중·김종하를 포함한 경동산업의 5명은 함께 분신자살을 기도하고 그 뒤 동료 2명이 동조 할복했으나 2명만 사망했다.[91] 태백탄광의 성완희, 우성택시 이대건, 대원여객의 이문철 등은 다른 사람과 함께 분신했는데 이들 중 1명만이 생존했다. 금강공업의 박성호·원태조는 이들이 모두 시너를 뒤집어쓰고 라이터로 불을 붙이는 과정에서 시너를 뿌리지 않은 다른 노동자들에게 불이 옮겨붙었으나 이들 둘만 사망했다. 동반자살은 아니지만 이상모는 박진석이 분신한 날 저녁에 이어서 분신했다.

동반 내지 집단 자살이 많았다는 사실은 이 시기에 지배폭력과 집단적·물리적으로 충돌한 일이 많았다는 것을 의미한다. 1987년부터 노동조합 조직률이 급격히 상승해 1989년에는 19.8%로 최고치를 기록했다. 이와 함께 노태우 정권이 출범하자 곧바로 노동운동에 대한 탄압도 강화됐다. 1990년 전노협 결성을 전후로 민주노조 탄압에 물리적 폭력이 수반됐으며 이에 대한 노동자들의 저항도 집단적 양상을 띠었다. 부록의 〈표 2〉를 보면 전두환 정권 시기에 타살된 37명 중 노동자는 16.2%인 6명에 불과했으나 노태우 정권에 들어서는 전체 29명 중 37.9%인 11명이 노동자였다. 이를 통해 당시 노동 정책의 폭력성을 알 수 있다.**

이 시기 실존형 열사의 두 번째 특징은 1987년 노동자대투쟁과 관련이 깊다. 노동자대투쟁은 울산에서 시작돼 전국으로 번져나간 제조업노동자들의 투쟁, 강원도 지역을 중심으로 한 광산노동자들의 투쟁, 그리고 서울과 경기, 인천 등지의 택시노동자들의 투쟁 세 축이 맞물려 진행됐다.••• 이 시기 저항적 자살 대부분은 노동자대투쟁 당시 노동쟁의가 빈번했던 업종과 지역을 중심으로 일어났다. 전체 노동열사 23명 중 16명이 제조업노동자, 5명이 택시노동자였고 전 기간을 통틀어 유일한 광산노동자가 이 시기에 출현했다. 또 지역적으로는 지역별노동조합협의회(이하 지노협) 활동이 활발했던 곳에서 상대적으로 많은 노동열사가 출현했다.

세 번째 특징으로는 실존형 중에서도 당위적 실존형이 많았다는 것이다. 전체 23건 가운데 8건이 여기에 해당한다. 이것은 실존형 열사의 비약적 증가와 함께 노동자들이 파편화된 개인에서 계급으로 변모했다는 것을 말해준다. 노동자가 노동운동가로 바뀌었고, 개별 사업장의 생존권투쟁은 전체 노동자계급을 위한 '노동운동'으로 변화했다. 이전 시기에 학출 활동가가 노동운동을 이끌었다면 이 시기에는 노동자 각자가 노동운동의 중심이 됐다. 실제로 1980년대 초중반 노동현장에 투신했던 학출 활동가들은 노동자대투쟁 과정부터 이미 주도적으로 개입하지 않았거나 개입

•• 김영삼 정권 초기에 노동부 장관을 지낸 남재희는 노태우 정권의 노동 정책이 '치안 정책'이라고 했다. 노동 문제에 경찰, 검찰의 입김이 압도적이었고 경찰청장 출신이 잇달아 노동청장이 된 적도 있었다.(남재희, 《아주 사적인 정치 비망록》, 민음사, 2007, 163쪽.)

••• 이원보, 《한국노동운동사 100년의 기록》, 한국노동사회연구소, 2005, 327쪽. 7·8·9월 노동자대투쟁의 세 축에 대한 이 같은 평가는 문헌상으로 〈87년 노동자대투쟁 평가와 의의〉(박석운, 1997, 87년 노동자대투쟁 10주년 기념 심포지엄 발표문)에서 처음 등장했으며 지금까지 이를 크게 반박하는 연구는 보이지 않는다.

열사, 분노와 슬픔의 정치학

할 수 없었다. 이후 헌신적 활동가의 대부분은 학출 활동가가 아니라 현장 출신의 노동운동 활동가(선진노동자)였다.[92]

네 번째로는 분신자살이 역대 정권 중 최고로 25명 중 84.0%인 21명이 해당한다는 점이다. 당위형의 69.6%(23명 중 16명)보다 높은 비율이었다. 예외는 오범근(음독), 이원기(목맴), 김처칠(투신), 권미경(투신) 넷뿐이다. 분신이 많았던 이유는 동반자살과 마찬가지로 물리적인 충돌이 많았기 때문이다. 거기에 더해 이 시기에 당위적 실존형이 많았던 것도 이유로 꼽을 수 있다. 2부에서 당위적 실존형으로 언급한 9명 중 7명이 이 시기에 출현했다. 당위적 실존형은 순수 실존형에 비해 소명의식이 크게 드러나는 경우로 죽음의 공적 목적을 크게 드러내기 위해 분신을 택했을 가능성이 높다.

마지막으로 이 시기는 부문운동별로 열사의례가 형식을 갖추기 시작한 때이다. 노동열사는 민주노동자장이나 전국노동자장, 도시빈민열사는 전국빈민장 등 열사의 장례가 부문운동 전체 이름으로 치러지기 시작했다. 민주노동자장이라는 장례 명칭이 등장한 것은 1987년 8월 22일 최루탄에 맞아 사망한 대우조선 노동자 이석규 때부터다. 장례위원회는 당초 장례명을 '전국민주노동자장'으로 결정했다가 '민주노동자 고 이석규 열사 민주국민장'으로 이름을 바꿨다.[93] 이후 자살과 타살을 막론하고 열사로 호명된 죽음은 민주노동자장으로 치러진 경우가 많았다. 그러나 이것은 제조업에 한정되며 택시노동자는 지역별 택시노동자장으로 치러졌고 제조업이라도 노조 역량이나 죽음의 여파 및 성격에 따라 전국노동자장으로 치러지기도 했다.

여기서는 25명의 실존형 열사를 노동자와 도시빈민으로 나누고 제조업노동자를 지역별로 구분해 살펴본 뒤 운수노동자와 광산노동자는 마지막에 따로 살펴보려고 한다. 제조업노동자를 지역별로 구분한 것은 당시 민주노조운동이 지노협을 중심으로 전개됐으며 공권력의 탄압도 민주노조운동이 활발했던 지역에 집중됐기 때문이다. 또 추모의례도 시기별보다는 지역별 또는 직종별 특성이 뚜렷하다.

노동자

① 서울

서울지역 노동자는 오범근과 김종수 2명으로 모두 사업장이 구로공단에 있었다. 1986년 분신한 박영진에 이어 구로공단에서만 3명의 열사가 나온 것이다. 이후 1990년대 들어서는 산업구조의 변화로 공단이 공동화되면서 구로공단에서 더 이상의 열사가 나오지 않았다. 오범근은 이석규 이후 '민주노동자장'으로 치러진 첫 번째 열사이다. 또 김종수는 1년 전 결성된 서울지역노동조합협의회(이하 서노협)*가 주관한 서노협장으로 치러졌다. 서노협장은 이때가 유일하다.

먼저 1988년 3월 10일 후지카대원전기에서 수위로 근무했던 오범근이 구사대 폭력에 항의해 음독자살했다. 3월 9일 임금 인

---

* 서노협은 1987년 노동자대투쟁을 거치면서 모인 90개 노조를 중심으로 1988년 5월 29일 결성됐다. 1989년에는 가입 노조가 105개로 늘어났으며 1990년 전노협 결성에 중요한 밑바탕이 됐다.

열사, 분노와 슬픔의 정치학

상을 요구하며 농성 중이던 노동자 20여 명을 관리직 사원과 노조 간부 30여 명이 습격해 쇠파이프와 각목을 휘둘렀다. 이들은 농성 노동자들을 집단구타한 뒤 바지를 모두 벗기고 전깃줄로 손을 묶은 채 무려 9시간 30분 동안 무릎을 꿇려놓고 "죽여버리겠다"고 위협했다.[94] 당시는 노태우 정권 초기로 노동운동에 대한 반격이 시작된 때였고 며칠 전 같은 구로공단 내 오트론전자에서도 노조 간부들을 감금·폭행하는 사건이 있었다. 1987년 7월과 8월 국제상사, 태연물산 등의 노조에 가해진 폭력이 약 반년이 지나 재연된 것이다.

오범근은 1975년부터 같은 회사에서 프레스공으로 일하다가 산재를 입은 뒤 수위로 근무했다. 입사 다음해인 1976년 왼손의 네 손가락이 절단됐고 1984년에는 골수염으로 수술했다.[95] 사건 당시 수위로 근무하며 농성에는 참여하지 않았으나 사측의 만행을 보고 항의하는 과정에서 분신했다. 오범근은 자살 직전 아내에게 전화해 "회사에서 우리 뜻을 받아들여주지 않으니 먼저 가겠다. 아이들을 잘 보살피며 살아라"는 유언을 남겼다.[96] 오범근의 죽음 뒤 서울 구로경찰서는 폭력사태가 언론에 보도됐음에도 불구하고 "술에 취해 쓰러진 것을 병원에 옮겼으나 사망한 것"으로 보고했다.[97] 또 노동자들을 폭행한 쪽은 인원을 축소하고 쌍방 폭행혐의로 입건했다가 구설수에 올랐다.[98]

오범근의 장례는 한국린나이 노조위원장을 장례위원장으로 해 민주노동자장으로 치러졌다.[99] 오범근의 죽음 한 달 뒤인 4월 1일에는 회사 사장 집에 20대 청년 7~8명이 화염병 3개를 던져 베란다 등에 불을 낸 뒤 달아난 사건도 일어났다.[100]

다음으로 1989년 5월 4일 ㈜서광 노동자 김종수가 분신했다. 그 무렵 구로공단 입주업체 대부분은 '임투賃鬪', 즉 봄철 정기 임금교섭을 진행하고 있었다. 이전까지와 다른 점은 지역 내 민주노조들이 처음부터 지역 차원에서 공동으로 임금투쟁에 대처했다는 것이다. 3월 초부터 시작된 교섭은 4월 말까지 대부분 타결됐으나 김종수가 노조 쟁의부장으로 있던 ㈜서광을 비롯해 남성전기, 남지전자, KDK, 한국광학 등 몇 개 회사는 협상을 매듭짓지 못하고 계속 농성 중이었다.[101]

전북 장수 출생인 김종수는 1985년 서울로 와 첫째 여동생이 봉제일을 하고 있던 동대문 평화시장에서 재단사로 일하다가 인천에서 새우잡이 배를 잠시 탔다. 그 뒤 둘째 여동생이 평화시장 봉제공장에 취직하면서 다시 평화시장으로 돌아갔다가 1988년 7월 ㈜서광에 입사했다. 그는 다음해 1월 쟁의부장에 임명됐으며 4월에는 삼미노조 연대투쟁에 참여했다가 돌아오던 중 불법 연행되기도 했다.

㈜서광은 1988년에 부평과 구로 두 공장 노조가 통합대의원대회를 열었다. 그러나 위원장으로 선출된 부평공장 출신 위원장이 구로지부 집행부를 꾸리지 않자 이에 항의해 구로지부 조합원들은 조속한 집행부 구성을 요구하며 1989년 4월 18일부터 파업을 벌였다. 김종수의 분신은 회사 측이 협상 내용을 번복하면서 일어났다. 김종수는 5월 4일 분신 직전 "민주노조 사수하자" "셋방살이 노동자의 서러움은 싫다" "동지들을 처벌하지 말라"고 외쳤다.[102] 노조의 요구 사항은 임금 인상, 지부장의 민형사상 처벌 철회, 장기근속수당 지급, 무노동무임금 철회였다.[103] 김종수가

열사, 분노와 슬픔의 정치학

몸에 불을 붙이려 할 때 같은 회사 교선부장 정미옥이 이를 말리는 과정에서 그의 몸에도 함께 불이 붙었다. 김종수는 병상에서 정미옥에게 "누나, 난 열사라는 소리 듣고 싶어 분신한 게 아냐, 나에겐 단지 노동자의 의식이 있을 뿐이야"라고 했다.[104] 병원에는 박영진의 부친 박창호가 방문했으며 김종수의 부친 김상배도 자식의 죽음 이후 유가협 소속으로 활동했다.

1989년 임투에서 구로공단 민주노조가 공동으로 대응했듯이 분신 이후의 수습 과정 역시 지역 민주노조들의 현안이 됐다. 사건이 일어난 지 열흘이 지나서도 장례를 치르지 못한 가운데 5월 16일 ㈜서광 노조원들과 서노협 구로지구 소속 노조원 1,000여 명이 회사 운동장에서 '김종수 열사 정신계승 및 노동운동탄압분쇄 결의대회'를 갖고 농성을 벌였다.[105] 김종수의 분신 즈음 구로공단에서는 전기코드 생산업체인 KDK, 남성전기, 남지전자 세 곳에 직장폐쇄조치가 있었는데 김종수 분신 건과 함께 서노협 구로지구에서 공동 대응했다.[106] 김종수의 장례는 5월 5일 서노협장(장례위원장 단병호)으로 결정되면서 산하 노조에 분향소가 설치됐다. 14일 영등포 성문밖교회와 16일 공장 내 집회에 각각 400여 명과 1,200여 명이 모여 추모집회를 개최했고, 21일에는 항의 피켓을 들고 서울 명동 매장 5군데를 순회했다. 결국 ㈜서광 노조는 5월 23일 회사 측과 보상금과 장례비 지급, 구로지부의 독자적 단체교섭권 인정, 파업 기간 중 평균임금 지급 등을 합의한 뒤 24일 김종수의 장례식을 치렀다.[107]

② 인천

인천에서는 최완용, 강현중, 김종하, 이진희 등 4명의 실존형 열사
가 출현했고, 이 중 강현중과 김종하는 동반자살했다. 최완용은
산재노동자이고 나머지 3명은 모두 당위적 실존형에 해당한다. 강
현중과 김종하의 장례는 민주노동자장으로 치러졌고 최완용과 이
진희는 뚜렷한 기록이 발견되지 않았다.

첫 번째로, 1989년 4월 9일 인천흥업사 노동자 최완용이 인
천 천마산 중턱에서 분신한 변사체로 발견됐다. 현장에는 "중앙병
원으로 옮겨주십시오"라는 유서와 소주병 하나가 있었다. 최완용
은 피아노부품 제조회사인 흥업사에서 프레스절단 기술자로 일하
다 오른손 손가락 4개가 절단돼 동네 정형외과에서 치료를 받고
있었다. 회사와 노동청에 큰 병원으로 옮겨줄 것을 요구했으나 거
부당했다.[108] 유서에서 밝힌 '중앙병원'은 산업재활원을 두고 있어
최완용이 생전에 재활치료를 받고 싶어 했던 곳으로, 그는 천주교
청년모임인 '레지오'[109] 회원들과 함께 산재 환자들을 위한 지원
활동을 하기도 했다.

최완용은 1987년 11월 3일 투신자살한 인천 진흥요업 노동
자 김성애에 이어 약 5개월 만에 발생한 두 번째 산재노동 부문
열사이다. 김성애의 죽음으로 산재노동운동자들이 당사자운동의
불을 지피기는 했으나 노동계 전체의 연대를 이끌어내지는 못했
다. 최완용의 죽음 후 '고 최완용 열사 분신대책위원회'가 꾸려져
진상을 알리려고 노력했으나[110] 장례식이나 추도식 문건이 발견되
지 않는 것으로 보아 노동계의 조직적인 장례투쟁은 크게 없었던
것으로 보인다.

열사, 분노와 슬픔의 정치학

두 번째와 세 번째로, 1989년 9월 4일 경동산업 강현중과 김종하가 분신했다. 발단은 강현중이 회장으로 있던 노동자 친목단체인 '디딤돌회' 회원 30여 명이 인천대에서 불우이웃돕기 일일찻집을 연 것을 회사 측이 징계하는 데서 시작했다. 회사 측은 '디딤돌회'를 1987년 노동쟁의 때 해고된 노동자들의 복직투쟁을 위해 만들어진 단체로 규정해 일일찻집을 연 것은 사규에 어긋난다고 밝혔다.[111] 9월 4일 강현중 등 노동자 5명은 노무이사실 입구에서 온몸에 시너를 뿌린 채 자신들에 대한 징계 방침 철회를 요구했으나 거절당하자 몸에 불을 붙였다. 이 과정에서 함께 불이 붙은 노무이사와 강현중·김종하가 사망했고 나머지는 목숨을 구했다. 또 강현중 등이 분신하는 것을 보고 흥분한 최운규 등 2명이 노조 사무실 앞 운동장에서 과도로 할복했으나 생명에는 지장이 없었다. 이 일로 경찰은 농성 노동자 4명을 업무방해 등의 혐의로 구속했으며 화염병을 만들어 자살을 준비했다고 발표했다.[112]

강현중·김종하의 죽음은 1989년 하반기 인천지역 노동운동의 '태풍의 눈'이었다. 경동산업 노동자들은 '9·4노동자탄압 분쇄대책위'를 구성했고 인천지역노동조합협의회(이하 인노협), 인천지역민족민주운동연합, 인천지역대학생대표자협의회 등 4개 단체가 공동대책위를 꾸렸으며 9월 9일에는 노동자, 대학생, 600여 명이 인천대에서 '경동산업 노동자 탄압 규탄대회'를 갖고 가두시위를 벌였다.[113] 그러나 추석 연휴로 농성 노동자 수가 줄고 체임에 불만을 가진 노동자들이 회사 창고에 불을 지르는 일이 발생하면서 사태는 반전됐다. 13명이 구속되고 무기휴업 13일 만인 9월 18일 조업이 재개된 것이다.[114] 하지만 재야단체의 관심과 지원은 계속됐다. 9월 28일 평민당사에서 유가족과 함께 진상규명을 요구하는 밤샘농성이 진행됐으며[115] 결국 30일에는 회사 측에서 대표의 일간지 공개사과문 게재, 구속·징계·강제사직자의 원직 복직, 회사 내 분향소 설치, 노조위원장 사퇴 등 7개항에 합의하면서 10월 4일 두 사람의 장례식이 '민주노동자장'으로 치러졌다.[116]

네 번째로, 1991년 6월 8일 삼미켄하 노동자 이진희가 여성노동자로서는 최초로 분신했다. 삼미켄하는 삼미그룹 계열의 철강 가공처리 업체로 인천과 창원에 공장이 있었으며 인천 공장에는 1989년 4월 노조가 설립돼 생산직 노동자 101명 가운데 98명이 노조에 가입해 있었다. 삼미켄하 노조는 5월부터 임금 23.18% 인상을 요구하며 교섭을 벌여왔고 분신 전날인 7일 13.57% 인상에 잠정 합의했다. 이 회사 노조의 홍보부장이었던 이진희는 휴게실에서 노조원 80여 명과 임금협상 결과 보고대회를 하던 중 "임금 인상 폭이 너무 적다"고 외친 뒤 밖에 나가 시너를 뿌리고 다시 들어왔다. 같은 회사에서 근무하던 여동생이 만류하려 했으나 그 순간 불이 붙어 그 역시 3도 화상을 입었다.[117]

1991년은 연초부터 노사 간 임금협상 난항을 포함해 1987년 이후 노동운동이 가장 어려운 국면에 봉착할 것으로 예상된 해였다. 1990년 1월 전노협이 결성되고 11월에는 16개의 대기업 노조들이 '연대를 위한 대기업노조회의'(대기업연대회의)를 결성해 임금협상 등에서 보조를 맞추기로 했지만, 정부와 사용자 측의 임금 한 자릿수 억제 방침이 완강했고 정부의 노동 통제도 더욱 강화될 것으로 예측됐다.[118] 이에 따라 3월 15일 기준 종업원 100명 이상 사업체 6,590개 중 2%에 불과한 130개 회사만이 타결을 하면서[119]

열사, 분노와 슬픔의 정치학

삼미켄하 임금협상이 있던 6월까지도 난항이 계속되고 있었다.

한편 경동산업 노동자 분신 때 공동 대응했던 인노협 등 인천지역 노동단체들은 이진희의 분신 경위를 알아보기 위해 서울 한강성심병원에 대표단을 파견하는 등 공조하는 모습을 보였다. 그러나 6월 4일 한국외대생들이 국무총리서리 정원식에게 달걀을 투척한 사건이 터져 1991년 5월투쟁이 내리막길을 걷게 되면서 이진희의 죽음은 인천지역 노동운동의 쟁점 사안으로 부상하지 못했다. 그의 죽음 일주일 뒤인 6월 15일 분신한 택시노동자 석광수의 죽음 역시 마찬가지였다.

③ 경기

경기지역에서는 최윤범, 김윤기, 이종대, 박성호, 원태조 등 5명의 실존형 열사가 출현했고 이 중 박성호와 원태조는 동반자살했다. 그리고 최윤범과 김윤기는 성남, 이종대는 광명, 박성호와 원태조는 안산지역 노동자이고 김윤기는 당위적 실존형에 해당한다. 최윤범, 김윤기, 이종대의 장례는 민주노동자장으로 치러졌으며 박성호·원태조는 경기남부공동대책위가 꾸려져 후속투쟁에 결합했으나 그 과정에서 경찰이 사망하는 사건이 일어나면서 장례는 상대적으로 조용히 치러졌다.

먼저 1988년 4월 25일 성남 고려피혁 노동자 최윤범이 분신했다. 성남지역은 1970년대에 3개의 공단이 건설된 후 민주노조운동을 전개하고 있던 서울 성수동의 공장들이 이전하고 1970년대 말부터 노동야학 설립과 학출 활동가들의 진입이 이뤄지면서 경기도에서 가장 먼저 노동운동이 확산된 곳이다. 고려피혁 성

남 공장은 200여 명의 노동자가 슈발리에 구두를 생산하는 중소
기업으로 최윤범을 위원장으로 해 1988년 2월 26일 민주노조가
건설됐다. 그러나 화학연맹에서 인준증을 발급해주지 않은 탓에
4월 2일 재선거를 실시한 결과 어용노조가 들어섰다. 곧바로 부당
해고와 부서 이동이 시작됐고 해고는 철회됐으나 부서 이동 문제
가 해결되지 않아 4월 20일부터 철야농성에 들어갔다. 농성 3일
째 노동부의 중재 속에서 회사 측과 협상에 들어갔으나 회사 측
은 그사이 물품을 빼돌리려 했고, 이에 항의하며 몸싸움을 벌이
는 과정에서 최윤범은 온몸에 시너를 붓고 분신했다.

분신 당일인 25일부터 성남지역 노동자들과 민주단체들의
연대투쟁이 전개됐다. 파업 중이던 ㈜해성과 봉명산업, ㈜영문구
노동자들이 고려피혁 노동자들을 지원했으며 27일에는 '노조 탄
압 분쇄 및 최윤범 동지 분신대책위원회'가 구성돼 500여 명의 노
동자, 학생, 시민들이 상대원시장에서 고려피혁까지 가두시위를
전개했다. 28일과 29일에는 고려피혁에서 규탄집회가 개최됐다.
30일 사망 소식이 전해진 뒤에는 700여 명이 고려피혁에서 성남
시청까지 행진하는 중에 최루탄 난사로 투석전이 벌어졌으며 100
여 명이 철야농성을 벌였다. 5월로 넘어와서도 가두시위는 그치
지 않았다. 5월 2일 시신 탈취 소식이 전해지면서는 오후 8시 상
대원시장 앞에서 가두시위가 벌어졌으며 4일 신구전문대에서 시
신 탈취 규탄대회'가 있은 후에는 300여 명이 시청까지 평화행진
을 벌이려 했으나 최루탄 난사로 무산됐다. 최윤범의 장례는 선산
도 아닌 충청도 음성군 대덕공원묘지에서 몇몇 가족과 회사 측
30여 명이 참석한 가운데 치러졌다.[120] 그러나 고려피혁 노동자들

과 지역단체들은 5월 8일 별도로 민주노동자장을 치렀으며 성남 산자교회 목사 김해성이 장례집행위원장을 맡았다. 또 성남지역 뿐 아니라 각계 대표들과 오영식 전대협 의장을 비롯한 14개 대학 총학생회장이 지도위원으로 이름을 올렸다. 또 정형주 한국외대 용인캠퍼스 총학생회장을 포함해 용성총련 산하 5개 대학 총학생 회장이 집행위원으로 참여해 실무를 준비했다.[121] 노동자 장례에 대학 총학생회장들이 대거 이름을 올린 것은 이때와 바로 뒤 김윤 기 장례식 때가 유일했다.

두 번째로, 최윤범의 분신자살 1년 뒤인 1989년 4월 3일 성 남 덕진양행 노조위원장 김윤기가 분신했다. 김윤기는 국민대를 다니다 1986년 5·3 인천투쟁에 참가해 구속됐던 학출 활동가였 다. 그의 분신은 사측의 '공장 이전'에 항의하는 파업농성 과정에 서 발생했다. 그는 계속된 협상 결렬에 격분해 공장 이전 철회에 대한 답변을 요구하며 몸에 불을 붙였다.[122]

김윤기는 분신 직후 병원으로 옮기던 중 사망했으며 성남지 역 민주단체들은 다음날 대책위원회를 구성해 7일장으로 치르기 로 했다. 같은 날 추모제 및 범시민대회를 개최해 1,000여 명이 참 가했으며 시신 탈취에 대비해 300여 명이 밤샘 경비를 했다.[123] 그 러나 노조원 11명에 대한 고소 취하 및 보상금 문제에서 합의가 이뤄지지 않아 장례를 연기했고[124] 8일에 열린 추모대회에서는 창 성금형 견습공 최성곤이 집회 후 평화행진 도중 직격 최루탄에 맞아 뇌수술을 받는 일도 발생했다.[125]

김윤기의 장례는 사측과 성남 공장 이전 철회, 파업 기간 중 임금 50% 지급, 노조 간부 9명에 대한 고소 취하, 보상금 4,000

만 원 지급 등 6개 항에 합의한 뒤 4월 23일 민주노동자장으로 치러졌다.[126] 최윤범과 마찬가지로 지역단체와 각계 인사, 그리고 대학 총학생회장들이 참여했으며 장례위원장도 김해성이 맡았다.[127]

세 번째로, 7월 3일 광명 기아산업* 노동자 이종대가 분신했다. 기아산업은 1961년 노조 설립 이후 30여 년 동안 어용노조가 지배하고 있었다. 1987년 노조민주화투쟁 과정에서는 훗날 민주노총 위원장이 된 조준호와 민주노동자전국회의 3기 의장으로 2009년 자살한 정형기가 구속되고 다수가 해고됐다.[128] 이종대는 1988년 노조 대의원으로 선출된 뒤부터 해고된 동료들의 복직운동을 벌여왔는데 1989년 7월 3일 분신 당일 아침에 해고 통보를 받았다. 그는 노사징계위원회에서 만장일치로 해고시킨 것은 부당하다고 주장하며 노조 사무실을 찾아갔다가 분신했다.[129] 해고 사유는 "사전 통보 없이 일요일 특근을 하고 수당을 받아갔다"는 것이었다. 그러나 〈기아산업 민주노동자 일동〉이 낸 보고서에서는 사정이 달랐다. "2월부터 4월까지 근태일보를 작성함에 있어 (이종대) 본인 외 2명의 근태일보를 허위로 특근 처리해 작성·보고"됐으며 회사와 어용노조가 민주노조세력을 싹쓸이하려는 음모였다는 것이다. 이종대는 20대 초반 기아산업에 입사해 20년을 일해온 고참 노동자였고 부인에 따르면 그는 "20여 년간 고달프고도 기나긴 회사 생활에서 휴가 한 번 가지 않고 출근했으며, 몸이 아파서 조퇴를 하는 경우에도 기계가 고장 났다는 연락을 받으면 곧바로 회사로 달려갔다"고 한다.[130]

• 1990년 3월 16일 기아자동차로 사명을 변경했다.

열사, 분노와 슬픔의 정치학

네 번째와 다섯 번째로, 1990년 8월 30일 안산 금강공업 노동자 박성호와 원태조가 분신했다. 안산시는 도시 규모는 작지만 1980년대 중반 반월공업단지가 본격적으로 가동되면서 노동자를 중심으로 급성장한 곳이다. 성남이 경기도의 초기 사회운동에 영향을 크게 미친 곳이라면, 안산은 1980년대 중반 이후 경기지역 노동운동의 중심이었다. 안산시의 기반이 되는 반월공업단지의 정식 명칭은 반월국가산업단지로 1978년에 착공해 1987년에 완공됐으며, 같은 안산시에 들어선 시화국가산업단지, 인천시 남동구의 남동국가산업단지와 함께 3대 중소기업단지에 해당한다. 시화단지는 1986~2006년, 남동단지는 1985~1986년에 건설됐다.

금강공업은 건축 공구인 타워리프트를 생산하는 업체로 1979년에 설립돼 1989년에 안산으로 이전했다. 잔업수당을 포함한 1일 평균임금이 1만 1,000원 정도였으며, 거의 매일을 반강제적으로 잔업을 해야 했다. 산재 또한 빈번히 발생해 노동부가 '산재다발업체'로 지정할 정도였다. 금강공업 노동자들은 열악한 노동조건을 개선하기 위해 8월 10일 노조를 결성해 회사 측과 교섭을 벌였다. 그러던 중 회사는 교섭일로 예정된 8월 31일 하루 전에 휴업조치를 하고 공권력 투입을 요청했다.[131]

사건은 회사 정문에서 기계 반출을 막기 위해 조합원 80여 명이 농성하던 중 회사 안은 구사대가, 회사 앞 도로에는 경찰이 완전 포위한 채 좁혀오는 상황에서 발생했다. 전경 1개 중대 100여 명이 투입되자 노조 부위원장 박성호가 생수통에 담겨 있던 시너 일부를 몸에 붓고 경찰 진입을 막으려 했으나 경찰이 시너가 든 생수통을 빼앗으려 했고 이에 그가 라이터를 켜 불을 붙였다.

불은 시너를 함께 붓고 옆에 서 있던 노조 후생부장 원태조에게 옮겨 붙었으며 시너를 붓지 않고 있던 다른 노조원들과 불을 끄려던 노동자에게도 옮겨 붙었으나 생명에는 지장이 없었다.[132]

사건 발생 당일 신속하게 임시대책위가 구성되고 다음날 정식으로 경기남부공동대책위가 꾸려졌다. 9월 5일 한양대 안산캠퍼스에서 열린 규탄집회에는 경기남부 운동사상 유례없이 2,000여 명이 모였다. 그러나 기독교대책위원회가 구성된 12일 박성호의 사망 소식이 전해지면서 벌어진 가두시위에서 경찰관 1명이 사망하면서 상황은 역전됐다. 다음날부터 안산지역 노동단체와 민주단체에 대한 대대적 탄압이 진행돼 노조위원장을 중심으로 8명이 구속되고 8명이 수배됐다. 9월 18일 새벽에는 원태조가 사망했는데 경찰은 그 틈을 타 박성호의 시신을 탈취해 가족에게 인계했다. 원태조의 장례는 10월 2일 조용히 치러졌다. 10월 8일 조합원들이 회사에 출근해 투쟁을 계속하기로 결의했으며, 같은 날 노조위원장 선거에서 농성에 주도적으로 참여한 조합원이 위원장에 당선되면서 사태는 마무리됐다.[133]

④ 경남

경남지역에서는 박진석, 이상모, 이영일 3명이 분신자살했다. 모두 조선·중공업 부문의 대기업 노동자였으며 또한 모두 당위적 실존형으로 분류된다. 이 시기 경남지역 노동열사의 장례는 다른 지역과 비교해 규모가 컸다. 대우조선 박진석·이상모와 ㈜통일 이영일의 죽음은 각각 1989년과 1990년에 약 1년의 간격을 두고 발생했지만 모두 전국노동자장으로 치러졌다. 이 시기 전국노동자장은 경남지역이 유일하다.

먼저 1989년 5월 29일 대우조선 노동자 박진석과 이상모가 분신했다. 대우조선은 1987년 노동자대투쟁 과정에서 이석규가 직격 최루탄에 맞아 사망한 곳으로 노태우 정권 들어 노조 탄압도 극심해졌다. 1988년에는 노조 간부 4명이 5월과 6월 사이에 잇달아 세 번이나 괴한들로부터 습격을 받아 중상을 입는 일이 발생했다.[134] 또 1989년에는 단체협상 과정에서 구사대 성격을 띠는 '상록회'를 조직해 노동자들에게 가입을 권유하고 "파업을 할 경우 병역특례자 200여 명을 군에 입대시키겠다"며 노조를 협박했다.

박진석과 이상모의 분신도 이 과정에서 발생했다. 분신 전날인 5월 28일 노조 소위원으로 활동하던 박진석에게 반장이 상록회 헌장과 입회원서를 나누어주면서 가입을 권유했다. 박진석은 이것을 받아 찢어버리고 "노·노 싸움을 유발하지 말라"고 한 뒤 다음날 아침 노조 사무실에서 "회사는 더 이상 노동자를 분열시키지 말라. 노동조합 만세"라는 구호를 외치며 분신했다. 이상모도 같은 날 저녁 "친구들아 미안하구나. 이 소인은 먼저 간다. 그렇지만 너희들은 원직 복직 임금 인상 확실하게 쟁취할 수 있도록 노동자의 앞에서 나가기 바란다"는 유서를 남기고 기숙사 옥상에서 분신한 뒤 투신했다. 이상모는 부모 앞으로 "더러운 세상 먼저 하직하는 불초소생을 용서해주십시오. …… 이 추잡한 세상에 태어난 나 자신이 너무나 미워 죽겠습니다"라는 유서를 남겼다.[135] 두 사람의 죽음 뒤 대우조선 노동자 1만여 명은 작업을 거부하고 농성을 벌였으며[136] 합동장례식에는 동료 노동자와 주민,

재야인사 등 5,000여 명이 참석했다.[137]

한편 한 달 전인 5월 18일부터 회사 측과 임금교섭을 해왔던 대우조선 노조는 장례 전날인 6월 7일 파업 찬반투표에서 조합원 9,685명 가운데 찬성 5,479명으로 파업을 결의했다. 이미 6일에는 관리직 사원 3,000여 명이 집단사표를 내고 거의 출근하지 않았는데 이에 대해 회사 측은 최단 시일 안에 폐업 신고를 내기로 하고 노조와는 더 이상 협상을 하지 않겠다고 발표했다.[138] 대우조선 노동쟁의는 임금교섭 36일째, 조업 중단 26일째 되던 6월 22일에 극적으로 타결됐다.*

1990년 5월 3일에는 창원의 ㈜통일** 노동자 이영일이 분신했다. 1985년부터 이어진 ㈜통일의 민주노조 건설투쟁은 2년 뒤 1987년 노동자대투쟁의 서막이라고 할 수 있을 정도로 노동운동사에 미친 영향이 크다. ㈜통일 노조는 신군부 독재가 한창이던 1985년 4월 25일 방위산업체 중 처음으로 파업을 벌였다. 이후 5월 2일에는 해방 후 마산, 창원지역에서 조직적인 투쟁을 통해 처음으로 민주노조를 탄생시켰다.[139]

㈜통일은 통일교 산하 기업으로 통일교의 원리교육을 강제했고 신도가 되면 승진과 월급에 혜택을 주었다. 노조 탄압도 매우 기술적이어서 노동자대투쟁이 한창 진행 중이던 1987년 8월

---

* 1987~1989년 사망한 이석규, 박진석, 이상모와 1995년과 1998년 각각 분신한 박삼훈과 최대림을 기리는 추모비가 2013년 거제 대우조선 안에 세워졌다. 부산 한진중공업 등에 노동열사 추모비가 공장 밖에 세워져 있지만 대공장 안에 추모비가 들어선 것은 대우조선이 유일하다.(〈대우조선 안에 5명 노동열사 추모비 세웠다〉, 《오마이뉴스》, 2013.06.14.)
** ㈜통일은 1995년 통일중공업(주)으로 상호를 변경했다가 2003년 S&T중공업(주)으로 변경됐다.

열사, 분노와 슬픔의 정치학

11일에는 어용노조 유지를 위한 회사 측의 공작 자료가 발견되기도 했다.[140] 8월 24일에는 회사가 보낸 구사대 300명이 연구동 노동자 옥쇄파업 현장을 침탈하는 일이 벌어졌는데, 파업에 참가하지 않은 노동자들도 합세해 구사대를 무력화시켰다.[141]

그러나 1987년 노동자대투쟁 이후에도 사측의 노동 통제와 노조 탄압은 계속됐으며 이영일의 분신 역시 이런 배경에서 발생했다. 이영일은 노조의 조사통계부 차장을 맡아오다 연초에 노조 대의원으로 선출됐는데 회사가 경기도 김포의 고향집까지 찾아와 노모와 형제들을 협박했다. 이영일은 이에 항의해 동료들에게 "통일 자본가와 관리자인 문선명, 문성규 이하 모든 사람들과도 싸우고 싶다"는 유서를 남기고 분신했다. 모친에게는 "사는 것이 왜 이리 힘듭니까. 이 세상이 사람을 힘들게 만듭니다. 착하고 정직하게 살아보려는 사람을 악하고 분노하게 만들더군요"라는 유서를 남겼다. 이영일의 분신이 있은 뒤 노조원 3,000여 명은 작업을 거부한 채 집회를 가졌고, 창원공단 내 7개 업체와 마산수출자유지역의 9개 업체 노동자들도 작업을 거부하고 집단조퇴했다. 또 노동자 600여 명은 마산 시내 도로를 점거하고 "민자당 일당독재 타도하자" "현대중공업 공권력 투입 규탄한다" 등의 구호를 외치며 격렬한 시위를 벌였다.[142]

이영일의 장례는 1990년 4월 21일 결성된 국민연합에서 국민연합장을 제안하기도 했으나[143] 1년 전 박진석·이상모의 죽음 때와 마찬가지로 결국 전국노동자장으로 치러졌다.[144]

⑤ 기타 지역

서울, 경기, 인천, 경남을 제외하고는 경북과 부산 두 곳에서 각각 1명씩 열사가 출현했다. 경북지역 노동자 최태욱은 국민연합 경북 지부에서 장례를 주관했으며 부산지역 권미경은 부산노동자장으로 치러졌다.

우선 1990년 7월 8일 경북 청도 주신기업 노동자 최태욱이 부당해고에 항의해 분신했다. 청도에서 나고 자란 최태욱은 1990년 2월 14일 아내와 함께 주신기업에 입사해 노조 결성을 시도하다 5월 14일 1차로 불법해고를 당했다. 같은 날 노조가 결성되고 위원장으로 선출된 뒤 복직됐으나 5월 31일에 다시 해고당했다. 전날 회사 측이 일방적으로 노조 위원장인 최태욱을 비롯해 조합원 14명만으로 야간근무 조를 편성해 근무를 지시했다. 노동자들이 이를 부당노동행위로 간주해 퇴근해버리자 회사는 최태욱 등을 징계위원회에 회부해 해고했다. 주신기업은 군용 메리야스를 납품하는 업체로 종업원 수가 모두 70명이었고 이 중 남성은 4명이었다.

최태욱은 함께 징계당한 노동자 18명과 경북노동위원회에 부당노동행위 구제를 신청하고 청도지역 노조위원장들과 함께 연대투쟁을 벌였다. 그 과정에서 청도 천주교회 신부에게 '해고 철회 및 노조 탄압 중지를 위한 기도회' 개최를 두 차례 건의했으나 승낙을 얻지 못했다. 분신 하루 전인 7월 7일에는 남성 3명에게서 몰매를 맞았다는 사실이 나중에 알려졌다. 8일 그는 결국 "노조 탄압 중지, 해고자 복직"을 마지막으로 외치고 청도 천주교회 마당에서 몸에 불을 붙이고 투신했다.[145] 신부에게 남긴 유서에는 "마음이

열사, 분노와 슬픔의 정치학

편하고 지금까지의 삶을 만족스럽게 생각한다"[146]는 내용이 적혀 있었으며, 부친은 아들의 죽음에 대해 "자신의 무력함을 부인하고 스스로 극복하기 위해서 선택된 최후의 방법"이라고 했다.

최태욱은 경북지역에서 처음으로 발생한 노동자 분신자살로 주목받았지만 후속투쟁은 비교적 규모가 작았다. 주신기업이 소규모 공장이고 갓 노조를 결성한 데다 한국노총 소속이었기 때문이다. 전노협 대구지역노조연합에서 성명을 내기는 했지만 장례 대책은 주로 한국노총과 국민연합 대구지부에서 나왔다. 최태욱의 의식이 잠시 정상으로 돌아온 7월 10일 대구경북 노총협의회 및 섬유노련 경북지부 산하 조합원들이 항의 규탄대회를 청도읍 전역에서 가졌다. 11일에는 국민연합 대구경북본부에서 3명을 파견해 진상조사와 향후 대처 방안을 준비했다. 최태욱은 13일 밤 〈아침이슬〉을 끝까지 부르고 14일 새벽 2시에 운명했다. 후속투쟁은 14일 한국노총 소속 약 40명이 군청에서 시위를 벌이고 18일 섬유노련 중앙위원회 80명이 대구노동청 앞에서 항의농성을 한 게 전부였다. 7월 21일에는 대구지역 노동자 150여 명이 청도 대남병원에서 추모식을 거행한 후 촛불시위를 가졌다. 당시 요구 사항은 "악덕 기업주 김정숙 구속, 유족 요구 즉각 수락, 노조 탄압 비호하는 청도군수 퇴진"으로 다른 지역에 비해서는 수위가 낮았다.[147]

다음으로 1991년 12월 6일 부산의 신발공장 ㈜대봉 노동자 권미경이 팔에 "인간답게 살고 싶었다. 내 이름은 공순이가 아니고 미경이다"라는 글을 적은 채 투신자살했다. ㈜대봉은 출퇴근 때 노동자들을 모아놓고 '30분 일 더 하기 운동' 등 정신교육을 시켜왔으며 권미경이 소속된 재봉과에서는 생산 목표를 달성하지 못했다는 이유로 퇴근시간 뒤에 따로 정신교육을 시키기도 했다. 한편 권미경은 대학노트 2권 분량의 일기장을 남겼는데 이렇게 적혀 있다.[148]

아침부터 진종일 미싱과 씨름하고, 지치고 피곤한 껍데기를 끌고 들어서는 집 어귀 골목길 …… 이 배고픔, 서글픔, 영원히 잠재우고 싶다.(1991년 4월 18일)

노동 강도가 갈수록 더 심해져간다. 인간이 이토록 비인간화돼 갈 수 있다니. …… 사람이 일을 그렇게 죽으라고 하는데 멀쩡하면 어디 사람인가, 기계지.(1991년 10월 11일)

지금껏 나는 많은 것을 너무 멀리서 찾으려 했다. 바로 내 직장 동료들과 진정으로 함께하고자 할 때만이 우리의 정당한 권리를 빼앗기지 않을 것.(1991년 12월 5일, 투신 전날)

권미경이 공장 옥상에서 투신했을 때 부산 아미동2가 산19번지의 셋방에는 무직인 어머니와 노동자인 오빠, 그리고 여동생 2명이 있었다.[149] 그녀의 오빠는 여동생의 비참한 죽음을 괴로워하다 1993년 3월 살던 집 뒷산의 소나무에 목을 매 자살했다.[150]

권미경이 투신자살했을 당시 부산지역 신발 제조업체들은 잇단 부도와 폐업 사태를 겪고 '구사운동'이라는 이름 아래 각 사업장에서 노동 강도를 높이고 있었다.[151] 투신 소식이 전해지자 부산지역 11개 단체는 공동대책위원회를 구성하고 8일 규탄집회를 가졌다. 그러나 열흘 뒤, 장례식이 연기되고 있는 가운데 유족과 동료 노동자들이 분향소가 마련된 회사 안으로 들어가려다 폭행을 당하는 일이 일어났으며 초시계를 들이대고 작업을 재촉하는 부당노동행위도 다시 시작됐다.[152] 결국 22일 2,000여 명이 참석한 가운데 '부산노동자장'으로 장례가 치러졌으나 경찰의 과잉진압으로 80여 명이 크고 작은 부상을 입었다.

⑥ 운수노동자

이 시기 운수노동자열사는 이대건, 김장수, 장용훈, 이문철, 석광수, 김처철 등 모두 6명이다. 이 중 이문철은 버스기사이고 나머지 5명은 택시기사이다. 제조업노동자가 대체로 민주노동자장으로 치러졌다면 운수노동자들은 지역노조 주관으로 장례를 치렀다. 택시업종이 전국자동차노련에 소속돼 있을 때는 경남택시분실장(이대건), 인천택시분실장(김장수)으로 치러졌고, 전국택시노동조합연맹(이하 전택노련)으로 분리된 뒤로는 인천택시노동자장(석광수), 서울택시노동자장(김처철) 등으로 치러졌다. 택시기사 중 유일하게 장용훈은 범민주도민장으로 치러졌고, 버스기사 이문철의 장례 관련 기록은 남아 있지 않다. 여기서는 택시노동자 5명을 먼저 살펴본 뒤 이문철은 뒤에 따로 살펴보려고 한다.

택시와 버스는 모두 제조업과 달리 고정된 노동현장이 없기 때문에 노동 과정에서 사용자의 직접적인 통제를 받지 않는다는 특징이 있다. 이 중에서도 택시는 지입제*와 도급제** 그리고 사납금 등으로 인해 일반적인 임노동과는 다르다. 급여 수준은 1980

년대 후반까지만 해도 제조업에 비해 상대적으로 높았으나 1990년대 들어 급격히 낮아졌으며, 노동시간 역시 전체 노동자 평균이 연간 2,163시간인데 비해 택시노동자는 3,536시간[153]이나 된다.

택시업종은 노동조합 역사가 다른 업종에 비해 오래됐을 뿐 아니라 노동운동에 대한 전두환 정권의 폭압 속에서도 1984년 5월 25일 택시노동자 2,000여 명이 대구시위(이하 5·25 대구시위)를 벌이는 등 노동쟁의가 상대적으로 활발했던 곳이다. 또 1987년 발생한 전체 노동쟁의 3,749건 가운데 32%인 1,132건을 택시노조가 차지했으며 1988년과 1989년에도 39%(724건), 1989년 27%(413건)가 택시 부문에서 발생했다.***

3명의 열사가 출현한 1988년은 택시업종이 전국자동차노련에서 분리해 나와 택시업종 최초의 전국적 연대조직인 전택노련을 결성한 때이다. 택시업계는 1987년 노동자대투쟁 때 단위 노조와 지역별 지부를 중심으로 민주노조운동을 전개하면서 1년에 2회 임금 인상을 하고 연말 대선 과정에서 모든 후보가 완전월급제를 공약으로 걸게 하는 성과를 거뒀다. 여세를 몰아 1988년 4월 전택노련을 창립했으나 노련 내부에서 민주노조와 어용노조의 갈등이 크게 증폭됐다.[154] 3건의 자살은 전택노련 창립을 전후

---

* 차량 1대를 일정한 금액으로 임대하고 매월 일정액의 지입료를 업체에 납부하는 제도로, 임금이 없고 LPG 연료도 운전자 개인이 전액 부담한다. 또한 지입제 운전자는 근로자성이 부인되고 있다.
** 일정한 임금액이 정해져 있으나 고정급이 없고 임금액 이상을 운전자의 개인 수입으로 하며 LPG 연료는 전량 운전자가 부담하는 임금제도.
*** 《전국택시노동조합연맹 사업보고서》각 연도. 택시업종의 노동쟁의는 1993년 이후 갈수록 감소됐다.

열사, 분노와 슬픔의 정치학

해 발생했으며 사측의 노조 탄압과 택시노동자에 대한 비인간적인 처우가 그 이유였다.

첫 번째로, 1988년 1월 6일 마산 우성택시 이대건이 분신했다. 우성택시 노조는 마산·창원지역의 24개 노조와 연대해 1987년 12월 19일부터 임금협정 조기 체결, LPG 가격 인하분 전액 환불, 노조 의무가입 이행 등을 요구하며 전면 파업에 들어갔다. 12월 28일 첫 협상 과정에서는 24개 택시회사 사용자들이 택시 1대당 10만 원의 공탁금을 걸어놓고 노조에 굴복하는 사용자는 공탁금을 찾을 수 없도록 사전 약속한 사실이 알려지면서 노조원들이 크게 격분하기도 했다. 연대투쟁이 성과 없이 끝나자 연말부터는 단위 사업체별로 교섭을 진행했으나 회사 측은 여전히 교섭에 소극적이었고 고압적인 태도로 일관했다. 이런 과정에서 이대건은 파업 19일째 되는 날 분노를 참지 못하고 분신을 감행했다.[155] 노조원 박만수가 함께 불을 붙였으나 목숨을 건졌다.[156] 이대건의 장례는 조합원들의 동의로 경남노동자장으로 치르기로 했으나 사측의 압력으로 경남택시분실장으로 축소돼 졸속으로 치러졌다.[157]

두 번째로, 3월 1일 인천 경기교통의 김장수가 불법해고를 항의하는 과정에서 분신했다. 김장수는 1987년 6월 15일 결성된 민주노조의 초대 위원장으로 선출됐으나 연말경에 회사의 강압으로 위원장직을 사임했다. 곧이어 들어선 어용 집행부는 회사와 짜고 김장수와 노조의 전 운영위원 1명을 해고했으며 그는 이에 항의해 단식농성하러 회사에 들어간 직후 분신했다. 분신 후 사장 이상철은 "해고자라 나와는 상관없다. 치료비는 동전 한 닢

줄 수 없다" "스탠드바에 다니며 노느라 빚이 300만 원 있어 분신했다" "노동자들끼리 패싸움하다 안 되니까 분신했다"는 등의 말을 했다.[158]

김장수의 분신 직후 동료 기사 30여 명과 가족들이 곧바로 농성에 들어갔고 택시 운송을 막기 위해 회사 문을 걸어 잠그고 사장이 나타나기를 요구했다. 그러나 사측은 8일 구사대를 동원해 차를 빼내려 했고 저지하는 가족들을 폭행했다. 3월 9일 김장수가 운명하고 일주일 뒤인 3월 16일 인천 시내 택시회사 45개 노조 가운데 24명의 노조위원장들이 김장수의 보상 문제 해결을 위해 모였다. 그들은 17일부터 24시간 시한부 파업에 들어가 22일부터는 무기한 총파업을 하기로 결의했다.[159] 또 3월 18일에는 인천지역 해고노동자협의회 등 인천 시내 재야단체와 학생들 200여 명이 병원 영안실 앞에서 '고 김장수 운수노동열사 분신항거 계승 실천대회'를 가졌다.[160] 김장수의 장례는 3월 23일 전국자동차노련 인천택시분실장으로 치러졌으며 장례식 당일 정오를 기해 인천지역 전 택시기사들이 30초간 추도경적을 울렸다.

세 번째로, 5월 24일 순천 현대교통의 장용훈이 분신했다. 석 달 전 자전거와 경미한 접촉사고가 발생해 장용훈이 자기 돈으로 합의하고 해결한 일이 있었는데 회사 측은 그 일과 관련해 불리한 경위서를 장용훈에게 강요했다. 그가 이를 거부하자 사측은 일방적으로 승무정지를 시키고 집단폭행했다. 장용훈은 검찰과 노동부에 고소와 탄원을 했으나 합의를 종용받았고 회사는 오히려 해고를 통지해왔다. 마지막으로 여수와 서울의 노동부도 찾아갔지만 역시 무성의로 일관했다. 결국 장용훈은 회사 사무실에서

몸에 시너를 끼얹고 "이놈의 세상 비통해서 살 수 없다"라고 외친 후 분신했다.[161]

1987년 노동자대투쟁 때 호남지역 택시파업을 이끌었던 '광주시민주택시운전자협의회'(민운협)는 장용훈의 분신 직후 소식지를 발행해 홍보에 나섰고 민주쟁취국민운동본부 순천지부와 광주지부를 중심으로 대책위가 구성됐다.[162] 장용훈이 운명한 5월 30일 순천 시내 6개 택시회사 운전기사와 순천대생 등 300여 명은 오후 6시부터 4시간 반 동안 택시 80여 대를 몰고 순천 시내 일원에서 차량시위를 벌였다. 이뿐만 아니라 경찰과 대치해 투석전을 벌였으나 결국 최루탄에 의해 해산됐다.[163] 사측은 사망 당일 5,000만 원을 들고 영안실로 찾아가 아내를 위로하는 척하며 납치해 합의서 서명을 강요했으나 결국 거부당했다. 대책위는 시신 탈취를 막기 위해 철야농성하고 대대적인 모금운동을 벌였다.[164] 장례는 6월 3일 범민주도민장으로 치러졌으며 유해는 망월동 묘역에 안치됐다.[165]

1991년에는 인천 공성교통 석광수와 서울 합동물산 김처칠이 자살했다. 석광수의 죽음은 택시노조 최초의 6대 도시 공동파업이 전개된 6월에 발생했고, 김처칠의 죽음은 택시업계의 대표적인 노동자 착취수단인 지입·도급제가 이유였다.

우선 석광수의 분신은 6월 12일 전택노련 서울시지부가 전면 파업에 돌입하고 뒤이어 인천시지부가 차량시위를 전개하고 있던 6월 15일 발생했다. 14일 차량시위에서 노조원 217명이 경찰에 연행되자 15일 인천시지부 산하 56개 노조 중 45개 노조위원장이 모여 연행자가 석방될 때까지 무기한 파업에 돌입하기로 결정하고 오후 5시부터 파업에 들어갔다.[166] 노조 대의원이었던 석광수의 분신은 바로 다음날 일어났다. 공성교통 정문에 "8천 동지 단결해 91 임투 승리하자"고 쓰인 현수막을 내걸려고 하는데 노조위원장이 가로막자 "동료 노조원이 무더기 연행됐는데도 앉아만 있느냐"고 외친 뒤 분신했다.[167] "혼자만 벌어먹고 살려고 하면 하루 갈 것이 일주일 간다"고 열변을 토하고 밤새 북을 치며 노동가를 부르다가 분신했다고도 한다.[168] 석광수의 장례는 7월 14일 전택노련 인천시지부 주최로 치러졌으며[169] 공성교통 앞에서 노제를 치른 뒤 유해는 마석 모란공원에 안장됐다.[170]

다음으로 8월 22일 김처칠이 한강에서 투신자살했다. 1990년 합동물산 노조위원장으로 선출된 김처칠은 그해 8월부터 시작된 합동물산의 지·도급제 철폐투쟁을 이끌고 있었다. 1991년 7월경에는 차고지가 없어 성산대교로, 다시 양화대교 다리 밑으로 옮겨 다니면서 각계와 언론기관에 업주의 부당함과 파업투쟁의 정당성을 알렸다. 그러던 중 조합원들이 생계투쟁을 나간 뒤 일부 간부들만 남은 상태에서 한강에 투신했고, 시신은 행주대교 근처에서 인양됐다.[171] 당시 보도에 따르면 합동물산은 이미 1990년 말 서울시의 택시회사 일제조사 결과 한국택시, 청원택시, 태원교통과 함께 지입차 85대가 적발돼 사업면허가 취소됐지만 개선이 되지 않았던 것으로 보인다.[172] 김처칠의 장례는 서울택시노동자장으로 치러졌으며 유해는 석광수와 마찬가지로 마석 모란공원에 안장됐다.

한편 버스업종은 공공적 성격이 강해 택시업종만큼 파업투쟁이 빈번하지는 않았지만, 1987년 8월 서울 시내버스 일부에서 시작된 파업이 전국으로 번져나갔다. 1988년에는 5월 삼양교통을 시작으로 해 6월에 대진, 아진, 범양, 신촌교통 등 시내버스 운전기사들의 투쟁이 번지면서 7월 6일에는 민주노조 건설을 위한 '서울운수노동자협의회'가 결성됐다.

버스노동자 부문 최초의 열사인 이문철이 소속된 의정부 대원여객은 6월 27일부터 연장근로수당 지급과 휴식시간에 실시하는 교양교육 폐지를 요구하며 농성에 들어갔다. 무리한 배차시간 때문에 운전기사들은 쉴 시간은 물론이고 식사시간마저 제대로 갖지 못한 데다 과속운행과 교통법규 위반이 불가피한 실정이었다. 그러나 회사는 9월 말 고정 승무하던 차량을 폐차하는 과정에서 헌 차를 배정하는 것으로 농성 참가자인 이문철에게 보복했다. 공정배차를 요구하고 노동위원회에 구제 신청을 했으나 회사는 불법 인사위원회를 열어 해고를 통보하는 것으로 답했다. 11월 1일 이문철은 동료 노동자들과 함께 삭발한 뒤 출근 약속 이행과 사장 면담을 요구했으나 회사 측은 무성의로 일관했다. 이에 격분한 이문철과 동료 이창국은 미리 준비해간 시너를 끼얹고 몸에 불을 붙였고, 이 중 이창국만 목숨을 구했다.[173]

사건 직후 '대원여객 이문철·이창국 동지 분신사건 대책위원회'(위원장 이창복)가 결성돼 "돈 몇 푼이 아니라 인간 대접을 받고 싶다"는 성명서를 냈으나 후속투쟁이 강하게 전개되지는 않았다.*

---

* 대책위에 참여한 단체로는 민통련, 경기북부민통련, 의정부노동상담소, 민주화실천가족운동협의회, 전국노동운동단체협의회, 박종만열사추모사업회(운수노조), 서울지역총학생회연합, 서울운수노동조합협의회, 여성노동자회, 산업재해노동자연맹, 민주화운동청년연합 등이 있다. (경기북부민주통일민중운동연합, 〈민주경기 호외[대원여객 운전기사 이문철·이창국 분신사건 관련]〉, 민주화운동기념사업회 오픈아카이브, 1988.11.02.)

이문철은 병상에서 "업주들이 기사들을 속여먹고 노예 취급을 한다. 돈 몇 푼이 문제가 아니라 인간 대접을 받고 싶다. 노동자를 하인이나 종 취급하는 사용자들의 정신상태를 뜯어고쳐야 한다. 주종관계가 반드시 고쳐져야 한다"는 유언을 남겼다.[174]

⑦ 광산노동자

전체 기간을 통틀어 광산노동자열사는 1988년 6월 29일 분신자살한 성완희가 유일하다. 또 강원지역에서 실존형 열사가 출현한 것도 이때가 유일하다. 이후 광산노동자 출신 열사가 출현하지 않은 것은 1989년 정부의 석탄합리화 정책에 따라 전체 탄광의 3분의 2가 폐광되기 시작했기 때문이다. 성완희의 장례는 전체 실존형 열사 중 유일하게 민주국민장으로 치러졌다.

태백의 광산지역에서는 1970년대 말부터 노동자들의 대규모 파업농성이 잇달아 일어났다. 1979년 함태광업소 사건, 1980년 사북 동원탄좌 사건, 1985년 3월 장성광업소 사건 등이 그것이다. 그리고 1987년 하반기에는 사북 동원탄좌, 태백 태영광업, 영원 함백광업 등 대부분의 사업장에서 파업이 발생해 철도와 국도를 점거하는 노동자대투쟁의 한 축을 담당했다.

광산노동자들의 강도 높은 투쟁은 비인간적인 노동환경에서 비롯됐다. 광산의 재해율은 제조업의 3배에 이르렀는데 1985년 한 해에만 205명이 사망했다. 불치병인 진폐증 환자도 1980년 2,441명에서 1984년 3,910명으로 계속 증가했다.[175] 아래는 광산노동자가 산재 때문에 자살한 경우의 일부이다.

1990년 8월 22일 강원도 정선군 중앙개발의 강사남이 소나무에 목을 매 자살했다. 그는 채탄작업 중 허리를 다쳤으나 사고 당시 목격한 사람이 없고 다친 후에도 계속 일을 했다는 이유로 산재처리가 3개월간 미뤄져 생활고로 고통을 받고 있었다.[176] 1990년 4월 4일에는 경북 점촌시 문경병원 진폐병동에서 2년 10개월간 요양치료를 받고 있던 이용호가 투신자살했다. 당시 문경병원에는 진폐환자가 200명이나 있었지만 담당의사는 단 2명뿐이었다.[177] 1992년 5월 15일에는 1972년 규폐 판정을 받고 장성규폐센터에서 20년 동안 요양치료를 받아오던 남일준이 자살했다. 그는 18세였던 1955년부터 17년 동안 지하 막장에서 일해왔지만, 죽음의 이유가 자살이라는 점 때문에 유족들은 산업재해 사망에 따른 유족보상, 진폐위로금, 장사비 등 평균임금의 2,200일분에 해당하는 보상금을 한 푼도 받지 못했다.[178] 산재치료 중 자살한 경우도 업무상 재해로 인정하는 판결은 1998년에 가서야 나왔다.[179] 성완희가 분신 직전 외친 "광산쟁이도 인간"이라는 말은 광산노동자들의 이렇듯 비참한 노동환경에서 나온 것이었다.

성완희는 3세와 5세 때 각각 모친과 부친이 사망하고 19세 때 서울 구로공단에서 봉제공장 노동자로 일하다 1986년 10월부터 강원탄광에서 일하기 시작했다. 그는 1987년 9월 파업 후 강원탄광 우정회를 조직했으나 근무 중 입은 부상을 치료하기 위해 결근을 했을 때 곧바로 해고되고 말았다. 복직투쟁에는 승리했지만 회사는 노동조합 활동을 막기 위해 그를 경비원으로 복직시켰다. 동료 이기만은 복직이 거부돼 단식농성에 돌입했고 이를 지원하는 과정에서 성완희가 구사대의 습격에 맞서 분신을 감행했다.[180] 그를 포함해 2명이 함께 분신했으나 다른 한 사람은 목숨을 건졌다.[181] 아래는 성완희가 사망하기 몇 주 전 《한겨레신문》에 기고한 내용의 일부로 죽음의 배경을 짐작하게 해준다.

이번 임금 인상분 14%가 농간 없이 완전 지급된다 해도 한국노총의 최저생계비에조차 미치지 못하는 실정임을 알고나 있는지. 또한 30~40도의 지열과 1년에 10명 중 1명이 죽거나 다치고 10년이면 모든 광부가 피해를 입는다는 엄청난 재해, 제조업의 3배, 사무직의 7배에 해당하는 중노동, 항상 뒤따르는 진·규폐의 공포, 이 모든 험한 작업조건에서 광산 근로자는 일하고 있다. …… 탄광업이 불황이라면 국고에서라도 지원해야 하지 않는가? 사양산업인 조선에도 몇 조억 원씩 지원하면서 수많은 노동자가 죽어가는 광산에 지원 못할 이유가 무엇인가?[182]

성완희의 장례는 민통련 의장 문익환이 장례위원장을 맡아 민주국민장으로 치러졌다. 이것은 성완희의 죽음이 노동계뿐 아니라 사회 전체에 그만큼 큰 파장을 미쳤다는 것을 말해준다. "광산쟁이도 인간"이라는 마지막 외침과 함께 광산노동자의 비참한 삶이 알려지면서 사회적으로 큰 관심이 일었다. 지역종교단체 중심으로 대책위원회가 구성돼[183] 진상조사에 착수한 뒤 전국노동운동단체협의회가 "노동부장관 퇴진" 성명을 내는 한편[184] 원주지역 대학생들이 연합시위[185]를 하는 등의 후속행위가 이어졌다. 장례식 때는 강원탄광 노동자와 대학생 등 1,300여 명이 전날부터 철야 시위를 했고[186] 7월 21일 장례식의 '노제'에는 2,500여 명이 참여했다.[187]

열사, 분노와 슬픔의 정치학

도시빈민

도시빈민열사에는 노점상과 철거민이 속한다. 전체 6명의 노점상열사 중 첫 번째인 이재식과 유일한 철거민열사인 이원기의 죽음이 이 시기에 발생했다. 이재식은 자신이 아니라 아내가 노점상이었지만 노점상 단속에 항의해 분신했기 때문에 노점상열사로 분류했다.

우선 노점상은 모든 토지가 사유지와 국공유지로 구획된 현대사회에서 존재 자체가 불법이다. 이 때문에 노점상에게 단속은 피해갈 수 없는 숙명이다. 노점상 단속은 국제 행사 때 더욱 강력해지는데 1983년 10월 IPU(국제의원연맹) 총회의 서울 개최를 앞두고 전에 없던 단속이 이뤄졌다. 그해는 ASTA(미주지역여행협회) 총회도 예정돼 있었는데 7월 12일부터 19일까지만 모두 2만 5,509건을 적발하고 1,238평에 대해 도로점용료를 부과하는 한편 246건을 고발했다.[188] 이에 노점상들의 항의가 빗발쳤고 8월 15일에는 여성 노점상이 자살하는 사건도 발생했다. 단속반에 떠밀리던 중 머리를 다쳐 정신병동에 입원했는데 심한 히스테리 증세를 보이다 침대난간에 목을 매 숨진 것이다.[189] 조문 온 200여 명의 노점상들은 종로구청과 서울시 당국에 노점상에 대한 근본적인 대책 수립을 요구했고 1,500여 명이 시청 앞에서 항의농성을 벌였다. 노점상 역사상 최초의 집단 저항이었다.[190]

1986년에는 아시안게임을 앞두고 정부가 노점상 근절 대책을 발표하면서 여기에 맞서기 위해 노점상 조직의 시초라 할 수 있는 도시노점상복지협의회가 결성됐다. 이 가운데 노점상 3명의 자살 기도가 그해 세상에 알려졌다. 4월 성남 모란시장의 폐쇄반대투쟁이 벌어지면서 한 노점상이 자살을 기도했으며 서울운동장의 노점상 오정례가 단속으로 인한 생활고를 견디지 못해 육교에서 투신자살을 했다.[191] 이어서 7월 30일에는 종로1가 제일은행 신축공사장 앞에서 노점상을 하던 신영균(29세)이 자살했고,[192] 12월 16일에는 수원에서 노점상을 하던 김유태(27세)가 분신자살을 기도했으나 목숨을 구했다.[193]

1988년 서울올림픽을 앞두고 정부는 다시 손수레 보관소 폐쇄 등 노점상 단속 계획을 발표했으나 강한 저항에 부딪히면서 계획을 보류했다. 이때부터 노점상 문제가 여론화되면서 노점상이 하나의 집단으로 사회에 알려지기 시작했다. 도시노점상복지협의회는 도시노점상협의회를 거쳐 1988년 10월 전국노점상연합회의 결성으로 이어졌다.[194]

전국노점상연합회의 규모가 커지자 정부는 1989년 6월 각 일간지를 통해 '법질서 확립'을 공표하며 전국에 걸쳐 대대적인 노점 단속을 실시하겠다고 발표했다. 이에 7월 3일 700여 명의 노점상들이 서울 중구청 앞 도로를 점거한 채 연좌농성을 벌였고 곧이어 4일에는 1,500여 명이 명동성당 농성에 들어갔다.[195] 그리고 2차 농성이 7월 20일부터 8월 26일까지 35일간 계속되면서 노점상들의 생존권 문제가 사회적으로 여론화됐다. 농성이 한창이던 8월 5일 강원도 홍천의 노점상 김기윤(80세)이 자살했다. 그러나 사건의 비화를 우려한 강원도 당국이 자살 이유를 노점상 단속이 아니라 '신병 비관'으로 발표하는 등 사건의 의미를 축소한 까닭에 후속투쟁으로 이어지지는 않았다. 10월 23일에는 전국노점상연합회 부석부회장 노수희가 구속됐는데 7월 20일 중부경찰서장을 명예훼손으로 서울지검에 고소한 데 따른 보복 차원이었다.[196]

첫 번째로, 노점상열사 이재식이 1989년 10월 16일 경남 거제군 신연읍사무소 앞에서 분신자살했다. 이재식을 비롯해 전체 노점상열사 6명 중 4명이 분신했고 모두 단속기관인 관공서 앞에서 분신했다. 노점상에 대한 구체적인 탄압이 지방자치단체를 통해 이뤄지기 때문이다. 노점상의 생존권은 정권 변화보다는 가로미화 같은 지방자치단체의 도시환경 정책에 크게 좌우된다.

소작농의 장남으로 태어난 이재식은 초등학교 졸업 후 머슴살이, 생선장수, 이발사, 우체국 집배원 생활을 했다. 1985년 거제도로 옮겨와 대우의 하청 회사인 성흥사에 취업해 '노동조합추진위원회'의 부위원장을 역임했다. 그사이 회사는 폐업을 했는데 밀린 임금과 퇴직금은 한 푼도 받지 못했지만 공장을 지켜야 한다고 출근을 계속하던 중 발목이 부러져 1년간 휠체어와 목발 신세를 져야 했다. 1987년 9월에는 다시는 노조활동을 안 하겠다는 각서를 쓰고 한국의장에 취직했다가 1988년 5월 한겨레신문이 창간하자 공장 생활을 정리하고 한겨레신문 거제지부 총무로 근무했다.

이재식의 급여만으로는 생활이 어려웠기 때문에 그의 아내는 노점상을 했다. 그러던 중 1989년 10월 13일과 14일 사이 대대적인 단속이 벌어져 단속반원이 핫도그 반죽을 길바닥에 내동댕이치고 손수레 등 물품을 압수해갔다. 이재식은 아내와 함께 신연읍사무소에 가서 "대체 법이란 무엇이냐, 물같이 바람같이 흘러가는 것이 아니냐. 이렇게 할 수 있는 거냐"라고 따져 물었다. 그러나 "마음대로 하라"는 답변만 돌아왔고 이재식은 사이다병에 담아간 휘발유를 몸에 끼얹고 불을 붙였다. 분신 직전 공무원에게 전한 쪽지에는 다음의 내용이 적혀 있었다.[197]

> 노태우 정권에 이 몸 불살라 경고한다. 법질서 확립과 거리질서 확립이라는 구실로 아주 빈약하나마 생계수단인 거리 노점상과 생활의 터전을 짓밟았으며, 관권을 빙자한 철거반원들의 폭력에 수많은 부상과 처절함이 안방 브라운관에 비쳐지고, 심지어 목숨까지 버리고 간 생명이 있었다. 나 또한 오늘 강제철거를 당하고 참을 수 없는 분노로 이 몸 불사른다. "法" 법이란 물처럼 가는 것이다. 이 형태가 법이다. 나의 동지들이여! 이 순간을 생각하라!!

사건 이후 거제에 공장이 있는 삼성중공업 노조는 〈우리 가만히 보고만 있을 것인가?〉라는 제목의 성명을 내고 19일 신현읍사무소 앞에서 집회를 가졌다.[198] 또 부산노점상연합과 부산민족민주운동연합이 공동으로 대책위를 구성하고 《부산 손수레》 호외를 발행해 분신 소식을 알렸다.

이재식은 분식 57일 만인 12월 11일 운명했다. 마침 그가 숨진 날에는 전국노점상연합회, 서울시철거민협의회(이하 서철협), 일용건설노동조합추진위원회가 모여 전국빈민연합(이하 전빈련)이 출범했다.[199] 장례는 12월 17일 전국빈민연합 공동의장 양연수를 장례위원장으로 해 전국빈민장으로 치러졌다. 부산에서 영결식을 갖고 서울 동대문로터리 전국빈민연합 사무실 앞에서 노제를 치른 뒤, 시신은 성남 모란공원에 안장됐다. 다음해인 1990년 3월 21일에는 동료 노점상 30여 명이 참석한 가운데 묘비 제막식을 가졌다.[200]

다음으로 철거민은 노점상과 함께 도시빈민운동을 이끌어온 또 하나의 축이지만 여러 면에서 상반된다. 노점상 행위는 본질상 개별적이고 노점상에 대한 지배폭력 역시 지극히 개별적으로 행사된다. 그렇기 때문에 노점상의 죽음도 매우 고립적으로 일어날 수밖에 없다. 반면 철거민은 지배폭력도 집단적이고 이에 맞서는 저항도 집단적으로 일어난다. 따라서 죽음도 대부분 집단적인 투쟁 중에 발생한다. 또 열사의 성격도 다르다. 노점상열사는 모두 7명으로 이 중 타살당한 이덕인을 제외하고는 모두 자살한 경우다. 그러나 철거민은 모두 11명의 열사 중 자살한 사람은 1명이고 나머지는 모두 공권력에 의한 타살이다. 물론 노점상의 경우와 마찬가지로 열사 호명에서 배제된 죽음이 더 많다.

철거민운동이 시작된 이후 자살이나 타살로 사망한 경우는 50명이 넘는 것으로 알려졌다.[201] 노점상과 달리 타살이 많은 것은 철거민이 집단으로만 대표될 수 있는 존재이기 때문이다. 공권력에 의한 모든 철거와 재개발, 그리고 그 과정에서 일어나는 철거민투쟁은 본질적으로 집단적이다. 집단적인 투쟁 과정에서 공권력의 물리력이 극단적으로 발휘될 때 나타나는 것이 바로 타살이다. 2009년 용산 남일당 사건(용산참사)에서 경찰이 재개발에 반대해 농성하는 철거민들을 강제진압하던 중 농성자 5명이 사망한 일이 대표적이다. 이때 무리한 진압 과정 속에서 경찰 1명도 사망했다.

철거민열사로는 유일한 자살자인 이원기는 성남시 은행동의 철거민으로 "당국의 무책임한 철거를 막아달라"는 유서를 남기고 1990년 5월 17일 목을 맸다. 1990년 5월은 아직 전국적인 철거민 단체가 결성되지는 않았지만 주거생존권투쟁이 본격적인 조직화에 들어간 시점이었다. 이미 1986년에 서울시철거민협의회가 창립됐고 이원기가 거주했던 성남 은행동에도 1987년 성남은행동빈민협의회가 결성돼 성남시 곳곳에서 일어나는 철거반대투쟁을 공조하고 있었다. 가족이 많다는 이유로 사글셋방에서 쫓겨나 1987년부터 시유지에 군용 텐트를 치고 거주했던 이원기 역시 빈민협의회 회원으로 활동하며 인근 하대원동 철거반대투쟁에 함께했다.[202]

열사로 불리지는 않지만 이원기 외에도 1989년 6월 24일 박용술(남, 당시 54세)이 신도시개발을 비관해 목을 매 자살했고, 9월 5일 '일산송파신도시개발반대투쟁위원회' 회원 한지영도 "내가 죽어 신도시가 백지화된다면"이라는 말을 남기고 자살했다. 1990년 12월 9일에는 노량진2동에서 세입자 김효순이 강제철거를 비관해 목을 매달아 자살했고, 1990년 12월 27일에는 노량진 재개발지구의 새마을 취로사업 반장인 송봉용이 빨리 집을 비우라는 집주인의 독촉에 고민하다 쓰러져 끝내 사망했다. 그리고 1991년 5월 11일에는 월계동 택지개발지구에서 생활보호대상자로 살아오던 이시현이 목을 매 자살했다.

2) 제도·이데올로기적 노동 통제와 대기업노조 탄압: 1993~1997년

김영삼 정권에 해당하는 이 시기에는 모두 10명의 실존형 열사가 출현했다. 구체적으로는 고정자, 김성윤, 최성묵, 최정환, 양봉수, 박삼훈, 서전근, 조수원, 김시자, 홍장길이 해당한다. 이 중 최정환은 노점상이고 김성윤, 최성묵, 홍장길은 운수노동자이다. 또 고정자는 산재노동자이며 서전근은 철도노동자, 김시자는 전력노조 소속 간호노동자이고 나머지 양봉수, 박삼훈, 조수원은 대공장 노동자이다.

이 시기에는 노동자열사의 출현 범위가 기존의 제조업과 운수업을 넘어 철도청과 전력노조 등으로 확대돼 제조업 외 다른 산업에서도 노동운동이 강화되었다는 것을 알 수 있다. 또 제조업은 중소공장이 아닌 대공장에서 열사가 출현했는데 이는 노동운동의 주력과 그에 따른 당국의 탄압이 대공장으로 이동했다는 것을 의미한다. 또 1995년 5월에서 다음해 1월 초까지 불과 10개월 동안 양봉수부터 김시자까지 5명의 열사가 출현했는데 이때는 1995년 11월 전국민주노조총연맹(이하 민주노총)의 출범을 전후해 노동운동에 대한 정권의 탄압이 강화된 때였다.

이 시기에는 대공장 노조 출신이 많고 민주노총 출범 등 노동자 조직화가 최고조에 달했던 만큼 장례투쟁의 규모도 상당했다. 현대자동차 양봉수의 분신 뒤에는 울산 공장 전체가 파업에 들어갔으며 대우정밀 조수원의 장례투쟁은 약 20일간 서울과 부산에서 조직적으로 전개됐다. 앞 시기까지의 후속투쟁이 자연발생적인 성격이 강했다면 이 시기에는 치밀한 기획 속에 조직적으로 장례투쟁이 전개됐다. 특히 죽음의 여파가 크거나 대공장 노조인 경우 죽음 직후 곧바로 장례투쟁을 기획하는 것은 물론 투쟁 성과를 평가해 자료집을 발간하기도 했다.

장례 명칭은 대공장 노동자의 경우 대부분 전국노동자장으로 치러졌으며 그 밖에는 이전과 같이 원진직업병피해노동자장(고정자), 전국빈민장(최정환), 전력노조장(김시자) 등으로 업종이나 부문 단체 이름으로 치러졌다. 그리고 노태우 정권 시기에 여러 사회단체 대표와 명망가들이 참여해 장례위원회를 구성했던 것과 달리 조수원을 제외하고는 노조 대표들로 장례위원회가 구성됐다. 앞 시기가 열사의례가 정착되면서 형식적 측면에 많은 노력을 기울였던 때라면, 이 시기 열사 장례는 당면 목표를 달성하기 위한 투쟁의 방편으로서 실질적인 측면이 강조됐다고 할 수 있다.

노동자

김영삼 정권은 출범 초기 금융실명제, 재벌개혁을 내세우며 개혁성을 강조했으나 1993년 현대정공의 파업과 7월의 현대그룹노동조합총연합(이하 현총련)의 연대파업 이후 노동자의 파업투쟁에 강경대응을 천명하고 노동법 개선 방침 철회를 발표했다. 이후 1994년에는 전국지하철노조협의회(전지협)에 대한 공권력 투입이 있었고, 1995년에는 임금가이드라인을 통한 임금억제 정책으로 민주노총과 공공 부문 노조를 약화시키고자 했다. 한국통신 노조의 파업투쟁 때는 명동성당과 조계사에 공권력을 투입해 농성 중인 노동자를 연행하기도 했다. 또 1996년에는 민주노조운동에 대한

열사, 분노와 슬픔의 정치학

물리적 탄압과 이데올로기적 공세를 강화하는 가운데 연말에 노동쟁의에 제3자 개입 금지, 노조의 정치활동 금지, 근로자파견제도, 변형근로제 등을 담은 노동법 개정을 통과시켰다.

노동계에서는 1994년 김영삼 정권의 노동운동 탄압이 가시화된 다음해인 1995년에 민주노총이 발족하면서 한국노동조합운동이 50년 동안 유지된 대한노총, 한국노총 단일체계에서 비로소 벗어나게 됐다. 그리고 1995년 말에는 갓 태동한 민주노총을 중심으로 노동법 개악 저지를 위한 총파업투쟁이 벌어졌다. 노동자 자살이 집중적으로 일어난 기간은 정권의 노조 탄압이 가시화된 뒤부터 민주노총이 발족하는 시기 사이에 위치해 있다. 김영삼 정권은 집권 초기에 비해 노동운동에 대한 물리적 탄압의 수위를 갈수록 높여갔지만, 실제로 노동열사의 출현은 물리적 탄압보다는 제도·이데올로기적 통제 속에서 주로 나타났다.

먼저 1993년 5월 23일 원진레이온 노동자 고정자가 목을 매 자살했다. 고정자는 1991년 8월 노사합의로 실시한 역학조사 결과 직업병인 이황화탄소 중독증세를 판명받고 집에서 요양·치료 중이었다.[203] 경기도 남양주 도농동에 위치한 원진레이온은 1964년 화신그룹 총수 박흥식이 일본 동양레이온에서 중고 기계를 들여와 설립한 회사로 한국 유일의 비스코스인견사 생산공장이었다. 원진레이온 노동자들은 노후한 기계에서 방출되는 이황화탄소와 황화수소 가스에 무방비로 노출되면서 신체마비와 언어장애, 정신이상증세 등을 앓았으나 병이 나면 26주 병가를 갖고 그래도 낫지 않으면 퇴사한다는 취업규칙 25조에 따라 병을 앓다 자진퇴사해야 했다. 원진레이온의 산재가 사회문제로 부상하면서 취업규

칙 25조와 공장 전체가 유해 작업장이므로 유해·비유해 부서 분류를 없애겠다는 내용이 일괄 타결됐지만 이를 백지화하는 사건 또한 발생했다.[204]

원진레이온 노동자의 본격적인 산재 진상조사는 1988년 7월 '문송면 수은중독 사망 사건'의 영향으로 시작됐다. 문송면은 야간학교에서 공부하면서 영등포의 온도계 제조회사 협성계공을 다니던 15세 노동자로 취업 두 달이 못 돼서 수은과 시너에 중독돼 7월 2일 숨졌다. 노동부는 산재 신청 70여 일 만인 6월 20일에야 산재요양승인서를 발급했으나 때는 이미 늦었다. 수은중독이라는 진단을 받은 것은 그보다 훨씬 전인 3월 14일이었고 산재 신청이 받아들여지지 않는 동안 가족들은 빚을 내고 소를 팔아야 했다. "살고 싶어, 병 다 나으면 무서운 서울을 떠나 농사지으며 엄마랑 함께 살자"는 마지막 말을 남긴 문송면의 죽음은 사회적으로 크게 문제가 되면서 '원진레이온 직업병 피해자 가족협의회'(이하 원가협)의 결성에 영향을 미쳤다.

산재피해 진상조사 결과 1989년 8월에 1차로 29명, 1993년 8월에는 257명이 직업병 판정을 받았다. 그 전까지 원진레이온 노동자들은 산재 인정을 제대로 받지 못했는데 1986년에는 노동부가 원진레이온에 250만 시간 무재해기록증을 발급해준 일도 있었다.[205] 고정자의 죽음을 포함해 원진레이온에서 이황화탄소 중독으로 숨진 노동자는 모두 15명이다.[206] 이 중에는 정신분열 증세가 수반돼 1991년 4월 자살한 권경룡도 있다. 그는 1978년부터 원진레이온 방사과에서 근무하다 1985년 전신마비 증세와 우울증으로 자진퇴사했다. 권경룡은 "내가 죽더라도 회사와 노동부를

상대로 끝까지 싸워달라"는 유서를 남긴 채 연탄불을 피워놓고 자살했다.[207]

고정자 외에 원진레이온 산재 환자 중 열사로 호명된 경우는 김봉환과 강희수가 있다. 김봉환은 1991년 1월 5일 검사를 기다리던 중 사망했다. 해고노동자 김명수와 아내 방희녀가 단식을 하는 등 회사 정문 앞에서 직업병 인정을 요구하며 137일간 농성을 전개한 끝에 5월 21일 마침내 노동부로부터 산재 인정을 받았다.[208] 또 1992년 2월 15일에는 1973년부터 1987년까지 약 13년을 원진레이온에서 근무하다 퇴사한 강희수가 사망했다. 그는 퇴사 직후 정근복, 서용선 등과 함께 청와대와 노동부에 진정하면서 직업병 인정을 요구해 1987년 6월 22일 원진레이온 최초로 집단적으로 산재처리를 받았다. 강희수는 다시 1년여를 투쟁한 끝에 1988년 9월 회사로부터 민사 보상을 받아냈다.[209]

고정자의 자살 일주일 전인 1993년 5월 16일 원진레이온은 일방적인 휴업 발표를 했다. 7월에는 정부 차원에서 원진레이온의 폐업을 결정했고, 1994년에는 원진직업병피해자협회가 결성돼 이후 투쟁을 이끌었다. 고정자의 장례는 5월 27일 원진레이온노조 앞 광장에서 원진직업병피해노동자장으로 치러졌다.[210]

두 번째로, 1994년 1월 24일 서울 중랑구 상호운수의 김성윤이 가족과 노조위원장, 대통령 앞으로 3통의 유서를 남기고 목을 매 자살했다. 택시노동자들은 1989년 '완전월급제쟁취투쟁'을 벌였지만 별다른 성과를 내지 못했다. 그러다가 1991년 택시업계 최초로 6대 도시 공동파업투쟁이 전개됐고 그 힘을 바탕으로 1992년에 전국적인 제도개선투쟁이 전개됐다. 그러나 1989년 '완전

월급제쟁취투쟁' 때처럼 지도부의 어용화로 총파업은 무산됐다.
1993년에는 전택노련 지도부의 어용적 행각을 막는 가운데 '운송
수입금 전액관리제 입법화투쟁'이 전개됐다. 7월 30일 여의도대회
에는 전국에서 2만 명이 모여 정부의 입법을 요구했다.[211]

김성윤의 자살은 1993년 말 정기국회에서 '택시운송수입금
전액관리 법제화'가 보류되면서 일어났다. 김성윤은 1971년부터
23년간 택시기사로 일해왔으며 상호운수에서는 17년을 근무했다.
두 해 전까지는 회사 노조의 자문위원을 맡았으며 노조 선거에서
는 선거관리위원장을 맡기도 했다.[212] 아래는 그가 대통령 앞으로
남긴 탄원서의 일부다.

> 역대의 정권이 바뀔 때마다 택시기사들의 생계 보장을 약속해 복
> 지 증진을 도모하기 위해 완전월급제를 시행하겠다고 약속도 받
> 았습니다. 그러나 5, 6공을 통한 위정자들의 넉살 좋은 식언으로
> 끝났고, 우리 택시기사들의 오직 하나뿐인 희망을 송두리째 뽑아
> 갔습니다. …… 급료가 고작 396,150원이라면 주거비도 안 되는
> 돈입니다. 생활은 무엇으로 합니까? 자녀교육은 무엇으로 시키며
> 후생비는 무엇으로 충당합니까? …… 택시운전기사의 대명사처
> 럼 돼버린 승차거부, 합승행위, 이로 인해 얻어진 불명예. 국민학
> 교 학생들까지도 나쁘다고 인정하는 기사, 어린 친구들끼리도 아
> 버지가 택시기사라고 말 못하는 세상 …… 꼭 택시요금 현실화를
> 이룩해주십시오. 아무리 노력하고 노력했으나 초개인생으로 살던
> 택시기사의 마지막 호소와 절규입니다.
> -상호운수 주식회사 만14년 근속기사 김성윤 올림[213]

열사, 분노와 슬픔의 정치학

김성윤의 죽음 뒤 서울지역 택시기사 300여 명은 100여 대의 차량에 나눠 타고 완전월급제를 요구하며 중랑구 일원에서 차량시위를 벌였다.[214] 정부는 이 같은 요구를 수용해 같은 해 8월 '운송수입금 전액관리제'를 법률로 공포하면서 1997년 9월까지 유예하기로 확정했다.

세 번째로, 1994년 3월 11일 경기도 평택의 성호여객 버스기사 최성묵이 분신했다. 1969년 운수노동자로 첫발을 내디딘 최성묵은 1990년 성호여객에 입사해 노조 대의원과 노사위원, 상집위원 등으로 활동했다. 1993년에는 노조위원장 선거에 출마하기도 했는데 이후 회사는 선거대책본부에서 활동하던 11명을 면직하거나 사표를 강요했다. 최성묵은 회사 측의 이러한 부당해고와 근로조건에 항의하러 갔다가 회사 전무와 동반 분신해 결국 운명했다.[215] 이후 경찰은 조사 결과를 발표하면서 회사에 불만을 품은 노동자가 술에 취해 감정을 갖고 있던 간부를 상대로 계획한 방화 살인으로 몰아갔다. 이에 인근의 사회단체와 노동운동단체들은 '최성묵 열사 사인 진상규명 대책위원회'를 구성해 진상규명을 요구했다. 또 4월 15일에는 '평택·안성·아산지역 노동조합대표자 연대회의'가 결성돼 연대투쟁을 시작하면서 세 지역의 민주노조 연대체를 만드는 계기를 마련했다.[216]

네 번째로, 1995년 5월 12일 현대자동차의 양봉수가 분신자살했다. 양봉수는 1990년 현대자동차에 입사해 1992년 성과분배 투쟁으로 해고됐다가 1993년 복직했고 1994년 9월에는 8대 대의원에 당선됐다. 1995년에는 회사 쪽이 노조 대의원들과 상의 없이 작업 물량을 늘린 데 항의해 생산라인을 일시정지시킨 일로 해고당하고 3,100만 원의 손해배상을 청구당했다.[217] 분신 당일은 '해고 효력을 다투는 자의 회사 출입 보장'이라는 단체협약에 따라 공장 소위원회 출정식에 참가하던 중이었다. 사측이 제지하는 과정에서 동료 해고자가 경비원들과 몸싸움 끝에 병원에 실려 갔고 양봉수는 기름을 몸에 뿌리며 "내 몸에 손대지 말라"고 했으나 경비원들이 달라붙어 밖으로 끌어내려 하자 몸에 불을 붙였다.[218]

1994년 한 해 동안 현대자동차는 연간 생산대수를 30% 이상 증가시켰고 이에 비례해 산재도 크게 증가했다. 1994년 한 해 동안 전년에 비해 61%가 증가한 559건의 산재가 발생해 창사 이래 최대 산재 발생률을 기록했다. 양봉수는 이처럼 노동자들을 산재로 내모는 사측의 일방적인 노동 강도 강화에 항의했지만 사측은 양봉수를 비롯해 33명을 해고했고 끝내 그를 죽음으로까지 몰아갔다.

양봉수의 분신 다음날 이상범, 이헌구, 윤성근을 공동위원장으로 현총련 차원의 대책위가 꾸려져 산하 계열사 노조들이 공동 대응에 나섰다.[219] 대책위는 15일부터 23일까지 매일 《산 자여 따르라》라는 소식지를 발행해 상황을 공유하고 현대그룹 노동자들의 투쟁 참여를 호소했다. 13일부터 시작된 작업거부는 17일 울산 현대차 공장 전체로 번져 버스, 트럭을 제외한 승용차 전 차종과 승합차, 소형 트럭의 생산이 모두 중단됐다. 이 과정에서 사측은 전 노조위원장 이상범을 비롯해 대책위 관계자 12명을 업무방

- 1995년 5월 15일부터 18일까지 발행된 《산 자여 따르라》 1호~4호, 그리고 23일 발행된 마지막 호는 민주화운동기념사업회 오픈아카이브에 소장돼 있다.

열사, 분노와 슬픔의 정치학

해 혐의로 고소하고 17일부터 무기한 휴업으로 대응했다.[220] 같은 날 한국통신도 노조위원장을 파면하는 등 60여 명을 중징계하기로 밝혔다. 19일에는 정부가 공권력을 투입해 농성 노동자들을 대거 연행하면서 격렬한 거리시위가 전개됐다. 또 공권력 투입 시 연대파업하겠다고 밝혔던 현총련 산하 현대중공업과 현대정공 노조도 잔업거부에 들어갔다. 그러나 조업 중단 11일 만인 5월 23일 96%의 노동자들이 업무에 복귀함에 따라 현대자동차 노조는 정상조업에 들어갔다.[221]

양봉수는 분신 32일째 되던 6월 13일에 사망했다. 광범위한 투쟁에도 불구하고 장례는 유족과 합의하에 가족장으로 치러졌다.[222] 현총련은 사무실과 단위 사업장에 분향소를 설치했으며 추모리본 1만 개를 제작해 배포했다. 민주노총은 13일부터 19일까지 일주일을 추모 기간으로 선포하고 전국적으로 추모집회를 갖는 한편 단위 노조의 잔업거부를 독려했다. 아래는 양봉수가 병상에서 남긴 마지막 말이다.

나는 죽으려 하지 않았다. 나는 지금도 살고 싶다. 현대자동차 동지들을 사랑한다. 노동조합을 사랑한다. 엄마가 보고 싶다.[223]

다섯 번째로, 한 달여 뒤인 6월 21일 대우조선 노동자 박삼훈이 노동자 상호 감시와 집회 참가 금지에 항의하며 분신했다. 그는 한 장짜리 유서에 "우리 근로자는 적은 월급으로 치솟는 물가를 따라가지도 못하고, 노동자여 왜 이렇게 살아야 합니까. 임금 100% 쟁취하기 바랍니다. 앞서간 노동열사 뒤를 따라갑니다"라고 적었다.[224] 그의 분신 뒤 대우조선 노조는 잔업거부 및 노동탄압규탄집회를 가졌으나 사측과 더 이상의 분쟁은 일어나지 않았다.[225] 박삼훈의 장례는 6월 29일 전국노동자장으로 치러졌다.[226]

여섯 번째로, 9월 4일 대전지방철도청의 서전근이 노조활동에 대한 보복성 전근에 항의해 분신했다. 차량정비창의 선로용품 검수원으로 일했던 그는 분신 4일 전 충북 제천으로 전보 발령을 받은 뒤 철도청 측의 인사조치에 반발해왔던 것으로 알려졌다.[227]

일곱 번째로, 12월 15일 대우정밀 노동자 조수원이 민주당 서울시당사에서 목을 맸다. 병역특례기간 6개월이 채 남지 않은 상황에서 해고된 뒤 입영 통고를 받고 1년여 수배생활을 하던 중이었다. 대우정밀은 방위산업체였기 때문에 병역특례 의무복무 기간인 3년(1993년 전까지는 5년)을 근무하면 군 입대를 면제해주는데 이를 다 채우지 못한 상태에서 해고됐기 때문이었다. 조수원처럼 방위산업체에서 근무하다 노조활동 등을 이유로 해고된 병역특례 해고자의 군 문제를 해결하기 위해 국회 국방위원회에 '병역특례 해고노동자의 제2 국민역 편입에 관한 청원'의 안건이 상정됐으나 계속 연기되던 중이었다.[228] 조수원은 1992년 10월부터 자살할 때까지 민주당사와 민주당 서울시지부 사무실에서 장기 농성을 벌였다. 그는 해고 직후 병무청에 입영 연기를 신청했으나 거부당했으며, 1994년에는 대우정밀에서 복직 허가를 받았으나 군 문제가 해결되지 않아 복직하지 못했다.[229]

15일 오전 8시 20분 조수원의 시신이 발견돼 서울대병원 영안실에 안치된 뒤 10시간이 채 못 돼 민주노총, 금속연맹추진위원회, '민주노총 해고자복직투쟁특별위원회'(전해투)가 공동으로 장례

열사, 분노와 슬픔의 정치학

대책위를 꾸리고 '11명 병역특례 해고노동자의 군 문제 완전 해결, 대우그룹의 노동 탄압 재발 방지, 전체 해고노동자 문제 해결' 등 세 가지를 목표로 장례투쟁에 돌입했다. 장례투쟁은 서울지역, 부산·양산지역, 대우정밀노조 세 곳을 중심으로 전개됐으며 중앙 병무청 항의방문투쟁, 대시민 선전전, 신한국당 앞 쇠사슬 항의투쟁, 서울역 추모대회, 성탄절 명동성당 쇠사슬 단식투쟁, 부평 대우자동차 출근투쟁, 대우그룹 김우중 집 항의방문투쟁, 힐튼호텔 항의방문투쟁, 김우중 구속투쟁, 부산역광장 천막농성 등이 이어졌다.

1월 3일에는 대우정밀 병역특례 해고자 복직 합의가 이뤄져 5일 서울과 부산에서 추모행사와 장례식을 치르기로 되어 있었다. 그러나 경찰의 원천봉쇄로 서울의 추모행사는 해가 진 뒤 한밤중이 돼서야 열릴 수 있었다. 다음날 운구차량이 부산 대우정밀 앞에 도착해 정문을 돌파한 뒤 약 1,000여 명이 참가한 가운데 전국노동자장으로 장례를 치렀고 유해는 양산 솥발산 묘역에 안치됐다. 다음달 조수원추모사업회 준비위원회가 발족됐고 조수원의 죽음부터 장례투쟁까지를 총 310쪽의 자료집으로 묶어 발간했다.[230]

여덟 번째로, 1996년 1월 13일 전력노조 한일병원 지부위원장 김시자가 여성노동자로서는 1991년 이진희에 이어 두 번째로 분신자살했다. 김시자는 1984년 3월 간호사로 한일병원에 입사해 1989년부터 노조 지부위원장을 맡아왔다. 하지만 어용노조 집행부는 규약 위반을 근거로 김시자를 징계하려 했으며 이에 김시자는 전력노조 중앙위원회 도중 자신에 대한 징계 방침에 항의해 분신했다. 김시자는 "노조 규약을 어긴 것은 자신이 아니라 본조"이고 자신이 징계된다 해도 "조직 갈등의 불을 끄는 것이 아니라 기름을 붓는 격이 될 것"이라며 지부장들의 징계투표를 만류했다. 그러나 투표는 예정대로 진행됐고 김시자는 밖에 나가 몸에 휘발유를 뒤집어쓰고 불을 붙인 채 회의실 안으로 돌진했다. 그는 병원으로 옮겨진 뒤 "전력노조가 변해야만 한전과 한일병원이 변한다는 생각에서 분신을 결심했다. 양심대로 생활하는 조합원은 행동을 보여주기 바란다. 노조는 아무리 법적이고 상식적인 이야기를 해도 통하지 않았다"는 내용의 유언을 남겼다.[231]

전력노조는 조합원, 분회대의원, 지부대의원이 차례로 노조위원장을 선출하는 삼중간선제를 채택하고 있었는데, 이를 통해 사측이 집행부를 계속 장악해왔다. 언론은 김시자의 죽음을 '노노 갈등'으로 몰아가며 김시자를 "자신의 징계 처리에 격분해 분신자살"한 사람으로 보도했다. 한전노조 65개 지부 중 6개 지부 위원장을 중심으로 대책위가 꾸려졌으나 결속력이 낮고 실무 경험이 없어 한일병원 조합원을 제외하고는 조직적으로 결합하지 못했다. 민주노총도 산하 노조에 조문과 홍보전을 독려했지만 큰 성과를 거두지 못했다. 결국 분신 초기 대책위에 장례를 위임한 유족들이 사측의 회유에 넘어갔고 1월 19일에는 노조원들이 농성하고 있던 한일병원에 공권력이 투입돼 5명이 구속되고 79명이 강제연행됐다.[232] 김시자의 시신은 용역 인부들에 의해 야음을 틈타 옮겨진 뒤 화장돼 용미리 유택동산 제단 뒤의 숲속에 뿌려졌다.[233] 그곳은 무연고자들을 화장해 주로 뿌리는 곳이었다. 조합원과 대학생 800여 명이 28일에 서울 종묘공원에서 노조위원장

직선제 실시를 요구하는 집회[234]를 가졌으나 투쟁은 오래가지 않았다.

마지막으로, 1997년 5월 31일 부산의 택시회사 국민캡택시의 휴게실에서 노조 고문으로 활동하던 홍장길이 음독자살했다. 홍장길은 월남에 파병됐다 돌아온 뒤 1973년에 국민캡에 입사해 25년째 근무하던 중이었다.

국민캡택시는 1972년 허갑도가 설립한 연희택시를 1994년 동생 허준도가 이어받은 회사였다. 163대의 택시를 소유하고 부산지역에서는 처음으로 운전사들의 월급제를 시행하는 등 중견 택시업체로 자리매김하고 있었다. 그러나 사주가 5공화국과 밀접한 관계를 맺고 있던 이유로 5공화국이 몰락하고 사주 가족 간에 지분 경쟁이 일자 쇠퇴의 길을 걷게 됐다.

홍장길이 자살한 무렵은 회사가 경영 악화를 이유로 부산지역 4개 택시회사에 분할매각하기로 하고 5월 1일 자로 부산시로부터 승인을 받은 상태였다.[235] 회사는 매각 시 60일 전에 노조원들에게 알려야 한다는 조약을 어기고 거액의 프리미엄이 붙은 택시면허권과 함께 법인택시를 분할매각한 사실을 5일 전에서야 일방적으로 통보했다.[236] 분할매각에 반대하는 노조원들은 부산시의 승인 취소를 요구하며 파업농성을 전개했으나, 5월 9일 160여 명의 경찰이 투입돼 조합원들을 연행하고 택시 163대를 4개의 택시회사로 옮겼다.[237]

홍장길은 "문정수 부산시장과 허종도 국민캡 사장 등이 나를 죽였다. 민노총 그리고 국민캡 조합원 여러분 복수해주기 바란다"는 유서를 남겼다.[238]

국민캡 노조원들과 민주노총 부산·양산지역본부는 6월 2일
과 4일, 7일에 추모대회를 가졌으며 문정수 부산시장의 퇴진을 요
구하는 서명운동에 들어갔다.[239] 그 결과 6월 11일 국민캡택시 대
표 허준도가 부당노동행위로 입건됐으며[240] 13일에는 노조원 30
여 명도 집시법 위반으로 연행됐다.[241] 6월 30일에는 국민캡 조합
원 50여 명이 문정수 부산시장의 한보 재판 출석에 맞춰 '택시 분
할매각 즉각 철회'를 주장하며 시위를 벌였다.[242] 그러나 8월 26일
유가족들이 회사 관계자와 만나 퇴직금과 위로금, 장례비 등의 지
급에 합의하고 가족장으로 장례를 치르면서 일단락됐다.[243]

도시빈민

1993년 김영삼 정권이 출범한 뒤 5년 동안 3만 5,039개의 노점상
이 강제철거됐고 5,662개의 손수레가 파괴됐다. 1995년 들어서
는 2월 15일 내무부가 시가지 도로 및 인도의 불법노점상과 노상
적치행위에 대한 단속을 강화해 한두 차례 계도를 받고도 철거
에 불응하는 상습 위반자는 관련 법규에 따라 엄중 처벌할 것을
시·도에 지시했다.[244]

내무부 지시가 있고 20여 일 뒤인 3월 8일, 서초구청의 노점
단속에 항의해 장애인 노점상 최정환이 서초구청 앞에서 분신을
했다. 두 번째의 노점상열사였다. 최정환은 단속반원들에게 빼앗
긴 행상용 스피커 배터리를 돌려달라고 항의하다 거부당하자 준
비해간 시너를 끼얹고 불을 붙였다. 그가 마지막으로 남긴 말은
"4백만 장애인을 위해서라면 내 한 목숨 죽어도 좋다. 복수해달

열사, 분노와 슬픔의 정치학

라"[245]였다.

보육원에서 어린 시절을 보낸 최정환은 척수장애를 지닌 중증장애인이었다. 그는 사망하기 10년 전 신문 광고를 통해 아버지를 찾았으나 친자 인정을 받지 못했다. 하지만 기록상으로는 여전히 아버지가 존재했기에 생활보호대상자가 될 수 없었다. 결국 그가 선택할 수 있는 길은 노점상뿐이었다. 그는 삼륜 오토바이에 카세트테이프를 싣고 노점상을 하며 생계를 유지했다. 그러다 1994년 6월 서초구청의 단속 과정에서 다리가 골절되는 전치 8주의 부상을 입기도 했다.[246]

최정환의 분신 다음날인 3월 9일 대한성인장애인복지협의회, 전국노점상연합회, 전국장애인한가족협회가 모여 대책위를 구성했고 곧이어 규탄집회와 시위가 이어졌다. 3월 11일에는 서초구청 앞에서 노점상과 대학생 300여 명이 밧줄로 서로의 목을 감고 '폭력단속반 해체'와 '관련자 처벌'을 요구했다.[247] 15일에는 종묘에서 1,500여 명의 철거민이 참여해 '전국철거민대회'가 열렸으며, 16일에는 전국노점상연합회 소속 노점상 1,800여 명이 종묘공원에서 규탄대회를 갖고 거리로 진출하려다 경찰에 저지당했다.[248] 한편 이날 새벽에는 행당동 철거민 박균백이 분신했다가 목숨을 건지는 일이 발생했다.[249]

21일 최정환이 사망하고 24일에는 성균관대에서 '노점상 탄압 및 강제철거 규탄대회'가 열려 186명이 연행될 정도로 격렬한 시위가 벌어졌다. 같은 날 저녁에는 시신을 생선트럭으로 위장해 장례식장인 연세대로 옮기려 했지만 전경들에게 탈취당하고 말았다. 장례식이 예정된 25일에는 시내 곳곳에서 시위가 벌어졌다. 전국빈민장이 열린 연세대에는 2,000명이 모였고 경찰도 20개 중대 2,400명이 동원됐다. 이 일로 186명이 연행되고 고려대생 2명이 구속됐다.[250] 유족의 뜻에 따라 연세대 영결식과 시청 앞 노제 일정은 취소됐고 돌려받은 시신은 용인 천주교공원묘역에 안장됐다.

한편 최정환의 죽음으로 학생들까지 가세해 대규모의 후속 투쟁이 전개됐지만 김영삼 정권의 노점상 탄압은 중단되지 않았다. 얼마 뒤 장애인 노점상들이 청계천8가와 인천의 아암도를 중심으로 '장애인자립추진위원회'(장자추)를 결성하는 과정에서는 13명의 노점상과 장애인이 구속됐다. 그리고 그해 11월 28일 장애인노점상 이덕인이 인천 아암도 앞바다에서 두 손이 밧줄에 묶인 채 떠오르는 일이 발생했다. 아암도 해변에서 장사하던 30여 명의 장애인을 포함한 노점상들이 구청의 노점 철거 집행에 항거하며 망루를 설치하고 올라가 고공농성을 전개하고 있을 때였다. 2002년 의문사진상규명위원회는 이덕인이 위법한 공권력에 대해 항거하는 과정에서 사망에 이르렀다고 결정지었지만 이 사건의 실체는 여전히 밝혀지지 않은 상태다.[251]

그 밖에도 1989년 이재식과 1995년 최정환의 분신 사이에는 열사로 호명되지 못한 더 많은 자살이 있었다. 1990년 5월 29일 전국노점상연합회가 '노점상 자립법' 제정을 요구하며 공청회를 개최했을 때 주최 측에서 밝힌 자살자만 해도 1989년 7월 이후부터 당시까지 총 5명이다.[252] 1995년에는 청계천의 장애인 노점상 이홍복이 불에 탄 박스 안에서 발견되는 일도 있었다. 이 일은 세상에 전혀 알려지지 않았다가 2012년 남평화시장 상인회를 통해 확인됐다.[253] 그 뒤로는 1996년 부산의 장애인 노점상 이동재가 분신을 기도했으나 목숨을 건졌고,[254] 1997년에는 노점상 2명이 타살로 숨졌다. 2월 초에는 용인의 노점상 민병일이 신갈파출소에서 뇌사로 숨졌다. 경찰 측에서는 그가 만취해 파출소로 찾아왔고 그런 그를 밖으로 밀치는 가운데 뒤로 넘어졌다고 설명했다. 그러나 이마가 함몰된 상태였으며 구타당한 흔적이 있었다.[255]

烈士

5부에서는 김대중에서 노무현과 이명박 정권에 이르는 1998~2012년을 다룬다. 정치적으로는 헌정사상 최초로 민주적 정권 교체를 이룬 시기이지만, 이명박 정권에 가서 권위주의적 통치가 다시 강화되고 경제적으로는 신자유주의 경제 정책의 도입으로 고용이 불안정해지고 비정규직이 양산되는 시기이기도 하다. 이러한 상황은 열사 수에도 그대로 반영되어 있다. 당위형은 김대중 정권에서 거의 사라졌다가 이명박 정권에 가서 다시 높은 비율을 보였으며 실존형은 세 정권 모두 높은 비율로 나타났다. 전체적으로는 '열사의 기원' 시기에 해당하는 전두환 정권과 상반된 모습을 보였다. '열사의 기원' 시기에 전체 26명 중 각각 73.1%(19명)와 26.9%(7명)를 차지했던 당위형과 실존형의 비율은 이 시기에 완전히 역전됐다. 김대중 정권에서는 11.1%(1명)와 88.9%(8명), 노무현 정권에서는 14.3%(3명)과 85.7%(18명), 이명박 정권에서는 33.3%(3명)와 66.7%(6명)이었다.

열사의 직업과 나이에도 변화가 생겼다. 당위형 열사의 다수를 차지했던 대학생의 죽음이 완전히 사라지고 노동자나 다른 직업군에서 그 자리를 대신했다. 실존형에서는 농민열사의 수가 증가하고 특수고용직인 화물운송노동열사가 새롭게 등장했다. 〈표 14〉에서 확인한 것처럼 열사의 나이대도 당위형과 실존형 모두 증가했다. '열사의 기원'과 '열사의 의례화' 시기 전체에 걸쳐 당위형 열사 52명의 평균 나이가 25세였다면, 이 시기에는 미상인 1명을 제외한 6명의 평균 나이가 54세였다. 실존형은 앞의 두 시기에는 50명의 평균 나이가 34세였고, 이 시기에는 24명의 평균 나이가 44세였다.

실존형에서는 자살의 고립화 현상도 갈수록 두드러졌다. 〈표 16〉에서 볼 때 개인 공간에서 자살한 경우가 앞의 두 시기에는 전체의 10.0%(5건)였고 이 시기에는 41.6%(10건)였다. 자살 방법인 목맴, 음독 등 개인적 방법인 경우는 앞의 두 시기는 14.0%(7건), 이 시기는 66.7%(16건)였다. 2부에서 살펴보았듯, 자살 장소와 방법이 개인적인 만큼이나 자살 시간대도 인적이 드문 경우가 많았다. 또 자살 장소와 방법은 공개적이더라도 인적이 드문 시간대를 선택함으로써 전체적으로 고립적인 성격을 띠는 죽음이 많았다.

이 시기는 열사 호명 기제가 붕괴하면서 열사가 형해화됐다는 의미에서 '열사의 해체'기에 해당한다. 즉 열사 호명은 계속됐으나 호명 기제가 전과 같이 작동하지 않았으며 열사의 효능도 이전과 달라졌다. 앞 시기에서 열사는 투쟁의 도덕적 상징으로 의례를 통해 저항운동세력의 집합적 정체성을 형성·강화하는 수단으로 활용됐다. 그러나 이 시기에 와서는 열사로 호명되더라도 기존과 같은 의미를 갖지 못했을 뿐 아니라 자살 양상과 추모집단에도 변화가 생겼다. 당위형에서는 민주 대 반민주 전선의 붕괴로 추모집단이 해체됐고 실존형에서는 자살의 고립화로 열사 호명 대상이 모호해진 것이다.

열사의례는 앞 시기에 당위형은 민주국민장 또는 민주학생장, 실존형은 민주노동자장으로 비교적 단순했다면, 이 시기에는 장례를 주관한 단위가 매우 다양해졌다. 우선 당위형은 세계농민장(이경해), 민족민주노동열사장(허세욱), 민주시민장(이병렬), 범민족통일민주사회장(강희남), 조계종 10교구 본사 은해사장(문수) 등으로 치러졌다. 또 실존형은 민주노동자장이 사라지고 대공장 노동자의 경우 주로 전국노동자장으로 치러졌다. 다만 화물운송특수고용노동자연대(이하 화물연대) 소속의 화물운송노동자를 제외하고는 비제조업 부문 노동열사들의 경우 전국철도노동조합장(허광만), 인천지역민주택시노동자장(천덕명)처럼 업종이나 지역노조 주관으로 장례가 치러졌다. 한편 전국농민장, 전국빈민장처럼 부문운동을 대표하는 장례명도 이 시기에 본격화했다.

장례투쟁의 규모도 일부를 제외하고는 이전에 비해 줄어들었다. 특히 비정규직 노동자의 경우 투쟁이 단위 노조 외부로 확산되는 일은 많지 않았다. 민주노총 주도로 추모대회가 열리더라도 규모가 크지 않았다. 운수노동자의 죽음에는 후속투쟁이 거의 뒤따르지 않았으며 오히려 신생 노조인 화물연대의 투쟁이 상대적으로 강력하게 전개됐다. 또 이 시기부터 일반 시민들이 가세하는 일이 늘어갔다. 배달호의 분신 때는 불매운동과 같은 실력행사도 나타났다. 그러나 학생운동이나 다른 부문운동에서 조직적으로 결합하는 일은 드물었다.

1. 당위형 열사

이 시기의 당위형 열사는 두 개 구간으로 나눠 살펴보려고 한다. 첫 번째는 김대중과 노무현 정권 시기에 해당하는 1998년에서 2007년까지이고, 두 번째는 이명박 정권 시기인 2008년에서 2012년까지이다. 김대중과 노무현 정권 시기를 묶은 것은 정치적으로 연속되기 때문이다. 반면 이명박 정권은 전두환, 노태우, 김영삼 정권을 잇는 보수정당이 정권을 재탈환한 것이고 권위주의적 성격도 다시 강화됐다는 점에서 차이가 있다.

첫 번째 시기에는 사회운동가 1명이 고문후유증 끝에 자살한 것 외에 노동자 2명과 농민 1명이 당위형 자살을 했다. 두 번째 시기에는 노동자, 사회운동가, 종교인이 1명씩 자살했다. 종교인열사가 출현한 것은 전체를 통틀어 이때가 유일하다. 대학생열사는 두 시기를 통틀어 한 명도 나타나지 않았다.

1) 열사의 직업 변화와 '정권 타도' 구호의 소멸: 1998~2007년

이 시기는 김대중과 노무현 정권에 해당하는 기간으로 이길상, 송석창, 이경해, 허세욱 등 모두 4명의 당위형 열사가 출현했다. 두 정권은 최초의 여야 간 수평적 정권 교체를 이루고 그것을 계승한 정권이라는 점에서 연속성을 갖지만 당위형 열사의 출현 양상에서는 차이를 보인다.

김대중 정권 들어 공권력이 행사되는 방식에 큰 변화가 있었다. 부록의 〈표 2〉에서 확인할 수 있듯이 이 시기에는 역대 정권 중 유일하게 타살당한 열사가 한 명도 나오지 않았다. 이와 함께 당위형 열사도 이길상 1명에 그쳤는데 이마저도 전두환 정권 시기에 받은 고문으로 자살한 것이어서 김대중 정권 시기의 지배폭력을 원인으로 보기는 어렵다. 이길상은 경희대 사학과 79학번으로 5·18 광주항쟁 직후 경찰에 끌려가 일주일 동안 심한 구타와 고문을 당했으며 1981년에는 '학림사건'으로 연행돼 고문을 받았다. 또 1982년에는 '5월 시위설'의 주모자로 지목받아 기관원에 의해 야산으로 끌려가 협박과 테러를 당한 바 있다. 그 뒤 사망 사흘 전까지 16년 넘게 정신병원에 입원하는 등 정신과 치료를 받았다. 그는 두 해 전 1996년 9월 18일 고문후유증으로 투신자살한 이상희의 친오빠로 결국 그 역시 같은 이유로 투신자살했다.[1]

김대중 정권 시기에 자취를 감췄던 타살은 노무현 정권 시기 들어 다시 등장했고 당위형 열사도 노무현 정권에 와서 다시 3명으로 늘었다. 농민 1명, 노동자 2명으로 대학생은 한 명도 없었다. 전체 4명인 농민열사 중 실존형 2명을 포함해 3명이 노무현 정권 시기에 출현했으며 당위형 농민열사가 출현한 것은 이때가 유일하다. 노동자열사의 성격도 이전과는 달랐다. 송석창은 당위형 열사로 호명된 최초의 사무직 노동자였다. 그리고 택시기사인 허세욱은 노동운동가보다는 사회운동가로 분류된다.

대학생열사가 사라지고 노동자와 농민이 그 자리를 대체했다는 것 외에 이 시기 당위형 열사들은 '정권 타도' 구호를 외치지 않았다는 특징을 보인다. 전두환과 노태우 정권 시기에 자주 등장했던 정권 타도 구호가 부당한 정권 자체에 대한 반대였다면, 노무현 정권부터는 정권의 정당성을 부정하기보다는 정책에 대한 반대가 죽음의 중요한 이유가 됐다.

첫 번째로, 2003년 8월 4일 국민연금공단 남원지사의 송석창이 반민중적 국민연금제도에 대한 항의로 자살했다. 명확한 업무 기준도 없이 매월 3,000건에서 4,000건의 소득조정 업무와 납부예외를 공단으로부터 강요당한 뒤였다. 유서에는 "정말 소득조정은 필요한 일이고 그렇다면 법과 제도로 뒷받침을 해줘야 하는 것 아닌가요? 올려놓고 항의하면 깎아주고 큰소리치면 없던 걸로 해주고 지금은 이것이 현실 아닌가요? 국민을 위한 국민연금이라면서 지금까지 전 국민연금 칭찬하는 사람을 한 번도 본 적이 없습니다. 제 목숨을 걸고 호소하고 싶습니다. 정말 국민들한테 사랑받는 국민연금을 만들어주시길 간절히 부탁드립니다"라고 적혀 있었다. 자살 장소는 남원지사 사무실이었는데 "병사는 전장에서 죽는 것이 가장 명예롭"다는 이유에서였다.[2]

두 번째로, 한국농업경영인중앙연합회(한농연) 회장 이경해가 2003년 9월 10일 멕시코 세계무역기구(WTO) 제5차 각료회의(칸쿤회의) 장소 앞에서 "농업을 WTO 협상에서 제외하라"는 유서를 남기고 할복했다. 그는 회의장 앞을 가로막고 있던 철조망 위로 올라가 자신의 가슴을 칼로 찔렀으며 수첩에는 "몸은 먼저 가지만 정신은 지켜볼 것이다"라고 적혀 있었다. 이경해의 죽음으로 칸쿤회의는 결국 무산됐고, 이경해의 죽음은 한국 농민들의 분노를 세계에 알리는 역할을 했다. 아래는 그가 WTO 사무총장에게 보낸 〈진실을 말하라Say the truth〉라는 제목의 서한 일부이다.

우리는 우루과이라운드가 끝나고 곧 우리는 우리의 운명이 더 이상 우리 손에 있지 않다는 것을 알았다. …… 인류는 지금 극소수 강대국과 그 대리인인 세계무역기구와 이를 돕는 국제기금 그리고 다국적기업의 상업적 로비에 의해 주도되고 있는 반인류적이고 농민말살적인, 반환경적이고 비민주적인 세계화의 위험에 빠져 있다는 것을 시민들에게 경고하는 바이다. 즉시 이를 중단시켜야 하며 그렇지 않으면 이 허구적인 신자유주의가 세계 각지의 다양한 농업을 말살시킬 것이며 …… 우루과이라운드는 몇몇 야망에 찬 정치집단들이 다국적기업과 외눈박이 학자연하는 자들과 동조하여 자기들의 골치 아픈 농업 문제를 다른 나라에 떠넘긴 한 판 사기 게임에 지나지 않는다.[3]

이경해는 서울대 농대 출신으로 한국농어민신문사 초대 회장을 지냈다. 1991년부터 할복하기 직전인 2002년 5월까지는 전라북도의회 도의원을 역임했다. 그는 이미 1990년 스위스 제네바에서도 우루과이라운드 협상에 반대해 할복자살을 기도한 일이 있었다. 또 1994년 국회 앞에서 WTO 이행특별법 제정을 요구하면서 17일간 단식했고, 2003년 2월에도 제네바 WTO 본부 앞에서 WTO 협상을 반대하며 한 달간 단식농성을 전개했다.

이경해의 장례는 두 번에 걸쳐 세계농민장으로 치러졌다. 한 번은 14일 칸쿤 시내 중앙광장에서 이뤄졌고, 또 한 번은 유해 송환 뒤인 9월 20일 서울 올림픽공원에서 치러졌다. 나흘 전인 16일에는 경북 성주에서 열린 이경해의 추모집회 도중 30대의 한 농민이 "이경해 열사를 존경한다"고 외친 뒤 분신자살을 기도했으나

목숨을 건졌다.[4]

세 번째로, 2007년 4월 1일 한독택시 노조원 허세욱이 한미 FTA에 반대해 분신자살했다. 한미FTA 협상이 진행되고 있던 서울 하얏트호텔 앞에서 "한미FTA 폐기하라!"고 외친 뒤였다. 허세욱이 민주택시 조합원에게 남긴 유서에는 "망국적 한미FTA 폐지하자. …… 의정부 여중생을 우롱하듯 감투 쓰고 죽이고 두 번 죽이지 마라. 여중생의 한을 풀자"[5]라는 내용이 적혀 있었다. 한독택시 동료들에게 남긴 유서에는 "모금은 하지 말아주세요. 전부 비정규직이니까. …… 내가 죽으면 화장을 해서 전국에 있는 미군기지에 뿌려서 밤새도록 미국 놈들 괴롭히게 해주십시오"[6]라고 되어 있었다. 허세욱은 조선소와 탄광노동자, 일용직 건설노동자, 택시기사 등으로 일했으며 분신 당시에는 관악주민연대와 '평화와 통일을여는사람들'(평통사) 회원으로 활동하고 있었다. 2002년에는 '미군 장갑차에 의한 여중생 압사 사건' 이후 주한미군지위협정(SOFA) 전면개정투쟁에 참가했으며, 2007년에는 민주노동당(이하 민노당) 서울시지구당 대의원을 역임했다.[7]

허세욱의 장례는 4월 16일 가족장으로 치러진 뒤 18일 하얏트호텔 앞에서 다시 '한미 FTA 무효 민족민주노동열사장'으로 치러졌다. '민족민주노동열사장'이라는 장례명은 허세욱의 장례식에서만 유일하게 사용됐다.

한편 한미FTA 반대투쟁 때부터 집회 참가자들에 대한 손배청구가 시작돼 이후 집회 및 시위를 크게 위축시켰다. 노무현 정권은 2006년 11월 22일 한미FTA 반대집회를 시작으로 2007년 11월 11일 '한미FTA 반대 범국민 행동의 날' 집회까지 모두 14건

의 손해배상 청구를 했으며 총금액은 2억 428만 원이었다.[8]

2) 권위주의로의 회귀와 '정권 타도' 구호의 재등장: 2008~2012년

이명박 정권 시기에는 이병렬, 강희남, 문수 등 3명의 당위형 열사
가 출현했는데 노무현 정권 때와 마찬가지로 대학생열사는 나오
지 않았다. 그러나 김대중과 노무현 정권 시기에 사라졌던 정권
타도 구호가 이 시기에 다시 등장했다. 하지만 이 또한 미국산 쇠
고기 수입이나 4대강 사업 등 구체적인 정부 정책에 반대하는 과
정에서 나온 것으로, 정권 자체를 부정한 경우는 강희남이 유일
하다.

정권 타도 구호가 재등장한 것은 이명박 정권이 권위주의 정
권 시절로 회귀하는 모습을 보였기 때문이다. 신자유주의의 연속
이라는 측면에서는 김대중·노무현 정권과 관련성을 갖지만, 앞
선 두 정부가 최소한의 절차적 민주주의는 준수하려 한 반면, 이
명박 정부는 물리적 공권력을 동원해 강압통치를 관철하려 했다.
2008년 촛불시위에 등장했던 '명박산성'을 포함해 집회 참가 자
체를 봉쇄하기 위해 서울광장에 설치했던 '차벽'이 단적인 사례
이다. 또 집회·시위 참가자들에게 청구된 손해배상은 총 10건에
2억 2,338만 원이었는데, 이는 그나마 경찰이 패소한 사례를 제외
한 것이다.[9] 한편 이명박 정권의 집권은 기득권세력에게는 '잃어버
린 10년'을 되찾는 일이었으나, 민주화운동세력에게는 '다시 빼앗
긴 권력'이기도 했다.

첫 번째로, 2008년 5월 25일 전북 전주의 노동자 이병렬이 분신자살했다. 5월 2일 시작된 미국산 수입 쇠고기 반대 촛불시위가 고조되고 있을 때였다. 2008년 촛불시위는 미시적 생활정치로 시작해 정권 타도 요구로 확대됐다.[10] 광우병에 대한 공포는 먹거리 전반에 대한 위기의식과 더불어 식량주권에 대한 의지로 확장됐고, 이때 대운하 건설, 민영화 반대 등 공공의 이슈가 전면에 부상했다. 이와 함께 일부 노동운동과 진보운동에서만 등장했던 반신자유주의 움직임도 대중적으로 확산됐다.[11] 이병렬은 분신 직전 "미 쇠고기 수입 반대"와 "정권 타도"를 외쳤고 〈보수 친미정권 이명박을 규탄하기 위해〉라는 제목의 자필 유인물을 주변에 뿌렸다.

이병렬은 여러 점에서 2007년 자살한 허세욱과 닮아 있다. 허세욱처럼 택시기사 경험이 있었고 민노당 당원이었다. 또 노동운동보다는 다른 사회운동에 더욱 적극적이었다는 점도 같다. 전북택시일반노조 소속으로 해고자투쟁에 참여한 경력이 있는 이병렬은 2006년부터 민노당 당원으로 가입해 활동했으며 분신한 해에는 공공운수연맹노조 전북평등지부에 가입했다. 또한 서해안 기름피해 100일 행사, 한미FTA 반대운동, 한반도운하 백지화운동 등에도 참여했으며 광우병 파동이 나자 '이명박 탄핵투쟁연대 범국민운동본부 전북지부'에서 자원봉사자로 활동했다.[12] 이병렬은 분신하기 일주일 전 5·18 28주년을 기념한 공공운수노조의 광주 망월동 묘역 방문행사 때 허세욱의 묘를 찾았다. 아래는 분신 직전 뿌린 자필 유인물로 자살을 결심했을 때 5·18 광주를 상기한 것으로 짐작된다.[13]

광주항쟁 28년, 미친 소 MB 타도투쟁 1년, 이름 없는 전사가 투쟁으로 이제 망월묘역에 갔다. 오늘 난 다시 간다. 세상을 바꾸기 위해, 아니 타도하고 끌어내어 새로운 세상을 건설하기 위해 우리는 단호히 맞서야 한다. 지금 어영부영하는 단체들, 관계자들, 혁명의 정신으로 죽음도 함께할 수 있는, 구속도 싸움도 정당한 폭력 (투쟁도) 해야 한다. 꽃병·쇠파이프. 그래야 진정 열사혼이다.

이병렬은 분신 14일 만인 6월 9일 숨져 14일 서울광장에서 민주시민장으로 장례가 치러졌다. 한편 이병렬이 분신하고 열흘 뒤인 6월 5일에는 마찬가지로 촛불시위에 참가했던 일용직 노동자 김경철이 서울광장 분수대 근처에서 분신자살을 기도했으나 목숨을 건졌다. 그는 미국산 쇠고기 수입 협상의 여파로, 일하던 축산농가가 문을 닫아 일자리를 잃은 상태였다.[14]

두 번째로, 2009년 6월 6일 조국통일범민족연합 남측본부 초대의장을 역임한 개신교 목사 강희남이 목을 매 자살했다. 앞서 언급했듯 그의 자살은 정책이 아닌 정권 자체를 부정해 일어난 것이었다. 강희남은 한국신학대학을 졸업하고 유신반대투쟁을 하다 옥고를 치렀으며, 1980년에서 1983년까지 한국기독교농민회(기농) 이사장을 지냈다. 1983년 민통련 중앙위원회 위원장, 1989년 전민련 고문을 역임했고 2009년 5월 이명박 정부가 들어선 뒤에는 일주일간 단식농성을 벌이기도 했다. 강희남은 유서에서 "지금은 민중 주체의 시대다. 4·19와 6월 민중항쟁을 보라. 민중이 아니면 나라를 바로잡을 주체가 없다. 제2 6월 민중항쟁으로 살인마 리명박을 내치자"라며 이명박 정권을 타도하기 위해 궐기할 것을 촉구했다.[15] 장례는 6월 10일 서울 향린교회에서 범민족통일민주사회장으로 치러졌으며 유해는 마석 모란공원에 안치됐다.[16]

끝으로, 2010년 5월 31일 조계종 승려 문수가 수행하던 지보사(경북 군위군 소재) 근처에서 4대강사업 중단과 부정부패 척결을 요구하는 유서를 남기고 분신했다. 1986년 출가한 문수는 1998년 중앙승가대 학생회장을 지냈으며 2006에서 2007년까지 경북 청도 대산사 주지를 역임했다. 같은 날 50대 남성이 서울 조계사 맞은편 건물에서 4대강사업 중단을 요구하며 투신을 시도하다 스님과 친구들의 설득 끝에 구조되기도 했다.[17]

한국 저항운동사에서 승려의 자살은 처음이었기 때문에 문수의 분신은 사회적으로 큰 파장을 불러일으켰다. 조계종은 곧바로 사건 경위 조사에 나섰고 불교계는 분신 다음날 '문수스님 소신공양 대책 불교단체연석회의'를 소집하고 전국 주요 사찰에 분향소를 설치했다. 환경운동연합을 비롯한 환경단체와 여러 사회단체에서도 이명박 정권을 규탄하고 4대강사업 중단을 요구했으며 서울 도심에 분향소가 설치됐다.[18] 장례 및 다비식은 6월 4일 경북 군위군 지보사에서 대한불교조계종 10교구 본사인 은해사 장으로 치러졌다.[19] 이 일로 불교환경연대 상임대표를 지냈던 조계종 승려 수경이 참회의 글을 남긴 채 조계종 승적을 버리고 자취를 감췄으며,[20] 1년 뒤에는 여성 1명이 문수의 부도 옆에서 분신해 사망했다.[21]

한편 제18대 대통령선거를 앞둔 2012년 11월 22일 전북 완주에서 50대 남성이 야권후보 단일화를 촉구하는 유서와 플래카드를 남기고 투신자살했다. 안철수와 문재인 2명의 대통령 후보 앞으로 남긴 유서에는 "훌륭한 분들이라고 생각하는데 뜻을 모아주시고, 한 분은 수레를 끌어주시고 한 분은 밀어주시면서 행복한 복지국가를 만들어주십시오. 땀을 흘려 일하고도 힘들게 살아가는 농민을 보살펴주십시오"라고 적혀 있었다.[22] 1987년 12월 5일 대통령 후보 단일화를 외치고 대전역에서 분신자살한 박응수와 같은 이유였지만 열사로 호명되지는 않았다.

2. 실존형 열사

이 시기의 실존형 열사는 김대중, 노무현, 이명박 세 정권별로 나눠 살펴볼 것이다. 김대중 정권 시기에는 IMF 구제금융체제로 인해 정리해고와 비정규직이 제도화되면서 사회적 양극화에 따른 자살이 증가했으나 열사로 호명되는 죽음은 8건에 그쳤다. 이어 노무현 정권 시기에는 비정규직제도의 확산과 화물연대의 출범 속에 18명의 실존형 열사가 나타났다. 그리고 이명박 정권 시기에는 노조 탄압과 노동 통제가 더욱 고도화되면서 노동자 자살이 늘었으나 고립적 양상 때문에 열사로 호명된 경우는 6건에 그쳤다.

1) 경제위기 속 자살의 증가와 열사의 감소: 1998~2002년

김대중 정권 시기에는 실질적인 당위형 열사가 출현하지 않은 대신 실존형 열사는 최대림, 김윤수, 이상관, 윤창녕, 박용순, 최옥란, 박봉규, 천덕명 등 8명이 출현했다. 이 중 최대림, 김윤수, 이상관은 제조업노동자이고, 이상관은 산재노동자이다. 또 박용순과 천덕명 2명은 운수노동자로 노태우 정권 때의 6명에 비해서는 크게 줄었으나 김영삼과 노무현 정권의 3명과는 큰 차이가 나지 않는다. 노점상은 윤창녕, 최옥란, 박봉규 3명으로 역대 정권 중 가장 많았다.

노동자

김대중 정권은 노사정위원회 제도를 도입해 노동자와 경영계, 정부가 함께 노동 정책을 협의하는 신노사문화의 창출을 제2건국의 국정과제로 설정하고 노사관계 관행의 개혁을 추진했다. 역대 정부의 권위주의 기조에서 벗어나 참여민주주의로 방향 전환을 예고하는 듯했으나 내용 면에서는 노동 배제의 속성이 유지됐다. 또 IMF 외환위기 타개를 빌미로 '노동시장 유연화'를 포함하는 신자유주의적 대안을 수용한 것 역시 자본의 요구를 그대로 반영한 것에 불과했다.

'노동시장 유연화'의 제도적 핵심은 정리해고제도와 비정규직 제도로 1998년 2월 인수위 시절 IMF 구제금융의 대가로 미국 재무부와 '합의의향서'를 체결하면서 도입됐다. '합의의향서'에는 정리해고와 근로자파견제가 포함됐다. 그 이전까지 존재했던 비정규직은 건설일용직이나 파트타임과 같은 전통적인 고용형태뿐이었다. 이후 2000년에 현대자동차가 자동차 생산라인에 비정규직을 도입하기로 노조와 합의하는 등 비정규직 고용이 현장에서부터 확산됐고 2004년에는 관련 법안*이 만들어졌다.

변형노동시간제와 파견노동제 그리고 정리해고제는 작업장에서 자본의 입지를 크게 강화시켰고 노동운동은 변화한 환경에 효과적으로 대응하지 못했다. 민주노조 건설의 과제는 민주노총의 합법화로 소멸해버렸고 전투적 노동운동은 이데올로기적 통제

* 파견제법 개정안 및 기간제법 제정안.

가 강화되면서 명분을 잃어갔다. 이처럼 노동운동이 약화됨에 따라 열사로 호명되는 죽음 역시 급감했으며 열사의례와 장례투쟁도 규모가 크게 축소됐다.

첫 번째로, 정리해고제와 파견근로제가 국회에서 통과되기 직전인 1998년 2월 13일 대우중공업에서 일하던 제조업노동자 최대림이 건조 중인 유조선 갑판 위에서 "노사정위의 합의안이 국회에서 입법화되면 근로자들은 모두 죽는다, 정부의 정리해고 등 고용조정에 반대하기 위해 민주노총의 총파업에 동참하자"는 내용의 유인물을 뿌린 뒤 분신했다.[23]

최대림이 분신한 날에는 민주노총의 총파업이 예정돼 있었다. 민주노총은 총파업 강행을 하루 앞둔 12일 극적으로 파업 철회를 결정했다.[24] 2월 5일 제1기 노사정위원회에서 사측 및 정부와 정리해고제 및 근로자파견제를 직권조인으로 합의한 배석범* 위원장직무대리가 사퇴하고 단병호 비상대책위원장 체제가 가동되던 중이었다. 민주노총은 총파업 철회와 별개로 정리해고제와 근로자파견제 법제화의 국회 회기 내 강행처리를 막겠다며 제2의 총파업을 경고했으나 이뤄지지 않았다. 근로기준법 개정안은 최대림이 분신한 다음날인 14일 국회에서 처리됐다.

최대림의 장례는 대통령 취임식이 열린 2월 25일 옥포 대우조선에서 전국노동자장으로 치러졌다. 최대림 이후에도 정리해고나 비정규직제도를 직접적인 원인으로 자살해 열사로 호명된 노

• 배석범은 1996년 국회의원 총선 전후 민주노총 정치위원회 위원장을 지냈으며 2000년에 가서는 새천년민주당 최고위원을 거쳐 건설공제조합 상임감사에 임명됐고 노무현 정권에서는 한국가스공사 감사에 임명됐다.

열사, 분노와 슬픔의 정치학

동자는 2012년까지 모두 7명에 달했다.

두 번째로, 1년 뒤인 1999년 3월 31일 대림자동차 노동자 김윤수가 목을 매 사망했다. 김윤수는 1988년 대림자동차의 민주노조 건설 당시 노조 대의원으로 활동했으며 1990년 국가보안법 위반으로 구속됐다. 실존형 열사로는 이례적인 일이었다. 김윤수는 1991년 만기 출소 후 노동조합 대표권투쟁, 총회 소집권자투쟁, 민주노조 재건투쟁을 전개했고 목숨을 끊기 얼마 전인 1999년 초 해고노동자들과 복직투쟁을 시작한 바 있었다.

세 번째로, 1999년 6월 22일 창원 대우중공업 국민차사업부에서 일하던 이상관이 산재후유증을 앓다가 자택에서 제초제를 마시고 자살했다. 그는 4개월 전인 2월 20일 산재사고를 당해 치료를 받았지만 근로복지공단은 몸조차 제대로 가누지 못하는 그를 강제 퇴원조치했다. 결국 이상관은 "예전의 저의 모습으로 돌아가기는 어려울 것 같은 느낌이 듭니다"라며 육체적 고통과 가족들에 대한 미안함을 유서로 전하고 목숨을 끊었다. 이상관의 죽음은 근로복지공단의 보험금 축소가 배경이었다. 1998년 근로복지공단은 'IMF체제 극복을 위한 고통분담 대책'으로 산재노동자에게 지급해야 할 보험금 532억 원을 줄였다. 이후 자살하는 산재노동자들이 급증했고 무리한 치료 종결 판정으로 아픈 몸을 이끌고 일터로 돌아가야 하는 노동자가 늘어났다.

이상관이 사망하고 10여 일 뒤인 7월 7일, 산재 추방과 노동자 건강권 사수를 위한 마창지역 공대위는 근로복지공단 창원지사에서 항의집회를 했으며, 12일 대책위가 꾸려져 공단 이사장 면담과 진상조사를 실시했다. 29일부터는 유족 등 공동대책위가 영등포 근로복지공단 앞에서 철야농성에 들어갔다. 두 번의 농성장 침탈 속에 '산재노동자 이상관 자살 책임자 처벌과 근로복지공단 개혁을 위한 전국순회투쟁' 등이 지속됐고 결국 155일간의 투쟁을 끝으로 마무리됐다.[25] 이상관 이후 산재노동자열사는 더 이상 나오지 않았으나 산재후유증에 따른 노동자의 자살은 끊이지 않았다. 산재후유증에 따른 노동자 자살은 김대중 정권이 출범한 1998년에 7명이었다가 1999년 8월까지는 11명이 발생했다.[26] IMF 경제위기로 생활고까지 겹쳤기 때문이었다.

네 번째로, 1999년 8월 21일 서울 방배동 스타TX택시의 박용순이 "전액관리(월급제) 실시하고 사납금제 철폐하라!" "업무상 사고처리비 기사 부담 웬 말이냐!" 등을 외치며 분신했다. 회사 과장으로부터 사직 강요를 받고 사업장 밖으로 나갔다가 차량 교대시간에 돌아온 직후였다. 그는 119구조대에 의해 병원으로 옮겨지던 중 지세창 노조위원장에게 택시 제도 개선을 부탁한다는 말을 남겼다.[27]

스타TX택시는 신화여객과 대광운수가 1998년 12월 1일 합병한 회사로 166대의 택시를 보유하고 있었다. 스타TX택시는 부당한 업적금제로 통상적인 사납금 외에도 나머지 수입의 20%를 추가로 회사에 납입해야 했다. 또 교통사고 발생 시 부속비도 택시기사들이 부담하고 있었다. 이렇듯 열악한 조건 때문에 노동자 80%의 평균 근속 기간이 1년 미만에 불과할 정도였다.[28]

마지막으로, 2002년 11월 22일 인천 경인운수 노조 대의원 천덕명이 분신했다. 경남 고성 출생의 천덕명은 20세에 인천으로 와 오랫동안 합판공장을 다녔다. 결혼한 뒤 1993년에는 30세의 나이로 경인운수의 전신인 영화교통에 입사했으며 입사 초부터 대의원 활동을 시작으로 1995~2001년까지 6년간은 회계감사를 역임했다. 2002년 5월 전국민주택시노조연맹(이하 민택노련)이 월급제 쟁취를 위해 전국적인 파업을 벌였을 때 인천본부 소속 작업장 27곳 전체가 파업에 돌입했다. 당시 천덕명은 인천본부의 65일간 파업을 이끌어 사납금제를 폐지하고 월급제를 쟁취했다. 그러나 월급제 시행 이후 오히려 임금이 대폭 삭감됐고 노조원이 징계에 회부돼 탄압받는 일도 더욱 많아졌다.[29] 천덕명은 2002년 9월부터 다시 대의원을 맡아 월급제 사수투쟁에 앞장섰다. 분신 당시 천덕명이 받았던 급여는 30여 만 원으로 분신하기 얼마 전부터 "이렇게 당하고 있을 수만은 없다" "회사가 해도 너무한다" "회사를 가만히 두고만 봐서는 안 된다"며 분노를 표했다. 그가 회사의 차고지에서 자신의 차량에 시너를 끼얹고 분신했을 때는 개인택시 수령을 얼마 남겨놓지 않은 상황이었다.[30]

한편 김대중 정권 시기에 출현한 노동열사는 위에 언급한 5명뿐이나 저항성을 띤 자살은 더욱 많았다. 전국금속노동조합연맹(이하 금속연맹) 소속 노조에서만 6건이 더 보고됐는데 아래는 그 사례들이다.[31]

- 1998.03.05. 창원 화천기계노조 조합원 오길원, 부서 이동과 고용불안 가운데 분신 사망.
- 1998.03.05. 통일중공업 오만우, 고용불안에 대한 압박과 부당한 배치전환에 항의 자살.
- 1998.05.08. 만도기계 최돈균, 임금 체불과 30% 이상의 임금 삭감

등 생활고를 비관해 유서를 남기고 자살.

- 2000.04.11. 삼호중공업 위성태, 산재 고통과 근로복지공단의 추가상병 고용요양신청 기각에 비관 자살함.

- 1999.06.05. 삼미특수강 이광수, 복직 판결을 받았으나 해고 기간 중 겪은 가정 파탄의 후유증으로 목을 매 자살.

- 2001.02.23. 대우자동차 박모, 22년간 근무했으나 임금 체불 및 정리해고 등 구조조정에 대한 압박을 비관해 조합원 아파트에서 투신자살함.

위 목록에서 창원의 화천기계 오길원은 공장 내 소각로 앞에서 시너를 몸에 끼얹고 분신자살했다. 회사와 몇 차례 면담한 뒤에 17년간 근무해왔던 조립반에서 도장반으로 배치전환됐는데, 이에 대해 "도장반으로 가는 것이 죽기보다 싫다"는 등의 발언을 해오던 중이었다. 화천기계는 IMF사태로 인해 15일만 근무하는 조업 단축 상태였지만 회사는 영업사원 희망자 모집, 희망퇴직자 모집 등으로 노동자들의 불안을 조장하고 있었다.[32]

1980년대 이후 노동자 자살이 신문에 보도된 사건 가운데 노동현장에서 분신자살을 했음에도 열사로 호명되지 않은 경우는 오길원이 유일하다. 오길원의 분신자살은 정리해고제에 대한 항의의 성격이 강해 분신 직후 화천기계노조는 민주노총 마창지역협의회와 함께 비상대책위를 구성해 사건의 진상을 조사하는 한편 그의 자살을 사업장에서 벌어지는 부당노동행위를 폭로하는 계기로 삼았다. 그러나 외환위기에 따른 경제 악화로 후속투쟁이 본격적으로 전개되지는 않았다. 화천기계도 휴업 상태에 있었으며 노조에서도 회사를 살리기 위해 상여금을 반환하는 상황이었다. 이처럼 노사협력주의 성향이었던 화천기계노조 집행부는 오길원의 죽음을 이혼에 따른 비관자살로 결론짓고 회사가 위로금을 지급하는 선에서 사건을 매듭지었다.[33] 이후 동료 노동자들은 매해 오길원의 기일마다 추모제를 지내고 있으며 2015년 현재까지 '열사'로 공식 정리하지는 못한 상태다.[34]

한편 김대중 정권 시기에 여러 노동자들이 열사 호명에서 제외된 사실을 통해 당시 노동운동의 타협적 태도를 읽을 수 있다. 열사는 지배폭력의 부당함을 폭로하고 그에 대한 저항의 도덕성을 강조하는 이름이기 때문이다.

도시빈민

이 시기에 출현한 노점상열사 수는 역대 정권을 통틀어 가장 많은 3명으로 IMF 이후 사회안전망의 결여와 재개발 등이 주요 배경이었다.

첫 번째로, 1999년 7월 10일 윤창녕이 대전 동구청 복도에서 분신했다. 7월 7일 구청에서 차별적인 표적 단속과 물품 갈취, 장애인을 비하하는 모욕적 발언을 한 것이 배경이었다. 그는 17세였던 1970년부터 대전역 지하상가 구석에서 허리띠와 라이터 등을 팔아 생계를 이어왔다. 분신 후 충남대병원으로 옮겨졌으나 구청은 12시간 동안 사경을 헤매도록 방치한 것은 물론 오히려 그를 공무집행방해로 고발했다.[*] 이후 한강성심병원으로 다시 옮겨졌으나 입원보증금이 없어서 치료를 제대로 받지 못하고 7월 10일

운명했다.[35]

윤창녕의 분신이 있기 얼마 전인 4월 22일은 전국빈민연합(전빈련) 출범식이 개최된 날이었다. 전빈련은 1989년 명동성당에서 투쟁한 결과 11월 11일 서철협과 전국노점상연합회의 주도로 결성됐으나 1992년 7월 전국도시빈민협의회(전빈협)의 결성으로 해체됐다가 윤창년의 죽음에 따른 열사투쟁의 성과로 11월 11일 재결성된 것이다.[36]

두 번째로, 한일월드컵이 개최된 2002년 2월 21일 장애인 노점상이자 인권운동가인 최옥란이 소독약에 수면제를 타서 먹고 약 한 달 뒤인 3월 26일 사망했다. 그해 초 최옥란이 정부로부터 받은 기초수급액은 30만 5,000원이었다. 이 수급액으로는 생계를 유지하기 어려웠기 때문에 청계천 벼룩시장에서 노점을 했다. 하지만 1인당 월 소득이 33만 원이 넘으면 수급권자가 될 수 없고 의료 보호 또한 받을 수 없어서 곧 노점을 접어야 했다. 이에 최옥란은 "현행 최저생계비에 기초한 국민기초생활보장법이 헌법상의 행복추구권과 평등권을, 그리고 최저생계 보장이라는 법의 취지에 위배된다"며 헌법소원을 내기도 했다.

최옥란에게는 4년 전 이혼한 남편과의 사이에 아홉 살 난 아이가 한 명 있었고 그는 양육 능력을 인정받기 위해 통장에 700만 원가량의 돈을 모아두었다. 그런데 통장의 돈 때문에 일정한 소득이 있는 것으로 간주돼 수급권자에서 탈락하게 되었다. 행정당국이 양육권과 수급권 중 한 가지를 강요한 것이다. 최옥란은

• 당시 대전 동구청장은 임영호로 이후 제18대 국회의원(자유선진당, 대전 동구)을 지냈다.

둘 사이에서 괴로워하다 결국 극약을 마셨다.[37]

세 번째로, 2002년 8월 23일 서울 중구청 앞에서 청계천의 노점상 박봉규가 분신했다. 전남 함평 출생의 박봉규는 외환위기 전까지 건축현장에서 막노동을 하다가 일자리가 줄어들면서 1997년 58세의 나이로 노점상을 시작했다. 그가 분신할 무렵에는 6월 지방선거에서 서울시장으로 당선된 이명박이 도심부 뉴타운재개발을 시행하면서 청계천 상인들을 서울 외곽으로 내보내고 있었다. 또 월드컵을 앞두고는 서울지역 노점상 4,300여 개를 단속하겠다고 발표했다.

그는 분신한 8월 한 달만 해도 세 차례의 단속을 당했고 그때마다 구청 직원과 용역반에게 판매 물품을 압수당했다. 용역깡패들은 욕은 물론 폭력도 서슴지 않았다. 견디다 못한 박봉규는 분신 당일인 23일 오후 1시 시장 이명박 앞으로 "서민을 돕겠다던 공약을 왜 지키지 않는가"라는 내용의 항의 서한을 등기로 부쳤다. 하지만 그 뒤 오후 2시경 용역깡패와 구청단속반이 2차 단속을 나왔고 또다시 물품 전부를 빼앗기자 오후 3시 20분경 중구청장실을 찾아갔다. "왜 없는 사람을 괴롭히는가"라고 항의를 했으나 "불법 장사를 하면서 뭐가 잘났다고 항의하는가"라는 답변을 듣고 분신을 감행했다.

노점상연합은 박봉규의 분신 직후 해를 넘겨가며 대대적인 집회를 개최했다. 2003년 2월까지 총 18차에 걸쳐 투쟁대회가 열렸으며 이 과정에서 8명이 구속 또는 수배되었다. 박봉규의 장례는 사망 7개월 만인 2003년 3월 31일에서야 치러졌다. 보상 문제는 여전히 해결되지 않은 상태였지만 가족들의 건강 악화로 더 이상 장례를 미룰 수 없었다.

한편 최옥란과 박봉규의 죽음 한 해 전인 2001년부터 노점상의 죽음이 이어졌다. 2001년 2월 22일 강남에서 노점상 2명이 분신을 기도했다. 그러나 경찰은 그 둘을 '특수공무집행 방해'로 구속했고 그중 김봉호는 구치소 수감 중 화상 후유증으로 결국 생명을 잃었다. 2002년 3월 20일에는 서울 동작구청 인근 거리에서 단속반의 폭력으로 여성 노점상 1명이 유산을 했다. 또 4월 1일에는 서울 강서구의 노점상 서용운이 단속에 시달리다 부인에게 "먼저 가서 미안하다"는 유서를 남기고 자살했고, 4월 15일에는 의정부시 노점상 최윤복이 자살했다.[38]

2) 고용불안과 노동열사의 증가: 2003~2007년

노무현 정권 시기에는 18명의 실존형 열사가 출현했다. 노태우 정권의 25명에 비해서는 적으나 김영삼 정권 10명, 김대중 정권 8명, 이명박 정권 6명에 비해서는 훨씬 많은 수다. 구체적으로는 배달호, 박상준, 김주익, 이해남, 이용석, 곽재규, 박일수, 정상국, 박상윤, 김춘봉, 류기혁, 김동윤, 정용품, 오추옥, 전응재, 이근재, 정태봉, 정해진이 해당한다. 이 중 농민 정용품과 오추옥, 노점상 이근재를 제외한 나머지지가 노동자이다.

노동자

노무현 대통령은 취임 첫해인 2003년 말 "노동자들이 분신으로 투쟁하는 시대는 지났다" "지금과 같이 민주화된 시대에 노동자들의 분신이 목적을 달성하기 위한 투쟁수단으로 사용돼서는 안 되며, 자살로 인해 목적이 달성되는 일은 없어야 한다"[39]고 언급했다. 이 말들은 2003년 한 해 동안 노동운동 과정에서 6명이 자살하면서 나온 것으로 노무현 정권의 기업친화적 노동 정책을 대변하는 말이었다.

노무현 정권 시기에 노동쟁의 발생 건수는 2003년 322건, 2004년 462건, 2005년 287건, 2006년 138건, 2007년 115건으로 해마다 줄었으나 근로손실일수는 2003년에서 2007년 사이에 각각 1,299건, 1,199건, 848건, 1,201건, 536건으로 2007년을 제외하고는 큰 변화가 없었다.[40] 이것은 당시 노동쟁의가 임금보다는 고용 문제를 중심으로 대형화·장기화됐다는 것을 말해준다.[41]

쟁의는 대형화·장기화됐지만 쟁의 결과가 노조에 유리하게 돌아가는 일은 드물었다. 물리력 대신 형사처벌(업무방해죄), 손해배상(이하 손배), 가압류 같은 법적 장치가 기업의 노조 탄압 수단이 되면서 노조원 개인의 생계에도 곧바로 영향을 미쳤다. 법원도 노동자 편은 아니었다. 부당해고 등에 맞서 구제수단으로 법원을 이용한다 하더라도 해고부터 실제 보상까지 소송만 8~9차례 거쳐야 했다.[42] 이에 따라 구속 노동자도 이전보다 늘어나 5년 동안 1,037명의 노동자가 구속됐다. 김영삼 정권 시기의 632명, 김대중 정권 시기의 892명에 비해 대폭 늘어난 수치다.[43]

이 시기 노동열사는 매우 다양한 직종에서 출현했다. 이전에는 제조업노동자와 운수노동자가 대부분이었으나 이 시기에 처음으로 화물연대 소속의 특수고용직 화물운송노동자 2명이 출현했다. 건설노동조합(이하 건설노조) 소속과 민주노총 상근 활동가 출신의 실존형 열사도 이 시기에 처음 나타났다. 또 다른 특징은 제조·건설업노동자의 죽음을 초래한 주요 원인이 손배·가압류와 비정규직제도로 바뀌었다는 것이다. 4명의 노동자가 손배·가압류 때문에 죽었고, 5명의 죽음 배경에는 비정규직제도가 있었다. 여기서는 15명의 노동열사를 직종별로 나눠 살펴볼 것이다. 제조업 8명과 건설노조 소속 1명을 같이 살폈고, 운수노동자 3명, 화물운송노동자 2명, 중앙 노조 상근 활동가 1명을 따로 살폈다. 건설노조 노동자를 제조업과 함께 묶은 까닭은 죽음의 배경이 비정규직제도로 제조업노동자와 유사했기 때문이다.

① 제조업, 건설업노동자

앞서 언급했듯 노무현 정권 시기 대공장 노동자의 사망 배경은 주로 손배·가압류나 비정규직제도였다. 이 둘은 독립적이지 않고 상호 작용한 경우가 많았다. 손배·가압류가 주된 배경이 된 죽음에는 두산중공업 배달호, 한진중공업 김주익·곽재규, 세원테크 이해남 등 4명이 해당한다. 또 비정규직제도로 인한 죽음은 근로복지공단 이용석, 현대중공업 박일수, 한진중공업 김춘봉, 현대자동차 류기혁, 전기원 정해진 등 5명이다.

첫 번째로, 2003년 1월 9일 새벽 창원 두산중공업 노조 대의원 배달호가 공장 냉각탑 아래에서 분신했다. 분신 다음날 그의 통장에는 2만 5,000원이 입금됐는데 가압류된 돈을 제외한 12월 급여였다.[44] 노조 간부에 대한 손배 청구와 가압류, 사측의 노조 분열 책동이 원인이었다.

2000년 12월 12일 국영기업인 한국중공업(이하 한중)이 두산에 매각됐다. 자산 1조 3,000억 규모의 회사를 3,000억 원에 인수한 것이다. 경합 업체는 자본금이 고작 75억 원에 부채비율이 200%가 넘었다. 정부와 커넥션이 있었던 것이다. 두산이 출자총액제한에 걸린다는 지적이 제기되자 정부는 공정거래법을 고쳐가면서까지 한중 매수를 지원했고 두산은 인수 자금 중 계약금으로 300억 원을 지급한 뒤 곧바로 경영권을 행사했다.[45] 인수 직후 두산 사장 박용만이 "한국중공업의 직원 자산 공장 등을 패키지로 인수하는 것으로, 고용승계는 자동적으로 이루어진다"며 고용승계를 약속했지만, 실상은 당초 언급한 것과는 전혀 다르게 나타났다.[46] 한중을 인수하고 두 달 후 두산은 한중 자본금 1,207억 원으로 한중 주식의 최대지분을 보유하고 있던 한국전력공사 주식을 매입해 한중의 최대주주가 됐다. 한중은 두산이 들어오기 직전 열린 국정감사에서 417억 원의 흑자가 발생한 것으로 보고됐다. 두산이 한중을 매입하고 석 달 만에 흑자는 적자로 전환됐고 현금 보유액 5,000억 원도 사라졌다.

한중이 두산중공업으로 바뀌자마자 정리해고가 시작돼 1,124명이 명예퇴직으로 내쫓겼다. 2002년 한 해만 노조 간부 89명이 해고되고 22명은 고소·고발 또는 구속됐으며, 노조 간부 42명에 대해서는 65억 원의 손배가 청구됐다. 배달호는 월급 절반과 집이 차압당했고 회사 사택 보증금 600만 원도 가압류됐다. 생계를 압박하는 가압류보다 그를 더 힘들게 한 것은 노동자 사이의 반목이었다.[47] 2002년 여름 47일간의 파업을 마친 뒤에는 갈등이 더욱 심화됐는데, 파업 기간에 집에 있으면 재택근무로 인정해 일당을 주고 1시간이라도 파업에 참여한 사람은 작업에 투입하지 못하게 지시하면서부터였다. 노동자들은 점차 피해의식에 젖어갔다. 노조 간부들은 사생활을 감시당했고 누가 어떤 성향인지에 따라 등급이 매겨졌다. 이러한 사실은 배달호의 분신 직후 관리자들의 수첩이 유출되면서 전모가 밝혀졌다.[48] 그동안 두산 노동자들이 겪은 고통이 무엇 때문이었는지, 배달호가 유서의 첫 구절에 왜 "출근을 해도 재미가 없다"고 썼는지 그 이유가 만천하에 공개된 것이다.

배달호의 분신 소식을 듣고 그의 아내는 "미쳤는갑다"고 했다. "손가락 하나만 불에 데도 그렇게 아픈데 차라리 다쳐서 죽는 게 낫지 왜 그런 미친 짓을 했을까" 생각했다. 굴종 대신 차라리 죽음을 택한 결과였다.[49] 더욱이 분신을 생각한 노동자는 배달호만이 아니었다. 배달호의 분신 한 달 전 가장 친한 후배 김건형이 늘 품에 지니고 다니던 석유 페트병 두 병을 몸에 뿌리고 불을 붙였으나 주변에서 몰려와 곧바로 끈 일이 있었다. 그때 배달호는 동생을 나무랐지만 불과 한 달 뒤에는 자신이 같은 일을 했다. 더 이상 가면 두산중공업은 이미 사람 사는 곳이 아니게 될 것이기 때문이었다. 거기서 멈춰야 했다.[50]

배달호의 분신은 전국적으로 큰 파장을 일으켰다. IMF 이후 노동자들의 새로운 삶의 조건에서 탄생한 제2의 전태일이라는 말까지 나왔다. 분신 당일에는 민주노총, 민노당, 민중연대, 금속연맹 등이 참여하는 대책위가 구성됐고, 금속노조 경남지부에서는 47일 투쟁의 패배로 동력을 잃은 두산중공업 노조를 대신해 시신을 지키며 철야농성을 했다. 노동자뿐 아니라 일반 시민과 학생들도 투쟁에 속속 결합했다. 각계각층에서 성명을 냈고, 두산 제품 불매운동과 전국 100만인 서명운동이 자발적으로 일어났다.[51]

그러나 두산은 오히려 적반하장으로 나왔다. 16일에는 노동운동 사상 처음으로 현장부검을 실시했으며 온갖 방식으로 죽음을 왜곡했다. 또한 금전적인 문제로 비관해 자살했다는 소문을 냈고 유서 대필 의혹도 제기했다. 협상 과정에서 "몇 명이 더 죽어야 정신을 차릴 거요"라고 말했던 것을 "두세 명씩 단계적으로 죽기로 기획하고 있다"는 식으로 왜곡하기도 했다. 그의 여동생과 가족들은 사측의 회유로 두산 측이 연 기자회견에서 배달호를 죽인 것은 회사가 아니라 노조라고 했다.[52] 이는 1986년 김세진·이재호·이동수의 죽음, 1988년 조성만·최덕수·박래전의 분신 그리고 1991년 박승희를 시작으로 20일 사이 9명이 분신했을 때 동원됐던 방식이었다.

거기에 더해 두산은 법원에 시신 퇴거 등 방해금지가처분 신청을 냈다. 배달호의 시신이 공장 안에 있어 손해를 입고 있다며 조합원들에게 하루에 3,000만 원씩을 요구한 것이다. 노조 측 대리인인 변호사 박훈은 "망자는 세상을 털어버리고 떠난 것이 아니라 깊은 원한을 품고 떠난 것"이고 "피신청인들은 망자가 원한을 품고 죽은 것에 대해 그 원혼을 풀어주려고 하고 있을 뿐"이라며 두산의 가처분 신청은 권리 남용 그 자체라고 주장했다. 아래는 변호사 박훈이 작성한 답변서의 일부다.

그동안 결정된 가압류 금액이 총 65억인데 하루당 3,000만 원씩 1,000일 간다면, 그래봤자 368억입니다. 노동자들에게 1,000만 원이나 1억이나 1,000억이나 같은 것입니다. 어차피 못 낼 돈이라는 것입니다. 시쳇말로 '이미 버린 몸'이라는 것입니다.[53]

두산이 노조에 65억 원의 손배를 청구했을 때 민주노총 소속 노조 전체에 걸려 있는 손배 청구와 가압류는 1,000억 원대였다.[54] 그러나 회사가 파업농성으로 손해를 봤다는 주장은 사실이 아니었다. 회사는 2002년 발전노조가 파업했을 때도 노조에 손배를 청구하고 가압류를 신청한 바 있었다. 하지만 2003년 10월 서울지법은 파업 기간의 수익이 손해를 초과한다고 판단해 손배 청구를 기각했다. 파업 동안 일부 발전소가 계속 가동됐으며 '무노동 무임금'에 따라 임금을 지불하지 않았다는 것이 판단의 근거였다.[55] 그 뒤로도 노조에 대한 손배 청구와 가압류는 기업이 노조를 탄압하는 전가의 보도처럼 사용됐다.

배달호의 장례투쟁은 3월 13일 신임 노동부 장관의 중재로 개인에 대한 손배·가압류를 취하하는 것을 조건으로 마무리됐다. 대책위에서 1,000명 결사대를 조직해 3월 12일~13일 이틀간 철야농성에 돌입하겠다고 하자 회사는 12일부터 휴업하겠다고 발표한 직후였다. 배달호의 장례는 분신 65일 만인 3월 14일 전국노동자장으로 치러졌다.

두 번째로, 한진중공업 노조지회장 김주익이 2003년 10월 17일 회사의 손배·가압류와 부당노동행위에 항의해 35미터 크레인 위에서 목을 매 자살했다. 한진중공업 파업 88일째였고 단

열사, 분노와 슬픔의 정치학

독 고공농성 129일째였다. 2002년 임금 단체협상이 타결되지 않고 해를 넘기자 김주익은 6월 11일 크레인으로 올라갔다. 7월 22일부터 전면파업에 들어갔으나 사측은 조합원을 분열시키는 한편 150명의 조합원에게 10월 15일까지 복귀하지 않으면 손배·가압류를 신청하겠다고 협박했다. 그 결과 10월 17일 아침, 조합원은 200명으로 줄었다. 배달호처럼 김주익도 손배·가압류는 참을 수 있으나 동료를 잃을 수는 없다고 생각했다. 김주익은 "더 이상 내려가면 안 됐기에" 모든 짐을 혼자 지기로 했다. MBC 〈FM 영화음악〉의 아나운서 정영임은 김주익의 외로운 죽음을 다음과 같이 청취자들에게 알렸다.

새벽 3시, 고공 크레인 위에서 바라본 세상은 어떤 모습이었을까요? 100여 일을 고공 크레인 위에서 홀로 싸우다가 스스로 목숨을 끊은 사람의 이야기를 접했습니다. 그리고 생각했습니다. 올 가을에는 외롭다는 말을 아껴야겠다구요. 진짜 고독한 사람들은 쉽게 외롭다고 말하지 못합니다. 조용히 외로운 싸움을 계속하는 사람들은 쉽게 그 외로움을 투정하지 않습니다. 지금도 어딘가에 계시겠죠? 마치 고공 크레인 위에 혼자 있는 것 같은 느낌, 이 세상에 겨우겨우 매달려 있는 것 같은 기분으로 지난 하루 버틴 분들, 제 목소리 들리세요?[56]

세 번째로, 10월 23일 충남 아산의 세원테크 노조위원장 이해남이 분신했다. 이해남은 1년 전 세원테크 쟁의 과정에서 머리를 크게 다친 뒤 사망한 동료 노동자 이현중의 죽음과 관련한 농성으로 수배를 받고 있었다. 김주익의 자살 소식이 전해졌을 때 그는 노조 홈페이지에 "이번엔 내 차례가 될 것 같다"는 글을 올렸다. 세원테크는 1년 전 파업 때 노조원을 무더기로 고소·고발하는 한편 9억 8,000만 원의 임금과 2억 원의 재산을 가압류했다.[57]

두 달 간격으로 2명의 노동자가 타살과 자살로 사망하자 세원테크 모기업인 세원물산이 위치한 대구에서는 '세원 사태 해결을 위한 대구지역 시민사회단체대책위원회'가 꾸려져 노조 탄압 중지를 요구하는 성명을 발표했다. 민주노총은 10월 26일 대구에서 전국노동자대회를 열고 금속연맹을 중심으로 세원자본 규탄에 돌입했다.[58] 세원테크 사태는 12월 10일 분신 사건에 대한 회사 측의 공식 사과, 이해남 지회장의 명예복직과 해고자 복직, 노사 간 고소·고발 취하 등이 합의되면서 일단락됐다.[59]

네 번째로, 2003년 10월 26일 근로복지공단 비정규직노조의 광주지부장 이용석이 서울 종묘공원에서 열린 전국비정규직노동자대회를 마치고 행진을 하던 중 온몸에 시너를 뿌리고 분신했다. 정규직보다 30~40% 낮은 임금에다 1년 단위로 재계약이 반복되는 비정규직의 '노예' 같은 처지를 항의한 것이었다.[60] 이날 대회는 민주노총과 한국노총이 공동주최한 것으로 산하 노조원 1,200여 명이 참가했다. 이용석의 분신 후 노조원 200여 명은 곧바로 영등포 근로복지공단 본부에서 농성에 들어갔고[61] 민주노총은 29일 전국적으로 동시다발적 규탄집회를 열고 손배·가압류와 부당노동행위 등 노동 탄압을 중단시킬 대안을 내놓지 않는다면 총파업에 돌입하겠다고 경고했다.[62]

다섯 번째로, 김주익이 사망하고 보름이 채 안 된 10월 30일

열사, 분노와 슬픔의 정치학

용접공 곽재규가 한진중공업 제4도크에서 11미터 바닥으로 몸을 던졌다. 김주익이 목을 맨 85호기 크레인 바로 밑이었다. 곽재규는 회사가 파업 불참자에게만 주는 일부 급여라도 받기 위해 한 달여 동안 파업에 참가하지 않다가 형제처럼 지내던 김주익이 숨지자 심한 죄책감을 겪었다. 한진중공업은 7월 22일 노조가 전면 파업에 들어가자 출근하는 조합원에게는 급여를 주지 않고 결근하는 조합원에게는 임금의 70%를 주는 '노조 와해 정책'을 폈다. 파업 참여로 급여가 끊긴 곽재규는 부인의 신문배달 벌이를 합쳐도 장모의 치료비와 생활비를 감당할 수 없게 되자 결근자에게만 주는 이른바 '명휴수당'을 받기 위해 9월 13일부터 "몸이 아프다"며 파업농성장에 복귀하지 않았다. 그러나 10월 17일 김주익이 숨진 뒤 다시 파업에 참가했고[63] 동료들에게는 "좋은 사람이 다 떠나서 세상 살 이유가 없다"고 자주 하소연했다.[64]

보름이 채 안 돼 4명의 노동자가 자살하자 민주노총은 11월 6일 90여 사업장 5만여 명이 참여한 가운데 부분파업을 실시했다. 또 11월 9일에는 서울시청광장에서 전국노동자대회를 열었다. 조합원 5만여 명이 참여한 이날 집회에서 민주노총은 손배·가압류와 비정규직 차별을 해결하기 위한 정부 대책을 촉구했다. 이날 서울 시내 거리시위에는 2년여 만에 처음으로 화염병이 등장했으며, 경찰도 폭력적인 방식으로 진압에 나서 부상자가 속출했다.[65] 그러나 12월 12일로 예정됐던 민주노총 총파업은 무산됐고 노사정위원회는 손배·가압류에 대한 개선 방안으로 '사회협약' 방식의 합의를 내놨다.[66] 한편 한진중공업 노사는 12월 13일 노조와 노조 간부에 대한 손배·가압류를 철회하고 고소고발을 취하하며

노조와 노조원에 대한 민·형사상 책임을 묻지 않기로 잠정 합의했다.[67]

이처럼 2003년 한 해에는 화물연대 소속 박상준을 포함해 6명의 노동열사가 출현했고, 열사로 호명되지는 않았지만 자살한 노동자는 934명에 달했다.* 이는 10년 전인 1993년의 208명에 비해 무려 4.5배 증가한 수치였다. 또 같은 해 노조와 노조원에 부과된 손배·가압류 총액은 각각 490억 원, 704억 원이었고[68] 규모는 해마다 늘어갔다. 김대중 정권을 이어받은 노무현 정권이 출범 첫해 남긴 결과 치고는 가혹했고 따라서 실망감도 컸다. 아래는 2003년 말 어느 고등학교 교사가 신문에 기고한 글의 일부다.

> 1970년 제 몸에 불을 붙인 전태일의 유서와 2003년 스스로 목을 맨 한진중공업 위원장 김주익의 유서가 똑같은 기막힌 나라, 이 기막힌 나라를 바로잡기 위해서는 도대체 얼마나 노동형제들이 더 숨져야 하는가, 도대체 얼마나 더 많은 전태일이 나와야 하는 것인가.[69]

여섯 번째로, 2004년 2월 14일 현대중공업 하청업체의 비정규직 노동자 박일수가 "하청 비정규직 노동자로 산다는 것은 인간임을 포기해야 하는 것이며 현대판 노예로 살아가야 하는 것이며 기득권 가진 놈들의 배를 불려주기 위해 제물로 살아가야 하

---

* 이 수치는 기능원 및 관련 기능 종사자, 장치·기계 조작 및 조립 종사자, 단순노무 종사자를 합한 것이다.(《사망원인 통계》, 통계청, 2017.04.09.)

는 것"이라는 유서를 남기고 분신자살했다.[70] 1998년 2월 13일에도 대우조선 노동자 최대림이 정리해고제와 파견근로제가 국회에서 통과되기 직전에 분신자살했다. 박일수는 6년 뒤 바로 그 다음날에 분신자살한 것이다. 그가 사망한 후 곧바로 현대중공업 사내 하청업체 해고노동자 3명이 대형크레인 점거농성에 들어갔으나 곧 현대중공업 경비대에 끌려 내려왔다.[71] 민주노총 금속연맹은 박일수를 '열사'로 규정하며 비정규직 차별철폐투쟁을 전개하려 했지만 현대중공업 노조는 이를 거부했고, 박일수가 술에 만취해 홧김에 분신한 것이라는 소문마저 퍼뜨렸다.

1990년 '골리앗투쟁'을 전개하며 강성노조의 대명사로 불렸던 현대중공업 노조는 바로 전해인 2003년 7월 무분규 10주년을 기록할 정도로 실리를 추구하는 이익단체로 변모돼 있었다. 그해 9월 민주노총은 현대중공업을 제명했다. 현대중공업 노조는 제명 결정에 대해 재심을 청구하지 않고 독자노선을 걷기로 했다. 국가권력과 노동자, 자본과 노동자에 이어 정규직과 비정규직 사이에 또 하나의 벽이 놓이는 순간이었다.

일곱 번째로, 2004년 12월 27일 한진중공업의 비정규직 노동자 김춘봉이 마산공장에서 목을 매 숨진 채 발견됐다. 2003년의 김주익, 곽재규에 이어 한진중공업에서만 세 번째 자살이었다. 김춘봉은 26세에 한진중공업의 전신인 코리아타모마에 입사해 24년간 일했고 이 과정에서 산재를 당했다. IMF 구조조정 때 회사는 김춘봉에게 산재 보상보다는 명예퇴직을 한 뒤 비정규직으로 근무할 것을 권했다. 그는 회사 관리자의 말만 믿고 산재 보상을 포기한 채 촉탁근무직으로 일했으나 결국 해고를 당했고 계약 연

장은 거부됐다.[72] 아래는 김춘봉이 남긴 편지지 5장 분량 유서의
일부이다.

24년간 이 회사를 위해 몸과 청춘을 바쳤지만 아무런 성과도 없
이 이렇게 밖으로 쫓겨나게 됐다. 누구를 원망하지도 미워할 수도
없지만 나를 이렇게 만든 사람을 정말로 죽이고 싶다. 돈 없고 힘
없는 사람은 모두 이렇게 해도 좋단 말인가. 절대 못 나간다. 차라
리 여기서 죽겠다고 수차 이야기를 해도 도와주지도 보지도 않는
다. 정말 회사는 너무하다. 다시는 이러한 비정규직이 없어야 한
다. 나 한 사람 죽음으로써 다른 사람이 잘된다면…… 비정규직이
란 직업이 정말로 무섭다. 벌써 혼자서 집에 가지 않고 사무실에
서 잠을 자며 생활한 지도 21일째다. 아무도 신경을 써주지 않는
다. 나도 지쳐간다. 저번에 다친 허리가 왜 이렇게 아픈지. 꼭 이렇
게 해야만 회사는 정신을 차리는지. 지금 밖에서는 비정규직 철
폐를 외치고 있다. 꼭 이루어지길 간곡히 원한다. 그렇게 해야만
나 같은 사람도 인간 대접 받을 수 있지. 한진중공업에서도 비정
규직이 죽었다는 것을 알면 현재 근무하고 있는 비정규직은 좋은
대우를 해주겠지.

김춘봉의 죽음 후 한진중공업 노조는 비정규직 철폐를 요구
하며 사측과 교섭에 들어가 30일 새벽 회사와 전격적으로 합의했
다. 노사는 재발 방지를 위해 특수직종 촉탁사원 25명을 계약 만
료 시점부터 정규직으로 전환하고 나머지 촉탁계약자 17명은 담
당 업무가 계속되는 한 정년을 보장키로 합의했다. 또한 정규직의

업무를 근로자 파견·용역·하도급 등으로 전환하지 않으며 부득이한 경우 조합과 합의하기로 함으로써 비정규직 확대 방지책을 마련했다.[73] 김춘봉의 장례는 12월 31일 '한진중공업 고 김춘봉 노동자장'으로 치러졌다.

여덟 번째로, 2005년 9월 4일 현대자동차의 하청 노동자 류기혁이 노조 사무실 옥상에서 목을 매고 숨진 채 발견됐다. 하청기업이 보광기업에서 부경기업으로 일방적으로 바뀐 뒤 노조활동을 했다는 이유로 해고된 지 3개월이 채 못 됐을 때였다. "돈 벌어서 어머니 앞으로 보내고 동생들이 살아가는 데 보탬이 되고 싶다"는 이유로 일을 시작했지만 "월차도 못 쓰게" 하는 비정규직 차별이 노조활동에 발을 딛게 했다.[74] 현대자동차는 노동부로부터 이미 비정규직 불법파견 판정을 받은 상태였지만 불법파견을 해소하는 대신 "법대로 하겠다"며 으름장을 놓았다. 더 나아가 노조에 총 200억 원의 손배를 청구하면서 조합비 통장까지 가압류해놓은 상태였다.[75]

류기혁의 사망 소식이 전해지자 비정규직 조합원 4명은 다시 10미터 높이의 철탑에 올라 고공농성을 시작했다. 하지만 노사협상에서 심야근무 폐지와 비정규직 처우 개선 등 핵심 현안은 결국 풀지 못했다.[76] 민주노총과 산하 금속연맹은 9월 9일 류기혁이 숨진 뒤 처음으로 1,000여 명이 참석한 가운데 추모대회를 열고 불법파견 철폐를 요구하며 가두시위를 벌였다.[77] 류기혁의 시신은 노동조합 개입을 거부한 유족들에 의해 화장 후 처리됐다.

마지막으로, 2007년 10월 27일 건설노조 산하 인천전기원 조합원들의 집회에서 영진전업에 근무하던 비정규직 노동자 정해진이 "전기원 파업투쟁은 정당하다" "투쟁하지 않는 요구는 구걸이다!"라고 외친 뒤 분신했다. 당시 건설노조 전기분과는 전기공사업체들의 위법행위에 항의해 131일째 파업을 벌이고 있었다.[78] 근로기준법상의 주 44시간 노동조건 무시, 단체협약 체결 거부, 본인 동의 없는 부당 전적, 급여 축소 신고를 통한 사회보험 사업주 부담 축소 납부, 세금 중간 착복, 근로대장 허위 작성을 통한 탈세 등이 그 내용이었다.

인천전기원이 소속된 건설노조는 1989년 4월 최초로 설립된 전국 단일노조인 전국건설일용노동조합(전일노)에서 출발해 전국건설일용노동조합협의회(전일노협)를 거쳐 전국건설일용노동조합연맹(전일노련)으로 재편됐다. 1999년 12월에는 건설기업 노조들의 연맹이었던 전국건설산업노동조합연맹(건설산업연맹)과 통합해 통합연맹을 구축했으며 2007년 건설노동자 외에 전신주 작업을 하는 전기원 노동자, 레미콘 기사를 포함하는 건설기계 노동자 그리고 타워크레인 노동자들까지 모두 포괄하게 되었다. 정해진의 분신은 전기원 노동자가 건설노조 소속이 된 첫해에 발생한 죽음으로 그는 건설노조 최초의 노동열사에 해당한다.

정해진의 죽음은 분신자살이었음에도 후속투쟁이 건설노조 차원에서만 전개됐다. 금속노조 소속 대공장 노동자의 자살 시 민주노총 차원에서 공동투쟁에 나서는 것과는 대비되는 일이었다. 인천전기원 조합원들이 시신이 안치돼 있는 한강성심병원 앞에서 매일 추모집회를 열었고, 건설노조는 10월 29일 인천 경인지방노동청 앞에서 노동청 규탄대회를 열고 노숙농성에 들어갔다. 민주노총은 파업과 집회 대신 노동부 장관과 면담하며 대책 마

열사, 분노와 슬픔의 정치학

련을 촉구했고, 노동부 장관 이상수는 안전점검 실시와 체불임금 '연구'를 대책으로 내놓았다.[79] 투쟁에 앞서 주무 장관과 만나 협상에 나서는 모습은 두산중공업, 현대중공업, 한진중공업 등 금속노조 소속 정규직 노동자의 죽음에서 보기 힘든 것이었다. 아래는 정해진이 분신하고 사흘 뒤에 열린 추모제에서 건설노조 전기분과위원장 정광수가 했던 말로 그 무렵 전기원노조에 대한 민주노총의 태도를 읽을 수 있다.

열사가 130일이 넘는 파업투쟁을 하면서 얼마나 힘들었을까? 오늘 아침까지도 민주노총을 탈퇴하라는 새빨간 논리를 들이대는 유해성 악질자본에 맞서 투쟁을 하면서 정말 얼마나 힘들었을까? 열사가 건설노동자들에게, 열사가 민주노총 조합원들에게 '정말 힘듭니다. 이 싸움 같이 해주십시오.' 우리에게, 정말 우리에게 손 내민 거라고, '민주노총 동지들께 이 싸움 힘드니까 같이 해주십시오.' 손 내민 거라고 봅니다. 그런데 며칠이 지난 지금까지도 민주노총이 열사대책위를 책임지고 만들고, 민주노총이 책임지는 싸움을 하겠다는 이 말이 없습니다.[80]

정해진의 죽음은 오히려 인권운동 쪽에서 중요하게 다뤄졌다. 인권단체연석회의는 11월 8일 정해진의 죽음에 대한 보고서를 발표했다. 보고서에서는 이 사안을 뚜렷한 출구 없이 장기화되고 구조화되고 있다는 점에서 같은 해 10월 11일 발생한 노점상 이근재의 자살과 동일한 것으로 보았다. 보고서에 따르면 전기원 노동자들은 일용직이나 기간제 형태로 노동하고 있었으며, 평균 노동시간은 10시간, 여름철에는 12시간이 넘어가는 경우가 다반사였던 것으로 드러났다.[81] 정해진의 죽음 후 사측은 노조를 인정하고 주 44시간 노동과 토요 격주 휴무제 실시를 약속했다.[82] 정해진의 장례는 11월 14일 서울 영등포 한강성심병원 앞에서 치러졌다. 참석한 노동자들은 "인천전기원 파업 정당하다, 유해성을 구속하라"고 외쳤으며 유해는 마석 모란공원에 안장됐다.[83]

② 운수노동자

이 시기 운수노동열사는 택시노동자 1명, 버스노동자 2명이다. 각각 임금체불과 부당해고가 원인이었다.

첫 번째로, 전남 장흥교통의 버스기사 정상국이 2004년 5월 26일 자살했다. 장흥교통은 그간 전원해고 위협과 해고 예고 등으로 노조를 탄압해왔는데, 장흥군청에서 7억 원의 보조금을 받으면서도 1년 동안 1억 4,000만 원의 부당요금을 징수했다는 것이 노조에 의해 밝혀졌다. 이에 정상국은 "장흥교통 문제 해결을 위해서는 김○○ 군수를 직접 만나야만 한다"며 1차 분신을 시도했으나 조합원들의 저지로 실패한 뒤 다시 제초제를 마시고 사망했다.[84]

두 번째로, 2007년 1월 23일 인천 우창운수의 택시기사 전웅재가 분신했다. 분신하기 한 해 전 전웅재는 노조 조직부장으로 활동하며 63일 동안 파업을 이끌어 월급제 쟁취, 연월차 유급화를 이뤄냈다. 그러나 이후 사측은 2005년 '택시월급제 사수를 위한 비상모임' 활동가 3명을 해고한 데 이어 2006년에는 임금 삭감안을 반영시킨 임금협약 체결을 강제했다. 이에 전웅재는 "임금

열사, 분노와 슬픔의 정치학

삭감은 절대 안 된다"며 "해고를 막지 못해 미안하다"라는 말을 마지막으로 몸에 불을 붙였다.[85]

세 번째로, 같은 해 10월 23일 진주 신일교통의 버스기사 정태봉이 극심한 생활고 때문에 음독자살했다. 1996년에 신일교통에 입사하고 10년째 되던 해였다. 그즈음 신일교통은 연초부터 6개월여에 걸쳐 노동자 1인당 약 1,000만 원의 임금을 체불하고 있었다. 그는 "후손을 생각해서 진짜 양심이 있는 인간이 되자. 신일교통 투쟁 파이팅. 부자는 언젠간 망한다"는 내용의 유서를 남겼다.[86]

한편 택시와 버스는 같은 운수노동자이지만 열사의례는 크게 달랐다. 택시노동자는 제조업처럼 민주노동자장은 아니지만 1988년 전택노련 건설 후부터 지역별 택시노동자장으로 치러져 망월동 묘역이나 마석 모란공원 민주열사묘역에 묻히는 경우가 제법 있었다. 박종만 이후 13번째 택시노동열사인 전응재도 모란공원에 묻혔다. 그러나 버스노동자의 경우 이문철(1988.11.01.)과 최성묵(1994.03.11.)을 비롯해 이 시기의 정상국과 정태봉도 민주열사묘역에 안장되지 않았다. 이는 1991년 5월투쟁 기간에 분신한 당위형 열사인 차태권도 마찬가지였다. 유족의 뜻일 수도 있겠지만, 두 부문의 조직력과 전체 노동운동에서 차지하는 위상 차이 때문으로 볼 수도 있다.

③ 화물운송노동자

화물운송노동자들을 구성원으로 하는 화물연대는 2002년 10월 27일 "물류가 멈추면 세상이 멈춘다"는 플래카드를 내걸며 출범했다. 화물노동자들은 97%가 비정규직 노동자인 데다 대부분이 영세 지입차주이며 특수고용노동자라는 불안정한 지위에 놓여 있다. 위수탁계약이라는 민사계약관계를 운수회사와 맺고 있지만 실제적으로 운수회사의 지시와 통제를 따를 수밖에 없는 실정이다. 또한 2000년 이후 근로기준법상의 근로자로 인정받지 못할 뿐 아니라 산재보험 적용 대상에서도 제외돼 있다. 주당 평균 노동시간은 80.7시간으로 2002년 전 직종 노동자의 평균 노동시간인 49.0시간의 1.65배에 달했다. 하루 평균 수면시간도 5.1시간에 불과한 것으로 조사됐다. 정부의 유가 정책에도 크게 영향을 받아 경유값이 손익분기점인 리터당 900원을 넘어서면 운행할수록 손해가 늘어나는 상황이었다.[87]

화물연대가 출범하고 다음해인 2003년 4월 28일 화물연대 포항지부 컨테이너 기사 박상준이 "빚을 더 이상 감당하기 힘들다"는 내용의 유서를 남기고 음독자살했다. 지입차주로 생활하다 8,000여 만 원의 빚을 진 박상준은 자살하기 전 화물차 간 무선교신(주파수 공용통신, Trunked Radio System, 이하 TRS)을 통해 동료 화물차 운전자들에게 "열심히 투쟁해서 더 이상 나 같은 사람은 없었으면 좋겠다. 지금 진행 중인 투쟁에서 꼭 승리해달라"는 말을 남겼다.[88]

전국의 화물노동자 5,000여 명은 TRS 연락망의 호소를 듣고 4월 30일 과천 정부청사에서 대규모 항의집회를 개최했다. 이어 5월 2일에는 화물연대 최초의 총파업에 돌입했다. 이 파업에는 포항지역의 포스코, INI, 동국제강 등 철강업체들의 물류수송을 절대적으로 담당해온 2,000여 명의 포항지부 조합원과 한국철강 등

열사, 분노와 슬픔의 정치학

마산지역의 철강업체 수송을 담당해온 1,500여 명의 경남지부 조합원이 참가했다.[89] 화물연대는 7일 오전 박상준의 죽음에 항의하는 차원에서 포스코 포항제철소 정문 봉쇄를 결의했으나 '다단계 알선 금지 노력' '노조 탄압 중지' '운송업체와의 적극적인 협상' 등의 약속을 받고 봉쇄를 일단 유보했다. 한편 이날 화물연대의 파업 참가를 종용하다 시비 끝에 전국운송하역노조 부산지부 김해지회장 최복남이 차에 치여 숨지는 일이 벌어졌다. 포항 농성에 참가하기 위해 다른 동료들을 기다리던 중 화물 트레일러가 운행 중인 것을 발견하고 파업 동참을 요구했으나 불응하자 트레일러에 올라타 600~700미터를 매달려 가다 차에서 떨어진 것이다.[90] 그의 장례는 전국화물노동자장으로 치러졌다.

화물연대 파업은 5월 9일 운송료 인상을 조건으로 마무리되었다. 그러나 이는 미봉책에 불과했으며 같은 해 8월 21일 2차 총파업이 전개됐다. 한편 2차 총파업이 있기 한 달 전인 7월 27일에 또 한 명의 노동자가 자살하는 일이 발생했다. 경북 포항시 화물연대 포항지부 우경운수분회 조합원 고성학이 우경운수 사장 김삼도로부터 차량 구입 때 빌린 돈 3,000만 원을 일시에 갚지 않으면 배차해주지 않겠다는 협박에 시달리다 아파트 베란다에서 목을 맨 것이다.[91]

화물연대의 두 번째 노동열사인 김동윤은 2005년 9월 10일 화물연대의 출발점이었던 부산항 신선대 부두에서 생존권 사수를 외치며 분신했다. 화물연대 부산지부 해운대지회 우동분회 조직 담당으로 활동했던 김동윤은 분신 직전 화물연대 사무실에 전화를 걸어 "유가보조금 환급금이 가압류됐고, 기름값이 올라

너무 힘들고 못 살겠다. 유가보조금 환급금을 반환해달라"는 말을 남겼다.[92]

김동윤은 분신 석 달 전인 6월경 1,200만 원가량의 부가세 미납금을 관할 세무서와 합의해 월 50만 원씩 유류보조금 환급분에서 차감하기로 이행각서를 쓰고 3개월째 변제하던 중이었다. 네 식구가 두 칸짜리 월세방에서 사는 처지였지만 김동윤은 명색이 '사업자등록증'을 교부받은 '사장님'이었다. 그러다 9월 6일 세무서 측이 유류보조금 420만 원 전액을 압류해 더 이상의 노력은 의미가 없게 됐다. 김동윤은 오전 9시 50분 신선대 부두로 이동해 화물연대 투쟁조끼와 머리띠를 두른 채 시너를 몸에 붓고 불을 붙였다. 분신 당일 김동윤의 화물차 운전석에는 컵라면이 놓여 있었다.

추모집회가 열린 9월 14일 부산시청 앞 광장에는 3,000여 명이 모였다. 화물통합연대 준비위원장 김종인은 "세무 당국과 알량한 민주화운동 명함 내건 노무현이 동지를 앗아갔다"[93]고 절규했다. 화물연대는 10월 10일 총파업을 예고했다. 그러나 정부가 조정안을 제시하면서 파업은 철회됐고 10월 10일에는 파업 대신 김동윤의 장례가 전국노동자장으로 치러졌다. 하지만 장례식 마지막 순서인 하관식을 마치고는 다시 상황이 바뀌었다. 화물연대 조합원들이 장지로 예정된 솥발산의 출입을 모두 봉쇄하고 총파업 및 지도부 총사퇴를 요구한 것이다. 결국 화물연대 지도부가 17일과 18일 계획돼 있던 '정부안 수용 여부'에 대한 찬반투표를 '총파업 찬반투표'로 전환하면서 상황은 마무리됐다.

④ 중앙노조 상근 활동가

2004년 12월 3일 민주노총 서울 사무처장 박상윤이 목을 매 사망했다. 전업 노동운동가이자 중앙노조 상근 활동가로서는 처음이자 유일한 열사였다. 박상윤은 한국빠이롯트만년필과 대명정밀을 거쳐 광명인쇄에서 인쇄노동자로 일했고, 1987년 6월항쟁과 1988년 통일운동 때 시위 참여로 두 차례 구속된 경험이 있었다. 1997년부터는 민주노총 서울본부에서 활동하며 비정규·미조직 노동자들의 조직과 투쟁을 지원했고, 1998년 민노당 창당 초기에 당원번호 61번으로 민노당 당원이 됐다. 그는 재능교사, 학습지, 보험모집인, 서울대시설관리, 한국통신 계약직, 방송사비정규, 동부시장, 서울지역중소기업일반노조, 덤프연대 등의 노조를 지원했다.[94] 그중 방송사비정규노조 위원장 주봉희는 노동절만 알았지 생일을 챙겨보지 못했던 자신에게 새벽에 끓여놓은 미역국과 초코파이를 챙겨준 것도 박상윤이었다고 회고했다. 박상윤은 주사모(주봉희를 사랑하는 모임)를 만들어 매월 20~30만 원씩을 이체해주곤 했다.[95]

　박상윤이 목을 맨 2004년 12월은 공권력이 비정규직투쟁을 크게 탄압하던 시기이다. 박상윤이 지원했던 노조 중 하나가 조합원이 100명까지 늘어나면서 정규직 전환을 목전에 두었으나 노조 내부 사정으로 두 달간 싸우다가 깨져버렸다. 엎친 데 덮친 격으로 "민주노총 대의원대회가 폭력 사태로 얼룩지고, 민주노총 수석부위원장이 금품수수 비리로 감옥에 갇히고, 한국노총 지도부 비리 사건이 꼬리를 물고, 기아차노조·현대차노조는 '취업장사'로 비난"[96]을 받고 있었다. 그 무렵 박상윤이 느꼈을 심정은 아래 글에 잘 나타나 있다.

노동운동이 갈라져 서로 갈등하고 대립하는 것에 크게 실망해 번민했다. …… 적들의 공세는 걷잡을 수 없이 밀려오는데 우리가 이래도 되는지 안타까워했다. 투쟁의 성과를 조직으로 돌리지 않고 모두가 자신의 것인 양 행세하고, 상급 조직 진출의 발판으로 삼거나, 현장의 대중적 검증도 없이 분파구도 속에서 주요한 지위를 자임하는, 나아가 그것이 통용되는 운동기풍을 슬퍼했다.
-민주노총 미조직비정규사업국장 김진억의 추모사 중[97]

박상윤의 죽음은 그의 헌신적 활동만큼이나 활동가들에게 안타까움을 주었지만, 그가 우려했던 민주노총 내 분파구도와 무너진 운동기풍이 되살아나지는 않았다. 대신 노동운동가들의 우울증을 되돌아보는 계기가 됐다. 잇단 패배와 사회적 고립, 지도부의 비리와 활동가들의 생활고 속에서 우울증을 겪는 활동가들이 많아졌고 그처럼 스스로 목숨을 끊는 경우도 생긴 것이다. 이후 민주노총은 건강검진 때 우울증을 검사항목으로 포함시키기로 했다. 그러나 이보다 더 중요한 것은 노동운동이 명분과 활력을 되찾는 일이었다.[98]

농민

이 시기에 출현한 농민열사는 2명으로 모두 쌀 수입 개방과 관련이 있다. 또 2명 열사 외에도 자살이 더 있었으며 농민운동 과정

열사, 분노와 슬픔의 정치학

에서 타살로 사망한 열사도 2명나 된다.

첫 번째로, 2005년 11월 11일 농업인의 날에 자살한 정용품은 사망 당시 나이가 79세로 이명박 정권 시기에 자살한 강희남(90세)을 제외하고는 최고령이었다. 정용품은 한국농업경영인중앙연합회(한농연) 소속 회원으로 2003년 방송대 가정학과를 졸업한 뒤 이듬해 남도대학에 입학해 총학생회장을 지냈고 지역신문 기자로 일하면서 농업 정책을 비판하는 기사를 써왔다. 찢어낸 달력에 남긴 유서에는 "농촌이 정말 어렵습니다. 정말 농촌 문제 현실성 있게 잘 세워야 농촌이 산다. 정말 열심히 일하는 사람이 대접을 받을 수 있는 사회가 돼야 한다"는 내용이 적혀 있었다.

두 번째로, 정용품의 자살 이틀 뒤인 11월 13일 성주농민회 소속의 오추옥이 음독자살을 시도했다. 쌀 수입 개방 비준안이 통과되기 직전이었는데, 그가 독극물을 마신 상태에서 흘려 쓴 두 장의 유서 전문은 다음과 같다.

쌀 개방 안 돼. 우리 농민 안 돼. 죽여라. 죽일려면 죽이거라. 나는 간다. 여보 정말 사랑합니다. 나는 당신을 정말로 사랑합니다. 여보 제발 우리 서로 마음을……[99]

당시 오추옥은 토마토 농사 실패로 가계부채를 진 뒤였다. 2부에서 오추옥을 당위적 실존형으로 분류한 까닭은 이 때문이다. 쌀 수입 개방은 같은 농민으로서 오추옥에게도 완전히 남의 일은 아니었지만 그의 직접적인 생계와는 무관했기 때문이다.

오추옥의 자살 이틀 뒤인 11월 15일에는 농민 전용철(46세)과

홍덕표(68세)가 쌀협상 국회 비준을 저지하기 위해 서울 여의도에서 열린 전국농민대회에 참가했다가 시위 진압경찰에 폭행당하는 일이 발생했다. 보령농민회 주교면 지회장으로 일해온 전용철은 9일간 투병하다 운명했으며, 평생을 소작농으로 살아온 홍덕표는 33일 동안 투병 끝에 12월 18일 운명했다. 함께 전국농민대회에 참가한 하신호(73세)는 전북 김제의 집으로 돌아간 직후 급사했다. 고령에도 불구하고 추위를 견디며 집회에 참석한 것이 원인이었다. 11월 17일에는 농민 한상민(58세)이 농업대출금 상환을 고심하던 끝에 자신의 채소 재배 비닐하우스에서 농약을 마시고 나흘 만에 숨졌다. 30년 이상 농업에 종사해온 그는 2,000여 평의 친환경 채소류를 경작하면서 받은 1억 원대 농협대출금 중 연말까지 1,500만 원을 상환해야 하는 상황이었다.[100]

오추옥은 11월 17일 끝내 사망했고 그의 장례는 19일 전국농민장으로 치러졌다. 12월 1일 서울 대학로에서 열린 전국농민대회에서는 쌀 개방에 반대해 목숨을 잃은 정용품, 하신호, 오추옥, 전용철 등 4명의 합동추모제를 열고 가두시위를 벌였다.

도시빈민

2002년의 최옥란과 박봉규 이후 한동안 노점상열사는 나타나지 않았다. 그러다 노무현 정권 말기인 2007년 10월 12일 고양시의 붕어빵 장사 이근재가 목을 매 자살했다. 이근재가 자살하기 하루 전인 10월 11일 고양시청°은 도시미관을 이유로 400여 명의 용역깡패를 동원해 화정역, 주엽역 근처의 노점상을 상대로 노점 단

속을 했다. 단속 과정에서 노점상들을 잔인하게 폭행해 부녀 노점
상을 포함 총 8명의 노점상이 심한 부상을 당해 인근 병원에 후
송되기도 했다. 그날 저녁 이근재는 부인에게 "당신 고생시켜 미안
하다"는 말을 남긴 채 12일 새벽 추리닝 두 벌만을 싸들고 어디론
가 나갔고 다음날 인근 야산에서 발견됐다.[101]

이근재는 1997년 IMF위기 때 다니던 공장의 부도로 실직한
후 노점상 생활을 해왔다. 당시는 IMF로 실직한 노동자들이 다른
일자리를 찾는 데 실패하고 택시기사가 되거나 일용직 건설노동
자, 노숙인 등 불안정노동자로 정착해가던 시기였다. 이근재의 죽
음은 노점상 자살의 주요 원인이 지방자치단체에 의한 단속이지
만, 노점상의 발생과 열악한 생활 여건은 사회 전체의 정치경제적
환경에 의해 좌우된다는 것을 보여주는 사례였다.

한편 다섯 달 뒤인 2008년 3월 13일 성남 재생병원 앞에서
떡볶이 장사를 하던 전영걸(46세)이 분신했으나 목숨을 건졌다.

3) 노동시장의 분절과 고립된 죽음: 2008~2012년

이명박 정권은 신자유주의적 노동 정책이라는 기조에서 김대중
과 노무현 정권의 연속이었다. 그러나 사용자 편향성business friendly
과 노동에 대한 배제, 억압의 강도는 과거 권위주의 정권 수준으

• 　당시 시장은 강현석으로 고려대 국문학과를 나와 한나라당 당직자로 근무하다 2002년과
　2006년 지방선거에서 한나라당 소속으로 고양시장에 당선됐다.

로 되돌아갔다. 노무현 정권 시기에 정부의 신자유주의 노동 정책에 격렬히 저항했던 노조들은 이명박 정권 시기에 별다른 저항의 목소리를 내지 못한 채 약화됐다. 노무현 정권의 노동 정책이 정책 기조에 일관성이 없이 정치적 수사와 실행 내용이 불일치해 많은 문제를 양산했다면, 이명박 정권의 노동 정책은 일관되게 친자본적이었다. 단기적 일자리의 대량 창출로 노동자들을 회유하면서 다른 한편으로는 노조를 무력화하면서 배타적 경영권을 보장해나갔다.[102]

노조의 약화를 반영하듯 실존형 열사도 노무현 정권 시기에 비해 대폭 줄어들었다. 이 시기에는 박종태(화물연대), 박종길(현대자동차), 허광만(철도청), 신승훈(현대자동차), 최강서(한진중공업), 이운남(현대중공업) 등 6명의 노동열사가 출현했고 노동자 이외의 다른 직업군은 없었다. 이 열사들이 소속되어 있던 기업들은 모두 이전 정권에서도 열사가 출현했던 곳이었다.

김대중 정권 시기에 실존형 열사가 크게 줄어든 것은 IMF 직후 노사협력주의 때문이었지만 노무현 정권을 거쳐 이명박 정권 때 실존형 열사가 다시 감소한 이유는 다른 원인 때문이었다. 노동쟁의 건수도 노무현 정권 때 1,322건에서 이명박 정권 때 485건으로 크게 줄어들었는데[103] 노사 갈등이 감소했기 때문이라기보다는 노동 통제가 고도화되면서 노조가 무력화된 측면이 크다. 자살 배경은 '기간제 및 단시간 근로자 보호 등에 관한 법률'(기간제법)의 개정이 컸는데, 기간제법은 기간제 사용 기간 연장, 파견허용업무 확대, 최저임금 삭감, 노조 무력화 등을 노린 복수노조 및 전임자 임금 지급 금지를 포함하고 있었다.

이런 맥락에서 앞서 김대중과 노무현 정권 때 사라졌던 당위형 자살의 '정권 타도' 구호가 이 시기에 재등장했다. 사회운동의 정치성도 특히 강화되었는데, 이명박 정권은 출범 초기부터 대대적인 '광우병 촛불시위'에 직면해야 했다. 그러나 대중들의 반이명박 정서가 고조될수록 노동자들의 현장투쟁은 오히려 소강상태에 들어갈 수밖에 없었다. 1,700여 개 단체로 구성된 '광우병 위험 미국산 쇠고기 전면수입을 반대하는 국민대책회의'(광우병대책회의)에 민주노총이 주도적으로 참여하면서 노동운동의 주된 관심은 투쟁 현장보다 이명박 퇴진을 위한 거리집회로 향했다. 이석행 위원장을 비롯한 민주노총 간부들이 촛불시위 과정에서 구속되거나 수배되었고, 언론의 관심도 거리로 향했다. 이런 조건에서 선도적으로 투쟁을 전개한 곳은 화물연대였다.

이 시기의 첫 번째 열사는 촛불시위가 있었던 2008년 다음 해인 2009년 화물연대 노동자들의 투쟁 과정에서 출현했다. 5월 3일 화물연대 광주지부 1지회장 박종태가 대한통운 광주지사 택배기사들의 복직투쟁을 벌이던 중 목숨을 끊었다. 대한통운이 배달수수료 인상을 둘러싸고 협상을 벌이던 택배기사 78명에게 계약 해지를 통보한 게 발단이었다. 박종태는 아내와 동료들에게 보내는 두 통의 유서를 남긴 채 대한통운 대전지사 앞 숲속 나무에 목을 맸다.[104]

당신은 내 친구였어. …… 내 삶이 여기까지인가봐. 사랑하는 당신과 어여쁜 혜주, 정하와의 인연이 여기까지인가보네. 쉼 없이 걸어왔던 노동운동도 세상을 바꿔보겠다며 희망을 만들기 위해 동지들과 함께했던 소중한 시간과 인연도 여기까지인가보네. ……
당신이 십수 년 동안 이해해주려 살았듯이 마지막 나의 선택도
받아줬으면 하네.
-못난 남편, 어린 종태가

사랑합니다. 죄송합니다. 이런 선택을 할 수밖에 없었습니다. ……
동지들을 희생시킬 수 없었습니다. 저의 죽음이 세상을 바꿀 것
이라고 생각하진 않습니다. …… 힘없는 노동자들이 길거리로 내
몰린 지 43일이 되도록 아무 힘도 써보지 못해서는 안 된다는 절
박한 심정으로 호소하기 위해 선택한 것입니다. …… 날고 싶어도
날 수 없고, 울고 싶어도 울 수 없는 삶을 살아가는 모든 이가 행
복하고 서로 기대며 부대끼며 살아가길 빕니다.
-특별하지 않은 사람 박종태 올림.

박종태는 죽기 한 달여 전 화물연대의 광주기습투쟁을 이끌
었다. 동료들과 함께 삼성광주전자 3공장 인근에 있는 높이 30미
터 송전탑에 올라가 고공시위를 벌이다 4시간여 만에 경찰특공대
에 의해 연행됐다.[105] 일주일 전 민노당 광주시지부 홈페이지에 남
긴 글에는 대한통운과 공권력에 맞서 조직을 사수하고 투쟁을 승
리로 이끌기 위해 목숨을 바칠 뜻을 내비쳤다.[106]

박종태의 장례는 사망 52일 만인 6월 20일에야 치러질 수 있
었다. 노동자와 시민 2,000여 명이 함께하는 가운데 광주 망월동
묘역에 안장됐다. 민노당 강기갑, 권영길, 홍희덕, 진보신당 노회
찬, 심상정 등이 참석했으나 민주노총 지도부는 보이지 않았다. 16

열사, 분노와 슬픔의 정치학

대 대통령 노무현의 장례가 치러지는 봉하마을로 모두 조문을 갔기 때문이다.[107]

민주노총 지도부가 노동자들의 현장투쟁보다 정치권으로 눈을 돌리는 대신 일부 시민들은 오히려 노동현장으로 향하기도 했다. 2003년 배달호와 김주익의 죽음에 함께 눈물을 흘리며 두산 제품 불매운동과 살인기업 규탄에 나섰던 시민들은 '희망버스'를 타고 직접 투쟁 현장을 찾기 시작했다. 2008년 촛불시위에서 노동자들이 거리의 시민들과 함께했다면 이때부터는 시민들이 노동자들 곁으로 가기 시작한 것이다.

2010년 10월 20일 부산 한진중공업 노조가 농성에 들어갔다. 생산직 노동자 400명을 희망퇴직시키기로 결정한 것에 반발한 것이다. 2011년 1월 6일에는 민주노총 부산본부 지도위원 김진숙이 부산 영도조선소 85호기 크레인에 올라 정리해고 철회를 외쳤다. 2003년 김주익이 목을 맨 바로 그 크레인이었다. 김진숙의 고공농성이 157일째 되던 6월 11일, 16대로 구성된 '희망버스'가 한진중공업에 도착했다. 희망버스는 '희망'을 잃지 말라는 시민들의 간절한 바람이었다. 더 이상 김주익처럼 크레인에 목을 매지 말라는, 더 이상 곽재규처럼 크레인을 올려다보며 도크에 몸을 던지지 말라는, 더 이상 죽지 말라는 요청이었다. 그해 11월 10일 노사 간 합의로 크레인 농성이 종료될 때까지 한 회 최대 1만 명의 사람들이 희망버스를 타고 5회에 걸쳐 부산을 찾았다.

그러나 희망버스가 주는 희망보다 더 크고 더 광범위한 절망이 노동현장에 내려앉고 있었다. 첫 번째 희망버스가 출발했던 2011년 6월부터 2012년 말까지 약 1년 반 동안 5명의 노동열사가 더 나왔다. 노조 탄압과 노동 통제가 원인이었다. 사측은 타임오 프제(박종길), 상설기구를 통한 노조 감시(신승훈), 노조활동에 대한 징계성 해고(허광만), 강제휴업조치(최강서), 업무방해죄 적용에 의한 해고와 구속(이운남) 등을 통해 노동현장을 통제하고 노조를 탄압 했다.

두 번째로, 2011년 6월 9일 아산 현대자동차 노조 대의원 박 종길이 목을 매 자살했다. 타임오프제가 이유였다. 타임오프제는 2009년 말 노사정위원회에서 합의하면서 도입된 것으로, 노조 전 임자에 대한 사용자의 임금 지급을 원칙적으로 금지하되 노사교 섭, 산업안전, 고충처리 등 노무관리적 성격이 있는 업무에 한해서 만 근무시간으로 인정하고 임금을 지급하는 것을 내용으로 한다. 실질적으로는 임금을 빌미로 노조활동을 통제하는 수단으로 활 용됐다. 노조 노동안전보건위원 근골실행위원으로 일했던 박종길 은 유서에 다음과 같이 남겼다.

세월이 흘러갈수록 힘든 세상 어떻게 살아갈고. ⋯⋯ 현장활동이 사라진 지 오래다. 살맛 나는 일터라고 노래를 하는 노동조합도 한심하다. ⋯⋯ 근태협조전 없으면 무조건 무단이탈, 참으로 어처 구니없는 일이다. ⋯⋯ 근골면담마저 무단이탈, 담당 과장 오00 차장, 부서장 금00 힘든 회사 탄압에 맞서 이 한 몸 던져요.[108]

오전 8시 박종길의 시신이 발견되고 나서 4시간이 흐르도록 노조의 공식 발표는 없었다. 대신 주요 간부들을 통해 오후 2시 25분경 라인 가동을 중단한다는 문자메시지가 돌았다. 그리고 곧바로 생산라인이 중단됐다. 이는 1996년 아산공장 준공 이후 최초였다. 그러나 현대차 노조의 이경훈 집행부는 투쟁보다는 협상을 서둘렀다. 노조는 '열사 인정, 산업재해에 준하는 대우, 유서에서 실명으로 거론된 회사 관리자 2명 처벌, 고인의 아내 현대차 정규직 채용'이라는 요구안을 제시했고 속전속결로 10일 새벽에 협상이 타결됐다.

세 번째로, 2011년 11월 21일 철도노동자 허광만이 자살했다. 전체 133명 열사 중 유일하게 연탄가스로 목숨을 끊은 경우다. 2009년 12월 초 철도공사 파업 주도로 징계성 해고를 당한 뒤 2년이 채 못 돼 자살한 것이다. 당시 정부는 철도공사 파업을 '불법파업'으로 규정했고 철도공사는 사상 초유로 단순 파업 참가자를 포함해 1만 1,588명 전원을 징계했다.[109] 허광만도 이때 해고됐으며 해고된 이후에는 서울노조 조직국장으로 일하고 있었다.

허광만은 다시 태어나도 기관사가 되고 싶다는 말을 늘 했을 정도로 기관사를 천직으로 생각했다. 1994년 철도청에 입사해 2009년 지부장이 됐지만 얼마 뒤 있은 해고로 열차를 운전할 수 없게 됐다. 그의 장례는 11월 25일 대전 철도공사 본사 앞에서 전국철조노동조합장으로 치러졌다.[110]

네 번째로, 2012년 1월 8일 울산 현대자동차 노조원 신승훈이 작업장에서 분신했다. 현대자동차 소속 네 번째 열사이자 이 시기 유일한 분신자살이었다. 그는 20세에 현대자동차에 입사해 20년째 근무하고 있던 40세의 가장이었다. 회사는 그가 고위간부에게 의견서를 보내 엔진 품질 문제를 거론한 것을 이유로 소속 부서 감사를 진행했고, 이후 작업현장 통제를 더욱 강화했다. 신승훈은 분신 전날 작업장을 이탈하지 말라는 지시를 받았고 노트북에는 "왜 현장 탄압을 하느냐. 감사실 투고 건 보복 아니냐"라는 글이 남아 있었다.

현대차 노조는 신승훈의 분신 이후 울산 엔진공장 조업을 전면 중단하고 현장 탄압 수단으로 활용된 공장혁신팀의 해체를 회사에 요구했다.[111] 이에 울산공장 전 사업부에서 잔업을 거부함으로써 사실상 파업에 맞먹는 단체행동에 들어갔다. 그러나 협상은 하루 만에 타결되었고 조업 역시 재개됐다.[112] 현대차 노무총괄 담당 부회장 윤여철이 사퇴했으나 사퇴 당일 곧바로 고문으로 위촉됐다.[113]

다섯 번째로, 2012년 12월 21일 한진중공업 노동자 최강서가 목을 맸다. 마지막 희망버스가 다녀간 지 꼭 1년 만의 일이자 한진중공업 소속 네 번째 열사였다. 1년 9개월의 정리해고투쟁 끝에 2012년 11월 9일 현장으로 복귀했으나 불과 4시간 만에 무기한 강제휴업조치가 내려졌다. 이틀 전인 19일에는 18대 대통령선거에서는 한나라당 후보 박근혜가 당선되면서 희망이 더욱 사라졌다. 아래는 최강서가 휴대폰에 남긴 유서 전문으로 노조원들에게 노조로 돌아올 것을 호소하고 있다. '158억'은 한진중공업이 노조에 청구한 손배액이다.

나는 회사를 증오한다. 자본 아니 가진 자들의 횡포에 졌다. 어떻게 해야 할지 모르겠다. 심장이 터지는 것 같다. 내가 못 가진 것이 한이 된다. 민주노조 사수하라. 손배 철회하라. 태어나 듣지도 보지도 못한 돈 158억. 죽어라고 밀어내는 한진 악질 자본. 박근

열사, 분노와 슬픔의 정치학

혜가 대통령 되고 5년을 또 …… 못하겠다. 지회로 돌아오세요. 동지들. 여지껏 어떻게 지켜낸 민주노조입니까? 꼭 돌아와서 승리해주십시오. 돈이 전부인 세상에 없어서 더 힘들다.[114]

한진중공업은 최강서의 죽음 이후 60일 가까이 노조의 협상 요구를 거부했다. 금속노조 한진중공업지회는 더 이상 대표 노조가 아닌 만큼 교섭 대상도 아니라는 게 이유였다. 복수노조를 인정한 결과였다. 한진중공업 조합원들은 상경해 대통령 당선인 박근혜의 집 앞에서 1인시위를 했고 민주노총은 전국노동자대회를 열고 한진중공업 규탄에 나서기로 했다. 결국 2013년 2월 23일 노사는 민·형사상 고소·고발을 취하하고 징계를 최소화하기로 합의하면서 최강서의 장례는 사망 66일 만인 2월 24일 전국노동자장으로 치러질 수 있었다. 최대 쟁점이 됐던 158억 원의 손배청구소송은 법원의 확정판결 이후 노사가 합의해 처리한다는 내용을 회의록에 남기는 것으로 대신했다.

끝으로 최강서의 죽음이 있고 하루 뒤인 12월 22일 현대중공업 사내하청노조 조합원 이운남이 부당해고된 지 8년 만에 아파트 19층서 뛰어내려 사망했다. 7개월 전 새로 입주한 임대아파트에서였다. 그는 현대중공업 사내하청노조 투쟁사의 산증인으로 현대중공업 사내하청노조 발기인이었고 초대 조직부장을 맡기도 했다. 2004년 2월 같은 회사 비정규직 박일수가 분신했을 때는 크레인 점거농성에 돌입해 경비대 폭력에 맞섰다.[115] 그때 크레인에서 중공업 경비대에 의해 강제로 끌려 내려와 집단폭행을 당한 뒤 외상후스트레스에 시달려왔다.

이운남은 한진중공업 최강서의 자살 소식과 현대자동차 비정규직 노동자 파업 소식에 매우 괴로워했다. 공황장애를 앓고 있던 그는 최강서의 자살 직후 "현대자동차 비정규직 노동자들이 파업하면서 두들겨 맞는 것도 우리 같은 사람들이 제대로 도와주지 못해서 그런 것 아니냐. 아무것도 할 수 없어 너무 괴롭다"며 심하게 자책했던 것으로 알려졌다.[116] 그의 장례는 12월 26일 울산 노동자장으로 치러졌다.

6부 / 열사의 호명구조

烈士

앞서 3부에서 5부까지는 당위형과 실존형 열사가 출현해 의례화 시기를 거쳐 해체되는 과정 전반을 살펴보았다. 6부에서는 열사 변천 과정상의 특징을 유형별로 살펴보고 그러한 과정 안에 내재된 열사의 호명구조를 분석하고자 한다. 결론적으로 당위형 열사는 민주 대 반민주의 전선운동 과정에서 재탄생해 사회운동의 의례로 정착했으나 여야 정권 교체로 민주 대 반민주의 균열구조가 해체되면서 열사 호명 기제도 더 이상 작동하지 않게 됐다. 그리고 실존형 열사는 신자유주의 시대 들어 전체 열사의 대부분을 차지했으나 자살의 고립화로 저항적 자살과 일반적 자살의 구분이 어렵게 됐다. 즉 전선운동의 붕괴와 함께 열사 호명의 목적이 모호해지면서 호명의 대상도 점차 사라진 것이다.

1. '전선운동'과 열사 호명의 포섭·배제

5·18 광주항쟁 이후 반독재민주화운동 과정에서 당위형 열사들이 호명된 데 이어 각 부문운동이 전선으로 동원되면서 노동자와 농민, 도시빈민도 열사 호명의 대상으로 포섭됐다. 그러나 당위형과 실존형 열사는 최초의 호명 시점과 계기가 달랐을 뿐 아니라 이후에도 호명 대상에서 차이를 보였다. 여기서는 전선운동의 출현 및 변화에 따른 열사의 변천을 당위형을 중심으로 살펴본 뒤 각 부문운동별 열사 호명의 포섭·배제 원인을 분석해보겠다.

1) 전선운동과 열사의례

5·18 광주항쟁은 전후 반미주의의 무풍지대였던 한국 사회에 반미운동을 확산시키고 급진적 사회변혁운동이 뿌리내리도록 한 계기였다. 1970년대까지의 저항운동이 교회, 지식인, 학생을 중심으로 제도 개선이나 억압의 완화, 군사정권의 민주화에 목표를 두었다면, 1980년대에 와서는 민중을 주체로 자본주의적 경제구조를 근본적으로 변혁해 새로운 정치체제를 수립하는 것이 목표가 됐다. 그러기 위해서는 정치권력의 획득이 운동의 중심에 놓여야 했다. 이른바 적과 우리를 하나의 전선으로 구분하고 모든 저항세력을 동원해야 했다. 그런 점에서 1980년대 반독재민주화투쟁은 전두환 정권에 반대하는 모든 사람들이 하나의 전선으로 모인

열사, 분노와 슬픔의 정치학

'전선운동'이었다. '전선운동'은 동일한 이해관계를 갖는 모든 계급·계층·세력들이 한데 모여 공통의 적에 대항하기 위해 연합하는 정치운동을 말한다. 이는 원래 노동당과 노동자계급을 중심으로 하는 통일전선운동에서 나온 말로 1980년대 변혁운동을 거치면서 일반적으로 전선운동이라고 줄여 말하게 됐다.•

전두환 정권 시기의 압도적인 지배폭력하에서 개인의 생명은 5·18의 죽음을 애도하고 지배폭력의 반민중성을 폭로할 수 있는 유일한 무기였다. 1980년 5월 30일 김의기를 시작으로 여러 학생, 노동자들이 스스로 목숨을 버림으로써 광주 영령을 추모하는 한편 전두환 정권의 시민학살을 규탄했다. 1970년 분신한 전태일이 열사의 기원으로 소환되면서 학생뿐 아니라 노동자도 열사로 호명됐다. 열사들이 잇달아 출현했고 1984년 유화국면 속에 성장한 저항운동세력은 광주 영령에 대한 집단적 추모와 함께 열사들의 죽음도 공적으로 애도하기 시작했다. 이처럼 공통의 적을 전제하는 이분법적 전선에서 열사들은 지배세력에 대한 저항세력의 투쟁을 정당화하는 기제로 자리매김했다.

초기의 당위형 열사는 대개 광주·전남 출신으로 5·18 광주항쟁에 대한 비난·고발이 주요 원인이었고 이들의 자살은 고립

• 전재호는 전선운동을 "'민주 대 반민주'의 정치지형에서 권위주의세력에 반대하는 정치사회 및 시민사회의 모든 세력들을 결집시켜 통일전선을 형성하려는 지향을 지닌 운동"이라고 했다.(전재호, 〈한국 민주주의와 91년 5월투쟁의 의미〉, 김원·김정한·전재호, 《91년 5월투쟁과 한국의 민주주의》, 민주화운동기념사업회, 2004, 36쪽.) '전선운동'은 대체로 지배세력과 저항세력을 이분법적으로 구분하는 운동을 말하지만 그 의미는 조금씩 다르게 사용된다. 한국 최대 전선운동단체였던 전국연합과 그를 계승한 한국진보연대는 전선운동을 민족민주전선운동과 동일한 의미로 사용한다.(〈민족민주전선운동의 새로운 모색〉, 《통일뉴스》, 2001.12.14.)

적·분산적으로 이뤄졌다. 그러나 유화국면 이후 열사 추모식이 공개적으로 치러지고 반미운동이 본격적으로 전개되면서 연쇄자살이라는 새로운 양상이 시작됐다. 대학생열사를 다른 대학생이 뒤따르고, 연이은 대학생열사의 뒤를 노동자가 따랐다. 산 자가 죽은 자를 따르기 시작한 것이다. 스스로 죽음으로써 앞선 열사를 계승하는 일이었다. 열사가 투쟁의 도덕적 상징이 되면서 저항의 수단으로서의 죽음에도 정당성이 부여된 것이다.

자신의 생명을 바치는 것으로써 투쟁의 고귀함을 증명해낸 열사들은 반독재민주화를 위한 전선운동의 상징이 됐다. 1987년 7월 9일 민통련 의장 문익환이 외친 26명의 열사는 6월항쟁 승리의 중심에 그러한 열사들이 있었다는 것을 확인하는 작업이었다. 저항운동진영 내 열사 추모가 공식적으로 '의례화'된 것은 이한열의 장례가 처음으로 민주국민장으로 치러지면서부터였다. 수많은 사람들이 모인 광장에서 열사의 죽음을 공개적이고 집단적으로 애도할 수 있게 된 것이다. 이때부터 앞 시기 열사들이 공론장에 등장했고 열사 추모가 사회운동의 의례로 자리하면서 죽음이 하나의 실천으로 가시화되기 시작했다.

1987년 6월항쟁의 승리와 대통령 직선제를 통해 민주 대 반민주의 이분법적 적대전선에 균열이 생기기는 했지만 1988년 이래 학생운동은 조국통일운동을 중심으로 다시 열사의 전통을 이어갔다. 조성만의 투신자살은 당시 전개되던 통일운동을 증폭시킨 유효하고 효과적인 실천으로 증명됐고 또 다른 죽음으로 이어졌다. 열사의 죽음은 다양한 이해집단들을 하나의 진영으로 불러모으며 전선의 균열을 은폐했고 추모의례는 저항운동진영의 집합적 정체성을 열사를 중심으로 통합시키는 역할을 했다.

1988년 열사의 잇단 출현으로 1960년 이후 처음으로 다시 통일운동이 활성화됐으나 지배세력은 이를 다시 억압했고 이 과정에서 민주화 이후 지배세력의 반민주·반민중적 속성도 다시 드러났다. 김영삼 정권에 와서 국보법과 집시법에 의한 구속자 수는 오히려 치솟았고 급기야 1991년에는 명지대 학생 강경대가 백골단에 구타당해 사망하는 일이 발생했다. 1991년 5월투쟁에서의 잇단 죽음은 정권에 대한 적대를 강화하는 계기가 됐다. 학생운동의 영향이 유효한 속에 박승희, 김영균, 천세용 등 세 대학생의 죽음은 다른 직업군의 동조자살로 이어졌다. 그러나 대중은 연이은 자살의 필연성에 동의하기보다는 공포를 느꼈으며 열사를 둘러싼 의미는 역전됐다. 저항운동진영 내부에서도 저항적 죽음의 도덕성이 비판받기 시작했다.

5월투쟁의 실패 원인을 '위로부터의 보수적 민주화'로 인해 부문운동이 전선에서 이탈한 것에서 찾는 논의도 있지만[1] 사실 이 말은 상당히 논쟁적이다. 전선운동의 균열은 이미 시작됐고 부문운동이 민주화 전선으로 완전히 포섭된 적은 한 번도 없었기 때문이다. 1987년 6월항쟁 직후 여야 대타협은 노동자의 생존권 문제를 배제했고, 7·8·9 노동자대투쟁 역시 야당과 재야 그리고 학생운동세력의 외면 속에 진행됐다. 노동운동은 전선운동과 일체가 아니었고 오히려 전선운동에서 주변화됐던 것이다.

노동운동의 주변화는 열사의례에서도 확인할 수 있다. 5월투쟁 기간에 분신한 9명의 열사를 포함해 1991년 한 해 동안 15명의 열사가 출현했지만, 이후 5월투쟁 기간에 분신한 9명의 열사를 포함해 1991년 한 해 동안 15명의 열사가 출현했지만, 이후 5월투쟁 또는 1991년의 죽음을 추모하기 위해 치러진 합동추모제에서 4명의 노동열사는 배제됐다. 6월항쟁에 이어 5월투쟁에서 저항운동진영을 추동한 열사는 노동열사가 아니라 민족민주열사였기 때문이다. 노동운동이 전선에서 이탈한 것이 아니라 노동운동은 처음부터 전선의 일부가 아니었던 것이다.

5월투쟁은 죽음에 대한 대중들의 공포로 마감됐지만 이즈음 열사 추모는 오히려 집합적 형태를 띠어갔다. 개개 열사별로 치러지던 추모행사가 집합화되고 조직화됐다. 유가협이 중심이 돼 1990년부터 치른 민족민주열사합동추모제가 1992년 추모연대의 출범으로 점차 정형화되고 고착화돼갔다.

5월투쟁의 실패 뒤 한동안 당위형 열사의 출현이 뜸하다가 1996년을 전후한 14개월여 동안 6명의 대학생들이 잇달아 자살하는 일이 벌어졌다. 마치 열사가 부활하는 듯했다. 그러나 그들의 죽음에도 불구하고 전선은 전과 같이 작동하지 않았고 1996년과 1997년의 연세대 사건과 한양대 사건 이후 대학생들마저 한총련으로 대표되던 학생운동권에서 이탈하기 시작했다. 1991년 5월투쟁과 달리 다른 직업군의 동조자살도 더 이상 나타나지 않았다. 이것은 학생운동의 영향이 소멸했다는 것과 함께 열사의 효용도 사라지기 시작했다는 것을 의미한다.

이후 최초의 여야 정권 교체로 탄생한 김대중 정권에서는 당위형 열사가 전혀 출현하지 않았다. 노무현과 이명박 정권에서는 가끔 당위형 열사가 출현하기는 했지만 빈도가 감소했을 뿐 아니라 열사의 직업과 내용면에서 이전과는 큰 차이를 보였다. 더 이상 학생열사는 출현하지 않았으며 노동자, 농민이 그 자리를 대신했다. 또 '정권 타도'의 구호가 사라진 대신 WTO, 한미FTA, 미국소 수입, 4대강사업에 반대하는 죽음이 새로 등장했다. 과거 수많은 열사들을 호출했던 반독재민주화 전선이 완전히 붕괴하고 또다른 열사가 새로운 전선을 중심으로 출현한 것이다. 전두환 정권 시기의 열사가 반독재민주화 전선에서 출현했다면 1987년 민주화 직후에는 양심수 석방과 조국통일운동이 배경이었다. 그리고 노무현과 이명박 정권에 와서는 반환경·반민중적 국가 정책과 식량제국주의가 열사 출현의 이유가 됐다.

그러나 이미 1990년대 자주·민주·통일운동이 균열된 전선을 복원하지 못하고 실패했듯이 또 다른 전선도 가시화되지 못한 채 열사만 남기고 말았다. 이명박 정권이 과거 권위주의체제로 회귀하는 모습을 보이면서 한때 사라졌던 정권 퇴진 구호가 다시 등장했지만 열사 호명 기제는 이전처럼 작동하지 않았다. 전선의 붕괴와 함께 추모집단도 해체됐기 때문이다. 추모연대는 여전히 가동되고 있었으나 열사의례는 연례행사로 관례화됐고 추모집단의 해체 속에 과거와 같은 열사투쟁은 더 이상 전개되지 않았다.

2012년 말 대통령 단일화를 요구하는 시민의 자살이 있었지만[2] 1987년 박응수와는 달리 열사로 호명되지 않았다. 5·18 학살 정권을 승계한 한나라당의 대통령선거 후보인 이명박이 당선되지 않기를 원하는 사람들은 여전히 있었지만 하나의 세력으로 통합되지 못했다. 정권 교체라는 목표가 더 이상 저항운동세력을 하나로 모을 수 없게 된 것이다. 전선이 해체되면서 전선의 구심이 될 열사 역시 필요하지 않게 됐고, 동시에 죽음을 애도할 추모집단도 함께 해체됐다. 이후에도 간혹 반정권투쟁 과정에서 열사로 호명되는 죽음이 있었으나 이미 열사 아닌 열사, 형해화된 열사에 불과했다.

2) 민중 부문의 동원과 열사 호명의 차별

반독재민주화를 위한 전선운동은 당위형 자살을 열사로 호명한 것에 이어 노동운동 부문을 위시해 농민과 도시빈민들의 실존형 자살도 열사로 호명하기 시작했다. 최초의 실존형 열사는 택시 부문에서 출현했다. 전태일 추모제가 처음으로 노학연대 속에 치러 졌던 1984년, 택시기사 박종만이 노동운동 과정에서 발생한 실존형 자살로는 처음으로 열사로 호명됐다. 전태일 추모제가 1980년 대 변혁운동 과정에서 전태일을 열사의 기원으로 소환하는 의식 이었다면 박종만의 열사 호명은 노동운동 부문이 전선운동으로 포섭되는 신호탄이라고 할 수 있다. 제각각 존재했던 죽음들이 열 사로 호명되면서 비로소 하나의 전선으로 통합돼 전체 반독재민 주화투쟁에서 도덕적 상징이라는 지위를 획득하게 된 것이다.

최초의 실존형 열사는 박종만이지만 열사의 기원이 청계피 복 노동자 전태일에서 시작된 것처럼 실존형 열사의 대부분은 제 조업에서 나왔다. 제조업노동운동은 1980년대 변혁운동의 주력 대상으로 학출 활동가들이 대거 투신하면서 가장 먼저 전선에 포 섭됐다. 제조업 부문 최초의 실존형 열사인 박영진이 학출 활동가 의 진출이 가장 먼저 이뤄졌던 구로공단에서 출현했다는 것도 이

<표 18> 실존형 열사의 직업·직종 분포와 추이

구분		열사의 기원(3부)	열사의 의례화(4부)		열사의 해체(5부)			합계
		전두환	노태우	김영삼	김대중	노무현	이명박	
노동자	제조업	2	15(4)	3(3)	2(2)	7(6)	4(4)	33(19)
	제조업(산재)	1	1	1	1(1)			4(1)
	택시	3	5	2	2	1		13
	버스		1	1		2		4
	광산		1					1
	공기업			2		1	1	4
	상근 활동가					1		1
	화물운송					2	1	3
	건설노조						1	1
	소계	6	23	9	5	15	6	64
농민		1				2		3
노점상			1	1	3	1		6
철거민			1					1
합계		7	25	10	8	18	6	74

주: '제조업'의 괄호 안은 대공장 노동자의 수이다. 대공장은 노동자 300인 또는 500인 이상이 있는 공장을 말하지만 이 표에서는 재벌그룹의 계열사를 의미한다. 여기에는 기아산업(1명), 대림자동차(1명), 대우정밀(1명), 대우조선(3명), 대우중공업(2명, 1명은 산재), 두산중공업(1명), 통일중공업(현 S&T중공업, 1명), 한진중공업(4명), 현대자동차(4명), 현대중공업(2명)이 해당한다. 이들을 제외하고 일반적인 의미의 대공장에 해당하는 경우는 김영삼 정권 시기의 경동산업(2명)뿐이다. 김대중 정권 시기 '산재'의 대기업은 대우중공업이다.

를 방증한다. 반면 박종만은 노동운동 과정에서 학출 활동가나 변혁운동의 영향을 받은 경우는 아니다. 운수업종은 예로부터 자생적인 파업투쟁이 매우 활발했으나 학출 활동가의 진출은 박종만의 죽음 이전까지 전혀 없었다. 박종만이 전제 저항운동과 관련을 맺게 된 것은 생전의 투쟁에서가 아니라 사후死後에서다. 분신한 사실이 알려지고 열사로 호명되는 과정에서 비로소 박종만을 비롯한 운수노동자들이 전체 저항운동진영의 일원으로 수용된 것이다.

<표 18>은 실존형 열사의 직업과 직종을 시기별로 나타낸 것으로 각 부문운동에서 발생한 실존형 자살이 열사로 호명되면서 전선운동으로 포섭되는 과정을 말해준다. 전체적으로 노동자는

제조업과 택시 부문에서 먼저 열사 호명이 시작됐고 다음으로는 버스와 광산, 공기업, 중앙노조 활동가, 화물운송, 건설노조 순이다. 노태우 정권 시기 단 1명에 그친 광산노동자를 제외하고는 대체로 업종별 조직화 순서에 따라 열사 호명도 이뤄졌다. 제조업은 뒤로 갈수록 대공장 노동자가 많아졌는데 노동운동의 중심이 중소공장에서 민주노총 출범 이후 대공장으로 이동했기 때문이다. 노무현 정권 시기의 중앙노조 상근 활동가의 죽음과 열사 호명은 노동운동의 침체와 사회적 고립 등을 대변한다. 노동자 외의 직업에서는 농민열사가 가장 먼저 출현했고 이어 노점상과 철거민에서 열사가 출현했다.

개별적으로 이뤄지던 투쟁이 업종별 조직화를 통해 부문운동으로 성장하면서 열사가 출현하기 시작했지만 그렇다고 저항적 자살 전부가 열사로 호명된 것은 아니다. 당위형 자살의 경우 대부분 열사로 포섭된 반면 실존형에서는 열사 호명에서 배제되는 죽음이 많았다. 저항적 자살이 열사로 포섭되는 비율은 노동자, 도시빈민, 농민 순이었다. 그리고 같은 노동자라도 제조업에 비해 운수노동자의 열사 호명 비율이 낮았다.

열사 호명에서 이와 같은 포섭·배제는 각 부문운동이 갖는 전선운동과 관련이 있다. 전선운동과 거리가 가까울수록 포섭되는 비율이 높고 그렇지 않은 경우 배제되는 비율이 높았다. 제조업노동운동은 가장 먼저 전선운동으로 포섭됐고 전체 저항운동 진영에서 차지하는 비중이 높아지면서 정권별 열사 수도 '열사의 의례화' 시기에는 당위형과 비슷한 수치를 보였다. 그러나 운수노동자, 도시빈민과 농민은 정권 변화와 무관했고 〈표 18〉에서 볼 수 있듯이 제조업노동자와는 다른 분포를 보이고 있다. 이것은 이들 업종의 열사 빈도가 전선운동과 거리가 있었을 뿐 아니라 부문운동의 성장과도 무관했다는 것을 말해준다.[*] 그렇다면 운수노동자, 도시빈민, 농민 등 각 운동 부문에서 열사 호명의 기준은 무엇이었을까. 이것을 알기 위해서는 열사 호명에서 포섭·배제된 구체적 사례를 부문별로 살펴보아야 한다.

첫 번째로, 택시기사나 버스기사 등 운수노동자는 제조업노동자에 비해 열사 호명 건수는 적었지만 전체 노동자 수와 비교해서는 상당히 많은 편이었다. 2000년 기준 제조업 종사자 수가 296만 3,417명인 데 비해 택시와 버스기사 등 육상여객운송업 종사자 수는 8.9%에 해당하는 26만 3,900명에 불과하다.[3] 그러나 열사의 수는 택시와 버스 각각 13명과 4명, 모두 17명으로 실존형 열사 74명 중 23.0%, 노동열사 64명 중 26.6%를 차지했다. 제조업에서는 분신자살을 했으나 열사로 호명되지 않은 경우는 김대중 시기의 오길원 1명만 발견됐다. 그러나 운수노동자는 분신한 경우에도 열사로 호명되지 않은 경우가 여럿 있었다. 아래는 민주노총 공공운수노조 택시지부의 자유게시판에 '교선국장'이 올린 22명의 명단[4] 중 타살당한 경우와 이 연구에서 다룬 열사를 제외한 것이다. 모두 4명으로 분신자살한 사람만 3명이다.

1992.07.31. 서울 강북구 번동 동해택시, 주우길(자살 방법 미상).

• 공기업, 상근 활동가, 화물운송, 건설노조 부문은 이미 열사 해체가 진행될 무렵에 열사 호명이 이뤄지기 시작됐기 때문에 별도로 분석하지 않았다.

1997.03.13. 서울 성원콜, 김홍정(분신).

1998. 제주 국제택시, 한광로(분신).

1998. 서울 경안운수, 성구중(분신).

열사 호명에서 제외된 분신자살자가 여럿 있다는 것은 운수 노동자의 자살이 전선운동의 목표인 정권 타도 또는 정권 교체와 연관성이 상대적으로 적었기 때문인 것으로 해석할 수 있다. 운수 노동운동은 학출 활동가의 진입이 매우 적었다는 점에서 제조업과 차이가 있다. 특히 택시의 경우 자생적인 파업투쟁이 많았음에도 1980년대 전개된 변혁운동과는 큰 관련이 없었다. 국민운동본부나 전민련 등 저항운동 중심 세력과의 관계가 긴밀하지 않았고, 언론의 시야에서도 멀어져 있었다. 정권 교체가 실제로 운수노동자에 미치는 영향도 크지 않았다. 택시노동자의 오랜 바람인 사납금 폐지 및 운송수입금 전액관리제와 완전월급제의 실시는 매번 대선 공약 중 하나였지만 한 번도 전면 시행되지 않고 있으며 지입제와 도급제도 여전히 남아 있다.

두 번째로, 도시빈민 중에서는 노점상 6명, 철거민 1명이 열사로 호명됐다. 수많은 노점상 자살 가운데 열사로 호명된 경우는 대체로 분신자살이다. 분신자살이 아님에도 열사로 호명된 경우는 최옥란처럼 자살자가 사회운동가였던 경우나 이근재처럼 대선 직전 자살함으로써 정치적 파급이 컸던 경우에 국한됐다. 이근재의 자살 후 일어난 고양시청 앞 노점상 집회에는 민노당과 한국진보연대가 참여했다. 또 전국노점상총연합과 전국빈민연합 외에도 민주노총, 전국농민회총연맹, 민노당이 함께 공동성명을 발표했는

열사, 분노와 슬픔의 정치학

데 이는 이전에는 없던 일이었다.

철거민열사는 대부분이 타살당한 경우이고 자살자는 이원기 1명뿐이다. 이원기와 다른 철거민 자살자의 차이는 그가 자신뿐 아니라 다른 지역 철거민투쟁도 지원해온 철거민 '운동가'라는 사실에 있다. 결과적으로 도시빈민열사는 분신자살처럼 사회적 여파가 큰 자살이나 최옥란, 이원기처럼 부문운동의 성장에 기여한 '운동가'에 한정됐다는 것을 알 수 있다.

세 번째로, 농민 중에서는 당위형 1명과 실존형 3명이 열사로 호명됐다. 전체 직업군 중 농림어업군의 표준 사망비가 가장 높다는 것을 감안하면 농민 자살은 아주 특별한 경우에만 열사로 호명됐다는 것을 알 수 있다. 수많은 농민이 정책 실패에 따른 농가 부채 등을 이유로 자살했지만, 당위형 자살 1명을 포함해 열사로 호명된 농민 자살에서는 모두 식량제국주의와 관련이 있다는 공통점이 발견된다. 첫 번째 농민열사인 오한섭은 쇠고기 수입과 관련이 있으며, 이경해는 WTO 체제에 의한 농산물 개방, 정용품과 오추옥은 쌀 수입 반대와 관련한 메시지가 유서에 나타나 있다. 양파 파동이나 쌀값 파동 등과 같이 수입과 무관하게 정책 실패나 농지 파괴에 저항해 자살한 경우는 열사로 호명되지 않았다.

오한섭이 자살한 1986년만 하더라도 유사한 죽음이 많았다. 2월 28일 전남 함평군의 심양섭(25세)이 영농자금으로 대출받은 빚 때문에 자살했고, 4월 22일에는 충북 청원군의 서형석(35세)이 빚을 얻어 키운 암소가 사료값도 나오지 않자 제초제를 마시고 자살했다. 그보다 한 해 전인 1985년에는 11월 8일 강원도 하천의 김명열(50세)이 소값 폭락으로 700여 만 원의 빚을 진 뒤 자살했고, 11월 28일에는 전북 진안군의 정민봉(59세)이 "정부에서 하는 일이 농촌 서민이 생각하기에도 모순이 있다고 생각합니다"라는 유서를 남긴 채 자살했다.[5]

1989년에는 특히 많은 농민이 자살했다. 2월에서 6월 사이 20명이 넘는 농민이 자살했으며, 5월 22일에는 하루 동안에 4명이나 자살했다. 그 죽음들을 구체적으로 살펴보면 다음과 같다.

3월 13일 충북 괴산군의 이광조(50세)는 단위 농협에 들러 영농자금 50만 원을 찾았다. 그 돈으로 1982년에 진 빚 30만 원을 갚고 나머지 20만 원으로 농사를 지어야 하는데, 도저히 길이 보이지 않자 농약을 먹고 자살했다. 4월 7일에는 전남 장성군의 이영창(47세)이 부채 750만 원을 갚지 못해 자살했다. 자작 1,600평, 소작 1,500평을 농사지었던 그는 〈가난의 한, 날이 밝아오면 두려움과 걱정과 무서움〉이라는 제목의 유서를 남겼다.

벼 수매 시기에도 여러 농민이 자살했다. 1989년 12월 일반벼의 수매를 늘려달라며 경북 의성군 농민 오정일이 낙동강으로 뛰어들어 숨졌으며,[6] 1992년에는 수매 요구량에 훨씬 못 미치는 추곡수매량을 배정받은 50대의 마을 이장이 농민들에게 할당하는 문제를 놓고 고민하던 끝에 수매 당일 농약을 마시고 자살했다.[7] 또 1993년에는 경기도 안성군 농민 강성덕이 정부의 추곡수매를 거부당한 뒤 온몸에 휘발유를 뿌리고 분신자살을 기도한 일도 있다.[8]

개발로 인한 실농과 공해 문제도 자살 이유가 됐다. 1989년 일산 신도시 개발 당시 2명의 농민이 실농을 비관해 자살했으며[9] 1991년 경기도 용인에서는 골프장 공사장 발파 폭음에 항의해 마

열사, 분노와 슬픔의 정치학

을 주민 이연상이 분신자살을 기도했다.[10] 또 1995년에는 공해시
설인 병원 적출물 소각장 건설을 반대해온 60대 농민이 재산을
가압류당하고 자신이 임대 운영 중인 축사에 대해 군청으로부터
무허가 건물이라는 통보를 받자 고민 끝에 자살했으며, 1996년에
는 전남 광양시에서 송전탑 건설에 반대한 농민 정학기가 농약을
마시고 자살했다.[11]

　이처럼 농민 자살은 대체로 국가 정책과 밀접한 관련이 있으
나 열사 호명은 식량제국주의 등 이념적인 문제와 관련 있거나 반
정권적인 속성이 강한 자살에만 한정됐다. 타살로 사망한 열사도
마찬가지다. 부록 〈표 2〉의 ❸김길호는 1987년 부정선거 규탄투
쟁 중 경찰에게 집단구타를 당해 후유증으로 사망했고, ❽전용철
은 2005년 11월 15일 여의도 '쌀 비준협상 무효 농민대회' 과정에
서 경찰폭력에 의해 살해되었다.

　전체적으로 전선운동과 거리가 있는 직종은 정치적 여파가
크거나 이념적 성격이 강한 경우 또는 부문운동의 성장과 밀접한
경우에 한해 열사 호명이 이루어졌다고 볼 수 있다.

2. 학생운동의 변화와 '노동자'열사

당위형 열사에서 가장 많은 수를 차지하는 직업은 대학생으로 당위형 전체 59명의 54.2%를 차지하는 32명이다. 대학생을 포함해 당위형 열사는 대체로 육체노동에 종사하지 않는 지식인들이 많지만 노동자도 11명이나 된다. 여기서는 대학생열사의 시기별 변화를 건대항쟁 전후 자살메시지의 변화와 NL계 학생운동의 중심 이동에 맞춰 분석한 뒤 당위형 자살을 한 '노동자'열사의 특징을 살펴보겠다.

1) 건대항쟁 전후 자살메시지의 변화[*]

5·18 광주 시민에 대한 애도에서 시작한 대학생열사의 죽음은 건대항쟁 이후 급격한 변화를 보였다. 여기서는 그 변화의 구체적 모습과 의미를 1986년 11월 5일 분신한 부산산업대 학생 진성일의 죽음을 중심으로 살펴보겠다.

우선, 이 시기에는 대학생과 앞선 열사들이 희생자의 지위에 놓이기 시작했다. 1986년 10월 말 건대항쟁 이전에 출현한 대학생열사는 김의기, 김태훈, 박관현, 송광영, 김세진, 이재호, 이동수,

---

[*]　이 글은 《학생운동, 1980》(오월의봄, 2016)에 수록한 저자의 글 〈건대항쟁 전후 대학생의 저항적 자살: 5·18 애도를 중심으로〉의 일부이다.

박혜정 등 8명이다. 이 중 우발적으로 분신을 감행한 김세진·이재호와 자기귀책적 자살을 한 박혜정을 제외하고는 5·18에 대한 애도가 죽음을 선택한 원인의 전체 또는 일부를 차지했다. 그러나 건대항쟁 이후 5·18 광주에 대한 애도가 직접 드러난 대학생 자살은 1988년의 최덕수와 박래전뿐이다.

저항적 자살에서 애도의 대상은 지배세력의 폭력에 의한 희생자이자 자살의 보호이익에 해당한다. 건대항쟁 이전까지 5·18 광주 시민은 전두환 군사정권의 가장 큰 희생자로서 열사의 죽음을 통해서라도 폭도라는 누명을 벗기고 명예를 회복시켜야 할, 자살의 보호이익이었다. 그러나 건대항쟁 직후 첫 열사인 진성일이 분신한 목적은 건대항쟁을 용공으로 매도하는 것에 대한 규탄이었다. 이것은 '건대항쟁에서 용공으로 매도된 대학생들'이 희생자의 지위에 놓이면서 자살의 보호이익도 동료 집단인 대학생으로 바뀐 것을 의미한다.

진성일의 자살에서 용공세력으로 매도된 대학생들이 지배세력의 희생자였다면, 1991년 5월투쟁에서는 타살당한 강경대뿐만 아니라 스스로 죽은 박승희, 김영균, 천세용 등 3명도 희생자가 됐다. 김기설, 윤용하, 이정순, 차태권, 김철수, 정상순 등 6명이 대학생들의 앞선 죽음을 애도하며 분신했던 것이다.

두 번째로, 대학생이 희생자의 지위에 서면서 보호이익이 이원화되고 5·18 광주 시민은 민족, 민중 등으로 추상화되었다. 진성일이 남긴 두 유서 중 〈건국대 농성사건에 즈음해〉에서는 대학생들이 구체적 보호이익이었던 반면 〈산대 학우들에게〉에서는 추상적 보호이익으로 '민족'이 나타났다. 그 뒤 자살에서는 민족·민중 같은 추상적 공동체나 민주·통일 같은 개념들이 보호이익으로 등장했는데 구체적인 사례는 다음과 같다.

"양심수 석방하라, 조국통일 가로막는 미국 놈들 몰아내자."(조성만)

"자주·민주·통일을 위해 미제와 독재의 가슴을 찔러 총."(남태현)

"현 정권과 독점자본가들이 노동자·농민을 착취하는 것에 맞서 새로운 민중의 나라를 위해 노력합시다."(천세용)

"미국의 용병이 되어 동포의 가슴에 더 이상 총부리를 겨눌 수 없었다."(손석용)

"나의 죽음으로 …… 보다 많은 이들이 노동해방을 위해, 정권 타도를 위해, 자본가 타도를 위해 투쟁하기만을 바랄 뿐."(황혜인)

"김영삼 타도, 미제 축출, 조국통일."(오영권)

위 사례에서 점선은 타도 대상인 지배세력에, 실선은 보호 대상인 저항세력에 해당한다. 지배세력은 자본가를 제외하고는 건대항쟁 이전에도 꾸준히 나타나던 것이지만 보호이익으로 민중, 민족, 조국통일 등의 추상적 개념이 등장한 것은 진성일의 자살 이후부터다.

세 번째로, 일방적 메시지가 상호적 메시지로 바뀌면서 메시지 수신인도 동료 학생들로 구체화됐다. 건대항쟁 이전의 죽음에서 일방적 메시지의 수신인이 학살정권이나 전두환이었다면 진성일은 "산대인이여! 여러분의 다정한 친구가 여러분 곁을 떠납니다. 왜? 무엇 때문에 목숨을 버리는가 여러분 우리 모두 앞장서서 나갑시다"라는 말로써 동료 학생들의 궐기를 촉구했다. 이것은 학생

열사의 자살메시지가 지배세력의 규탄에서 점차 동료 집단의 궐기를 촉구하는 것으로 바뀌어갔다는 것으로 앞서 2부에서도 확인한 바 있다. 이후 동료 학생들의 투쟁과 궐기를 촉구하는 주요 메시지는 다음과 같다.

> "적들에 대한 증오와 불타는 적개심으로 전선의 맨 앞에 나서서 투쟁해야 하리. 그 싸움이 네 혼자만의 싸움이 아니라 2만 학우 한 명 한 명의 손을 잡고 하는 함께하는 싸움이어야 하리."(박승희)
> "백만 학도 일치단결 군사파쇼 타도하자."(박래전)
> "6천 경원대 단결투쟁 노태우 정권 타도하자."(천세용)
> "조국의 자주·민주·통일을 위해 교대인이여 깨어나라."(남태현)
> "이 세상의 변혁을 위해 투쟁하기만을 난 지금 바랄 뿐이다. ……이제 그 실천을 동지들이 해주길."(황혜인)

이처럼 메시지 수신인이 구체화된 이유로는 학생운동의 성장과 상대적 침체를 동시에 들 수 있다. 우선 학생운동의 성장은 자살자에게 자살 목적을 수용해줄 집단의 존재를 의미한다. 1980년에서 1986년 사이 지배세력에는 큰 변화가 없었지만 유화국면 이후 학생운동은 급격하게 대중화했다. 결국 학생운동의 성장은 자살메시지의 수신인이 확대됐다는 것을 의미한다. 그러나 진성일 이전의 죽음에서 보이지 않던 '투쟁 촉구' 메시지가 진성일에 와서 등장하게 된 것은 학생운동이 전반적으로 성장한 반면 진성일이 속한 부산산업대는 오히려 침체되어 있었기 때문이다. 진성일은 유서에서 서울과 부산에 소재한 다른 학교는 투쟁하고 있는데 부산산업대는 대동제 분위기에만 빠져 있다며 비판했다. 진성일 이후에도 소속 대학 또는 전체 학생운동의 침체를 배경으로 투쟁을 촉구하는 메시지가 자주 보였는데 구체적으로는 다음과 같다.

"오늘이 5·18 여덟 돌인디 학교 분위기가 왜 이런가, 광주항쟁의 뜻을 되새겨야 되지 않겠냐."(최덕수)
"오늘의 우리는 비겁과 안일과 무감각의 늪에 빠져 있다. …… 들리지 않는가. 광주 영령들의 울부짖음이. 들리지 않는가. 세진이 재호, 윤범, 성만, 덕수의 함성이."(박래전)
"우리와 같은 학우들이 쇠파이프에 맞아 죽고 꽃다운 청춘을 불사르는 동안 우리는 과연 무엇을 했습니까."(천세용)
"분노하라 외쳤지만 분노하는 학우는 보이지 않고, 투쟁하라 외쳤지만, 투쟁하는 학우는 보이지 않았다."(황혜인)

자살자가 동료 학생 집단을 향해 궐기를 촉구한 것은 자살자가 스스로의 죽음을 '선도투쟁'으로 '규정'했기 때문이다. 학살정권을 향한 일방적 메시지만을 담은 죽음도 산 자들에게는 선도투쟁으로 인식되지만 진성일의 죽음은 자살자 스스로 그러한 의미를 부여했다는 점에서 이전과 차이가 있다. 이것은 자살자가 스스로를 '투사'로 선언했다는 것과 같은 의미로, 죽음이 본격적으로 하나의 '실천'이 됐다는 것을 증명한 일이다.

학생운동의 성장과 상대적 침체 속에 죽음이 실천의 일종으로 인식되면서 민주화 이후 오히려 많은 열사가 출현했다. 그러나 1991년 5월투쟁이 보여주듯이 죽음을 통해 학생운동을 재활성

열사, 분노와 슬픔의 정치학

화하려는 노력은 실패로 돌아갔다. 이것은 건대항쟁 이후 학생열사의 죽음이 취한, 스스로를 희생자이자 투사라는 이중적 지위에 놓으려는 전략이 실패했다는 것을 의미한다. 또한 5·18 광주 시민에서 민족과 민중으로 추상화된 보호이익 역시 대중에게 수용되는 데는 실패하고 말았다.

2) 전선운동의 동력, 학생운동의 쇠퇴

〈표 19〉는 당위형 열사의 직업을 8개 시기로 구분한 것으로 '열사의 해체' 시기에는 대학생이 한 명도 없는 것을 알 수 있다. 1991년 4명 중 3명은 5월투쟁 기간에 출현했다. 8개 시기 중 여섯 번째 시기까지 대체로 대학생열사 수가 다른 직업군보다 많은 것을 볼 수 있다. 열사 호명 건수만으로 보면 학생운동이 나머지 부문운동을 선도했던 시기라고 할 수 있다. 네 번째 시기에 해당하는 1990년은 전교조 탄압 과정에서 발생한 고교생들의 집중적인 죽음을 드러내기 위해 별도로 구분했다.

여기서는 두 번째에서 여섯 번째까지의 시기를 대상으로 대학생열사의 출현 지역과 NL 계열 학생운동이 갖는 관계를 살펴볼 것이다. 첫 번째 시기를 제외한 까닭은 학생운동이 이념적으로 분화하기 이전이기 때문이다. 반면 두 번째 시기부터는 학생운동이 대중화되면서 이념적으로 분화하고 이것이 다시 NL계를 중심으로 강화됐다가 침체에 이르는 과정에 해당한다. 결론적으로 대학생열사의 지역별 출현 양상은 NL계 학생운동의 중심 이동과

구분	열사의 기원 (3부)		열사의 의례화(4부)				열사의 해체(5부)		합계
소시기	1)1980~1985	2)1986~1987	3)1988~1989	4)1990	5)1991	6)1993~1997	7)1998~2007	8)2008~2012	
대학생	4	9	6	1	4	8	0	0	32
비육체노동자	0	2	0	4	4	2	1	2	15
육체노동자	2	3	1	0	3	0	3	1	12
전체	6	13	6	5	11	10	5	3	59

관련이 있다.

〈표 20〉은 대학생열사 32명의 출신 학교이다. 서울대가 6명으로 가장 많고 그다음으로 성남에 소재한 경원대가 5명이다. 두 학교를 제외하고는 서울교대, 부산대, 광주교대, 전남대가 2명씩이고 나머지는 모두 1명이다. 지역적으로는 서울대가 있는 서울권, 경원대가 있는 경기권, 그다음으로 호남권, 영남권 순이다.

먼저 〈표 19〉 두 번째 시기(1986~1987)의 대학생열사 9명은 김세진, 이재호, 이동수, 박혜정, 진성일, 박선영, 표정두, 장재완, 박태영이다. 이들 중 앞의 4명은 서울대생이고 뒤의 5명은 각각 부산산업대, 서울교대, 호남대(자퇴), 부산대, 목포대이다. 1986년 4월 28일부터 5월 21일까지 불과 23일 사이에 서울대생 4명이 연속적으로 자살한 뒤 다른 대학교 학생들이 그 뒤를 따르는 흐름이다. 열사들의 출신 대학으로만 보면 이 시기 학생운동의 중심은 '서울대'라고 할 수 있다. 실제 이 시기는 1983년 말 학원자율화조치의 영향으로 학생운동이 급속하게 대중화하면서 이념적으로도 분화하는 때였고 그 분화의 중심에 서울대가 있었다. 1980년 5·18 이후 미국이 광주학살의 배후로 지목된 뒤 1985년 하반기부터는 북한을 자본주의의 대안체제로 받아들이는 사람들이 생겨나기

〈표 20〉학생열사의 출신 대학교

지역	인원	대학 명	인원
서울권	11	서울대	6
		서울교대	2
		서강대	1
		숭실대	1
		한양대	1
경기권	8	경원대	5
		성균관대 수원	1
		용인대	1
		한신대	1
충청권	1	단국대 천안	1
영남권	5	대구대	1
		부산대	2
		부산산업대(경성대)	1
		안동대	1
호남권	7	호남대	1
		광주교대	2
		목포대	1
		전남대	2
		여수수산대	1
합계	32명	합계	32명

시작했고 그런 흐름의 중심 역시 서울대였다.

5·18 직후부터 미문화원은 학생운동의 타격 목표가 됐고, 1982년 3월 18일 부산미문화원 방화사건 이후 광주와 대구, 서울 등 대도시에 자리한 미문화원도 점거시위의 대상이 됐다. 그러나 이때까지만 해도 미국은 광주학살에 대해 책임지고 사과해야 할 대상에 머물러 있었고 북한에 대한 관심도 구체적인 수준은 아니었다. 북한을 대안체제로 생각하게 된 것은 주체사상의 확산과 관련이 있다. 민족해방이론은 1985년 하반기 〈반제민중민주화운동의 횃불을 들고 민족해방의 기수로 부활하자〉라는 제목이 붙은 팸플릿이 나오면서 확산됐다. 일명 〈해방서시〉라 불린 이 팸플릿

의 저자는 서울대 82학번 '강철' 김영환이었다.

이 시기 최초의 열사인 김세진·이재호의 분신은 다음해 봄인 1986년 4월에 발생했다. 그 무렵 서울대 학생운동 조직은 반미자주화반파쇼민주화투쟁위원회(이하 자민투)와 반제반파쇼민족민주투쟁위원회(이하 민민투)로 분화돼 있었다. 김세진·이재호가 속해 있던 자민투 계열은 나중에 NL계 학생운동 중심 세력으로 발전했다. 나머지 7명 중에서는 부산대 장재완이 NL계 학생운동권에 속했다. 장재완은 조직 관련 문건을 분실한 뒤 "민족해방과 조국 통일의 위대한 과업"을 위해 조직을 보위하고자 자살했다. 진성일은 자민투가 주도한 애학투련 발대식 사건(건대항쟁)에 항의해 분신했고, 표정두는 미국 국무부 장관 슐츠의 방한에 즈음해 미국대사관 앞에서 분신했지만 NL계라고 단정할 만한 구체적인 사실은 발견되지 않았다. 그 밖에 이동수, 박혜정, 박선영, 박태영은 자살 메시지에 이념적 성향을 전혀 드러내지 않았다. 따라서 이 시기는 서울대를 중심으로 학생운동이 이념적으로 분화하지만 아직 NL계가 지배적이지는 않은 시기였다고 할 수 있다.

세 번째 시기(1988~1989)와 네 번째 시기(1990)에 출현한 대학생 열사는 곽현정(한신대), 조성만(서울대), 최덕수(단국대), 박래전(숭실대), 양영진(부산대), 남태현(서울교대), 최응현(한양대) 등 7명이다. 최덕수가 단국대 천안캠퍼스 학생이기는 하지만 당시만 해도 서울 소재 대학의 지방 캠퍼스가 학생운동 측면에서 서울 캠퍼스의 영향을 많이 받았던 것을 감안하면 이 시기 대학생열사는 부산대 양영진을 제외하고는 모두 서울권이었다고 할 수 있다.

1988년은 학생운동 내 제헌의회(이하 CA) 계열이 6월항쟁 기간 '제헌의회 소집'이라는 관념적 구호로 대중에게서 멀어진 가운데 김영환이 저술한 《강철서신》이 출판되면서 NL계가 급속하게 확산되던 때였다. 서울지역을 중심으로 NL계가 확산되면서 NL계는 CA에 이어 민중민주(이하 PD) 계열과 대립했는데, 이 경향은 대학생열사에서도 그대로 나타났다. 이념적으로는 조성만과 양영진, 남태현, 최웅현이 NL계라 할 수 있고 최덕수와 박래전은 CA계열에 속했다. 건대항쟁 때 구속된 곽현정은 고문후유증 속에 고립적으로 자살했기 때문에 이 시기 학생운동에 별다른 반향을 일으키지는 않았다. 따라서 대학생열사를 위주로 파악한 1988년에서 1990년까지의 학생운동은 서울지역을 중심으로 NL계가 확산되면서 CA 계열 또는 PD 계열과 대립하던 때라고 할 수 있다.

다섯 번째 시기는 1991년 5월투쟁이 전개된 해이다. 5월투쟁 기간 동안 출현한 대학생열사는 박승희(전남대), 김영균(안동대), 천세용(경원대) 3명이며 3개월 뒤 방위병 손석용(대구대)이 범민족대회가 열리던 시점에 분신했다. 이 시기 대학생열사의 소속 대학은 모두 비서울지역에 있었다. 열사 출현 지역이 서울권에서 비서울권으로 이동한 것이다. 4명 모두 NL계에 속하며 손석용을 제외하고 나머지 3명은 고등학생운동 출신이다.

이 시기 서울 소재 대학은 서울대를 필두로 해 NL 계열의 우위에 균열이 생기기 시작했다. 서울대는 1989년부터 PD계 총학생회장이 당선되기 시작해 1990년대 중반부터는 NL계 총학생회장이 한 명도 당선되지 못했다. 또 초대 전대협 의장을 배출한 고려대 역시 1992년 PD 계열 총학생회장이 당선됐다. 1980년대 말 서울대와 고려대는 각각 NL 계열의 이론적, 조직적 중심이었다. 따라서 이 두 대학에서 NL계 총학생장이 당선되지 못했다는 것은 학생운동에서 NL계가 1980년대 후반에 가졌던 영향력을 잃어가기 시작했다는 것을 의미한다.

그러나 그 무렵 서울권 이외 대학들은 NL계의 우위가 여전히 관철되고 있었다. 그중에서도 5·18 항쟁의 진원지였던 전남대는 1990년 전대협 의장(송갑석)을 배출하면서 NL계 학생운동의 중심으로 부상했다. 이 시기 출현한 열사들의 출신 대학은 NL계 학생운동의 중심이 수도권에서 지방으로 이전한 것과 맥을 같이한다고 볼 수 있다.

여섯 번째 시기(1993~1997)에는 이경동(광주교대), 한상용(광주교대), 장현구(경원대), 진철원(경원대), 황혜인(성균관대 수원), 오영권(여수수산대), 이상희(경원대), 한상근(용인대) 등 8명의 대학생열사가 나왔다. 8명 중 이경동, 한상용, 오영권을 제외한 나머지가 한총련 산하 용인·성남 소재 대학의 모임인 용성총련 소속이었다. 1996년을 전후해 14개월간 출현한 6명 중에는 오영권을 제외한 5명이 모두 용성총련 소속이었다. 이들 중 황혜인을 제외한 나머지가 모두 NL계로 파악됐다.*

용성총련은 학생운동에서 일찍부터 두각을 나타내기 시작했다. 1988년 한국외대 용인캠퍼스 총학생회장인 정형주가 2기 전대협 부의장에 선임됐고 1989년에는 같은 캠퍼스의 임수경이 남한 대학생 대표로 평양축전에 참가하고 돌아왔다. 용성총련의 캐

---

* 황혜인은 "노동해방 노동자가 되는 그날까지 열심히 투쟁하세요"라는 내용의 유서를 남겼다.

열사, 분노와 슬픔의 정치학

치프레이즈는 '투쟁의 불사조'였는데 한총련 산하 단체 중 조직력과 투쟁성이 남총련에 버금가는 것으로 알려졌다. 1996년 연세대 사건과 1997년 한양대 사건으로 학생운동이 급격하게 퇴조하는 가운데 용성총련 대학생들의 잇단 분신자살 역시 큰 반향을 일으키진 못했다. 학생운동이 약화되긴 했지만 용성총련은 오히려 수도권 학생운동의 구심으로 부상했다.

정리해보면 학생운동의 이념적 분화가 시작된 1986년 이후 출현한 대학생열사 28명 중 19명이 NL계에 속했다. 최덕수와 박래전은 CA 계열이고 박선영은 "비주사NL 그룹이나 반NL 진영 중의 한 갈래"[12]로 추정되며 황혜인은 유서에 "노동해방 노동자가 되는 그날까지"라고 적은 것으로 보아 PD계로 추정된다. 이동수, 박혜정, 진성일, 표정두, 박태영은 학생운동 정파를 추정할 만한 단서를 발견하지 못했다.

NL계의 높은 비율은 NL이 PD에 비해 상대적으로 감정에 호소하는 이론이라는 점을 말해준다. 당위형 자살은 슬픔에 대한 깊은 공감에서 나온다. 타자의 슬픔에 공감함으로써 직접 겪지 않은 폭력을 자신에게 다가올 폭력으로 예감하고 이에 저항하는 죽음이 당위형 자살이다. 그런데 NL계에서 강조하는 '민족'은 바로 이 같은 슬픔의 원천이다. 이창언에 따르면 NL계 학생운동은 민족의 고통과 저항의 집단적 기억을 통해 집합적 정체성을 강화한다.** 민족의 슬픔에 자신을 대입함으로써 예감된 폭력에 저항하고 공동체의 보위를 위해 결국 죽음까지도 선택할 수 있게 된 것이다.

민족의 기억이 NL계 학생운동의 집합적 정체성에 내용을 제공했다면, 주체사상은 집단의식을 강화하는 데 영향을 미쳤다. 주체사상 이론서 《강철서신》은 운동가의 품성론과 조직 활동, 실천 방법 세 가지로 구성돼 있다. 이 중 품성론은 김영환이 새롭게 구성한 주체사상의 핵심으로 "일체의 행동은 지휘에 따른다"는 것을 운동가의 첫 번째 품성으로 꼽고 있다. 또 조직 활동에서는 '대동단결과 반종파투쟁'을 강조하고 있는데 이것은 NL 이론의 정서적인 측면과 함께 NL 학생운동권의 공동체 소속감을 크게 강화했을 것으로 보인다.

한편 NL계 학생열사의 자살은 뒤르켐이 《자살론》에서 말한 '이타적 자살'과 매우 유사하다. 이타적 자살은 고도로 통합된 사회에서 주로 발생하는 자살이다. NL계 학생운동도 개인보다 집단을 강조하고 개인을 민족의 대의를 위해 희생할 수 있는 존재로 상정한다는 데서 상대적으로 높은 통합 정도를 짐작할 수 있다. 물론 실존형도 공동체를 위한 희생이라는 측면에서 이타적 자살이라고 할 수 있지만 뒤르켐의 개념과는 차이가 있다. 실존형 자살에서 나타나는 공동체를 위한 희생은 사회나 집단의 통합 정도보다는 공동체 구성원들이 갖는 존재 기반의 동일성과 관련이 있다. 당위형 자살의 보호이익이 민족과 같은 추상적 공동체라면 실

●● 이창언은 NL의 민족주의가 "민족주의는 민족 구성원들의 단합, 민족통일국가라는 '상상된 공동체'로의 귀속감, 타 공동체가 갖지 못하는 문화적 예외주의를 형성함으로써 과거의 고통과 저항의 집단적 기억을 붙잡아둘 수 있"고, "민족해방(NL) 계열은 기존의 가치관과 관행으로서의 사회적 정신 내지 사회의식(societal mentality)에 근거해 '저항행동의 틀'을 구성하는 한편 정체성 지향적 전략(identityoriented strategy)을 구사하는 과정을 통해 운동사회의 동의를 확장해나갈 수 있었다"고 했다.(이창언, 〈분신자살(焚身自殺)의 구조와 메커니즘 연구: 학생운동을 중심으로〉, 《기억과전망》 제21호, 민주화운동기념사업회, 2009.)

열사, 분노와 슬픔의 정치학

존형에서는 구체적 공동체, 즉 동료 노동자이다. 또한 당위형이 공동체를 위한 개인의 희생으로 수용된다면 실존형은 동료 노동자의 죽음을 공동체 구성원들이 자신의 죽음과 마찬가지로 수용하는 것이다. 같은 이유에서 당위형 자살이 전선운동에 복무하는 죽음이라면 실존형은 부문운동이 전선운동으로 포섭되는 과정에서 열사로 호명되기는 했지만 전선운동과는 본질적으로 거리가 있는 죽음이다.

3) '노동자'열사와 사회적 존재 실현

당위형 열사 59명 중 노동자는 모두 11명이다. 전체 당위형 열사의 18.6%를 차지하는 것으로 대학생 다음으로 많다. 여기서는 '노동자'열사[***]가 실존형의 '노동열사'와 어떤 차이를 갖는지와 노동자열사 개인에게 자살이 갖는 의미를 살펴보겠다.

〈표 19〉의 당위형 열사를 대학생열사의 출현 여부를 중심으로 구분하면 첫 번째에서 여섯 번째까지와 일곱 번째에서 여덟 번째까지의 시기로 나눌 수 있다. 노동자열사의 경우 앞 시기에는 김종태, 홍기일, 황보영국, 박응수, 김병구, 윤용하, 이정순, 차태권 등 8명이 해당하고, 뒤 시기에는 송석창, 허세욱, 이병렬 등 3명이 해당한다. 여기서는 뒤 시기의 송석창을 제외한 나머지를 대상으로 살펴보고자 한다. 송석창은 당위형으로 분류하기는 했으나 나

[***]   실존형인 '노동열사'와 구분하기 위해 '노동자'열사라고 표현했다.

머지 10명과 공통점이 적기 때문에 함께 비교했을 때 실익이 없기 때문이다. 송석창을 제외한 나머지 10명의 노동자열사는 노동현장과 무관한 장소에서 전선운동과 관련한 이슈로 자살한 데 반해 송석창은 전남대를 졸업한 사무직 노동자로 농민열사 이경해와 마찬가지로 죽음의 배경이 자신의 직업과 밀접하지만 자살 목적의 추상성 때문에 당위형으로 분류했다.

우선 앞 시기 열사는 8명 중 김종태, 황보영국, 박응수를 제외한 5명이 광주·전남 출생이다. 또 5·18에서 총상을 입은 홍기일과 '광주학살 원흉 처단'을 외치고 투신한 김병구를 제외한 윤용하, 이정순, 차태권은 5월투쟁 기간 중 분신했다.

앞 시기 8명은 모두 '비조직 노동자'로서 노조활동 등 노동운동과는 거리가 있었다. 김종태는 선진노동자라고 할 수 있지만 방위병 복무로 직접적인 노동운동에서는 벗어나 있었으며 홍기일과 김병구는 당시에는 조직화가 전혀 이뤄지지 않았던 건설노동자였다. 황보영국, 윤용하, 이정순은 제조업 공장에서 일한 경험이 있었지만 이동이 잦고 고용이 불안정한 상태였다. 박응수는 투라가구 노동자였고 차태권은 전일여객 버스기사였다. 앞의 6명은 고정된 노동현장이 없거나 불안정한 고용 상태였고 뒤의 2명은 상대적으로 안정된 직장이었지만 노동운동과는 거리가 있었다. 이 때문에 죽음을 결심하게 된 경로가 노동운동 과정과는 다소 관련이 없을 것으로 추정된다. 구체적으로는 다음과 같다.

우선 김종태와 홍기일은 사회운동과 관련해 구체적인 학습 경험이 있었던 경우에 속한다. 김종태는 경기도 성남의 노동야학 출신으로 주민교회와 '만남의 집'을 통해 빈민운동과 노동운동을

열사, 분노와 슬픔의 정치학

학습한 선진노동자였다. 홍기일의 학습 경로는 발견하지 못했으나 자필 선언문에 "한국의 핵 기지화와 일본의 경제적 침략"에 대한 우려를 표명하고 "민주주의 만세, 민족주의 만세! 민족통일 만세!"를 외친 것이나 그 무렵 정권의 가장 큰 탄압으로 학원안정법을 꼽은 것으로 보아 그 역시 학생운동권과 교류가 있었던 것으로 보인다.

나머지 6명은 별도의 학습 경험은 없는 대신 자살 무렵 전개된 집회·시위 등에 영향을 받았으며 박응수를 제외한 5명은 앞선 대학생의 죽음에 구체적으로 영향을 받았다. 황보영국은 박종철의 49제에 참가했다가 연행돼 구류를 산 뒤 "몇 사람 죽어야 갇힌 사람이 나온다"는 말을 남기고 분신했고, 김병구가 투신하기 4~5개월 전에는 조성만, 최덕수, 박래전이 잇달아 분신했다. 김병구의 유서가 '애국 청년학도 여러분' 앞으로 돼 있는 것과 "조국의 민주화와 통일로 가는 길에 내 한 몸을 제물로 삼아달라"는 내용에서 그 무렵 전개되던 조국통일운동이나 앞선 세 사람의 분신에 영향을 받았다는 점을 알 수 있다. 그리고 5월투쟁 기간 분신한 윤용하, 이정순, 차태권은 구체적으로 앞선 죽음이 자신이 죽음을 택하는 이유라는 것을 밝혔다. 1987년 13대 대선 직전 분신한 박응수의 경우 6월항쟁에 참여해 군정 종식을 바란 수많은 시민 중 한 명이었다는 것 외에 다른 정황은 발견하지 못했다.

뒤의 시기에서 허세욱은 택시노조, 이병렬은 일반노조 소속이었다. 앞 시기와 달리 이들 모두 노조에 속해 있었지만 노동운동보다는 사회단체와 진보정당 활동에서 더 큰 영향을 받았다. 허세욱은 민노당 창당 원년인 2000년, 그리고 이병렬은 2006년 민노당 당원으로 가입했다. 또 둘 다 호남 출생이 아니었다는 것도 앞 시기와 다르다.

허세욱은 한독택시 노조 설립에도 앞장섰지만 활동이 여의 치는 않았다. 한독택시는 도급제가 여전히 남아 있는 곳으로 "모 금은 하지 말아주세요. 전부 비정규직이니까"라는 유서 내용에서 알 수 있듯이 고용이 불안정한 상태였다. 이런 상황에서 허세욱이 선택한 사회활동은 노조가 아니라 관악주민연대나 평화와통일을 여는사람들 같은 사회단체였고 파업투쟁보다는 미군기지 반대투 쟁이나 한미FTA 반대투쟁에 주로 참여했다.*

이병렬도 한때 택시기사를 하긴 했지만 그는 일반노조에 가 입한 상태였다. 법외노조인 일반노조는 근무하고 있는 회사에 노 조가 없거나 노조가 있더라도 어용일 때 주로 가입하며 지역을 중심으로 활동한다. 이 때문에 이병렬도 허세욱과 마찬가지로 직 장 내 노조활동보다는 외부 사회활동에 주로 참여했다. 이병렬은 2006년 6월 민주노총 노조원들과 함께 '평택 미군기지 이전 반대 투쟁'에 참가한 일이 있는데 현장에는 허세욱도 있었던 것으로 나 중에 알려졌다. 다만 두 사람의 대면 여부는 확인되지 않았다.[13] 이병렬은 허세욱의 분신에 영향을 받았으며 허세욱이 노동해방 이 아니라 한미FTA 반대를 외치고 분신한 것처럼 이병렬도 "보수 친미정권 이명박을 규탄"하며 분신했다.

앞뒤 시기 10명 노동자의 공통점은 모두 비조직 노동자였거

---

* 허세욱은 택시에 유인물을 싣고 다니다 승객에게 나눠주곤 해서 '달리는 민노당'이라는 별명을 얻었는데 2000년 하반기부터는 미군기지 앞에서 진행하는 '반미 월례집회'에 참 여했다.(송기역, 《허세욱 평전》, 131·158~178쪽)

열사, 분노와 슬픔의 정치학

나 노조에 속해 있더라도 노동현장에 기초한 노동운동과는 상대적으로 거리가 있었다는 것이다. 반면 차이점은 앞 시기 노동자들은 일부를 제외하고는 집회·시위 현장을 목격하는 등의 우연한 경로를 통해 사회 현실을 인식하게 됐다면, 뒤 시기 노동자들은 민주노총이나 민노당, 또는 관련 사회단체가 추구하는 이념의 영향을 받았다는 것이다. 또한 앞 시기 노동자 자살 대부분이 대학생의 죽음에 이은 동조자살이었다면, 뒤 시기에는 대학생 자살이 사라지고 노동자가 그 자리를 대체했다. 앞 시기 노동자들이 대학생열사의 뒤를 이어 죽음을 선택함으로써 전선 강화에 복무했다면, 뒤 시기에는 학생운동이 침체되고 대학생열사가 소멸된 후 노동자열사가 전선운동의 유일한 열사가 된 것이다.

당위형의 노동자열사들은 공통적으로 노동운동과 거리가 있었고 자살 당시 반정부 전선의 중심 이슈와 관련해 죽음을 선택했다. 일상적인 노동현장에서 생활하는 노동자들은 노조활동을 통해 고용주와 대등한 존재로 거듭날 수 있게 된다. 인간 존엄성의 회복과 사회적 존재로서 자기실현을 가능하게 하는 수단이 노조활동이었던 것이다. 그러나 당위형 노동자열사는 노조활동과는 상대적으로 거리가 있기 때문에 이것이 불가능했다. 따라서 전체 저항운동에 복무하는 자살을 통해 자기실현을 꿈꾸었다고 볼 수 있다. 그들에게 자살은 일종의 정치적 실천이자 사회적 존재 실현의 수단이었던 셈이다.

3. 노동운동과 '정치적인 것'

실존형 열사에서 가장 많은 수를 차지하는 직업은 노동자로, 실
존형 열사 74명 중 86.5%를 차지하는 64명이 해당한다. 또 이 중
57.8%인 37명은 제조업노동자이다. 여기서는 제조업노동열사의
변화를 통해 노동운동이 전선운동과 갖는 관계를 분석하고 자
살메시지가 어떻게 변화하는지를 살펴볼 것이다. 제조업노동자를
대상으로 한 까닭은 그들이 다수일 뿐만 아니라 전선운동과의 관
련성이 가장 높기 때문이다.

1) 노동열사의 증가와 대안전선의 형성 실패

노동운동은 1980년대 변혁운동 과정에서 전선운동으로 포섭되
기는 했으나 노동운동만의 고유성을 여전히 갖고 있다. 이에 따라
노동열사는 전선운동의 붕괴에 따른 열사의 해체 과정도 당위
형 열사와 다르게 나타난다. 여기서는 열사의 기원, 의례화, 해체
과정별 노동열사의 변화를 제조업노동자 중심으로 살펴보고자
한다.

　우선 '열사의 기원' 시기 실존형 열사는 26.9%인 7명으로 당
위형의 73.1%인 19명에 크게 못 미쳤다. 또 실존형 7명 중 노동운
동의 주력이라 할 수 있는 제조업노동자도 박영진, 김수배, 김성애
3명에 불과했다. 나머지는 1980년대의 변혁적 노동운동과는 거리

가 있었던 택시업종과 농민 부문에서 각각 3명과 1명씩 출현했다. 열사 수로만 보자면 반독재민주화를 목표로 한 전선운동이 전체 저항운동을 주도하는 가운데 제조업노동운동은 압도적인 노동자 수와 학출 활동가의 진출에도 불구하고 전체 노동운동에서의 위상은 상대적으로 약했다고 할 수 있다. 또 최초의 제조업노동열사인 박영진이 당위적 실존형에 해당하는 것으로 볼 때 학생운동의 영향력 속에서 노동운동이 독자성을 확보하지 못했다는 점을 알 수 있다.

그러나 1987년 7·8·9 노동자대투쟁을 거치면서 민주노조가 속속 만들어지고 지노협 결성을 통해 지역연대가 활성화되자 상황은 달라졌다. 정권과 자본의 강한 탄압에도 노동자들은 죽음으로 저항했고 노동열사의 수도 대거 많아졌다. 이때는 '열사의 의례화'에 해당하는 시기로 학생운동에 의해 견인되던 노동운동이 전선운동 내부에서 학생운동과 대등한 세력으로 경쟁하기 시작했다. 이 같은 '경쟁'은 열사 수에서도 그대로 나타났다. '열사의 의례화' 시기 실존형 열사는 전체 68명 중 51.5%를 차지하는 35명이었고, 노동열사는 35명의 91.4%인 32명이었다. 또 제조업은 이 중 62.5%인 20명이었다. 또 당위적 실존형이 점차 사라지고 김영삼 정권부터는 순수 실존형만 남았다는 것은 노동운동이 학생이나 지식인운동의 영향에서 벗어나게 됐다는 것을 의미한다. 앞 시기에 현장 출신 노동운동가가 처음으로 출현했다면 이 시기에는 노동자의 노동자계급화가 진행됐다.

노태우 정권 때까지의 열사가 주로 중소제조업 공장에서 출현했다면 김영삼 정권부터는 대부분이 대공장 노동자였다. 민주노총이 결성되면서 노동운동의 전략적 사업장이 전노협 시절의 중소제조업 공장에서 대공장으로 바뀌었기 때문이다. 제조업노동열사는 노조활동과 이에 대한 국가의 탄압 과정에서 출현했다. 따라서 국가의 노조 탄압 역시 노동운동의 전략에 따라 이동했다는 것을 알 수 있다. 노태우 정권 시기 노동열사가 특정 지역에 집중된 것도 같은 이유에서다. 민주노조운동이 활발하게 전개된 지노협에 정권의 탄압이 집중됐기 때문이다. 즉 당위형 열사의 출현이 NL계 학생운동의 중심 이동과 관련이 있다면, 실존형 열사는 전체 노동운동의 전략적 중심 변화와 관련이 있는 것이다. 반면 운수노동자의 죽음은 공권력 투입 등 국가의 노조 탄압보다는 사측의 일방적인 횡포나 열악한 노동조건이 배경이 됐다. 그 때문에 운수노동열사에서는 지역적 편중이나 정권별 변화가 보이지 않는다.

'열사의 해체' 시기에는 앞 시기 비등했던 당위형과 실존형 열사 수가 역전돼 실존형이 전체 39명 열사 중 82.1%인 32명에 달했다. 이와 함께 전선운동 내부에서 학생운동과 경쟁하던 노동운동이 전체 사회운동의 최대 동력으로 부상했다. 민주노총 산별노조가 자리를 잡기 시작했고 국가의 노조 탄압 양상도 변화했다. 이전의 물리적 탄압이 주춤한 대신 제도·이데올로기적 탄압이 강화됐다. 업무방해를 빌미로 한 형사처벌과 손배 청구 및 가압류제도가 노조 탄압의 수단으로 활용됐고 타임오프제와 상설기구 설치 등을 통해 노동 통제가 더욱 고도화됐다. 또 의례화 시기에는 당위형 열사의 '민주국민장'에 상응해 '민주노동자장'으로 치러지던 노동열사의 장례가 '전국노동자장'으로 바뀌었다. 이것

열사, 분노와 슬픔의 정치학

은 노동운동이 자신을 포획하고 있던 반민주 전선운동의 그늘에서 벗어나 독자성을 회복한 징표로 볼 수 있다.

먼저 김대중 정권 시기에는 1998년 이후로 신자유주의에 의한 고용불안이 시작되면서 노동열사가 급격히 줄어들었다. 반면 노태우와 김영삼 정권 때와는 달리 열사로 호명되지 않은 자살이 다수 발견됐다. IMF 경제위기로 전노협 시기의 전투적 집단행동보다는 '협상을 통한 투쟁'이 노동운동 내부에서 강조됐고 정권교체와 노사정위원회의 출범에 따른 노사협력주의가 확산되면서 노동자 자살을 열사로 호명하는 일이 줄었기 때문이다.

노무현 정권에 들어서는 고용불안의 확산과 함께 노동쟁의가 대형화·장기화하면서 노동열사도 증가했다. 김대중 정권 때 사라졌던 당위형 열사가 노무현 정권 때 다시 등장하기 시작한 것처럼 실존형 열사의 호명도 다시 늘어난 것이다. 학생열사가 사라지고 노동열사가 전체 열사의 대부분을 차지하게 된 것처럼 노동운동은 학생운동의 계속된 침체 속에 국가권력에 맞서는 가장 큰 조직적 힘이 됐다.* 그러나 노동운동이 이전까지 전선운동 안에서 학생운동이 했던 역할을 대체하게 된 것은 아니었다. 노동운동이 전체 저항운동의 주력이 됐지만 학생운동이나 다른 부문운동을 견인하지 못했다. 학생운동과 지식인 사회운동이 이끌던 기존의

---

* 학원 시위는 1991년 7,852건(2,016,867명)을 정점으로 해마다 줄어들었으나, 노동 관련 시위는 1996년 89건(79,496명)에 불과했던 것이 1997년 2,208건(919,947명), 1998년 3,974건(868,378명), 1999년 6,563건(1,153,021명), 2000년 6,985건(1,352,800명)으로 늘어났다.(《경찰통계연보》(1986~2000), 김원 외, 《91년 5월투쟁과 한국의 민주주의》, 60쪽에서 재인용)

반민주 전선이 해체된 상황에서 새로운 균열에 기초해 노동운동이 주축이 된 대안전선도 형성되지 못한 것이다.

1991년 해방 이후 최대 전선 조직인 민주주의민족통일전국연합(이하 전국연합)이 해체되고 2006년 한국진보연대가 출범했지만 민중총궐기의 목표는 여전히 '정권 교체'에 머물러 있었다. 민주노총도 노동현장의 파업투쟁이 아니라 이명박 정권 퇴진을 위한 촛불시위와 관련해 대거 구속됐다. 대신 신자유주의가 가속화하면서 일어난 노동자의 절망적인 죽음에 '일반 시민'들이 공감하기 시작했다. 시민들은 배달호의 분신에 두산제품 불매운동을 벌이고, 김주익이 목을 맨 한진중공업에 희망버스를 타고 달려갔다. 시민들에게 이들의 죽음은 노동운동가의 '실천'을 넘어 자신과 같이 나약한 한 인간이 절망을 이기려고 하는 마지막 몸짓처럼 보였던 것이다. 하지만 시민들의 결합은 국가와 자본권력에 충격을 줄 만큼 위력적이지 못했고, 저항운동의 중심 세력은 노동을 중심으로 하는 새로운 대안전선을 구축하는 것보다는 이미 무너진 반민주 전선을 재건하는 데 더 큰 힘을 쏟았다.

2) 자살메시지의 변화와 정치투쟁·경제투쟁

학생열사의 자살메시지가 건대항쟁을 계기로 점차 폭력정권을 규탄하는 데서 동료 집단의 궐기를 촉구하는 것으로 바뀌어갔다는 것을 앞서 확인한 바 있다. 학생열사의 자살메시지 변화가 학생운동의 성장 및 침체를 반영한다면 노동열사의 그것은 학생운동과

열사, 분노와 슬픔의 정치학

의 관계를 반영한다. 여기서는 노동열사의 자살메시지가 변화하는 구체적인 내용을 학생운동의 영향 및 신자유주의 경제 정책을 중심으로 살펴보겠다.

　제조업노동열사의 자살은 전두환 정권 시기에 당위적 실존형의 모습을 띠었다가 노태우 정권에서는 당위형 실존형과 순수 실존형 모두가 증가했다. 그러다 김영삼 정권에 들어서는 당위적 실존형이 사라지고 순수 실존형만 남게 됐다. 그리고 신자유주의 고용불안을 맞아서는 노동자의 자살메시지가 매우 구체화하는 양상이 나타났다.

　당위적 실존형은 노동현장의 구체적 충돌상황에서 발생한 실존형 자살로 자살메시지가 구체적이지 않고 당위형 자살에서처럼 추상적인 언어로 표현된 자살을 말한다. 노동하는 자는 노동자이지만 역사적으로 노동 개념은 노동자가 아닌 지배계급이나 지식인 중심으로 형성돼왔다.[14] 이런 맥락에서 노동운동이 학출 활동가의 영향을 받고 전선운동에 포섭되면서 노동자가 스스로의 언어 대신 지식인의 언어로 그들의 분노를 표현한 것이 당위적 실존형이다. 따라서 신자유주의 체제에 들어서 당위적 실존형이 사라졌다는 것은 노동운동이 학생운동 및 지식인운동의 영향에서 벗어나게 됐음을 의미한다. 거꾸로 노동운동의 그러한 변화 역시 자살메시지의 변화를 통해 증명될 수 있다.

　1980년대 학출 활동가들의 노동현장 투신이 대거 이루어질 때만 해도 노동자들은 계몽과 교육의 대상이었다. 1983년 야학연합회 사건이 발생할 무렵에는 노동자의 지식인화에 대한 반성이 일었지만 학출 활동가들이 현장 노동자들에게 자신들의 지식과 사상을 전수해주는 일은 이후에도 계속됐다. 노동자를 대상화하는 것을 반성해 노동야학의 교사를 '강학講學'이라 고쳐 부르기도 했지만 본질이 변하지는 않았다. 언제나 전수하는 쪽은 학생이었고 전수받는 쪽은 노동자였다. 학생들은 노동자의 권리, 자본과 국가의 착취적 속성을 일깨워줬을 뿐만 아니라 노동해방을 위해서는 생존권적 경제투쟁을 넘어 정치투쟁에 나서야 한다고 주장했다. 학생들이 노동자에게 부여한 '당위적 소명'은 자살메시지에서도 그대로 나타났고 노동자들은 자신의 죽음을 노동해방을 위한 '실천'으로 인식하고 몸에 불을 붙였다.

1986년 3월 17일 분신한 박영진이 병상에서 마지막 외친 말은 "삼반세력 타도"였다. 반민족·반민주·반민중 정권을 타도해야 그가 몸에 불을 붙이기 직전 외쳤던 '근로기준법 준수'와 '어린 소년과 여성노동자에 대한 부당행위 철회'도 가능했기 때문이다. 박영진에게 분신은 "전태일 선배가 다하지 못한 일"을 마저 하는 것이었으며 "이 일을 1천만 노동자에게 꼭 전해달라"는 말은 자신의 실천에 대한 그의 자부심을 드러낸다.

그 밖에 1989년 9월 4일 분신한 경동산업 노동자 강현중·김종하는 불을 붙이기 전 태극기를 목에 두르고 있었다. "내 한 몸 죽어 경동에 민주화가 이루어진다면"(강현중), "경동 동료들은 싸워 이깁니다"(김종하)라며 동료 노동자의 승리를 기원했지만 자신의 죽음이 경동산업을 넘어 국가적인 차원의 일이라는 것을 보여준 것이다. 김현중은 또 "자본가의 세상이 싫어서 죽음을 택합니다"라는 유서를 통해 자신의 죽음이 '자본가 없는 세상'을 위한 소명임을 드러냈다.

이들은 죽음으로써 노동자의 생존과 인간성을 말살하는 노동현실을 고발한 동시에 자신의 죽음이 일개 노동자가 아닌 노동운동가로서의 실천임을 보여주었다. 학생들과 마찬가지로 이들 역시 열사로 호명됐다. 대투쟁 기간에는 개별 노동자들이 집합적 노동자계급으로 진화하면서 더 많은 죽음이 발생했고 노동열사의 죽음이 '민주노동자장'으로 치러지며 노동현장의 투쟁 또한 전체 민주화를 위한 정치투쟁의 일환이라는 것이 천명됐다.

지식인들은 경제투쟁과 정치투쟁을 구분했지만 노동자들에게 임금 인상이나 민주노조 사수 혹은 노동시간 단축과 노동해방은 서로 다른 것이 아니었다. 똑같은 노동현장에서 서로 다른 언어들이 외쳐졌지만 그것은 모두 압도적인 지배폭력하에서 자신과 가족의 생존을 보장받고 인간으로서의 존엄성을 회복하기 위한 것이었다. 서로 상이한 듯 보였던 언어들이 본질적으로 동일하다는 것은 신자유주의가 가속화되면서 확인됐다.

신자유주의 체제에 들어 당위적 실존형이 자취를 감추고 노동열사의 장례는 민주노동자장이 아니라 전국노동자장으로 치러지기 시작했다. 더 이상 노동자들의 투쟁과 죽음이 민주화를 향한 전선운동에 복무하기 위한 것이 아니라 고유의 목적을 가진 독자적 운동이라는 것을 확인한 것이다. 이와 함께 지식인의 언어로 쓰였던 자살메시지도 다시 노동자의 삶의 언어로 바뀌면서 자살메시지도 더욱 구체적으로 되어갔다.

"이틀 후면 급여 받는 날이다. 약 6개월 이상 급여 받은 적 없지만 이틀 후 역시 나에게 들어오는 돈 없을 것이다. 두산은 피도

눈물도 없는 악랄한 인간들이 아닌가? …… 얼마 전 구속자 선고 재판 어처구니없이 실형 2년이라니, 두산은 사법부까지 개입하고 있다는 것이 눈에 보인다. 공정해야 할 재판부가 절차를 거쳐 쟁의행위를 했는데도 불구하고 모든 것이 불법이라니 가진 자의 법이 아닌가?"(배달호)

"하청 노동자도 인간이다. …… 차별과 멸시, 박탈감, 착취에서 오는 분노. 나는 더 이상 참을 수 없다. …… 그 많은 복지 시설은 직영 노동자만 사용한다. 직영 노동자 탈의실과 하청 노동자 탈의실에서부터 소외감을 갖는다. …… 노동자 바람막이를 해줘야 할 노동부 공무원들도 몰라서 안 하고 알아도 안 한다. 이것이 대한민국 현실."(박일수)

"이 회사에 들어온 지 만 21년, 그런데 한 달 기본급 105만원, 그 중 세금 등을 공제하고 나면 남는 것은 80 몇 만원 …… 이번 투쟁에서 우리가 패배한다면 어차피 나를 포함해서 수많은 사람들이 죽을 수밖에 없을 것이다. 하지만 나 한 사람 죽어서 많은 동지들을 살릴 수가 있다면 그 길을 택할 수밖에 없지 않겠는가? 나 한 사람 죽어서 많은 동지들을 살릴 수가 있다면 그 길을 택할 수밖에 없지 않겠는가? …… 아이들에게 힐리스인지 뭔지를 집에 가면 사주겠다고, 크레인에 올라온 지 며칠 안 돼서 약속을 했는데 그 약속조차 지키지 못해서 정말 미안하다."(김주익)

반민족·반민주·반민중 정권의 타도를 외치지 않아도 배달호의 유서는 자본과 국가가 한 몸임을 보여주고 있으며 박일수의 유서는 비정규 하청 노동자를 사측뿐 아니라 국가가 차별하고 있다는 것을 말해주고 있다. 또 김주익은 "나 한 사람 죽어서 많은 동지들을 살릴 수가 있다면 그 길을 택할 수밖에 없지 않겠는가?"라며 자신과 동료의 생존을 일치시키고 있다.

지식인의 언어가 아니라 노동자의 삶의 언어로 자본과 국가의 반노동적 본질을 고발할 수 있게 된 것은 노동이 자본과 국가의 실체와 대면하게 됐기 때문이다. 물리적 폭력은 사라졌지만 오히려 제도적·이데올로기적 공세야말로 노동을 통제하고 노조를 탄압하는 지배폭력의 본질을 스스로 드러내는 일이었다. 노동자와 회사 사이에 파견업체가 자리하면서 그 뒤에 숨은 거대자본의 횡포가 알려졌고 비정규제도와 파견제의 도입은 자본을 비호하는 것이 국가라는 사실을 폭로했다. 또한 업무방해죄, 손배, 가압류의 3중고 역시 자본과 국가가 전격 결탁했다는 것을 증명하는 일이었다.

자본과 국가는 그 폭력적 본질을 공개했지만 그에 저항하는 노동자와 노조의 투쟁은 오히려 점점 더 정당성을 획득하기 어렵게 됐다. 과거 물리적 폭력에서 불법은 곧 부당한 것이었지만 제도·이데올로기적 폭력은 합법의 외피를 쓰고 있기 때문이다. 그래서 과거에는 근로기준법을 준수하고 법적 휴일을 인정하라며 자본가의 '준법'을 요구했지만 신자유주의 아래서는 정리해고와 비정규직제도, 파견제도의 '철폐'를 외칠 수밖에 없게 된 것이다. 타임오프제로 노조를 통제하고 손배·가압류로 노동운동을 탄압하는 자본가는 합법이지만 그것에 저항하는 노동자의 투쟁은 그 자체로 불법이 됐다. 노동자의 입장에서는 합법적인 것이 부당하고 불법적인 투쟁이 정당한 것이지만 여기에 동의하는 사람은 일부에 지나지 않는다.

한편 자살메시지에서 지식인의 언어가 소멸한 것은 고용불안 속에서 사무직과 육체노동의 차이가 무의미해진 것과도 관련이 있다. 사무직과 육체노동이라는 구분보다는 정규직과 비정규직에 따른 차이가 훨씬 중요해진 것이다. 비정규직은 노동 형태를 막론하고 재계약에서 오는 불안을 일상적으로 체험한다. 이를테면 대학을 졸업하고 근로복지공단에서 계약직으로 일하다 인간적 모멸감에 "비정규직 차별 철폐"를 외치며 분신한 이용석에게 비정규직은 그 자체가 고통이었다. 말하자면 신자유주의 아래에서 고용불안은 가르칠 사람과 배울 사람의 구분을 없앴으며 노동자들은 더 이상 지식인들한테서 저항의 언어를 배울 필요가 없게 됐다. 노동자가 자본과 직접 대면한 순간 모든 생존권 투쟁은 그 자체로 이미 정치적인 것이 되었다.

4. 열사 해체의 내적 원인

1980년대 열사 호명의 배경이 5·18 광주항쟁 이후 전선운동이었던 것과 마찬가지로 열사 호명의 해체 역시 당위형과 실존형 모두 반민주 전선의 해체를 배경으로 한다. 그러나 전선의 해체가 당위형과 실존형 열사의 해체에 구체적으로 작용한 방식은 각각 다르며 그것은 두 유형의 죽음이 갖는 본질적 차이에서 기인한다. 여기서는 열사 호명 기제의 내적인 해체 원인을 열사 유형별로 살펴볼 것이다.

1) 당위형 열사와 집합적 정체성 형성의 실패

열사의례는 국가의례에 대한 반反의례이다. 그리고 반의례로서 열사의례는 저항세력이 갖는 집합적 정체성의 핵심을 이루며 국가에 반하는 '새로운 정치공동체' 탄생의 기반이 된다.

정체성을 '구별짓기'의 하나로 볼 때 집합적 정체성은 다수가 집합적으로 이러한 구별을 공유하는 것이라 할 수 있다. 그리고 '구별'은 배타성이 강할수록 뚜렷해지며 배타성이 가장 강할 때는 나를 제외한 남이 '적'이 될 때, 즉 피아彼我가 '적대'할 때이다. 열사의례는 저항운동세력이 갖는 집합적 정체성의 적대를 강화시킨다. '열사'는 지배폭력에 의한 죽음을 의미하고 의례는 감정을 강화시키기 때문이다. 그러나 열사의례를 통해 형성·강화되는 집합적 정체성이 무조건적인 적대인 것은 아니다. 열사는 단순한 죽

음이 아니라 도덕적 희생을 상징하고 의례는 감정을 '확대'시킬 뿐
아니라 '연대'를 만들어내는 도덕적 힘으로 변형되기 때문이다. 여
기서 감정은 "정치적 의례가 의존하는 중심축"이자 "새로운 정체
성을 만들어낼 능력을 지닌 정치적 학습의 수단"이다.[15] 따라서 집
합적 정체성은 물질적 이해관계보다 더 긴밀한 관계에 있는 운동
목표를 암시하는 것으로 사회운동에서 성원들 사이의 연대감이
라 할 수 있다.[16]

　　김원에 따르면 노동열사의 탄생은 적과 동지의 적대를 통해
'새로운 정치공동체'를 형성한다. 또 그 새로운 정치공동체는 아버
지인 국가가 아니라 형제인 열사를 중심으로 하는 공동체이다.[17]
작업장 내 가족주의 담론이 국가, 가족, 공장을 일치시키면서 고
용주를 아버지로 하는 가부장적 공동체를 형성시켰다면 노동열
사의 탄생을 통해 그것이 해체되고 동료 노동자, 즉 형제 열사를
중심으로 하는 새로운 공동체가 탄생했다는 것이다. 여기서 노동
열사는 이 연구가 범주화한 실존형 열사로 확장될 수 있다. 그러
나 결론적으로 당위형 열사를 통해서는 '형제애를 바탕으로 하
는' 새로운 정치공동체가 형성될 수 없는데, 그것은 당위형 자살
에 나타나는 소속 공동체의 이중성 때문이다.

　　저항적 자살에서 자살자의 소속 공동체는 슬픔을 공감하는
대상(보호이익)이면서 상호적 메시지의 수신인이다. 실존형에서는
이 둘이 일치한다. 자살자가 느끼는 슬픔은 노동자 자신에서 출
발해 소속 공동체로 확장되고 투쟁을 촉구하는 대상 역시 소속
공동체인 동료 노동자들이다. "하청 노동자도 인간"이라 외친 박
일수의 분노와 슬픔은 동료 노동자에게도 똑같이 해당되는 것이

며 "꼭 복수를 해야 한다"(장용훈)는 탄원의 메시지나 "나를 이 차가운 땅에 묻지 않고 그대들 가슴속에 묻어주오"(권미경)라는 각인의 메시지도 동료 노동자들을 향해 있었다. 실존형에서 죽음의 보호이익은 살아 있는 노동자들이고 후속투쟁의 책임 역시 노동자들에게 있다. 이것은 죽음을 선택한 열사와 살아남은 동료 노동자들이 갖는 실존적 동질성에 기인한다.

그러나 당위형 자살에서는 보호이익과 메시지 수신인이 서로 다르다. 김의기와 김종태에게 보호이익은 5·18에서 학살당한 광주 시민이었지만 메시지 수신인은 살아남은 국민들이었다. 그리고 뒤로 가면서 보호이익은 더욱 추상화됐고 메시지 수신인은 오히려 구체적이 돼갔다. 대부분의 대학생열사들에게 공감 대상은 민족, 민중 등의 추상적 개념이었다면 궐기 촉구의 대상이 되는 메시지의 수신인은 '청년학도'나 '2만 학우'였다.

민족과 민중을 위해 목숨을 바친 학생열사는 '민족(조국)의 아들'이자 '민중의 아들'이다. 민족과 민중은 보호 대상(아버지)이고 아들인 학생은 투쟁의 주체이다. 이처럼 민족·민중과 청년학도는 분리돼 있기에 아버지와 아들은 결코 함께할 수 없다. 아버지와 아들이 함께하는 공동체는 과거의 가부장적 공동체뿐이다. 아들의 나라는 아버지의 나라를 부정할 때만 탄생할 수 있다. "아버지, 어머니의 아들이 아닌 조국의 아들"(김기설)이라고 선포했지만 '조국의 아들'을 경계로 하는 적대는 불가능하다. 마찬가지로 청년학도와 반(反)청년학도라는 경계 역시 불가능하며 열사와 청년학도를 형제애로 묶는 구체적 공동체도 존재하지 않는다. 청년학도는 저항의 주체는 될지언정 그 자체로 탄압받는 주체가 아니기 때문이다. 당위형에서는 이렇듯 보호이익과 메시지 수신인이 실존적으로 동일하지 않기 때문에 새로운 정치공동체가 형성될 수 없다.

당위형 열사를 중심으로 형성되는 공동체는 형제애가 아니라 '적대'를 내용으로 한다. 이때 집합적 정체성의 핵심은 '저항'이고 열사를 중심으로 하는 새로운 공동체는 '저항공동체'이다. 민주화 이후 조국통일운동 과정에서 조성만과 같은 대학생열사들이 전선의 균열을 은폐할 수 있었던 것은 바로 열사의 죽음을 내용으로 하는 저항공동체를 통해 전선의 적대를 강화했기 때문이다. 그러나 안티테제에 기반을 둔 저항공동체는 노동열사를 중심으로 한 공동체와 같이 구성적인 힘이 없다. 오직 끊임없는 적대를 통해서만 유지될 뿐 개인들의 정체성을 새롭게 구성하지 못하며, 적대가 사라지면 공동체도 사라진다. 열사의 죽음으로도 전선의 균열을 은폐할 수 없는 지경에 이르면 결국 열사는 형해화되고 저항공동체도 소멸하고 마는 것이다.

반反의례는 지배폭력으로 정당성을 획득하고 저항운동의 역량에 따라 실천력을 확보한다. 그러나 당위형 자살은 지배폭력을 간접적으로만 드러낼 수 있을 뿐이다. 전선이 해체되면서 열사의 죽음은 더 이상 지배폭력을 증명하는 일이 아니게 됐으며 학생운동의 침체와 함께 추모집단도 급격히 해체돼갔다. 더욱이 1991년 5월투쟁 이후 자살에 대한 부정적 시각과 담론이 확산되면서 투쟁의 도덕적 상징이었던 열사는 정당성을 잃고 불가해한 공포만을 가져다줬다. 더 이상 당위형 열사를 통해 '정치적인 것', 즉 적대를 조성하려는 기획은 불가능해진 것이다.

열사, 분노와 슬픔의 정치학

2) 노동자 자살의 고립화와 호명 대상의 해체

당위형 열사의 해체 이유가 전선의 붕괴로 호명 주체인 추모집단이 소멸한 것에 있다면 실존형 열사는 자살의 고립화로 호명 대상 자체가 해체되기 시작했다. 노동자 자살이 고립화했다는 것은 곧 노동열사가 해체됐다는 것과 같은 말이다. 고립적인 자살은 열사로 호명되기 어려우며 호명되더라도 자살메시지가 드러나기 어렵기 때문이다. 여기서는 노동자 자살이 고립화한 양상 및 배경을 분석한 뒤 고립화가 전선운동에서 갖는 의미를 살펴보고자 한다.

고립화의 양상은 크게 자살 방법과 자살 공간 양쪽에서 나타났다. 우선 자살 장소는 2부의 〈표 16〉 '자살 유형별 자살 장소의 분포와 추이'에서 살펴봤듯 '열사의 해체' 시기에는 개인적 공간에서 자살하는 경우가 크게 늘어났다. 전두환, 노태우, 김영삼 정권에서 각각 14.3%, 12.0%, 10.0%였던 것이 김대중, 노무현, 이명박 정권에서는 37.5%, 22.2%, 50.0%로 늘어난 것이다. 또 자살 방법도 마찬가지로 개인화됐다. 〈표 17〉 '자살 유형별 자살 방법 분포와 추이'에서처럼 노무현, 이명박 정권에 들어 개인적 자살 방법의 비율이 대폭 높아졌다. 전두환, 노태우, 김영삼 정권에서 분신은 각각 71.4%, 60.0%, 84.0%를 차지했으나 노무현 정권에 와서 44.4%로 낮아진 뒤 이명박 정권 때에는 신승훈 1명에 그쳤다. 분신이 음독이나 목맴 등 다른 자살 방법에 비해 강한 저항적·사회적 충격을 유발한다는 것을 감안하면 이명박 정권 시기의 노동자 자살은 그러한 효과가 상대적으로 약했다고 할 수 있다.

또한 자살 방법과 자살 공간이 공개적이더라도 실질적으로는 고립적인 죽음이 많았다. 1980대와 1990년대 노동자 분신이 주로 파업투쟁 과정에서 동료 노동자들이 지켜보는 가운데 이뤄졌다면, 신자유주의가 본격적으로 들어섰을 때는 아무도 없는 시간에 고립적으로 죽는 경우가 많아졌다. 대표적으로는 배달호를 들 수 있다. 그는 이른 새벽 두산중공업 노동자광장 한쪽에 있는 냉각탑 옆에서 분신했다. 이해남도 오후 9시경 임시 쪽문을 통해 공장 안으로 진입한 뒤 아무도 보지 않는 상황에서 분신했다.

자살이 고립화한 이유는 비난·고발의 일방적 메시지의 수신인과 각인·탄원의 상호적 메시지의 수신인이 모두 사라졌기 때문이다. 우선 일방적 메시지의 직접적인 수신인인 사측 또는 자본가가 비가시화됐다. '열사의 기원'과 '열사의 의례화' 시기 제조업노동자는 모두 23명으로 전체 37명 중 62.2%를 차지한다. 이 중 산재노동자인 김성애, 최완용, 고정자와 민주당 서울시당사에서 목을 맨 병역특례 해고노동자 조수원을 제외하고는 모두 노동현장에서 노사가 물리적으로 충돌하는 과정에서 혹은 사측의 구체적인 노조 탄압에 항의해 자살했다. 그러나 '열사의 해체' 시기에는 김대중 정권 시기 첫 번째 열사인 최대림이 비정규직과 파견제의 입법화에 반대해 건조 중이던 유조선 갑판 위에서 분신한 것을 시작으로 대부분의 노동자가 손배·가압류, 비정규직제도, 타임오프제처럼 눈에 보이지 않는 적을 고발하며 죽어갔다.

물리적 폭력 대신 제도·이데올로기적 통제가 일반화되면서 자본가의 폭력이 합법을 가장해 제도 뒤로 숨어버린 것이다. 업무방해, 손배·가압류는 노동현장뿐 아니라 노동자의 가정과 삶 전체를 파괴했지만 이에 저항하는 노동자는 만인 앞에 이것을 고발할 수 없게 됐다. 죽음을 통해 고발하고자 하는 지배폭력이 눈앞에서 사라지면서 노동자의 죽음도 고립화한 것이다.

다음으로, 구조조정 과정에서 발생한 노조의 내부 균열로 상호적 메시지의 1차 수신인이 분열했다. 구조조정 이후 노동자들은 복직자와 비정리해고자, 복직자 조직과 노조, 민주파 현장 조직과 회사 정상화 세력으로 갈라졌다.• 사측의 직접적인 노조 분열 술책도 더욱 고도화됐다. 배달호가 분신하기 전 두산중공업은 파업 기간에 집에 있으면 재택근무로 인정해 일당을 주고, 1시간이라도 파업에 참여한 사람은 작업에 투입하지 못하게 지시하면서 노동자들을 분열시켰다.[18] 사측이 사용하던 노동자 죽음에 대한 비방과 폄훼를 노조가 사용하기도 했다. "하청 비정규직 노동자는 현대판 노예"라고 외치며 분신한 박일수의 죽음에 대해 현대중공업 노조는 술에 만취해 홧김에 분신한 것이라는 소문을 퍼뜨렸다. 복수노조를 인정한 결과 금속노조 한진중공업지회는 최강서의 죽음 이후 회사의 교섭 대상도 되지 못했다.

제도·이데올로기적 통제가 비난·고발 대상을 비가시화시켰다면 노조 분열은 각인·탄원의 대상을 소멸시켰다. 노동자는 노조를 통해서만 사측과 대등한 존재로 설 수 있다. 노조 탄압에 저항해 노동열사 대부분이 자살했고 많은 경우 "민주노조 사수"를 외치며 몸에 불을 붙인 이유이다. 노조 분열은 노동자의 투쟁을

• 박선영의 〈신자유주의 구조조정을 둘러싼 노동자 내부 균열과 작업장 정치〉(2015, 중앙대학교 사회학과 박사학위 논문)는 대우자동차 구조조정 사례를 대상으로 한 분석이나 IMF 외환위기 이후 구조조정을 겪어야 했던 다른 회사들에도 마찬가지로 적용될 수 있다.

고립시켰을 뿐 아니라 죽음까지도 고립시키고 말았다.

　마지막으로 상호적 메시지의 2차 수신인인 전체 저항운동세력도 노동자 자살을 외면했다. 저항운동 과정에서 일어난 자살에 대해 사회의 부정적 시각이 크게 확산된 것이다. 그러나 당위형과 실존형은 이러한 시각의 배경에서 차이를 보인다. 당위형의 경우 본질적으로 지배폭력의 압도성을 가시화시켜내지 못하면서 대중의 외면을 받았다면 실존형은 민주화 전선의 해체와 관련이 있다. 5월투쟁의 실패가 부문운동이 전선에서 이탈한 데서 비롯됐다는 해석[19]처럼 노동운동의 이탈 때문은 아니다. 거꾸로 정권을 잡은 민주화세력이 그 보수적 속성을 드러냈기 때문이다. 정권 교체에 성공한 옛 민주화세력은 더 이상 노동자들의 동지가 아니었던 것이다.

　2003년 잇단 분신이 있은 뒤 노무현 대통령이 "민주화 시대에 분신이 목적 달성을 위한 수단이 돼선 안 된다"[20]고 한 것은 그와 참여정부가 노동자의 편이라기보다는 '시장으로 넘어간 권력'*에 더 가까웠기 때문이다. 그 이전에 노동운동은 변혁운동 과정에서 열사 호명을 통해 전선운동으로 동원됐으나 애당초 전선운동의 주도세력과 노동자들은 한편이 아니었다. 이것은 김대중 정권 때 열사 호명에서 배제된 노동자들을 통해 증명된다. 노동자 자살의 고립화는 정확히 김대중 정권에 들어서부터 일어났고 이것은 노동자 자살이 소위 민주화세력으로부터 외면당했다는 것

● 　노무현이 '대기업·중소기업 상생협력 대책회의'를 주재한 자리에서 "권력은 시장으로 넘어갔다"고 말했다.(〈노대통령, "권력, 시장에 넘어갔다"〉, 《서울신문》, 2005.05.17.

을 의미한다.

자살의 고립화는 자살자가 의도한 죽음의 목적이나 효과가 달라졌다는 것을 뜻한다. 자살 장소와 자살 방법의 개인화는 자살메시지의 대중 전달을 방해한다. 따라서 개인적 장소와 방법을 선택했다는 것은 자살자가 메시지 전달에 대한 기대를 접었다는 뜻이 된다. 죽음으로 저항하더라도 그 뜻이 외부 세계에 제대로 전달되지 않을 것이라고 생각한 것이다. 민주화세력조차 노동자 자살을 외면하는 속에 죽음이 현실을 바꾸지 못할 것이라는 절망과 회의가 생겨난 것이다. 박근혜가 제19대 대통령에 당선되고 불과 이틀 뒤 목을 맨 최강서와 다음날 최강서의 뒤를 이어 아파트에서 투신한 이운남의 죽음이 이것을 방증한다.

노동자 자살이 고립화되면서 열사가 되지 못한 죽음도 많아졌다. 열사가 될 기회조차 잃은 죽음들이었다. 대표적으로 쌍용자동차 해고자들을 들 수 있다. 2009년 4월 8일 사측이 전체 노동자의 36%인 2,646명의 인력 감축 계획을 발표한 날 첫 번째 자살이 발생한 것을 시작으로 2015년 10월 말까지 14명의 자살자가 발생했고 28명이 사망했다.[21] 쌍차 투쟁에는 천막농성, 고공농성, 굴뚝농성, 단식투쟁, 인도 본사 원정 시위 등 한국 노동운동사의 모든 투쟁이 동원됐다. 천주교정의구현사제단의 225일 미사를 비롯해 지지와 성원도 이어졌다. 그러나 온갖 투쟁에도 불구하고 2015년 말까지 복직은 이뤄지지 못했고 쌍차 해고자들은 절망을 안고 고립적으로 죽어갔다. 노동자들의 조용한 죽음이 본격화된 것이다.

자살의 고립화는 자살의 정치성에 대한 회의를 의미한다. 이것은 죽음의 정치적 효과에 대한 회의에서 나온 것으로 자신의 죽음에 대한 정치적 의미 부여를 거부하는 것으로까지 이어졌다. 2013년 1월 28일 기아자동차 비정규직 해고자 윤주형이 매향리 자택에서 목을 매 숨졌다. 그의 죽음은 정파 간 갈등과 정규직 노조의 관료주의, 비정규 노동자들의 현실을 극명하게 보여준 사례였다. 2010년 정파 조직을 탈퇴한 윤주형은 '열사 칭호'를 거부하고 자신의 죽음이 잊히기를 바라는 마음을 다음과 같이 유서에 남겼다.[22]

> 무엇을 받아도 기쁘지 않았습니다. 내 마음이 그런 것을 어쩔 수 없었답니다. 아무도 내 이름을 기억하지 않았으면 하고 구구절절을 남깁니다. 용서를 구합니다. 혹여, 다만, 어울리지 않는 열사의 칭호를 던지지 마세요. 잊혀지겠다는 사람의 이름으로 장사하는 일은 얼마나 잔인한 일인지요.

노동자 자살의 고립화는 죽음에 부여되는 정치적 의미를 스스로 거부한 것이지만 그것은 자발적 의지라기보다 상황이 강제한 것이다. 죽음으로써 더 큰 저항과 변화를 촉구하지 않겠다는 것이 아니라 죽음조차도 그것을 이끌어낼 수 없다는 회의가 만들어낸 결과이다. 그러나 어떤 모습으로 나타났건 자살은 그 자체로 가장 적극적인 실존적 행위로서 삶 전체를 반영한다. 오히려 고립적인 죽음일수록 동료 노동자까지 포함한 세상에 대한 원망이 더욱 절실하게 담겨 있고 '동지'라면 그런 메시지를 읽어내지 못할 리 없다. 아래는 윤주형의 해고 기간 민주노총 전국해고자복직투

열사, 분노와 슬픔의 정치학

쟁특별위원회 위원장을 지낸 이호영의 글 중 일부이다.

기아차 비정규직 해고자였던 윤주형은 그의 아픈 삶과 죽음을 통해 우리에게 노동운동의 지향과 과제를 묻고 있다. 비정규직 철폐와 해고자 복직, 민주노조 사수를 위해 '민주노조운동'은 무엇을 잊지 말아야 하는가. 무엇을 할 것인가.[23]

자살자가 의도했든 아니든 남은 동료들은 그들의 죽음에서 자신에 대한 원망을 읽고 있다. 고립된 자살이더라도 결국 동료 노동자들에 의해서 의미를 갖게 되는 것이다. 열사는 전선운동 과정에서 호명됐으나 열사를 기억해 행동하는 것은 결국 소속 공동체의 구성원들이다. 그리고 그 공동체가 기억하는 것은 '열사'가 아니라 '동지'이다. 열사로 호명되지 못했지만 1998년 분신 이후 해마다 추모제가 열리는 화천기계 노동자 오길원처럼 말이다. 쌍용자동차 해고자들의 죽음 또한 마찬가지다. 열사라서가 아니라 '나'를 대신한 죽음, 내가 될 수도 있는 죽음이었기 때문에 공동체에서 집단적으로 추모하는 것이다.

같은 맥락에서 노동자뿐 아니라 전체 실존형 자살을 개인적 자살과 저항적 자살로 구분하는 것도 사실상 무의미하다. 저항성이 가시화되든 아니든 실존형 자살은 인간을 인간답게 살 수 있도록 하지 못하는 현실에서 죽음으로써 현실에 항의하고 인간의 존엄성을 회복하고자 하는 것이기 때문이다. 쌍용자동차 해고자들의 자살은 비록 적극적으로 죽음의 목적을 세상에 발화하지는 않았지만 정리해고의 비인간성에 항의한 일이었다. 동료 노동자와 사회를 향해 남겨진 메시지가 없더라도 죽음에 내포된 분노와 슬픔은 읽힐 수 있다. 자살자가 명시적으로 동료 노동자의 궐기를 촉구하지 않았더라도 그것은 저절로 남은 자들의 임무가 된다. 열사로 호명하지 않더라도 앞서간 동료 노동자의 죽음이 나를 대신한 죽음이라는 점과 마찬가지로 말이다.

7부 / 적대에서 공감으로, 전선에서 연대로

이 연구는 왜 특정한 죽음들만 열사로 호명되었는지, 열사로 호명된 죽음들에는 어떤 차이가 있는지 그리고 열사 호명의 배경과 원인은 무엇인지 하는 세 가지 질문에서 출발했다. 그리고 이 질문들을 풀어가기 위해 열사의 기원, 의례화 그리고 해체의 과정을 살피고 이런 변화를 낳은 열사 호명구조를 분석했다. 전체적으로 저항적 자살의 유형을 분류하는 것에서 시작해 두 방향으로 진행됐다. 하나는 열사가 출현한 시기를 1980년에서 2012년까지 세 시기로 구분해 각 시기별 특성을 '공시적'으로 분석했고 다른 하나는 열사의 기원에서 의례화와 해체에 이르는 변화 과정을 '통시적'으로 살펴보면서 열사 호명구조와 해체 원인을 분석했다. 연구 결과를 정리하면 아래와 같다.

첫 번째로, 저항적 자살은 당위형과 실존형 등 두 가지 유형으로 나눌 수 있다. 전자는 '강한 염원'에 바탕을 둔 소명의 실천 행위이며, 후자는 '강한 분노'에 바탕을 둔 자기보존 행위이다. 또 당위형은 존재조건보다 관념적인 도덕률에 의해 마땅히 해야만 하는 실천을 중요하게 간주해 강한 염원을 드러내는 자살이라면, 실존형은 일상의 계급 경험에 기초한 분노를 기반으로 해 주체의 존엄성 회복을 목적으로 하는 자살이다. 실존형과 당위형 자살을 한 열사는 각각 실존형 열사, 당위형 열사로 명명했다.

두 번째로, 시기별 분석 결과 '열사의 기원'에 해당하는 전두환 정권(1980~1987) 시기는 전태일을 열사의 기원으로 소환하면서 당위형 열사에 이어서 실존형 열사가 호명되기 시작하는 시기이다. 5·18 광주항쟁 이후 민주 대 반민주의 전선운동에서 열사들의 죽음을 애도하는 일은 그 자체로 하나의 투쟁이 됐다. 먼저 민족민주열사라는 이름으로 당위형 자살이 열사로 호명됐고 전선운동에 민중 부문이 동원되면서 집합적 주체로서 노동자와 농민 등의 실존형 자살도 열사 호명의 대상으로 포섭되기 시작했다.

다음으로 노태우·김영삼 정권(1988~1997) 시기에는 '열사의 의례화'가 이뤄졌다. 열사의 의례화는 죽음에 대한 애도가 저항운동 세력의 집합적 정체성을 형성·강화하는 수단이 됐다는 것을 의미한다. 이 시기에는 당위형과 실존형 열사가 모두 증가하면서 노동운동 외에도 도시빈민운동 등 다른 부문운동으로 열사 호명의 대상이 확대됐다. 이것은 여러 부문운동이 전선운동에 포섭되면서 열사 추모집단도 확장됐다는 것을 뜻한다.

끝으로 '열사의 해체기'(1998~2012)는 민주 대 반민주의 정치 균열에 기초한 전선운동이 붕괴되고 신자유주의가 확산되면서 열사가 기존의 의미와 역할을 상실하는 때이다. 학생열사가 소멸한 뒤 비조직 노동자들이 당위형 열사의 자리를 채웠지만 대중동원에 실패했고 실존형의 노동자 자살은 점차 개인화·고립화됐다. 노동운동 외에 다른 부문운동에서도 산발적으로 열사가 출현했지만 전선운동의 지원을 받지 못하고 고립됐다.

세 번째로, 통시적 분석에서는 공시적 분석을 바탕으로 열사 호명구조, 유형별 특성과 해체 원인 등을 분석했다. 이것은 열사 호명의 기준과 배경을 밝히는 것으로서 한국의 저항운동진영이 열사 호명을 통해 죽음을 저항운동의 동력으로 삼은 이유를 규명하는 작업에 해당한다.

전체적으로 열사 호명은 전선운동을 중심으로 당위형 열사가 실존형 열사를 소환하는 구조였으며 이분법적 정치정선의 붕괴에 따라 열사 호명구조도 해체됐다. 열사 호명은 전선운동의 강화와 함께 부문운동을 전선운동에 동원하는 수단으로 사용됐고 민주 대 반민주의 정치 균열이 약화, 붕괴됨에 따라 열사도 본래의 기능을 잃고 형해화했다. 상술해보면 5·18 광주항쟁 이후 민주 대 반민주의 이분법적 전선운동에서 당위형 열사가 출현했고 실존형에서는 부문운동이 전선운동의 일부로 동원되면서 노동자, 농민, 도시빈민들이 열사로 호명됐다. 이어 1987년 절차적 민주화 이후 노태우 정권 시기에 열사 출현 빈도가 최고에 달했으나 여야 정권 교체로 민주 대 반민주 균열구조가 해체되면서 열사 호명구조도 작동하지 않게 됐다. 학생열사가 사라진 대신 사회단체와 진보정당에서 활동한 일반노조 출신 노동자열사가 새롭게 나타나고, 이명박 정권 초기의 촛불시위가 반정부투쟁으로 발전하면서 한때 사라졌던 정권 타도 구호도 다시 등장했지만 기존의 호명구조는 더 이상 작동하지 않았다. 전선의 붕괴와 주류 학생운동의 퇴조로 열사 호명구조도 해체돼버린 것이다.

열사의 '기원'과 '의례화' 시기에 전선운동과 열사의례를 지탱하는 힘은 NL계 학생운동이었다. 잇단 학생열사들의 출현은 민주화 이후 조국통일운동을 촉발하며 대정부투쟁을 고양시켰고, NL계 학생운동의 중심 이동에 따라 서울대, 서울지역 대학, 지방 대학, 용성총련 순으로 학생열사의 출현 지역이 달라졌다. 그러나 건대항쟁을 전후한 학생열사의 죽음에서 5·18에 대한 애도가 사라진 데서 알 수 있듯이, 1980년대 후반부터 추상적인 이념화가 가속되면서 학생운동은 결국 1996년 연세대 범민족대회 사건과 1997년 한양대 한총련 출범식 사건 이후 급속히 쇠퇴하고 말았다.

제조업노동열사가 주축을 이룬 실존형에서는 전국 조직의 운동 전략에 따라 출현 장소와 빈도가 달라졌다. 전노협 결성을 전후해서는 민주노조운동이 활발했던 지노협을 중심으로 중소 제조업 공장에서 열사가 출현했다. 그러다가 민주노총의 결성 이후 노동운동의 전략적 사업장이 이동하면서 대공장 노조로 옮겨 갔다. 열사의 기원과 의례화 기간에 학생운동이 전선운동을 주도했다면, 열사의 해체기에는 노동운동이 저항운동의 주력이 됐지만 다른 부문운동을 견인하지는 못했다. 민주 대 반민주 전선의 해체와 더불어 정규직과 비정규직이라는 노동시장의 분절로 노동자계급이 분열되면서 과거 지배세력 대 저항세력의 구도가 와해됐지만 노동운동을 중심으로 대안적 균열을 형성하는 데는 실패하고 만 것이다.

열사 해체의 내적 원인은 당위형의 경우 열사 호명 주체인 추모집단의 해체, 실존형은 호명 대상의 해체 때문이었다. 당위형은 적대를 내용으로 하는 저항공동체를 탄생시키지만 구성적인 힘이 없기 때문에 전선의 적대가 사라지면서 추모집단인 공동체도 사라지게 됐다. 반면 실존형은 노동열사를 통한 형제애를 바탕으로 새로운 정치공동체를 구성하지만 자살의 고립화로 열사 호명 대상이 해체되고 말았다. 1990년대 후반 신자유주의의 전면화 이후 자살의 고립화 경향이 강해짐에 따라 사회적 양극화에 기인한 일반적 자살과 구분하기가 점차 어렵게 됐기 때문이다.

누가 왜 열사로 호명됐을까 하는 의문에서 출발한 이 연구는 열사와 전선운동이 성쇠를 같이한 것으로 결론을 내렸다. '열사'는 1980년 5·18 이후 한국 사회의 이분법적 적대를 표현하는 가장 극명한 단어이다. 열사는 죽음을 상징하고 죽인 자와 죽임당한 자 사이의 적대보다 더 큰 적대는 없기 때문이다. 한국 사회 저항운동의 특징을 열사와 이분법적 전선운동을 중심으로 살펴보면 다음과 같다.

전선은 적과 동지, 즉 '우리'를 가르는 경계이고 지금까지의 전선은 적을 중심으로 우리의 경계를 규정해왔다고 할 수 있다. 1980년 5·18 이후 한국 사회의 저항운동은 전두환 정권을 적으로 규정하는 데서 시작해 그에 맞설 저항운동세력을 모으는 과정이었기 때문이다. 처음에는 학생과 지식인이 선두에 섰으며 이후 제조업노동자를 비롯해 농민, 노점상, 도시빈민들이 정권 타도를 위한 전선에 동참했다. 그러나 NL이냐 PD냐에 따라 민족부르주아지가 아군이 될 수도 있고 적이 될 수도 있듯이 적에 대항하는 우리는 실체가 없었다. 또 적의 반대편에 민중이 위치해 있었지만 구체적인 실상을 갖지 못했다. 학생열사의 죽음은 민중을 위한 죽음이었지 민중의 죽음은 아니었던 것처럼, 민중과 '우리' 역시 일치하지 않았다. 이에 따라 열사의 죽음에 기반을 둔 저항공동체는 새로운 '우리'를 구성할 수 없었다. 그것은 끊임없는 적대를 통해서만 유지될 수 있었고 이분법적 전선이 붕괴하자 공동체도 해체되고 말았다.

이분법적 전선운동은 실패했을 뿐 아니라 저항세력 내부에 대한 억압과 배제라는 또 다른 부작용도 낳았다. 하나의 적대를 기반으로 정권 교체라는 하나의 깃발이 내걸렸지만 그것은 다른 모든 깃발을 은폐하거나 독점한 억압과 배제의 메커니즘에 불과했다. 민족민주열사 중심의 열사 호명구조가 말해주듯 수십 년간 정권 교체에 몰두하는 사이 노동자와 도시빈민의 생존권은 주변화됐고, 매번 선거는 사회적 양극화 속에서 비정규직 노동자와 도시빈민 등 주변계급under-class을 과소 대표하는 것으로 귀착됐다. 1987년 6월항쟁으로 획득한 절차적 민주주의는 실질적 민주주의에 의해 뒷받침돼야 한다. 그러나 1987년 7·8·9 노동자대투쟁에 대한 외면에서 드러났듯이 전선운동은 부문운동을 정권 교체의 일환으로 간주했을 뿐 정권 교체의 목적이 부문운동의 성장을 통한 노동자, 농민, 도시빈민의 생존권 확보라는 점을 망각했다. 수단과 목적이 전도된 것이다.

한국 사회의 저항운동이 이분법적 전선에 매몰된 것은 운동의 목적이 실재에서 벗어나 추상화했기 때문이다. 1980년대 열사는 5·18의 죽음이 갖는 슬픔에 공감해 살인정권을 고발하는 것으로 시작했으나, 열사의 죽음에서 5·18 애도가 사라지는 것과 함께 자살의 보호이익도 점차 추상화했다. 살인정권에 분노해 정권 교체의 깃발을 내걸었으나 어느새 노동자, 농민, 도시빈민의 생존권과 인권은 도외시하고 추상적 분노와 적대만 남게 된 것이다.

최초의 열사는 죽음으로써만 살인정권을 고발할 수 있는 예외적 상황에서 탄생했으나 오히려 죽지 않아도 되는 상황이 되자 더 많은 열사가 나왔다. 지배폭력의 압도성이 비가시화하면서 죽음이 투쟁의 정당한 방법으로 수용되지 못하는 상황에서 더 많은 죽음이 발생한 것이다. 그러나 열사의 죽음으로도 전선이 해체되는 것을 막지 못했고 결국 열사와 전선 모두가 해체되고 말았다. 그러나 민주 대 반민주 전선의 무효성과 열사 호명의 부작용이 드러나고 있음에도 불구하고 이분법적 적대 전선을 복구하고 해체된 열사를 인위적으로 유지시키려는 시도는 계속되고 있다. 이런 흐름은 실질적 민주주의의 달성을 저해하는 동시에 절차적 민주주의마저 위태롭게 할 수 있다.

1980년대 변혁운동은 전태일을 '사후적으로' 열사로 소환했으나 그 소환은 전태일과 똑같은 수많은 노동자와 도시빈민을 위한 것으로 귀결되지 못했다. 또 다른 열사로서 전태일'들'을 탄생시켰을지는 모르지만 다시 있어서는 안 될 노동자 전태일의 죽음을 막아내지는 못한 것이다. 전태일을 기원으로 하는 노동열사들은 영웅이 아니라 권위적, 개발주의적 한국 사회와 국가가 만들어낸 다시 반복되어선 안 될 비극이다. 민주 대 반민주 전선이 붕괴된 이후의 새로운 저항운동은 죽은 열사를 죽음으로써 뒤따르게 하는 것이 아니라 산 자가 존엄한 인간으로서 끝까지 살아남을 수 있게 하는 것이어야 한다.

1995년 산화한 노점상 최정환이 마지막으로 남긴 말은 '복수해달라'였다. 오늘날 필요한 것은 최정환을 열사로 호명해 해체된 열사와 무너진 전선을 복구하는 것이 아니라 '복수해달라'는 바로 그 말에 귀를 기울이고 공감empathy하는 것이다. 끊임없이 전선을 만들어내면서 적과의 대치에 매몰되기보다 우리 내부와 주변에 존재하는 또 다른 나의 고통과 목소리에 귀 기울이는 연대가 필요하다.

새로운 전선은 끊임없이 실재를 참조하는 속에 형성돼야 한다. 하나의 적, 하나의 깃발, 하나의 전선은 실재에서 벗어난 추상에서나 가능하다. 실재에 다가가면 다가갈수록 적도 동지도 전선도 많아질 수밖에 없다. 하나의 전선이 적을 중심으로 한 것이라면 실재에 근거한 전선은 나와 우리를 중심으로 한 전선이다. 존재는 스스로에서 출발하는 것이지 적에 대한 반작용으로 생성되는 것이 아니기 때문이다. 실재에 근거한 새로운 전선은 필연적으로 다원화된 전선일 수밖에 없다. 또 그러한 다원화된 전선은 원초적 분노에서 출발해 공감을 통한 연대의 과정을 거쳐 더 큰 분노로 확장될 수 있다.

억압받는 모든 존재는 억압하는 대립항을 갖고 있다. 그러나 대립항의 존재 자체로 저항이 일어나지는 않는다. 억압의 강도가 높아질수록 대립항에 대한 공포가 커지지만 공포는 회피를 유발하지 저항으로 연결되지 않기 때문이다. 저항이 있기 위해서는 분노가 필요하고 분노는 억압의 부당함을 자각했을 때 나오는 감정이다. 피억압자의 공포가 분노로 전환되는 데 지식인의 개입이 필요하다고 생각했던 시절도 있었지만 지금은 결코 그렇지 않다. 부당함을 인식할 수 있는 모든 정보가 공개돼 있고 더 나아가 노동열사의 자살메시지의 변화에서 확인했듯 신자유주의는 피억압자 스스로 억압의 본질에 직면할 수 있는 환경을 제공했다.

부당한 억압에 대한 분노는 억압한 자에 대한 적대와 저항을 유발한다. 그리고 억압당한 자는 억압한 자에 저항하기 위해 스스로를 조직할 수밖에 없다. 조직화의 필요성은 억압한 자의 힘이 크고 분노한 당사자의 힘이 약할수록 커진다. 이때 노동열사의 죽음은 함께 분노한 사람들로 하여금 새로운 정치공동체를 형성하게 하는 계기로 작용한다. 죽음은 그것이 갖는 극단성으로 인해 각각의 존재가 갖는 차이를 제거하고 적대를 중심으로 집단의 정체성을 구성할 수 있게 하기 때문이다. 이것은 실존형 죽음에서만 가능하다. 노동열사와 동료들은 존재 기반이 동일하기 때문이다. 열사의 죽음으로 탄생하는 정치공동체는 존재 기반이 동일하면 할수록 견고해진다.

그러나 사람마다 존재 기반이 다르듯 정치공동체도 하나일 수는 없다. 노동자는 노동자의 정치공동체, 농민은 농민공동체, 도시빈민은 도시빈민공동체를 구성한다. 더 나아가 여성은 여성대로, 성소수자는 성소수자대로 실존과 목표가 일치하는 무수히 많은 정치공동체가 구성될 수 있다. 그리고 이런 정치공동체들은 각각의 적대와 전선을 갖는다. 과거의 전선이 이분법적 적대를 강조함으로써 서로 다른 존재들의 통합을 요구했다면, 이런 무수히 많은 정치공동체는 공감을 통해 연대할 수 있다. 이때의 공감은 이성이 아니라 감정이며 분노가 아니라 슬픔에 대한 것이다.

'공감共感'은 말 그대로 공통의 감정이고 인간이 타자에 공감할 수 있는 것은 근원적이고 존재론적인 슬픔을 공유하기 때문이다. 이에 반해 분노는 이해의 영역이다. 타자가 느끼는 적에 대한 분노는 곧바로 공감되지 않는다. 그의 적이지 나의 적은 아니기 때문이다. 타자의 분노를 공감할 수 있는 경우는 존재 기반이 동일하거나 슬픔에 대한 깊은 공감을 통해 타자의 적을 나의 적으로 인식할 때뿐이다. 개별자의 분노는 이 같은 공감의 과정을 통해 더 많은 사람들에게 확장될 수 있다. 그러나 여기서 주의해야 할 것은 끊임없이 최초의 슬픔을 조회해야 한다는 것이다. 슬픔을 망각하면 할수록 분노는 실재에서 벗어나 추상화된다. 그리고 추상화된 분노는 실체 없는 적대에 매몰돼 끊임없는 적대를 통해서만 생명력을 유지하게 된다.

공감을 통한 연대는 부당한 하나가 아니라 부당한 모든 것에 함께 저항할 수 있게 한다. 이분법적 전선이 필연적으로 또 다른 억압과 배제를 낳는다면, 다원화된 전선은 사회 주변부에 대한 공감을 필수적으로 요구한다. 주변계급이야말로 가장 깊은 존재론적 슬픔의 담지자이기 때문이다. 그러한 슬픔에 공감했을 때 더 큰 분노와 더 넓은 연대가 가능하다.

무수한 적대는 공감으로 힘을 얻고 공감은 연대와 실천을 통해 본질적인 적대로 발전할 수 있다. 적대가 아닌 공감으로 연대하되 근원적 분노로 이어져야 한다. 새로운 전선은 공감과 공감이 교차하고 연대와 연대가 접합되는 지점에서 만들어져야 한다. 그 새로운 전선에서 죽음을 요구하는 정치는 살아 싸우는 정치로 바뀔 수 있을 것이다. 이제 적대가 아닌 공감으로, 전선이 아니라 연대에 힘을 모아야 한다.

부록

〈표 1〉 열사의 역사적 추이(1980~2012년 자살자)

순번	열사	자살 유형	자살 연월일	직업	소속	출생	나이	자살 방법
1	김의기	당위	1980.05.30.	대학생	서강대	1959	22	투신
2	김종태	당위	1980.06.09.	노동자	방위병 소집 해제	1958	23	분신
3	김태훈	당위	1981.05.27.	대학생	서울대	1959	23	투신
4	박관현	당위	1982.10.12.	대학생	전남대	1953	30	단식
5	박종만	실존	1984.11.30.	노동자	민경교통	1948	37	분신
6	홍기일	당위	1985.08.15.	노동자	건설노동	1960	26	분신
7	송광영	당위	1985.09.17.	대학생	경원대	1958	28	분신
8	오한섭	실존	1986.03.11.	농민	영농후계자	1958	29	음독
9	박영진	실존	1986.03.17.	노동자	신흥정밀	1960	27	분신
10	김세진	당위	1986.04.28.	대학생	서울대	1965	22	분신
11	이재호	당위	1986.04.28.	대학생	서울대	1964	23	분신
12	변형진	실존	1986.04.30.	노동자	삼환택시	1948	39	분신
13	이동수	당위	1986.05.20.	대학생	서울대	1962	25	분신
14	박혜정	당위	1986.05.21.	대학생	서울대	1965	22	투신
15	이경환	당위	1986.06.05.	입시생	대성학원	1967	20	투신
16	강상철	당위	1986.06.26.	사회운동가	목포민주회복국민연합	1964	23	분신
17	진성일	당위	1986.11.05.	대학생	부산산업대	1964	23	분신
18	박선영	당위	1987.02.20.	대학생	서울교대	1966	22	목맴
19	표정두	당위	1987.03.06.	대학생	호남대 자퇴, 신흥금속	1963	25	분신
20	장재완	당위	1987.03.27.	대학생	부산대	1965	23	미상
21	황보영국	당위	1987.05.17.	노동자	태화고무, 우성사 등	1961	27	분신
22	이석구	실존	1987.09.02.	노동자	조흥택시	1956	32	분신
23	김수배	실존	1987.10.16.	노동자	고려화학	1959	29	분신
24	김성애	실존	1987.11.03.	노동자	진흥요업	1970	18	투신
25	박응수	당위	1987.12.05.	노동자	투라가구㈜	1959	29	분신
26	박태영	당위	1987.12.09.	대학생	목포대	1967	21	분신
27	이대건	실존	1988.01.06.	노동자	우성택시	1956	33	분신
28	김장수	실존	1988.03.01.	노동자	경기교통	1957	32	분신
29	오범근	실존	1988.03.10.	노동자	후지카대원전기	1951	38	음독
30	곽현정	당위	1988.04.01.	대학생	한신대	1966	23	미상
31	최윤범	실존	1988.04.25.	노동자	고려피혁	1960	29	분신
32	조성만	당위	1988.05.15.	대학생	서울대	1964	25	투신
33	최덕수	당위	1988.05.18.	대학생	단국대	1967	22	분신
34	장용훈	실존	1988.05.24.	노동자	현대교통	1959	30	분신
35	박래전	당위	1988.06.04.	대학생	숭실대	1963	26	분신
36	성완희	실존	1988.06.29.	노동자	태백탄광	1959	30	분신
37	양영진	당위	1988.10.01.	대학생	부산대	1967	22	투신

열사, 분노와 슬픔의 정치학

자살 지역	자살 장소	자살상황 1	자살상황 2	학력	출신 지역
서울	기독교회관	5·18		대재	경북
서울	신촌사거리	5·18		중졸	부산
서울	학교	5·18	집회 중 교우 구타	대재	광주
광주	교도소	5·18	교도소 인권투쟁 중	대재	광주
서울	직장	해고 위협	단식농성	고퇴	부산
광주	전남도청 앞	5·18	광복40주년	국졸	전남
경기	학교	학원안정법반대투쟁	학원안정법반대집회	대재	광주
충남	자택	소값파동	송아지 팔아 사료값 갚은 후	고졸	충남
서울	직장	파업농성	구사대 대치	중퇴	충남
서울	학교	전방입소반대투쟁 중	경찰력과 대치	대재	충북
서울	학교	전방입소반대투쟁 중	경찰력과 대치	대재	전북
서울	직장	부당해고	출근투쟁	국졸	인천
서울	학교	5·18	5월제 행사	대재	서울
서울	한강	이동수 등 분신		대재	서울
서울	맘모스호텔	이동수 등 분신		고졸	경기
전남	목포역 광장	전두환 정권의 호헌조치		전문대퇴	전남
부산	학교	건대항쟁	현실 외면한 대동제	대재	부산
서울	자취방	박종철 사망, 학원사찰		대재	전남
서울	미대사관	박종철 사망	개헌정국, 슐츠 방한 전	대퇴	전남
부산	야산	입영	문건 분실 후	대휴	경남
부산	부산상고앞	5·18	광주항쟁 7주기	고퇴	부산
서울	직장	노조 탄압	사장 면담 요구 묵살	미상	미상
울산	직장	노조 탄압	노조 확대간부회의 뒤	대졸	부산
인천	병원	산재사고	가족협박 각서 도장	미상	미상
대전	대전역	대통령선거	버스 몰고 가 경찰과 대치	고졸	대전
전남	학교	대통령선거	42일 단독시위	대재	전남
부산	직장	파업농성	노사협의 중 사측 고압적 태도	미상	경남
인천	직장	부당해고	단식농성	고퇴	충남
서울	직장	파업농성	구사대 폭력	미상	미상
서울	자택	고문후유증		대재	전남
경기	직장	노조.탄압	관리자와 몸싸움	중졸	서울
서울	명동성당	반민족적 올림픽 개최 등	양심수 석방 요구 농성	대재	전북
충남	학교	여소야대, 야권 배신	현실 외면한 대동제	대재	전북
전남	직장	부당해고	노동부 무성의	미상	전남
서울	학교	반민중적 파쇼정권	최덕수 분신	대재	경기
강원	직장	복직투쟁	동료 단식 중 구사대 진입 시도	국졸	충북
부산	학교	입영	8·15 남북청년학생회담 투쟁	대휴	경남

부록

순번	열사	자살유형	자살 연월일	직업	소속	출생	나이	자살방법
38	김병구	당위	1988.10.18.	노동자	건설노동	1956	35	투신
39	이문철	실존	1988.11.01.	노동자	대원여객	1954	35	분신
40	김윤기	실존	1989.04.03.	노동자	덕진양행	1964	26	분신
41	남태현	당위	1989.04.07.	대학생	서울교대	1967	23	분신
42	최완용	실존	1989.04.09.	노동자	인천흥업사	1964	26	분신
43	김종수	실존	1989.05.04.	노동자	㈜서광	1966	24	분신
44	박진석	실존	1989.05.29.	노동자	대우조선	1969	21	분신
45	이상모	실존	1989.05.29.	노동자	대우조선	1969	21	분신
46	이종대	실존	1989.07.03.	노동자	기아산업	1948	42	분신
47	강현중	실존	1989.09.04.	노동자	경동산업	1963	27	분신
48	김종하	실존	1989.09.04.	노동자	경동산업	1961	29	분신
49	이재식	실존	1989.10.16.	노점상	한겨레신문 거제지부(겸업)	1952	38	분신
50	이영일	실존	1990.05.03.	노동자	통일중공업	1962	29	분신
51	이원기	실존	1990.05.17.	철거민	성남 은행동 빈민협의회	1968	23	목맴
52	정성묵	당위	1990.06.04.	고교생	공주 한일고	1973	18	음독
53	김수경	당위	1990.06.05.	고교생	대구 경화여고	1972	19	투신
54	최태욱	실존	1990.07.14.	노동자	주신기업	1968	23	분신
55	최동	당위	1990.08.07.	사회운동가	인천부천민주노동자회	1960	31	분신
56	박성호	실존	1990.08.30.	노동자	금강공업	1961	30	분신
57	원태조	실존	1990.08.30.	노동자	금강공업	1953	38	분신
58	심광보	당위	1990.09.08.	고교생	대전충남고	1972	19	분신
59	최응현	당위	1990.11.08.	대학생	한양대	1969	22	투신
60	박승희	당위	1991.04.29.	대학생	전남대	1971	21	분신
61	김영균	당위	1991.05.01.	대학생	안동대	1971	21	분신
62	천세용	당위	1991.05.03.	대학생	경원대	1971	21	분신
63	김기설	당위	1991.05.08.	사회운동가	전민련	1965	27	분신
64	윤용하	당위	1991.05.11.	노동자	성남피혁	1969	23	분신
65	이정순	당위	1991.05.18.	노동자	한독산업	1952	40	분신
66	김철수	당위	1991.05.18.	고교생	보성고	1973	19	분신
67	차태권	당위	1991.05.18.	노동자	전일여객	1960	32	분신
68	정상순	당위	1991.05.22.	무직		1966	26	분신
69	이진희	실존	1991.06.08.	노동자	㈜삼미기공	1964	28	분신
70	석광수	실존	1991.06.15.	노동자	공성교통	1961	31	분신
71	손석용	당위	1991.08.18.	대학생	대구대	1970	22	분신
72	김처칠	실존	1991.08.22.	노동자	합동물산	1956	36	투신
73	양용찬	당위	1991.11.07.	사회운동가	서귀포나라사랑청년회	1966	26	분신
74	권미경	실존	1991.12.06.	노동자	㈜대봉	1969	23	투신
75	권두영	당위	1993.01.14.	사회운동가	민중당	1929	65	목맴
76	고정자	실존	1993.05.21.	노동자	원진레이온	1950	44	목맴
77	이경동	당위	1993.09.08.	대학생	광주교대	1969	25	분신

열사, 분노와 슬픔의 정치학

자살 지역	자살 장소	자살상황 1	자살상황 2	학력	출신 지역
서울	연대 학생회관	광주학살, 대선 부정	투신 후유증(2차 자살 시도)	미상	전남
경기	직장	노조 탄압	사장 만나게 해달라, 무시	중졸	충남
경기	직장	파업농성	협상 결렬 뒤	대졸	서울
서울	학교	학원민주화투쟁	수업 거부 실패 후	대재	충남
인천	개인:야산	산재사고	산재 판정 거부	미상	충남
서울	직장	파업농성	회사 측의 약속 번복	중퇴	전북
경남	직장	구사대 가입 강요	구사대 가입원서 찢어버린 후	중졸	전북
경남	직장	구사대 가입 강요	박진석 분신 후	중졸	전남
경기	직장 인근	파업농성	투쟁 중 해고	미상	미상
인천	직장	파업농성	구사대 동원, 노무이사와 담판 결렬	고퇴	충북
인천	직장	파업농성	구사대 동원, 노무이사와 담판 결렬	중졸	전북
경남	농촌지도소	노점 단속	손수레 반환 거부	국졸	충북
경남	직장	노조 탄압	사측, 노모 찾아가 협박	고졸	강원
경기	개인:야산	철거 위협		미상	미상
충남	학교	억압적 학교생활	단식농성	고재	미상
대구	영남대	전교조 지원활동	교사로부터 폭언과 폭행	고재	대구
경북	청도 성당	노조 탄압	해고, 복직 요구 중	고퇴	경북
서울	한양대	고문후유증	불면증, 실어증 악화	대졸	서울
경기	직장	노조 탄압	경찰 강제진압	고졸	강원
경기	직장	노조 탄압	경찰 강제진압	미상	미상
충북	3층 건물	억압적 학교생활	생계 곤란으로 휴학	고졸	충북
서울	학교	학생운동 탄압	출소 뒤 휴학	대재	경북
광주	학교	강경대 사망	강경대 집회 중	대재	전북
경북	학교	박승희 분신	집회 중	대재	서울
경기	학교	박승희 분신	노태우 정권 퇴진 집회	대재	서울
서울	서강대	박승희 분신		고퇴	경기
광주	전남대	박승희 분신	광주 국민대회	고졸	전남
서울	연세대 앞 철교	박승희 분신	강경대 장례행렬 통과	국졸	전남
전남	학교	박승희 분신	강경대 장례행렬 통과	고재	전남
광주	직장 인근	김철수 분신		미상	전남
광주	전남대 병원	김철수 분신		미상	전남
인천	직장	저임금	임금 인상 보고대회	미상	미상
인천	직장	노조 탄압	노조 지도부 연행	미상	강원
대구	학교	입영	범민족대회	대휴	경북
서울	한강	노조지도급제 철폐투쟁	조합원 생계투쟁	고졸	강원
제주	직장	UR, 제주도개발특별법 반대투쟁		대퇴	제주
부산	직장	살인적 노동환경	관리자 폭언	중졸	전북
경기	교도소	국보법 위반 구속		대졸	미상
경기	자택	정신분열, 직업병		미상	미상
광주	학교	교원임용고시 철폐투쟁	집회 뒤	대재	전남

부록

357

순번	열사	자살 유형	자살 연월일	직업	소속	출생	나이	자살 방법
78	길옥화	당위	1993.09.26.	교사	서울대/전교조	1962	32	투신
79	한상용	당위	1993.11.01.	대학생	광주교대	1970	24	분신
80	김성윤	실존	1994.01.24.	노동자	상호운수	1932	63	목맴
81	최성묵	실존	1994.03.11.	노동자	성호여객	1945	50	분신
82	최정환	실존	1995.03.08.	노점상	테이프노점상	1959	37	분신
83	양봉수	실존	1995.05.12.	노동자	현대자동차	1967	29	분신
84	박삼훈	실존	1995.06.21.	노동자	대우조선	1955	41	분신
85	서전근	실존	1995.09.04.	노동자	철도청	1959	37	분신
86	장현구	당위	1995.12.04.	대학생	경원대	1969	27	분신
87	조수원	실존	1995.12.15.	노동자	대우정밀	1967	29	목맴
88	김시자	실존	1996.01.13.	노동자	한일병원	1961	36	분신
89	진철원	당위	1996.04.06.	대학생	경원대	1976	21	분신
90	황혜인	당위	1996.04.16.	대학생	성균관대	1976	21	분신
91	오영권	당위	1996.04.19.	대학생	여수수산대	1976	21	분신
92	이상희	당위	1996.09.18.	대학생	경원대	1969	28	투신
93	한상근	당위	1997.02.01.	대학생	용인대	1971	27	분신
94	홍장길	실존	1997.05.31.	노동자	연희교통	1939	59	음독
95	최대림	실존	1998.02.13.	노동자	대우중공업	1957	42	분신
96	이길상	당위	1998.12.07.	사회운동가	전국민주학생연맹(전민학련)	1960	39	투신
97	김윤수	실존	1999.03.31.	노동자	대림자동차	1959	41	목맴
98	이상관	실존	1999.06.22.	노동자	대우중공업	1972	28	음독
99	윤창녕	실존	1999.07.10.	노점상	대전역 노점상	1954	46	분신
100	박용순	실존	1999.08.21.	노동자	스타택시	1967	33	분신
101	최옥란	실존	2002.02.21.	노점상	청계천 노점상	1966	37	음독
102	박봉규	실존	2002.08.23.	노점상	중구 노점상	1940	63	분신
103	천덕명	실존	2002.11.22.	노동자	경인운수	1964	39	분신
104	배달호	실존	2003.01.09.	노동자	두산중공업	1953	51	분신
105	박상준	실존	2003.04.28.	노동자	화물연대	1969	35	음독
106	송석창	당위	2003.08.04.	노동자	국민연금관리공단	1964	40	미상
107	이경해	당위	2003.09.12.	농민	전농 고문	1947	57	할복
108	김주익	실존	2003.10.17.	노동자	한진중공업	1963	41	목맴
109	이해남	실존	2003.10.23.	노동자	세원테크	1962	42	분신
110	이용석	실존	2003.10.26.	노동자	근로복지공단	1972	32	분신
111	곽재규	실존	2003.10.30.	노동자	한진중공업	1955	49	투신
112	박일수	실존	2004.02.14.	노동자	현대중공업	1954	51	분신
113	정상국	실존	2004.05.26.	노동자	장흥교통	1966	39	분신
114	박상윤	실존	2004.12.03.	노동자	민주노총	1968	37	목맴
115	김춘봉	실존	2004.12.27.	노동자	한진중공업	1955	50	목맴
116	류기혁	실존	2005.09.03.	노동자	현대자동차	1975	31	목맴
117	김동윤	실존	2005.09.10.	노동자	화물연대	1957	49	분신

열사, 분노와 슬픔의 정치학

자살 지역	자살 장소	자살 상황 1	자살 상황 2	학력	출신 지역
강원	자택	전교조 탄압	전교조 탈퇴각서 시한 이틀 전	대졸	미상
광주	학교	교원임용고시 철폐투쟁	임용고시 반대투쟁 중	대재	전남
서울	직장	택시운송수입금전액관리투쟁	법제화 보류	미상	강원
경기	직장	노조 탄압	부당해고 근로조건 항의	중졸	경기
서울	서초구청	노점 단속	관청직원의 폭언	미상	미상
경남	직장	불법해고	발대식 참석 저지	고졸	전남
경남	직장	노동 통제	노동자 상호감시	중졸	경북
대전	직장	노조 탄압	오지 전출 임박	미상	미상
서울	송파사거리	고문후유증	정신과 치료, 3차례 자살 기도	대재	서울
서울	민주당사	복직합의 후 입영 통고	민주당사 38일 단식투쟁	미상	강원
경북	중앙위원회 회의장	노조 탄압, 어용노조	노조 중앙위의 징계 결의	전문대졸	전북
경기	학교	장현구 분신 후	진상조사투쟁	대재	서울
서울	학교	김영삼 정권 민중 탄압	노동·학생 열사 선전전	대재	강원
전남	학교	실명 후, 교지 편집국 활동 중	4·19 기념집회	대재	전남
경기	병원	경찰연행 후 정신질환	병원치료 중	대재	강원
경기	학교	학원자주화투쟁	김형찬 분신기도	대재	전북
서울	직장	회사 분할매각 추진		중졸	경남
경남	직장	정리해고	근로자파견제 국회 통과 전	고졸	경남
서울	자택	고문후유증	30여 차례 입원과 퇴원 반복	대재	강원
경남	야산	복직투쟁		미상	미상
경남	자택	산재사고		미상	미상
대전	구청	노점 단속	구청직원의 폭언	미상	미상
서울	직장	사납금제 폐지		중졸	강원
서울	자택	노점 단속	아들 양육권, 수급권 박탈	미상	미상
서울	구청	노점 단속	구청직원의 폭언	미상	전남
인천	직장	개인택시 수령 직전 부당노동 탄압	사측의 징계위 회부	미상	경남
경남	직장	파업 따른 구속 후	가압류, 현장복귀	미상	경남
경북	직장	파업농성	부채	미상	미상
전북	직장	반민중적 국민연금제도	소득조정 관련 업무 시행중	미상	미상
멕시코	WTO 각료회의장	농산물 수입개방반대투쟁	WTO 각료회의	대졸	전북
부산	직장	파업농성	크레인농성	고졸	부산
대전	직장	수배 중	연행, 가압류, 탄압	미상	대전
서울	광장	간부파업 중	전국비정규직노동자대회	대졸	전남
부산	직장	노조 탄압	김주익 자결 뒤	고졸	부산
울산	직장	근로개선투쟁	전산 말소/강제 해고	고퇴	경북
전남	직장	노조 탄압	분신 시도 실패	미상	전남
서울	미상	민주노총 분파구도 및 운동기풍 퇴색		건강악화	미상
경남	직장	명퇴 후 비정규직 전환	계약 연장 거부	미상	경남
울산	직장	불법파견 철폐투쟁	징계해고	고졸	경북
부산	신선대 부두	열악한 노동환경(생계 곤란)	유류보조환급액 전액 압류	미상	미상

순번	열사	자살 유형	자살 연월일	직업	소속	출생	나이	자살 방법
118	정용품	실존	2005.11.11.	농민	한국농업경영인중앙연합회	1927	79	음독
119	오추옥	실존	2005.11.13.	농민	성주농민회	1965	41	음독
120	전용재	실존	2007.01.23.	노동자	우창운수	1964	44	분신
121	허세욱	당위	2007.04.15.	노동자	한독운수	1953	55	분신
122	이근재	실존	2007.10.12.	노점상	붕어빵 노점	1959	49	목맴
123	정태봉	실존	2007.10.23.	노동자	신일교통	1956	52	음독
124	정해진	실존	2007.10.27.	노동자	영진전업사	1962	46	분신
125	이병렬	당위	2008.05.25.	노동자	공공운수연맹노조 전북평등지부	1967	42	분신
126	박종대	실존	2009.05.03.	노동자	화물연대	1972	38	목맴
127	강희남	당위	2009.06.06.	사회운동가	범민련 고문	1920	90	목맴
128	문수	당위	2010.05.31.	종교인	대산사 주지	미상	미상	분신
129	박종길	실존	2011.06.09.	노동자	현대자동차 아산	1963	49	목맴
130	허광만	실존	2011.11.21.	노동자	철도청	1973	39	연탄
131	신승훈	실존	2012.01.08.	노동자	현대자동차	1968	45	분신
132	최강서	실존	2012.12.21.	노동자	한진중공업	1978	35	목맴
133	이운남	실존	2012.12.22.	노동자	현대중공업	1971	42	투신

주: • 2015년 5월 31일 현재 추모연대(yolsa.org) 등재자 기준.
 • 자살 연월일: ㉘김병구와 ⑬정상국은 두 차례 자살을 시도했으며 자살일은 첫 번째 시도일이다. ㉟최동, ㊌장현구, ㊏이길상은 고문후유증을 앓던 중 수차례 자살 시도 끝에 사망했으며 자살일은 마지막 시도일을 기준으로 했다.
 • '나이'=자살 연도-출생 연도+1
 • 자살상황1, 자살상황2: '추모연대' 홈페이지 내용과 자살 당시 신문기사 등을 참고해 작성했다.

자살 지역	자살 장소	자살상황 1	자살상황 2	학력	출신 지역
전남	마을회관	쌀 수입개방	비준안 상정 전	대졸	전남
경북	미상	쌀 수입개방	가계채무, 생활고	미상	미상
인천	직장	노조 탄압	활동가 3명 해고, 임금 삭감 협약	미상	미상
서울	하얏트호텔 앞	한미FTA 협상	한미FTA 반대집회	중졸	경기
경기	개인:야산	노점 단속	고양시의 노점 정비 강화	미상	서울
경남	자택	자주관리기업 쟁취투쟁	사업면허 취소	미상	미상
인천	직장	총파업투쟁	집중집회	미상	인천
전북	전주코아백화점	이명박 탄핵 촛불집회	전북지부 선전전	미상	전북
광주	야산	화물연대투쟁	거리투쟁 43일, 체포영장 발부	미상	미상
전북	자택	이명박 정부 출범		대졸	전북
경북	직장	4대강사업 강행		미상	미상
충남	직장	타임오프 현장 탄압		미상	강원
서울	자택	파업으로 해직		미상	미상
울산	직장	노동현장 통제		미상	미상
부산	직장	노조 탄압	재입사 3시간 만에 무기한 강제휴업	미상	부산
충남	자택	비정규직 철폐투쟁		미상	미상

〈표 2〉 열사의 역사적 추이(1980~2012년 타살자)

순번	성명	사망연월일	직업	사망 이유	소속
1	임기윤	1980.07.26.	사회운동가	의문사	대한감리교회
2	전정배	1981.06.02.	미상	총상	삼청교육대
3	최종철	1981.09.01.	대학생	고문후유증	부산대
4	임용준	1981.11.02.	대학생	의문사	연세대
5	노진수	1982.04.02.	대학생	행방불명	서울대
6	정성희	1982.07.23.	대학생	의문사	연세대
7	문영수	1982.08.22.	노동자	폭행	진아교통
8	이진래	1983.01.02.	대학생	의문사	서울대
9	이윤성	1983.05.03.	대학생	의문사	성균관대
10	김두황	1983.06.18.	대학생	의문사	고려대
11	한영현	1983.07.02.	대학생	의문사	한양대
12	최온순	1983.08.14.	대학생	의문사	동국대
13	황정하	1983.11.16.	대학생	추락사	서울대
14	한희철	1983.12.11.	대학생	의문사	서울대
15	정은복	1983.12.15.	사회운동가	행방불명	크리스챤아카데미
16	허원근	1984.04.02.	대학생	의문사	부산수산대
17	박영두	1984.10.14.	미상	폭행	삼청교육대
18	장이기	1985.04.02.	자영업	고문후유증	의류판매점
19	우종원	1985.10.11.	대학생	의문사	서울대
20	김상원	1986.05.26.	노동자	폭행	영등포산선
21	신호수	1986.06.11.	노동자	의문사	인천 연안가스
22	김성수	1986.06.18.	대학생	의문사	서울대
23	박종철	1987.01.14.	대학생	고문치사	서울대
24	김용권	1987.02.02.	군인	의문사	서울대
25	노철승	1987.03.01.	군인	의문사	조선대
26	이승삼	1987.03.03.	군인	의문사	부산대
27	박필호	1987.03.19.	군인	의문사	부산대
28	박상구	1987.05.11.	군인	의문사	대구공고
29	정경식	1987.06.08.	노동자	의문사	대우중공업
30	이한열	1987.06.09.	대학생	최루탄	연세대
31	이이동	1987.06.15.	대학생	의문사	전남대
32	이태춘	1987.06.18.	노동자	추락사	태광고무
33	이석규	1987.08.22.	노동자	최루탄	대우조선
34	최우혁	1987.09.08.	대학생	의문사	서울대
35	박태조	1987.11.26.	미상	의문사	(광주항쟁)
36	정연관	1987.12.04.	군인	폭행	포항성광고
37	심재환	1987.12.16.	대학생	의문사	서울대
38	김길호	1988.03.25.	농민	폭행	농민
39	고정희	1988.05.13.	사회운동가	공권력	민족통일애국청년회

순번	성명	사망연월일	직업	사망 이유	소속
40	안치웅	1988.05.31.	대학생	행방불명	서울대
41	우인수	1988.06.02.	대학생	의문사	성균관대
42	문용섭	1988.06.09.	노동자	폭행	광무택시
43	박인순	1988.06.23.	대학생	의문사	한신대
44	문송면	1988.07.02.	노동자	산재	협성계공
45	송철순	1988.07.15.	노동자	추락사	세창물산
46	박종근	1988.08.01.	대학생	의문사	동국대
47	이상남	1988.09.12.	노동자	폭행	현대중공업
48	배중손	1988.11.14.	노동자	의문사	구미 금성사
49	정상율	1989.02.18.	철거민	폭행	돈암동
50	이철규	1989.05.03.	대학생	의문사	조선대
51	최성조	1989.08.02.	노동자	폭행	남성홍진
52	이내창	1989.08.15.	대학생	의문사	중앙대
53	이재호	1989.10.29.	노동자	의문사	인천협신사
54	임태남	1989.11.03.	노동자	의문사	대광교통
55	김용갑	1990.03.28.	대학생	의문사	동우전문대
56	박성은	1990.05.24.	군인	의문사	광주농고
57	김진홍	1990.07.14.	대학생	의문사	서울대
58	김봉환	1991.01.05.	노동자	산재	원진레이온
59	송종호	1991.02.02.	대학생	의문사	서울대
60	남현진	1991.02.03.	대학생	의문사	한국외대(용인)
61	강경대	1991.04.26.	대학생	폭행	명지대
62	김영환	1991.04.27.	사회운동가	의문사	한겨레 사회연구소
63	박창수	1991.05.04.	노동자	의문사	한진중공업
64	김귀정	1991.05.25.	대학생	폭행	성균관대
65	탁은주	1991.12.01.	대학생	의문사	창원대
66	강희수	1992.02.15.	노동자	산재	원진레이온
67	박태순	1992.08.29.	대학생	의문사	한신대
68	문승필	1992.10.15.	대학생	의문사	전남대
69	김선호	1992.11.03.	철거민	폭행	부산 장리동
70	임종호	1994.09.18.	노동자	고문후유증	통일중공업
71	이덕인	1995.11.25.	노점상	의문사	전국노점상연합회
72	신연숙	1996.02.05.	철거민	폭행	수지2
73	노수석	1996.03.29.	대학생	폭행	연세대
74	박동학	1996.05.06.	대학생	공권력	대구공전
75	정인택	1996.06.06.	대학생	의문사	연세대
76	민병일	1997.02.15.	철거민	폭행	용인 구갈
77	류재을	1997.03.02.	대학생	폭행	조선대
78	박순덕	1997.07.25.	철거민	폭행	서울 전농3동

순번	성명	사망연월일	직업	사망이유	소속
79	김준배	1997.09.15.	대학생	폭행	광주대
80	이현중	2003.08.26.	노동자	폭행	세원테크
81	제종철	2003.11.02.	사회운동가	의문사	한국외대(용인)
82	김태환	2005.06.14.	노동자	공권력	수안보파크호텔노조
83	전용철	2005.11.24.	농민	폭행	보령농민회
84	하중근	2006.08.01.	노동자	폭행	포항건설
85	이상림	2009.01.20.	철거민	공권력	용산4구역
86	양회성	2009.01.20.	철거민	공권력	용산4구역
87	한대성	2009.01.20.	철거민	공권력	수원 신동
88	이성수	2009.01.20.	철거민	공권력	수지 심봉
89	윤용헌	2009.01.20.	철거민	공권력	중구 순화동

주: 2015년 5월 31일 현재 추모연대(yolsa.org) 등재자 기준. 철거민 소속은 사망 당시 철거반대투쟁지역을 말한다.

열사, 분노와 슬픔의 정치학

참고문헌

단행본

91년5월투쟁청년모임, 《그러나 지난 밤 꿈속에서 이 친구들이 나에 대해 이야기하는
  소리가……》, 이후, 2002.
김경일, 《노동》, 도서출판 소화, 2014.
김경훈, 《낭푼밥 공동체: 김경훈 시인이 시로 전하는 세상살이 이야기》, 각, 2013.
김상봉, 《철학의 헌정》, 길, 2015.
김순천, 《인간의 꿈: 두산중공업 노동자 배달호 평전》, 후마니타스, 2011.
김영환, 《강철서신》, 눈, 1989.
김원·김정한·전재호, 《91년 5월투쟁과 한국의 민주주의》, 민주화운동기념사업회,
  2004.
김원, 《1970 여공, 그녀들의 반(反)역사》, 이매진. 2005.
김원, 《잊혀진 것들에 대한 기억: 1980년대 한국 대학생의 하위문화와 대중정치》, 이후,
  1999.
김의기열사추모사업회, 《5월 하늘 아래 바보청년 김의기》, 김의기열사추모사업회,
  2010.
김정한, 《1980 대중 봉기의 민주주의》, 소명, 2013.
김정한, 《대중과 폭력》, 이후, 1998.
김정호, 《통일·S&T중공업 노조운동 30년사》, 노동자역사 한내, 2015.
김종엽, 《연대와 열광》, 창작과비평사, 1998.
김종찬, 《불의 기록, 피의 기록, 죽음의 기록: 민족민주의 제단에 바쳐진 민중의
  아들딸》, 실천문학사, 1988.
김진균 편, 《저항, 연대, 기억의 정치 1》, 문화과학사, 2008.
김형수, 《문익환 평전》, 실천문학사, 2004.
도미야마 이치로, 《폭력의 예감》, 손지연·김우자 옮김, 그린비, 2009.
루이 알튀세르, 〈이데올로기와 이데올로기적 국가장치〉, 《아미엥에서의 주장》, 김동수
  옮김, 솔, 1991.
마르탱 모네스티에, 《자살백과》, 한명희 옮김, 새움, 2008.
마르틴 하이데거, 《존재와 시간》, 이기상 옮김, 까치, 1998.
맹문재, 《기룬 어린 양들》, 푸른사상, 2013.
민족민주열사 편집부, 《끝내 살리라》, 민족민주열사, 2005.
민주화운동기념사업회, 《한국민주화운동사 3》, 돌베개, 2010.

민주화운동기념사업회, 《지역 민주화운동사 편찬을 위한 기초조사자료 최종보고서: 경기》, 2006.

박래군, 《사람 곁에 사람 곁에 사람》, 클, 2014.

박래전, 《반도의 노래》, 세계, 1988.

박형민, 《자살, 차악의 선택》, 이학사, 2010.

서울대민주열사추모사업위원회, 《산 자여 따르라》, 거름, 1984.

성남6월항쟁20주년기념사업추진위원회, 《만남의 집 31년사》, 2010.

송기역, 《허세욱 평전》, 삶이보이는창, 2010.

수전 손택, 《타인의 고통》, 이재원 옮김, 이후, 2004.

안병무, 《민중신학이야기》, 한국신학연구소, 2005.

안재성, 《부르지 못한 연가: 김시자 평전》, 삶이보이는창, 2006.

안재성, 《파업》, 세계, 2009.

에밀 뒤르켐, 《에밀 뒤르켐의 자살론》, 황보종우 옮김, 청아출판사, 2008.

에밀 뒤르켐, 《종교생활의 원초적 형태》, 노치준 옮김, 민영사, 1992.

유동우, 《어느 돌멩이의 외침》, 청년사, 1984.

이갑용, 《길은 복잡하지 않다》, 철수와영희, 2009.

이원보, 《한국노동운동사 100년의 기록》, 한국노동사회연구소, 2005.

임미리, 〈건대항쟁 전후 대학생의 저항적 자살: 5·18 애도를 중심으로〉, 김석 외, 《학생운동, 1980》, 오월의봄, 2016.

임미리, 《경기동부》, 이매진, 2014.

전국금속노동조합, 《금속산업연맹 연표(1998~2006년)》, 노동자역사 한내, 2010.

전국민조노동조합총연맹, 《민주노조 투쟁과 탄압의 역사: 사례·연표·명단 1970~2000》, 현장에서 미래를, 2001.

정도상, 《천만 개의 불꽃으로 타올라라》, 청사, 1988.

정봉주·이완배, 《일어나라 기훈아》, 미래를소유한사람들, 2012.

정우영, 《마른 것들은 제 속으로 젖는다》, 문학동네, 1998.

제프 굿윈·제임스 M. 재스퍼·프란체스카 폴레타, 《열정적 정치》, 박형신·이진희 옮김, 한울아카데미, 2012.

이병천·이광일 편, 〈1980년대 이후 한국 사회와 '죽음의 정치'〉, 《20세기 한국의 야만 2》, 일빛, 2001.

조희연 편, 《국가폭력, 민주주의 투쟁, 그리고 희생》, 함께읽는책, 2002.

주민교회역사편찬위원회, 《민중의 수레를 끌고 새 하늘 새 땅으로: 자료로 본 주민교회 30년사(1973.3~2003.3)》, 2003.

참여사회연구소 편, 《20세기 한국의 야만》, 일빛, 2001.

천정환, 《자살론》, 문학동네, 2013.

최장집, 《한국민주주의의 이론》, 한길사, 1993.

최현석, 《인간의 모든 감정》, 서해문집, 2011.

열사, 분노와 슬픔의 정치학

칼 슈미트, 《정치적인 것의 개념》, 김효전·정태호 옮김, 살림, 2012.

한국노동연구원, 《한국의 노동조합 I》, 한국노동연구원, 1989.

한나 아렌트, 《폭력의 세기》, 김정한 옮김, 이후, 1999.

논문, 자료집

<제17회 민족민주열사·희생자 범국민추모제 및 추모주간 자료집>, 제17회
　　민족민주열사·희생자 범국민추모제 및 추모주간 행사위원회, 2006.

강정인, <정치·죽음·진실: 1991년 5월투쟁을 중심으로>, 《한국정치학회보》 36(3),
　　한국정치학회.

강형철, <무딘 칼, 벼린 칼(박래전 유고시집 《반도의 노래》 서평)>, 《창작과비평》 16(4),
　　창비, 1988.

건강한노동세상, <건강한 노동세상> 제9호, 2004.03.15.

국가안전기획부, <광주사태 상황일지 및 피해현황>, 1985.

기우석, <현장에서: 죽음의 칼이 아닌 개혁의 칼을—조경식 씨의 분신과 택시
　　노동자들의 투쟁>, 《노동사회》 89권, 한국노동사회연구소, 2004.

김광억, <내산 한상복 교수 회갑기념호/연구논문: 단식과 몸의 정치학>,
　　《한국문화인류학》 28권, 한국문화인류학회, 1995.

김동원, <발표1—노사관계 측면: 노무현 정부 노동 정책의 평가와 이명박 정부의 과제>,
　　노동경제학회 2008년 춘계공동학술대회, 2008.

김동현, <김기설 씨의 분신과 대필파동>, 《월간 사회평론》 91권 7호, 사회평론, 1991.

김명희, <한국 사회 자살현상과 《자살론》의 실재론적 해석: 숙명론적 자살(fatalistic
　　suicide)을 중심으로>, 《경제와 사회》 96, 한국언론법학회, 2012.

김원, <전태일 분신과 '노동열사' 탄생의 서사들>, 《민족문학사연구》 59호,
　　민족문학사연구소, 2015.

김재은, <민주화운동 과정에서 구성된 주체위치의 '성별화'에 관한 연구(1985~1991):
　　상징정치 담론분석을 중심으로>, 서울대학교 석사학위 논문, 2003.

김정한, <도래하지 않은 혁명의 유산들: 1991년 5월투쟁의 현재성>, 《문화과학》 66,
　　문화과학사, 2011.

김정한, <1980년대 운동사회의 감성: 애도의 정치와 멜랑콜리 주체>, 《한국학연구》
　　33권, 인하대 한국한연구소, 2014.

김종렬, <전태일—그 죽음 이후—역사 속에서의 죽음>, 《기독교사상》 16(4),
　　대한기독교서회, 1972.

김종철, <김지하 시인, 돌아오십시오>, 《월간말》 60, 월간말, 1991.

김준희, <노점상운동의 역사와 주요 쟁점>, 《도시와 빈곤》 제97호, 2012.

김진숙, <노동해방을 꿈꾼 진짜 노동자>, 《월간말》 60, 월간말, 1991.

김태일, 〈인간 최소한의 요구입니다〉, 《신동아》 제77호, 1970.

김향수, 〈시민건강증진연구소 2010 영펠로우 연구보고서: 시민과학연대를 통한 1990년대 여성 노동안전보건운동〉, 시민건강증진연구소, 2012.

김효정, 〈집합행동에 대한 사회운동론적 연구〉, 성공회대사문연포럼, 2002.

노동해방열사 조수원 추모사업회, 〈그 산맥에 우뚝 서라: 노동해방열사 조수원 추모자료집〉, 노동해발열사 조수원 추모사업회, 1991.

노성환, 〈일본 분신자살에 관한 연구〉, 《일본문화연구》 2, 동아시아일본학회, 2000.5.

노성환, 〈한·중·일 할복의 비교연구〉, 《비교민속학》 23, 비교민속학회, 2002.

노성환, 〈한국의 분신과 일본의 할복〉, 《일본어문학》 12, 한국일본어문학회, 2002.

노옹희, 〈교원임용고시제의 본질과 철폐투쟁의 의의〉, 《정세연구》 1991년 1월호, 1991.

라효윤, 〈한국전력노조 한일병원지부장 분신의 전모: 어용노조의 무자비한 징계가 죽음을 불렀다〉, 《월간 사회평론 길》 96권 2호, 사회평론, 1996.

민주화실천가족운동협의회, 〈2003년도 국가인권위원회 연구용역 보고서: 국가보안법 적용상에서 나타난 인권 실태〉, 2003.

박광배·신민섭, 〈고등학생의 지각된 스트레스와 자살생각〉, 《한국심리학회지: 임상》 10,1(91. 12), 한국심리학회, 1991.

박석운, 〈87년 노동자대투쟁 평가와 의의〉, 87년 노동자대투쟁 10주년 기념 심포지엄 발표문, 1997.

박용현·김규원, 〈더 이상 진실을 감옥에 가둘 수 없다〉, 《한겨레21》, 1998.

박유기, 〈현장 통신: 현대자동차 정갑득 후보 승리의 배경―양봉수 열사의 분신, 진실은 승리한다〉, 《노동사회연구》 4권, 한국노동사회연구소, 1995.

방현석, 〈김지하에게 보내는 공개서한〉, 《월간말》 60, 월간말, 1991.

배지연·김원형, 〈포스터 발표: 노인의 우울이 자살생각에 미치는 영향: 사회적 지지의 조절효과〉, 《한국심리학회 연차 학술발표논문집》, 한국심리학회, 2005.

서강대사학과, 〈분신을 선동하는 배후세력이 있다니요!!〉, 《월간 사회평론》 91권 6호, 사회평론, 1991.

서준식, 〈동우전문대의 폭력조직과 정연석 분신사건〉, 《월간말》 59 월간말, 1991.

손규성, 〈가난과 폭압을 불사른 민중의 아들〉, 《월간말》 60, 월간말, 1991.

신광영, 〈노동자가 자살하는 사회〉, 《노동사회》 81권, 한국노동사회연구소, 2003.

신민섭 외, 〈우울증과 충동성이 청소년들의 자살 행위에 미치는 영향〉, 《한국심리학회지: 임상》 10,1(91. 12), 한국심리학회, 1991.

신병현, 〈민주노조운동의 전태일 애도와 재현〉, 《역사연구》 20호, 역사학연구소, 2011.

안지은·조대엽, 〈촛불집회의 프레임 변화 과정에 관한 연구〉, 한국사회학회 2012 전기 사회학대회 자료집, 2012.

양돌규, 〈민주주의 이행기 고등학생운동의 전개과정과 성격에 관한 연구〉, 성공회대학교 대학원 석사학위 논문, 2006.

오연호, 〈5월투쟁, 그 분노의 현장기록〉, 《월간말》 60, 월간말, 1991.

오재식, 〈어떤 예수의 죽음〉, 《기독교사상》 14(12), 대한기독교서회, 1970.

윤영삼, 〈화물노동자의 노동실태와 생활실태〉, '육상운송비용 절감과 화물노동자 권리보장' 토론회, 2003년 3월.

윤진하 외, 〈우리나라에서 직업군에 따른 자살의 표준화사망비와 연령보정 비례사망비의 추세〉, 《대한직업환경의학회지》 제23권 제2호, 2011.

이기봉, 〈이 땅의 저주받을 분신자살 언제 마감될 것인가〉, 《한국논단》 91권, 한국논단, 1997.

이남주, 〈하나의 생명이 폭풍이 돼 반미자주화투쟁을 불러일으킨 김세진·이재호의 분신〉, 《역사비평》 18, 역사비평사, 1992.

이동익, 〈현장에서: 어느 하청노동자의 죽음에 대한 56일의 기록—현대중공업 사내하청노동자 박일수 열사 분신대책위의 투쟁〉, 《노동사회》 87권, 한국노동사회연구소, 2004,

이상대, 〈김철수 군 분신이 일깨운 교육위기와 고교생의 역할〉, 《중등우리교육》 17, 중등우리교육, 1991.

이승원, 〈하위주체와 4월혁명〉, 《기억과 전망》 20호, 2009.

이연희·박광배, 〈대학생의 민주화 욕구와 분신자살에 대한 태도에 관한 소연구〉, 《한국심리학회 연차 학술발표논문집》, 한국심리학회, 1991.

이재진·유승관, 〈'집시법'상의 야간옥외집회 관련조항에 관한 신문보도 경향과 프레임 연구〉, 《언론과 법》 제9권 제2호, 한국언론법학회, 2010.

이창언, 〈분신자살(焚身自殺)의 구조와 메커니즘 연구: 학생운동을 중심으로〉, 《기억과전망》 제21호, 민주화운동기념사업회, 2009.

임미리, 〈저항적 자살의 유형 분류에 관한 연구〉, 《사회와 역사》 제111집, 한국사회사학회, 2016.

임미리, 〈한국 학생운동에서 대학생의 저항적 자살에 관한 연구〉, 《기억과전망》 제34호, 민주화운동기념사업회, 2016.

임영일, 〈한국의 산업화와 계급정치〉, 한국사회학회·한국정치학회, 《한국의 국가와 시민사회》, 한울, 1992

장원석, 〈노동자가 아니라 "사업자"이므로 알아서 해라?: 고 김동윤 열사의 분신과 화물노동자의 투쟁〉, 《노동사회》 103권, 한국노동사회연구소, 2005.

장유식, 〈잃어버린 진실: 1986년 김세진, 이재호 열사 분신사건〉, 《기억과 전망》 6권, 민주화운동기념사업회, 2004.

정경아, 〈반미구국의 선봉에 선 여성전사〉, 《월간말》 60, 월간말, 1991.

정승혜, 〈민중의 아픔을 껴안은 청년활동가〉, 《월간말》 60, 월간말, 1991.

정웅재, 〈수산물 납품업자 차 씨는 왜 분신했나: 대형할인점 횡포에 시달리는 납품업자의 고뇌〉, 《월간말》 261, 월간말, 2008.

조성관, 〈중앙대 중퇴하고 세운상가서 노점상 노점연합 간부 활동하다 과격시위로 유명세〉, 《주간조선》, 2012.

조현연, 〈한국정치 변동의 동학과 민중운동: 1980~1987년까지〉, 한국외국어대학교
    박사학위 논문, 1997.

조효래, 〈이명박 정부의 노동정책〉, 《동향과 전망》 통권 87호, 2013.

천정환, 〈열사의 정치학과 그 전환: 2000년대 노동자의 죽음을 중심으로〉, 《문화과학》,
    문화과학사, 2013.

최인기, 〈빈민운동의 역사와 열사〉, 민주노점상전국연합, 2012.

편집부, 〈노동현장이 격동하고 있다〉, 《월간말》 1, 월간말, 1985.

편집부, 〈광산노동운동의 현황과 전망〉, 《월간말》 9, 월간말, 1986.

편집부, 〈근로조건 개선 외치며 박영진 씨 분신자살〉, 《월간말》 5, 월간말, 1986.

편집부, 〈노동자 표정두 씨 분신자살〉, 《월간말》 10, 월간말, 1987.

편집부, 〈노점상, 무책임한 행정에 항의 분신〉, 《월간말》 10, 월간말, 1987.

편집부, 〈마산 우성택시기사 이대건씨 분신〉, 《월간말》 20, 월간말, 1988.

편집부, 〈빚더미에 몰린 농민 자살 항거 속출〉, 《월간말》 6, 월간말, 1986.

편집부, 〈산재노동자 김성애씨의 자살원인〉, 《월간말》 17, 월간말, 1987.

편집부, 〈전태일 사건 이후 희생당한 노동자들〉, 《월간말》 6, 월간말, 1986.

편집부, 〈지역별 노동쟁의: 탄광지대, 운수분야, 울산지역, 옥포조선소, 창원공단, 인천,
    구미〉, 《월간말》 13, 월간말, 1987.

한국경영자총협회, 〈노사관계 동향: 잇따른 분신기도, 노사관계 불안 증폭〉, 《월간
    경영계》 302권, 한국경영자총협회, 2003.

한국사법행정학회, 〈전국민족민주운동연합(약칭 '전민련') 사회부장 '김기설 유서'와
    관련해 '강기훈 유서대필 의혹 사건'(1991년)에 대한 재심개시 결정(2012년)과
    그 시대사적 의미〉, 《사법행정》 54(2), 한국사법행정학회, 2013.

한국해사문제연구소, 〈하청 노동자 자살, 단가 후려치기… 동반성장?〉, 《해양한국》
    12호, 한국해사문제연구소, 2013.

한승조, 〈5월 위기의 뿌리는: 시위·치사·분신의 악순환〉, 《통일한국》 9(6),
    평화문제연구소, 1991.

한완상, 〈자살과 사회안정〉, 《기독교사상》 14(12), 대한기독교서회, 1970.

허영구, 〈택시노동자: OECD 평균 1,770시간의 두 배가 넘는 장시간 노동〉, 《월간
    좌파》 31호, 박종철출판사, 2015.

홍성태, 〈촛불집회와 민주주의〉, 《경제와 사회》 80, 한국언론법학회, 2008.

인터넷 자료

1) 추모단체

김수경 열사 추모사업회(http://cafe.daum.net/90cham).

김영균 열사 추모사업회(http://www.namhemin.org).

김철수 열사 추모사업회(http://cafe.daum.net/cholsusarang).
민족민주열사·희생자추모단체연대회의(추모연대)(http://www.yolsa.org).
민주공원(http://www.demopark.or.kr).
민주노총 열사 추모 홈페이지(http://yolsa.nodong.org).
박래전 열사 추모사업회(http://winterflower.org).
박선영·남태현 열사 추모사업회(http://chusa.byus.net).
박승희 열사 추모사업회(http://cafe.daum.net/cosmos91).
박태영 열사 추모사업회(http://cafe.daum.net/gmlqkdneh).
박혜정 열사 추모사업회(http://blog.kdemo.or.kr/977).
서영호·양봉수 열사정신계승사업회(http://remember.liso.net).
손석용 열사 추모사업회(http://cafe.daum.net/sonchusa).
심광보 열사 추모사업회(http://cafe.daum.net/kwangbo).
오영권 열사 추모사업회(http://cafe.daum.net/ohchumo).
이경동·한상용 열사 추모사업회(http://cafe.daum.net/chumosaup).
정형기 열사 추모사업회(http://jhgcm.jinbo.net/xe).
최덕수 열사 추모사업회(http://www.duksu.org).
한상근 열사 추모사업회(http://cafe.daum.net/ymd).
호남대 민주동우회(http://www.honam-higi.net)

2) 인터넷 신문
네이버 뉴스 라이브러리(경향신문, 한겨레신문, 동아일보, 매일경제)
광주MBC
광주인
경향신문
국민일보
국회신문
내일신문
대전일보
동아일보
매일경제
매일노동뉴스
머니투데이
미디어오늘
민중언론 참세상
민중의 소리
뷰스앤뉴스
비마이너

서울신문
성남투데이
시사인라이브
연합뉴스
오마이뉴스
이데일리
조선일보
중앙일보
통일뉴스
평택시민신문
프레시안
한겨레신문
한국경제
SBS 뉴스
YTN

3) 기타

노동자역사 한내(http://www.hannae.org).
민주노점상전국연합(http://newnojum.org)
민주노총 국민연금지부(http://www.npbs.or.kr).
민주노총공공운수노조 민주버스본부(http://bus.nodong.org.).
민주노총공공운수노조 택시지부(http://taxi.nodong.net).
민주화운동기념사업회 오픈 아카이브(http://www.kdemo.or.kr).
성공회대 민주자료관(http://x.demos-archives.or.kr).
울산산재추방운동연합(http://ulh.liso.net).
유튜브(http://youtube.com).
인권운동사랑방(http://www.sarangbang.or.kr).
전국교직원노동조합(http://www.eduhope.net).
전국금속노동조합 경남지부S&T중공업지회(http://www.www.sntmu.org).
전국노점상총연합(http://www.nojum.org).
전국민주택시노동조합(http://taxi.nodong.org).
전국철거민연합(http://pw87.jinbo.net).
전국철도노동조합(http://krwu.nodong.net).
전태일을 따르는 민주노동연구소(http://dli.nodong.net).
통계청(http://www.kostat.go.kr).
한국청년회의소(http://www.koreajc.or.kr).

미주

1부

1) Martin Kovan, "Thresholds of Transcendence: Buddhist Selfimmolation and Mahā.yā.nist Absolute Altruism", *Journal of Buddhist Ethics* volume 20, 2013, p. 378.
2) 〈'집단자위권 반대' 일본인 도쿄 중심가서 분신(종합)〉,《연합통신》, 2014.06.29.
3) 마르탱 모네스티에,《자살백과》, 한명희·이시진 옮김, 세움, 2008, 185쪽.
4) 같은 책.
5) 〈횡설수설〉,《동아일보》, 1987.08.27.
6) 〈許埴(허식)씨 絶命(절명)〉,《경향신문》, 1965.08.02.

2부

1) 〈휴지통〉,《동아일보》, 1988.01.07.
2) 〈근로자 5명 분신〉,《경향신문》,1989.09.05.
3) 〈투신자살 신발노동자 권미경 씨 오빠도 자살〉,《한겨레신문》, 1993.03.13.
4) 〈〔길을찾아서〕 먼저 간 아들 뒤따라 …… 아버지들의 '한 맺힌 마지막'/박정기〉,《한겨레신문》, 2012.03.28.
5) 〈이사· 근로자 둘 숨져〉,《경향신문》, 1989.09.09.
6) 〈동료 운전사 해고 따지다 사무실에 불 전무 숨지게〉,《한겨레신문》, 1994.03.13.
7) 〈이성 잃은 경찰의 보복행위〉,《한겨레신문》, 1990.09.18.
8) 오진경, 〈2000년 우리나라 성인 자살자의 인구사회학적 특성〉,《보건과 사회과학》 제18집, 2005년 12월, 198쪽.
9) 편집부, 〈근로조건 개선 외치며 박영진씨 분신자살〉,《월간말》 5, 월간말, 1986, 67쪽.
10) 조현연, 〈한국의 민주주의 투쟁과 역사적 희생: '분신투쟁'을 중심으로〉,《저항, 연대, 기억의 정치 1 》, 2008, 257~259쪽.
11) 조희연 편,《국가폭력, 민주주의 투쟁, 그리고 희생》, 함께읽는책, 2002.
12) 최장집,《한국민주주의의 이론》, 한길사, 1993, 43~44쪽.
13) 한나 아렌트,《폭력의 세기》, 김정한 옮김, 이후, 1999, 100쪽.
14) 김원, 〈전태일 분신과 '노동열사' 탄생의 서사들〉,《민족문학사연구》 59호,

민족문학사연구소, 2015, 110쪽.

15) 한국기독교장로회청년회전국연합회, 〈영원한 노동자 김종태〉, 민주화운동기념사업회 오픈아카이브, 1980.06.20., 56쪽.

16) 숭실대학교고박래전열사민주국민장장례준비위원회, 〈동트는 그날까지: 고 박래전 열사 추모자료집〉, 민주화운동기념사업회 오픈아카이브, 1988.06.05., 7쪽.

17) 고 조성만열사민주국민장학생준비위원회, 〈고 조성만 열사를 기리며〉, 민주화운동기념사업회 오픈아카이브, 1988.05.

18) 부산대학교총학생회, 〈민족해방열사 고 양영진 열사 추모자료집: 영진아, 부활이다!〉, 민주화운동기념사업회 오픈아카이브, 1988.10, 7쪽.

19) 임미리, 〈건대항쟁 전후 대학생의 저항적 자살: 5·18 애도를 중심으로〉, 김석 외, 《학생운동, 1980》, 오월의봄, 2016, 336쪽.

20) 김의기, 〈동포에게 드리는 글〉, 민주화운동기념사업회 오픈아카이브, 1980.05.30.

21) 고 진성일열사 추모위원회, 〈그대의 피흘림은: 고 진성일 열사 추모자료집〉, 민주화운동기념사업회 오픈아카이브, 1987.11.02., 43쪽.

22) 숭실대학교고박래전열사민주국민장장례준비위원회, 〈동트는 그날까지: 고 박래전 열사 추모자료집〉, 민주화운동기념사업회 오픈아카이브, 1988.06.05., 7쪽.

23) 〈서울교대생 분신 사망〉, 《한겨레》, 1989.04.09.

24) 〈박승희 열사의 삶에 대한 교양자료〉, 박승희열사기념사업회, 43쪽.

25) 오삼동우회, 〈천세용: 91년 5월 불꽃으로 지다〉, 민주화운동기념사업회 오픈아카이브, 2001.05.01., 32쪽.

26) 〈입 대신 몸으로 말하려 최익현 선생의 뒤를 따라 간다〉, 《오마이뉴스》, 2009.06.07.

27) 민주열사홍기일분신항거대책위원회, 〈되살아난 광주의 불꽃 민주열사 홍기일〉, 민주화운동기념사업회 오픈아카이브, 1985.08.24., 16쪽.

28) 김기설·강기훈, 〈김기설 유서대필 사건 감정물건〉, 민주화운동기념사업회 오픈아카이브, 1991, 4쪽.

29) 김종찬, 《불의 기록, 피의 기록, 죽음의 기록: 민족민주 제단에 바쳐진 민중의 아들딸》, 실천문학사, 1988, 66쪽.

30) 숭실대학교고박래전열사민주국민장장례준비위원회, 〈동트는 그날까지: 고 박래전 열사 추모자료집〉, 민주화운동기념사업회 오픈아카이브, 1988.06.05., 9쪽.

31) 고강경대열사폭력살인규탄과박승희학생분신 광주·전남대책회의, 〈긴급속보 청년 분신항거! "죽어서라도 승리하렵니다"〉, 민주화운동기념사업회 오픈아카이브, 1991.05.22.

32) 〈입 대신 몸으로 말하려 최익현 선생의 뒤를 따라 간다〉, 《오마이뉴스》, 2009.06.07.

33) 김태일, 〈인간 최소한의 요구입니다〉, 《신동아》 제77호, 1970, 104~115쪽.

34) 김상봉, 《철학의 헌정》, 길, 2015.

35) 조성만, 〈조성만 열사가 남긴 유서〉, 민주화운동기념사업회 오픈아카이브, 1988.05., 4쪽.

36) 편집부, 〈근로조건 개선 외치며 박영진씨 분신자살〉, 《월간말》 5, 월간말, 1986, 67~68쪽.

37) 조현연, 〈한국의 민주주의 투쟁과 역사적 희생: '분신투쟁'을 중심으로〉, 앞의 책, 257쪽.

38) 천정환, 《자살론: 고통과 해석 사이에서》, 문학동네, 2013, 96쪽.

39) 〈30대 여인-고교생 또 분신 여인〉, 《조선일보》, 1991.05.19.

40) 〈여인·고교생 또 분신〉, 《중앙일보》, 1991.05.18.

41) 〈학생징계 당국 간섭 안 했나〉, 《동아일보》, 1985.11.07.

42) 〈단국대 최덕수 씨 분신 '즉흥행위'로 왜곡보도〉, 《한겨레신문》, 1988.05.24.

43) 〈분신자살 가장 큰 원인은 "부부간 불화"〉, 《경향신문》, 1986.12.23.

44) 이영일, 〈(주)통일 대의원 이영일 동지의 유서〉, 민주화운동기념사업회 오픈아카이브, 1990.05.

45) 전국장애인한가족협회, 〈장애인 노점상 최정환 열사 분신 관련 투쟁기록집〉, 민주화운동기념사업회 오픈아카이브, 1995.0420., 3쪽; 전국민주노동조합총연맹 부산양산지역본부, 〈국민캠 홍장길 동지 음독자살〉, 민주화운동기념사업회 오픈아카이브, 1997.05.31.

46) 〈취재파일: 분신 노점상의 '유서'〉, 《한겨레신문》, 2002.08.25.

47) 〈민주노동열사: 장용훈 〉, 민주택시소개, 전국민주택시노동조합.

48) 〈여성노동자 투신자살〉, 《한겨레신문》, 1991.12.07.

49) 김성윤, 〈삼호운수 택시기사 김성윤이 김영삼 대통령에게 보낸 탄원서와 방종열 신입조합장에게 보내는 서신〉, 민주화운동기념사업회 오픈아카이브, 1994.01.26., 2쪽.

50) 전국금속노동조합, 〈지난 1월 9일 분신, 사망한 고 배달호 씨의 유서〉, 민주화운동기념사업회 오픈아카이브, 2000.

51) 〈김주익 씨 유서 전문〉, 《경향신문》, 2003.10.17.

52) 김성윤, 〈삼호운수 택시기사 김성윤이 김영삼 대통령에게 보낸 탄원서와 방종열 신입조합장에게 보내는 서신〉, 민주화운동기념사업회 오픈아카이브, 1994.01.26., 2쪽.

53) 〈고 이용석 씨가 노대통령에게 '쓰다 만 편지'〉, 《프레시안》, 2003.11.03.

54) 〈현대중 협력업체 근로자 박일수 씨 분신자살, '비정규직도 사람이다' 유서〉, 《경향신문》, 2004.02.16.

55) 〈'꿈의 공장'서 손가락 잘리고 분신까지 했지만〉, 《한겨레신문》, 2011.12.28.

56) 〈민주노동열사: 변형진〉, 민주택시소개, 전국민주택시노동조합.

57) 이상모, 〈부모님 전상서[이상모 열사 유서]〉, 민주화운동기념사업회 오픈아카이브, 1989.05.29.

58) 전국금속노동조합, 〈지난 1월 9일 분신, 사망한 고 배달호씨의 유서〉,
민주화운동기념사업회 오픈아카이브, 2000.

59) 〈김주익씨 유서 전문〉, 《경향신문》, 2003.10.17.

60) 〈임금삭감에 분노…… 고 전응재 조합원 분신〉, 《노동과 세계》 413호, 2007.02.01.

61) 〈허광만 동지를 다시 열차에 탈 수 있게 해주십시오〉, 《매일노동뉴스》, 2011.11.28.

62) 편집부, 〈근로조건 개선 외치며 박영진씨 분신자살〉, 《월간말》 5, 월간말, 1986,
67쪽.

63) 고 이상모·박진석노동열사장례위원회, 〈고 이상모·박진석 노동열사
전국노동자장〉, 민주화운동기념사업회 오픈아카이브, 1989.06.08.

64) 경동산업고강현중·김종하노동열사추모사업준비위원회, 〈근조: 경동산업 고
강현중·김종하 노동열사 2주기 추모행사〉, 민주화운동기념사업회 오픈아카이브,
1991.09.07.

65) 〈노조간부 2명 또 분신〉, 《한겨레신문》, 1991.06.09.

3부

1) 〈4·19정신 토착화시켜야〉, 《경향신문》, 1975.04.19.

2) 〈고대서도 추도회〉, 《동아일보》, 1970.11.20.; 〈고 전태일 씨 추도회 및
국민권리선언대회〉

3) 민종덕 구술, 2017.03.25.

4) 전태일기념사업회, 〈전태일기념사업회 개요(안)〉, 민주화운동기념사업회
오픈아카이브, 1981, 1쪽.

5) 전태일기념사업회, 〈전태일기념관 개관식 모시는 글〉, 민주화운동기념사업회
오픈아카이브, 1985.05.23., 3쪽.

6) 〈노동부 광주사무소 일부 불타 전남대생 20여 명 화염병 던져〉, 《동아일보》,
1985.11.13.

7) 한국기독청년협의회, 〈김의기·김종태 열사 사건〉, 민주화운동기념사업회
오픈아카이브, 1980.; 전태일, 김상진, 김경숙, 김의기, 김종태 등 열사 제위의
뜻을 받드는 민주시민 일동, 〈서울 시민에 고함〉, 민주화운동기념사업회
오픈아카이브, 1980.08.

8) 기독교대한감리회 청년회전국연합회, 〈고 김의기 형제 1주기 추모예배〉,
민주화운동기념사업회 오픈아카이브, 1981.05.30.

9) 김원, 〈전태일 분신과 '노동열사' 탄생의 서사들〉, 《민족문학사연구》 59호,
민족문학사연구소, 2015, 101쪽.

10) 〈고 김상진 군의 추모제에 참석한 서울대학생들〉, 《경향신문》, 1980.04.11.

11) 〈그들의 광주, 우리의 광주: 김의기 편〉, 《광주MBC》, 2016.05.16.; 〈후배의 충격적

투신자살, 그가 '동포에게 드리는 글'〉,《오마이뉴스》, 2016.02.26.

12) 미상,〈고 김의기 형제 1주기 추모예배〉, 민주화운동기념사업회 오픈아카이브,
1980.

13) 박철(김의기의 매제) 구술, 2017.05.20.

14) 주민교회역사편찬위원회,《민중의 수레를 끌고 새 하늘 새 땅으로: 자료로 본
주민교회 30년사(1973.3~2003.3)》, 2003, 179쪽.

15) 김종태 일기의 한 부분.(〈열사방: 김종태〉, 열사정신연구실, 전태일을 따르는
민주노동연구소)

16) 성남6월항쟁20주년기념사업추진위원회,《만남의 집 31년사》, 2010, 172~173쪽.
'광주의 동화작가'는 윤기현을 말한다.

17) 〈인터뷰: 청년노동자 김종태 열사의 어머니 허두측 여사를 만나〉,《성남투데이》,
2004.05.18.

18) 〈열사방: 김종태〉, 열사정신연구실, 전태일을 따르는 민주노동연구소.

19) 주민교회역사편찬위원회,《민중의 수레를 끌고 새 하늘 새 땅으로: 자료로 본
주민교회 30년사(1973.3~2003.3)》, 2003, 16쪽.

20) 서울대열사기념사업회,《산자여 따르라: 4인 열사 추모집》, 거름, 1984, 22~30쪽.

21) 〈광주일고 5백여 명 할복한 김군 추도식 기도〉,《동아일보》, 1975.04.16. 기사에는
그날 광주일고 주변에는 방독면을 쓴 기동경찰 100여 명이 경계를 폈다고 쓰여
있다.

22) 〈서울대생 추락사망 구호 외치다〉,《동아일보》, 1981.05.28.;〈구호 외치다 떨어져
서울대생 1명 절명〉,《경향신문》, 1981.05.28.

23) 〈심부전증·심근경색증 병합 박관현 씨 사인 발표〉,《매일경제》, 1982.10.2.

24) 김종찬,《불의 기록, 피의 기록, 죽음의 기록》, 실천문학사, 1988, 88~89쪽.

25) 〈열사의 삶: 홍기일〉, 추모연대.

26) 민주투사홍기일분신항거대책위원회,〈되살아난 광주의 불꽃 민주투사
홍기일〔모금운동유인물〕〉, 민주화운동기념사업회 오픈아카이브, 1985.

27) 〈분신 홍기일 씨 영결식 재야단체 인사들 참가 못하게 막아〉,《동아일보》,
1985.08.24.

28) 같은 기사.

29) 〈열사의 삶: 홍기일〉, 추모연대.

30) 〈손 문교 문공위 보고 소요 관련 제적생 올해 102명〉,《동아일보》, 1985.11.06.

31) 민주화운동기념사업회,《한국민주운동사 3》, 2010, 244쪽.

32) 민주화운동기념사업회,《지역민주화운동사편찬을 위한 기초조사자료 최종보고서-
경기》, 2006, 257~262쪽.

33) 민주화운동기념사업회,《한국민주운동사 3》, 2010, 257~258쪽.

34) 〈문익환 목사등 연행〉,《경향신문》, 1985.10.23.

35) 〈박영진, 이재호, 김세진, 이동수, 박혜정 열사자료〉, 민주화운동기념사업회

오픈아카이브.

36) 이경환, 〈지난 6월 5일 맘모스 백화점 7층에서 투신한 이경환 군의 마지막 일기〉, 민주화운동기념사업회 오픈아카이브, 1986.06., 7·10·17쪽.

37) 〈재수생 투신자살〉, 《동아일보》, 1986.06.05.

38) 김종찬, 《불의 기록, 피의 기록, 죽음의 기록》, 144~156쪽.

39) 같은 책, 160쪽.

40) 같은 책, 161쪽.

41) 민주화운동기념사업회, 《한국민주화운동사 3》, 268~269쪽.

42) 고진성일열사추모위원회, 〈그대의 피흘림은: 고 진성일 열사 추모자료집〉, 민주화운동기념사업회 오픈아카이브, 1986.11.07., 10~12·43쪽.

43) 〈부산대생 분신자살〉, 《동아일보》, 1986.11.06.

44) 고표정두열사1주기추모및망월묘지안장준비위원회, 〈고 표정두 열사 추모 및 망월묘지 안장식〉, 민주화운동기념사업회 오픈아카이브, 1988.03.06., 3쪽.

45) 〈비명에 간 젊은 죽음 진상 밝혀져야〉, 《한겨레신문》, 1988.11.01.

46) 〈열사방: 황보영국〉, 열사정신연구실, 전태일을 따르는 민주노동연구소.

47) 애국청년고박응수열사장례위원회 · 민주쟁취국민운동충남본부 · 군정종식단일 화쟁취국민협의회, 〈애국청년 고 박응수 열사 장례식〉, 민주화운동기념사업회 오픈아카이브, 1987.12.09.

48) 〈분신 대학생 숨져 12일 오전 민주도민장〉, 《동아일보》, 1987.12.11.

49) 박태영열사추모사업회.

50) 〈전 평민 충주 선대위장 자살〉, 《경향신문》, 1987.12.19.

51) 고박응수·정재석열사추도식준비위원회, 〈군정종식을 위한 단일화를 절규하며 자살한 고 박응수·정재석 열사의 추모에 즈음해〉, 민주화운동기념사업회 오픈아카이브, 1988.02.02.

52) 고박종만열사추도위원회, 〈고 박종만 열사 합동추도식 안내장〉, 민주화운동기념사업회 오픈아카이브, 1984.12.13.

53) 전태일기념관건립위원회, 《어느 청년노동자의 삶과 죽음》, 돌베개, 1983.; 〈어느 청년노동자의 삶과 죽음, 70년대 평화시장 그려〉, 《매일경제》, 1983.07.06.

54) 이준영(당시 고려대 사회학과 1학년생) 구술, 2015.10.30.

55) 〈서울 12개 대학서 전태일 군 추모제〉, 《동아일보》, 1984.11.14.

56) 〈전태일 추모제 참석길 근로자·학생 81명 연행〉, 《동아일보》, 1984.11.14.

57) 〈"全泰壹(전태일) 군 추모제〉, 《동아일보》, 1984.11.16.

58) 〈자살 운전사 빈소농성 60명 즉심에 넘겨〉, 《동아일보》 1984.12.04.

59) 〈고대생 10명 연행〉, 《동아일보》, 1984.12.07.; 〈분신 운전사 관련 시위 서울대 6명 즉심〉, 《동아일보》, 1984.12.10.

60) 고박종만열사추도위원회, 〈고 박종만 열사 합동추도식 안내장〉, 민주화운동기념사업회 오픈아카이브, 1984.12.13.

61) 한국기독교고박종만열사추모위원회, 〈여기 또 하나의 압제를 불사른 죽음이〔고 박종만 열사 관련 결의문〕〉, 민주화운동기념사업회 오픈아카이브, 1984.

62) 〈택시운전사 풍자극 〈뛰뛰빵빵〉〉, 《동아일보》, 1985.02.23.

63) 〈이동섭 구술〉, 국사편찬위원회 2016년 구술기록수집사업, 2016.; 〈배규식 구술〉, 국사편찬위원회 2016년 구술기록수집사업, 2016.

64) 광주광역시·전라남도, 《민주장정 100년, 광주전남지역 사회운동사-농민운동》, 휴먼컬처아리랑, 2015.

65) 〈카톨릭농민회 50여 명 농가 빚 탕감 요구 농성〉, 《동아일보》, 1986.04.15.

66) 영농후계자고오한섭형제추도위원회·한국가톨릭농민회충남연합회, 〈현 정권은 농민의 죽음을 보상하라!: 영농후계자 고 오한섭 형제의 죽음에 대한 우리의 주장〉, 민주화운동기념사업회 오픈아카이브, 1986.03., 1쪽.

67) 전남지역농민생존권확보및민주헌법쟁취투쟁위원회, 〈저지하자! 미국 농축산물 수입! 타도하자! 미국 예속정권!〉, 민주화운동기념사업회 오픈아카이브, 1986, 2쪽.

68) 경남노동자농민연맹·서울노동운동연합, 〈일어서자! 일어서자! 이 땅의 일천만 노동자여! 일천만 농민이여!〉, 민주화운동기념사업회 오픈아카이브, 1986.

69) 〈가톨릭 농민회원 4명〉, 《동아일보》, 1987.03.14.

70) 〈천주교 단체 대외활동 잠정 중지 파문〉, 《동아일보》, 1987.04.08.

71) 한국가톨릭농민회, 〈고 오한섭 열사 1주기 추도식 참석 카농 회원 테러, 납치 진상 보고〉, 민주화운동기념사업회 오픈아카이브, 1987.03., 1쪽.

72) 고박영진노동열사장례위원회, 〈고 박영진 노동열사 장례식〉, 민주화운동기념사업회 오픈아카이브, 1986.04.27.

73) 편집부, 〈전태일 사건 이후 희생당한 노동자들〉, 《월간말》 6, 월간말, 1986, 34~37쪽.

74) 민주화운동기념사업회, 《한국민주화운동사 3》, 2010, 727~728쪽.

75) 안재성, 《부르지 못한 연가: 김시자 평전》, 사회평론, 2009.

76) 〈소설가 안재성 씨 …… 분신한 친구 박영진 모델로 암울한 80년대 노동현장 고발〉, 《경향신문》, 2014.11.07.

77) 편집부, 〈근로조건 개선 외치며 박영진 씨 분신자살〉, 《월간말》 5, 월간말, 1986, 67~68쪽.

78) 〈32명 연행조사 구로공단 앞 세 곳 백20명 시위·농성〉, 《동아일보》, 1986.03.20.

79) 〈4개 대생 천여 명 반정부 시위 벌여〉, 《동아일보》, 1986.03.21.

80) 〈시위 민통련 간부 12명 연행〉, 《경향신문》, 1986.03.24.

81) 민주화운동기념사업회, 〈지역 민주화운동사 편찬을 위한 기초조사사업 최종보고서: 경기지역〉, 2006, 49쪽.

82) 고박영진노동열사장례위원회, 〈고 박영진 노동열사 장례식〉, 민주화운동기념사업회 오픈아카이브, 1986.04.27.

83) 〈사료로 배우는 민주화운동〉, 민주화운동기념사업회 오픈아카이브.

84) 편집부, 〈노동현장이 격동하고 있다〉, 《월간말》 1, 월간말, 1985, 33쪽.

85) 〈민주노동열사: 변형진〉, 민주택시소개, 전국민주택시노동조합.

86) 〈해고 택시운전사 焚身(분신)자살을 기도〉, 《동아일보》, 1986.05.01.; 〈분신한
　　　운전사 하루 만에 숨져〉, 《동아일보》, 1986.05.02.

87) 삼환택시노동조합, 〈변형진 열사 분신자살사건 경위서〉, 민주화운동기념사업회
　　　오픈아카이브, 1986.

88) 한국노동자복지협의회, 〈민주노동 1986년 5월 제16호〉, 민주화운동기념사업회
　　　오픈아카이브, 1986.05., 21쪽.

89) 〈노조 탄압 항의 분신자살 기도〉, 《동아일보》, 1987.09.03.

90) 운수노동자협의회, 《민주기사신문》 창간호, 민주화운동기념사업회 오픈아카이브, ,
　　　1987.10.22., 1쪽.

91) 〈[길을 찾아서] 노태우 선거포스터 부착 막다 폭행당해 입원/박정기〉,
　　　《한겨레신문》, 2012.02.13.

92) 〈그냥 버텨주는 것만으로도 고맙죠〉, 《울산저널i》, 2012.10.17.

93) 〈산재노련 속보1호〉, 1987.; 〈청계노보 1호〉, 1987.

94) 김향수, 〈시민건강증진연구소 2010 영펠로우 연구보고서: 시민과학연대를 통한
　　　1990년대 여성노동 안전보건운동〉, 시민건강증진연구소, 2012.

95) 〈'간호사 집단 유산' 산재 인정의 의미〉, 《프레시안》, 2015.01.28.

4부

1) 김형수, 《문익환 평전》, 실천문학사, 2004, 664쪽.

2) 뒤르켐, 《종교생활의 원초적 형태》, 노치준 옮김, 민영사, 1992, 81쪽.

3) 〈양심수 전면 석방 요구, 야권 서울대생 조성만 씨 투신 사망 …… 정치쟁점화〉,
　　　《한겨레신문》, 1988.05.17.

4) 〈서울대생 명동성당서 투신 사망〉, 《한겨레신문》, 1988.05.17.

5) 〈'구속자 석방' 돌연 정국 변수로〉, 《경향신문》, 1988.05.16.

6) 〈여야 '구속자 석방' 공동 노력〉, 《경향신문》, 1988.05.17.

7) 〈산 자들이 따를 길은 무엇인가〉, 《한겨레신문》, 1988.05.20.

8) 〈'반미'냐 '자주화운동'이냐 대등한 한미관계를 위해〉, 《한겨레신문》, 1988.06.07.

9) 〈조성만 보살 죽음 통해 역사 속으로 부활, 민주화가 통일 앞당기는 길〉,
　　　《한겨레신문》, 1988.05.24.

10) 〈대학가 통일 주제 문화행사 열기〉, 《한겨레신문》, 1988.06.04.

11) 〈[길을찾아서] 최덕수·박래전의 잇단 분신 …… '광주를 잊지 말라'/박정기〉,
　　　《한겨레신문》, 2012.02.19.

12) 〈단대생 분신 항의 어제부터 수업 거부〉, 《한겨레신문》, 1988.05.25.

13) 〈불태우며 격렬한 반미시위를 벌이고 있는 단국대생들〉, 《경향신문》, 1988.05.30.

14) 〈단대 '조통특위' 위원장 구속〉, 《한겨레신문》, 1988.06.09.

15) 〈[길을찾아서] 최덕수·박래전의 잇단 분신 …… '광주를 잊지 말라'/박정기〉, 《한겨레신문》, 2012.02.19.

16) 박래군, 《사람 곁에 사람 곁에 사람》, 클, 2014, 81~86쪽.

17) 이은탁(전 서울지역민주주의학생연맹 투쟁국장) 구술, 2015.12.09.

18) 박래군, 《사람 곁에 사람 곁에 사람》, 89쪽.

19) 〈조성만군 빈소 1천여 명 철야〉, 《한겨레신문》, 1988.05.17.; 〈분신 단대생 끝내 숨져〉, 《한겨레신문》, 1988.05.27.; 〈박래전 군 어제 장례식〉, 《경향신문》, 1988.06.13.

20) 〈부산대서 방위병 투신 사망〉, 《한겨레신문》, 1988.10.11.

21) 〈투신 방위병 양영진 씨 장례 부산시민장으로 치르기로〉, 《한겨레신문》, 1988.10.13.

22) 〈양심선언을 하고 전투경찰 부대를 탈영한 양승균……〉, 《한겨레신문》, 1988.06.02.

23) 〈양심선언 전경·군인 4명 자유인 복귀 협조 요청 KNCC 국회에 서한〉, 《한겨레신문》, 1988.10.01.

24) 〈이동균 대위·김종대 중위 인터뷰〉, 《한겨레신문》, 1989.01.07.

25) 〈연세대서 시민 투신 중태〉, 《한겨레신문》, 1988.10.19.

26) 〈남태현 열사 약력〉, 박선영·남태현열사추모사업회.

27) 〈20년 전 고딩들은 명동성당에서 뭉쳤다〉, 《오마이뉴스》, 2007.12.04.

28) 양돌규, 〈민주주의 이행기 고등학생운동의 전개과정과 성격에 관한 연구〉, 성공회대학교 석사학위 논문, 2006, 130쪽.

29) 〈'참교육'만이 교육현장의 화해 이룰 것〉, 《한겨레신문》, 1989.12.06.

30) 〈올해 시국사건 관련 고등학생 58명 징계〉, 《한겨레신문》, 1990.07.10.

31) 〈선생님의 '투신 예찬'〉, 《경향신문》, 1989.06.28.

32) 〈'교육 방법 바뀌었으면……' 고교 2년생 유서 남기고 숨져〉, 《한겨레신문》, 1990.06.07.

33) 〈'입시지옥 없는 나라……' 유서, 고교생 음독자살〉, 《동아일보》, 1990.06.06.

34) 〈전교조 해직교사 복직시위 10여 회 주도 여고 3년생 투신자살〉, 《한겨레신문》, 1990.06.07.

35) 같은 기사.

36) 〈열사의 삶: 심광보〉, 추모연대.

37) 심광보열사6주기추모제준비위원회, 〈고 심광보 열사 10주기 추모제' 자료집〉, 민주화운동기념사업회 오픈아카이브, 1996.09.07.

38) 〈분신자살 고교생, 경찰 시신 빼돌려 민주학생장 무산〉, 《한겨레신문》, 1990.09.11.

39) 심광보열사6주기추모제준비위원회, 〈'고 심광보 열사 10주기 추모제' 자료집〉,
　　　민주화운동기념사업회 오픈아카이브, 1996.09.07.

40) 〈참교육 외치며 분신 심광보 군 16년 만에 모교서 졸업장 받아〉,《대전일보》,
　　　2006.02.10.

41) 고최동민주열사장례임시대책위원회, 〈속보〔최동열사 분신항거 관련〕〉,
　　　민주화운동기념사업회 오픈아카이브, 1990.08.08.

42) 〈한양대 휴학생 투신자살〉,《한겨레신문》, 1990.11.09.

43) 〈고 천세용·이정순 씨 한국교회 첫 미사 분신신자 장례미사 교계 내 파문〉,
　　　《한겨레신문》, 1991.05.23.

44) 민족민주열사희생자합동추모제준비위, 〈온 국민의 힘으로 민자당의 장기집권 음모
　　　분쇄!〉, 민주화운동기념사업회 오픈아카이브, 1990.06.

45) 〈금남로 10만 인파 추모집회〉,《한겨레신문》, 1990.5.19.

46) 민족민주열사희생자합동추모제준비위원회·민자당일당독재분쇄와민중기본
　　　권쟁취국민연합, 〈현 정세와 민족민주운동의 대응방안 모색을 위한 발제〉,
　　　민주화운동기념사업회 오픈아카이브, 1990, 6쪽.

47) 〈6공 최대 전국 40만 시위〉,《한겨레신문》, 1991.05.19.

48) 〈작년 분신 중상, 이미희 양 어머니 인터뷰 "분신만은 안 된다"〉,《한겨레신문》,
　　　1991.05.06.

49) 〈동우전문대생 분신 중태 교내서 집회 중 시너 부어〉,《한겨레신문》, 1991.03.21.

50) 〈학내민주화 요구 서원대생 분신 중태〉,《동아일보》, 1991.03.27.

51) 〈'분신 배후조종' 비난 유서〉,《한겨레신문》, 1991.05.11

52) 양돌규, 〈민주주의 이행기 고등학생운동의 전개과정과 성격에 관한 연구〉, 116쪽.

53) 〈군사독재 물러가시오 유서〉,《한겨레신문》, 1991.05.19.

54) 〈20대 영안실 옥상서 분신〉,《한겨레신문》, 1991.05.23.

55) 〈열사의 삶: 윤용하〉, 추모연대.

56) 〈근로자 분신 중태〉,《동아일보》, 1991.05.11.

57) 〈열사의 삶: 윤용하〉, 추모연대.

58) 〈열사의 삶: 이정순〉, 추모연대.

59) 〈군사독재 물러가시오 유서〉,《한겨레신문》, 1991.05.19.

60) 〈박승희 열사의 삶에 대한 교양자료〉, 박승희열사추모사업회.

61) 양돌규, 〈민주주의 이행기 고등학생운동의 전개과정과 성격에 관한 연구〉, 118쪽.

62) 〈20년 전 고딩들은 명동성당에서 뭉쳤다〉,《오마이뉴스》, 2007.12.04.

63) 양돌규, 〈민주주의 이행기 고등학생운동의 전개과정과 성격에 관한 연구〉,
　　　115~117쪽.

64) 김정한,《대중과 폭력》, 이후, 1998, 157쪽.

65) 〈정총리 외대생들이 폭행〉,《동아일보》, 1991.06.04.

66) 〈한국 사태 분석 외국 언론 큰 차이 '시위대 요구 과격'—'정권 무능 탓'〉,

《한겨레신문》, 1991.05.16.

67) 〈이 땅의 자식들아 살아서 싸우거라/김세정〉, 《한겨레신문》, 1991.05.02.

68) 〈우리 아들딸로 '희생' 끝났으면……〉, 《한겨레신문》, 1991.05.02.

69) 〈학생 분신 자제를 호소〉, 《한겨레신문》, 1991.05.02.

70) 〈죽지 말고 살아서 힘껏 싸우자〉, 《한겨레신문》, 1991.05.05.

71) 〈지금은 살아서 싸울 때입니다/이동준〉, 《한겨레신문》, 1991.05.05.

72) 〈대학 재학 중 입대 군인 1명 분신자살〉, 《한겨레신문》, 1991.08.20.

73) 〈제주 개발 특별법 반대 분신 사망〉, 《한겨레신문》, 1991.11.08.

74) 〈어찌 그해 5월을 잊을 수 있으리오〉, 《통일뉴스》, 2011.05.26.

75) 〔91년 치사·분신정국〕 청춘을 기억하라!〉, 《광주인》, 2011.05.16.

76) 민주화실천가족운동협의회, 〈2003년도 국가인권위원회 연구용역 보고서: 국가보안법 적용상에서 나타난 인권 실태〉, 2003, 49~52쪽.

77) 노웅희, 〈교원임용고시제의 본질과 철폐투쟁의 의의〉, 《정세연구》 1991년 1월호, 1991, 113쪽.

78) 〈남총련 대학생 시위 교원고시 철폐 요구〉, 《동아일보》, 1993.09.14.

79) 〈교대생 수업거부 농성〉, 《동아일보》, 1993.09.17.

80) 〈임용고시 등 철회요구 관철 안 되면 수업거부, 전교대 밝혀〉, 《동아일보》, 1994.08.07.

81) 〈전교조 역사〉, 전국교직원노동조합.

82) 〈경원대 '임시휴업' 강경 치달아〉, 《한겨레신문》, 1996.04.25.

83) 〈분신: 사고 두 갈래 조사 경원대생 사망〉, 《동아일보》, 1996.04.08.

84) 성공회대 민주자료관, 인물사전번호: DEMOS-P181.

85) 〈시위 실명 대학생 분신자살〉, 《한겨레신문》, 1996.04.02.

86) 〈열사의 삶: 이상희〉, 추모연대.

87) 〈강제연행 제적생 분신 기도〉, 《한겨레신문》, 1996.12.07.

88) 〈열사의 삶: 한상근〉, 추모연대.

89) 〈한상근 열사 애국학생장〉, 《한겨레신문》, 1997.02.17.

90) 〈여수수산대생 장례〉, 《한겨레신문》, 1996.04.24.

91) 〈근로자 5명 분신〉, 《경향신문》, 1989.09.05.

92) 임영일, 〈한국의 산업화와 계급정치〉, 한국사회학회·한국정치학회, 《한국의 국가와 시민사회》, 한울, 1992, 93~94쪽.

93) 〈목격자 등 대상 본격수사〉, 《경향신문》, 1987.08.25.

94) 인천지역노동단체, 〈성명서: 오범근 동지를 살해한 후지카대원전기 구사대의 폭력만행을 규탄한다〉, 민주화운동기념사업회 오픈아카이브, 1988.03.13.

95) 〈열사의 삶: 오범근〉, 추모연대.

96) 〈농성 근로자 폭력으로 강제해산 대원전기〉, 《동아일보》, 1988.03.10.

97) 〈대원전기 수위 자살에 경찰 만취 사망 허위보고〉, 《동아일보》, 1988.03.11.

98) 〈농성 근로자 구타사건 '쌍방폭행' 처리 구설수〉, 《경향신문》, 1988.03.11.

99) 고오범근열사장례위원회, 〈고 오범근 열사 민주 노동자장〉, 민주화운동기념사업회 오픈아카이브, 1988.03.

100) 〈대원전기 사장 집에 화염병〉, 《동아일보》, 1988.04.01.

101) 〈임금교섭 현장을 가다 (4)구로공단〉, 《한겨레신문》, 1989.05.09.

102) 〈열사의 삶: 김종수〉, 추모연대.

103) 〈노조 간부 분신 사망〉, 《한겨레신문》, 1989.05.05.

104) 고김종수열사1주기추모제준비위원회, 〈고 김종수 열사 1주기 추모집〉, 민주화운동기념사업회 오픈아카이브, 1990, 10쪽.

105) 〈회사 쪽 성실한 교섭 촉구 고 김종수 씨 가족 등 1천 명〉, 《한겨레신문》, 1989.05.17.

106) 〈임금교섭 현장을 가다 (4)구로공단〉, 《한겨레신문》, 1989.05.09.

107) 〈분신 김종수 씨 24일 장례 서광 26일부터 정상 조업〉, 《한겨레신문》, 1989.05.23.

108) 〈큰 병원 치료 요구 손가락 절단 노동자 분신 변사체로 발견〉, 《한겨레신문》, 1989.04.11.

109) '레지오 마리애'의 약어. 천주교의 평신도 신앙공동체로 '마리아의 군단'이란 뜻이다.

110) 고최완용열사분신대책위원회, 〈고 최완용 열사는 왜 죽음을 선택했는가〉, 민주화운동기념사업회 오픈아카이브, 1989.

111) 〈근로자 5명 분신〉, 《경향신문》, 1989.09.05.; 〈경동산업 분신노동자·이사 숨져〉, 《한겨레신문》, 1989.09.10.

112) 〈경동산업 집단분신 관련 농성 노동자 4명 구속〉, 《한겨레신문》, 1989.09.08. 구속자는 이후 9명으로 늘었다.

113) 〈경동산업 분신 관련 재야단체 가두시위〉, 《동아일보》, 1989.09.11.

114) 〈경동산업 분규 현황〉, 《동아일보》, 1989.09.19.

115) 〈'노동자 분신' 진상규명 요구 유가족 등 평민당사서 농성〉, 《한겨레신문》, 1989.09.28.

116) 〈경동산업 분규 노사합의 4일 분신노동자 장례식〉, 《한겨레신문》, 1989.10.01.

117) 〈노조 간부 2명 또 분신〉, 《한겨레신문》, 1991.06.09.

118) 〈노동운동 87년 이후 가장 어려운 국면 될 듯〉, 《한겨레신문》, 1991.01.10.

119) 〈임금협상 '살벌한 봄' 예고〉, 《경향신문》, 1991.03.18.

120) 민주화운동기념사업회, 《지역 민주화운동사 편찬을 위한 기초조사자료 최종보고서: 경기》, 2006, 131~134쪽.

121) 최윤범열사민주노동자장장례위원회, 〈최윤범 열사 민주노동자장: 열사의 뜻 이어받아 군부독재 타도하자〉, 민주화운동기념사업회 오픈아카이브, 1988.05.08.

122) 전국민족민주유가족협의회/전국민족민주열사·희생자 추모(기념)단체

연대회의, 《민족민주열사·희생자 자료집: 살아서 만나리라》,
1997,85쪽.(민주화운동기념사업회, 《지역 민주화운동사 편찬을 위한
기초조사자료 최종보고서: 경기》, 462쪽에서 재인용)

123) 〈분신 김윤기 씨 장례위 구성〉, 《한겨레신문》, 1989.04.05.

124) 〈고 김윤기 씨 장례식 연기 보상금 지급 등 합의 못 봐〉, 《한겨레신문》,
1989.04.11.

125) 〈시위 강경진압 재연…… 희생자 잇따라〉, 《한겨레신문》, 1989.04.20.

126) 〈분신 김윤기 씨 오늘 장례식〉, 《한겨레신문》, 1989.04.23.

127) 민주노동자고김윤기열사장례위원회, 〈고 김윤기 열사 민주노동자장: 동지여 함께
가자 노동해방의 그날까지!〉, 민주화운동기념사업회 오픈아카이브, 1989.04.23.

128) 민주화운동기념사업회, 《지역 민주화운동사 편찬을 위한 기초조사자료
최종보고서: 경기》, 189쪽.

129) 〈기아산업 해고근로자 분신자살 기도: 중태〉, 《경향신문》, 1989.07.04.

130) 〈'부당해고'와 한 노동자의 분신〉, 《한겨레신문》, 1989.07.20.

131) 민주화운동기념사업회, 《지역 민주화운동사 편찬을 위한 기초조사자료
최종보고서: 경기》, 634쪽.

132) 〈노동자 2명 분신〉, 《한겨레신문》, 1990.08.31.

133) 민주화운동기념사업회, 《지역 민주화운동사 편찬을 위한 기초조사자료
최종보고서: 경기》, 635~637쪽.

134) 〈대우조선 노조 간부에 잇단 테러〉, 《한겨레신문》, 1988.06.16.

135) 고이상모·박진석노동열사장례위원회, 〈고 이상모·박진석 노동열사
전국노동자장〉, 민주화운동기념사업회 오픈아카이브, 1989.06.08.

136) 〈대우조선 1만여 명 작업거부 동료 노동자 분신사망에 격분 농성 벌여〉,
《한겨레신문》, 1989.05.31.

137) 〈대우조선 분신근로자 5천여 명 참석 장례식〉, 《경향신문》, 1989.06.08.

138) 〈대우조선 노조 파업 결의 회사는 폐업신고 내기로〉, 《한겨레신문》, 1989.06.08.

139) 김정호, 《통일·S&T중공업 노조운동 30년사》, 노동자역사 한내, 2015.(〈노동자
숨결 719쪽에 생생하게 담았다〉, 《오마이뉴스》, 2015.08.26.에서 재인용)

140) 편집부, 〈지역별 노동쟁의: 탄광지대, 운수분야, 울산지역, 옥포조선소, 창원공단,
인천, 구미〉, 《월간말》 13, 월간말, 1987, 55~56쪽.

141) 〈노동자 숨결 719쪽에 생생하게 담았다〉, 《오마이뉴스》, 2015.08.26.

142) 〈통일 노조 간부 분신자살〉, 《한겨레신문》, 1990.05.04.

143) 민자당일당독재분쇄와민중기본권쟁취국민연합 비상대책위원회, 〈(고 이영일
노동열사)분신투쟁 추모행사 및 장례식에 대한 제안〉, 민주화운동기념사업회
오픈아카이브, 1990.05.06.

144) 노동열사고이영일전국노동자장장례위원회, 〈노동열사 고 이영일 전국노동자장
및 노동운동 탄압규탄 기자회견문〉, 민주화운동기념사업회 오픈아카이브,

1990.05.07.

145) 고최태욱노동열사분신대책위원회, 〈고 최태욱 노동열사 추모 자료집〉,
민주화운동기념사업회 오픈아카이브, 1990.07.24.

146) 최다테오, 〈최다테오(최태욱) 유서〉, 민주화운동기념사업회 오픈아카이브,
1990.07.08.

147) 고최태욱노동열사분신대책위원회, 〈고 최태욱 노동열사 추모 자료집〉,
민주화운동기념사업회 오픈아카이브, 1990.07.24.

148) 〈배고픔 영원히 잠재우고 싶다〉, 《한겨레신문》, 1991.12.12.

149) 〈여성노동자 투신자살〉, 《한겨레신문》, 1991.12.07.

150) 〈투신자살 신발노동자 권미경 씨 오빠도 자살〉, 《한겨레신문》, 1993.03.13.

151) 〈노사협력 탈 쓴 '노동연장 무기'〉, 《한겨레신문》, 1991.12.08.

152) 〈투신 노동자 동료 10명 부상 회사서 분향소행 막고 폭행〉, 《한겨레신문》,
1991.12.18.

153) 허영구, 〈택시노동자: OECD 평균 1,770시간의 두 배가 넘는 장시간 노동〉, 《월간
좌파》 31호, 박종철출판사, 2015, 95~97쪽.

154) 〈연혁〉, 민주택시소개, 전국민주택시노동조합.

155) 〈민주노동열사: 김장수〉, 민주택시소개, 전국민주택시노동조합.

156) 전남대학교총학생회, 〈마산시 우성택시 노조원 박만수, 이대건 씨 분신 진상!〉,
민주화운동기념사업회 오픈아카이브, 1988.01.08.

157) 민주쟁취국민운동 노동자위원회, 《노동자신문》 제6호, 민주화운동기념사업회
오픈아카이브, 1988.01.22.

158) 〈민주노동열사: 이대건〉, 민주택시소개, 전국민주택시노동조합.

159) 〈인천택시 내일 파업 결의〉, 《동아일보》, 1988.03.16.

160) 〈분신 운전사 추모행진 인천 재야단체 2백명〉, 《동아일보》, 1988.03.18.

161) 〈민주노동열사: 장용훈〉, 민주택시소개, 전국민주택시노동조합.

162) 장용훈노동투사분신항거사건대책위원회, 〈긴급속보: 현대교통 장용훈 노동투사!
끝내 사망〉, 민주화운동기념사업회 오픈아카이브, 1988.05.30.

163) 〈순천택시 가두시위〉, 《동아일보》, 1988.05.31.

164) 장용훈노동투사분신항거사건대책위원회, 〈긴급속보: 현대교통 장용훈 노동투사!
끝내 사망〉, 민주화운동기념사업회 오픈아카이브, 1988.05.31.

165) 故장용훈민주노동열사범도민장장례준비위, 〈속보: 집단폭행 부당해고에
맞서 분신 사망한 故 장용훈, 민주운수노동열사 범민주 도민장으로!〉,
민주화운동기념사업회 오픈아카이브, 1988.05.30.

166) 〈민주노동열사: 석광수〉, 민주택시소개, 전국민주택시노동조합.; 〈인천택시도
파업, 시위 노조원 연행 항의〉, 《경향신문》, 1991.06.16.

167) 〈택시 운전사 분신 중태, 시위 동료 무더기 연행에 항의〉, 《한겨레신문》,
1991.06.16.

168) 〈민주노동열사: 석광수〉, 민주택시소개, 전국민주택시노동조합.

169) 전국택시노동조합연맹 인천시지부, 〈고 석광수 열사 영결식〉,
    민주화운동기념사업회 오픈아카이브, 1991.07.14.

170) 전국택시노동조합연맹 인천시지부, 〈임투 속보〉, 민주화운동기념사업회
    오픈아카이브, 1991.07.13.

171) 〈열사의 삶: 김처칠〉, 추모연대.

172) 〈택시 지입제 다시 성행〉, 《한겨레신문》, 1991.11.17.

173) 〈부당해고 항의 운전사 2명 분신〉, 《한겨레신문》, 1988.11.02.

174) 〈열사추모: 이문철〉, 민주노총 공공운수노조 민주버스본부.

175) 편집부, 〈광산노동운동의 현황과 전망〉, 《월간말》 8, 월간말, 1986, 34쪽.

176) 〈생활고 비관 광원 자살〉, 《동아일보》, 1990.08.28.

177) 〈진폐증환자 입원 중 자살〉, 《한겨레신문》, 1990.04.05.

178) 〈김금수 칼럼: '산재왕국'의 멸망을 위해〉, 《한겨레신문》, 1992.07.15.

179) 〈산재치료 중 자살도 업무상 재해 판결〉, 《한겨레신문》, 1998.03.30.

180) 고성완희노동열사민주국민장장례위원회, 〈고 성완희 노동열사 민주국민장〉,
    민주화운동기념사업회 오픈아카이브, 1987.07.21.

181) 〈강원탄광 노동자 2명 분신〉, 《한겨레신문》, 1988.07.01.

182) 〈국민기자석: 체면치레 임금인상 최저생계비 못 미쳐〉, 《한겨레신문》,
    1988.06.02.

183) 〈강원탄광 분신노동자 위독 지역종교단체대책위 구성〉, 《한겨레신문》,
    1988.07.01.

184) 〈"노동부장관 퇴진" 노동운동단체협 성명〉, 《한겨레신문》, 1988.07.09.

185) 〈성완희 씨 분신 진상촉구 원주지역 대학생 연합시위〉, 《한겨레신문》,
    1988.07.13.

186) 〈근로자 등 千(천)여 명 철야시위〉, 《동아일보》, 1988.07.22.

187) 〈분신광원 철암 '노제' 동료·시민 2천5백명 참석〉, 《한겨레신문》, 1988.07.24.

188) 〈노점상 단속 심한 마찰〉, 《동아일보》, 1983.07.20.

189) 〈자살 노점상 조문 온 동료들 200여 명 모여 '대책 세워달라' 요구〉, 《동아일보》,
    1983.08.18.

190) 〈조직 소개: 걸어온 길〉, 전국노점상총연합.

191) 〈전두환 정권과 도시빈민운동〉, 《민중언론 참세상》, 2010.04.22.

192) 편집부, 〈노점상, 무책임한 행정에 항의 분신〉, 《월간말》 10, 월간말, 1987, 62쪽.

193) 〈행상 수원시청서 분신〉, 《동아일보》, 1986.12.17.

194) 김준희, 〈노점상운동의 역사와 주요 쟁점〉, 《도시와 빈곤》 제97호, 2012,
    60~69쪽.

195) 〈노점상 과잉단속 항의 농성〉, 《한겨레신문》, 1989.07.05.

196) 〈철거반대 '명동'농성 주도 노점상연합 회장대리 영장〉, 《한겨레신문》,

1989.10.24.

197) 전국노점상연합회, 〈노태우 정권에 이 몸 불살라 경고한다〉,
    민주화운동기념사업회 오픈아카이브, 1989.10.

198) 삼성중공업노동조합, 〈우리 가만히 보고만 있을 것인가?(노점상인 이재식 씨
    분신사건 관련)〉, 민주화운동기념사업회 오픈아카이브, 1989.10.

199) 〈격동의 80년대 변혁운동 6: 도시빈민 생존권 요구〉, 《한겨레신문》, 1989.12.08.

200) 〈노점상 단속 항의 분신 이재식 씨 묘비 제막식〉, 《한겨레신문》, 1990.03.21.

201) 최인기, 〈빈민운동의 역사와 열사〉, 노점자료실, 민주노점상전국연합,
    2012.10.04.

202) 〈열사의 삶: 이원기〉, 추모연대.

203) 〈원진레이온 14년 근무 40대 여성노동자 직업병 시달리다 자살〉, 《한겨레신문》,
    1993.05.25.

204) 〈산업재해 아픔 비디오에 눈물로 담아〉, 《한겨레신문》, 1991.07.07.

205) 〈원진레이온 산재로 8명 사망〉, 《한겨레신문》, 1988.08.06.

206) 〈원진 근로자 또 자살〉, 《동아일보》, 1993.05.25.

207) 〈원진레이온이 우릴 죽이고 있다〉, 《경향신문》, 1991.04.26.

208) 원진레이온피해자고김봉환산업재해노도자장장례위원회, 〈고 김봉환 씨의
    투쟁자료집〉, 민주화운동기념사업회 오픈아카이브, 1991.12.

209) 원진레이온노동조합, 〈속보 2월15일 오후3시 강희수 씨 사망(원진레이온 관련)〉,
    민주화운동기념사업회 오픈아카이브, 1992.02.17.

210) 고고정자동지원진직업병피해노동자장장례, 〈고 고정자 동지 원진직업병피해
    노동자장〉, 민주화운동기념사업회 오픈아카이브, 1993.05.27.

211) 기우석, 〈택시 노동조합운동의 경과와 미래〉, 《운수노동》 창간호,
    운수노동정책연구소, 2006, 111쪽.

212) 〈노동현실 비참, 택시기사 자살〉, 《한겨레신문》, 1994.01.25.

213) 〈열사방: 김성윤〉, 열사정신연구실, 전태일을 따르는 민주노동연구소.

214) 〈택시 1백여 대 시위〉, 《한겨레신문》, 1994.01.29.

215) 〈동료 운전사 해고 따지다 사무실에 불 전무 숨지게〉, 《한겨레신문》, 1994.03.13.

216) 〈열사추모: 최성묵〉, 민주노총 공공운수노조 민주버스본부.

217) 〈현대차 해고노동자 분신 중태〉, 《한겨레신문》, 1995.05.13.

218) 〈쟁의 근본원인 외면한 채 노동자만 탄압〉, 《한겨레신문》, 1995.05.25.

219) 〈현대차 노동자 분신 항의 현총련 3천5백여 명 집회〉, 《한겨레신문》, 1995.05.14.

220) 〈현대차 무기한 휴업〉, 《경향신문》, 1995.05.18.

221) 〈現代(현대)자동차 정상 되찾아〉, 《매일경제》, 1995.05.24.

222) 〈분신자살 유가족에 위로금 2억 원 지급 현대차〉, 《매일경제》, 1995.06.20.

223) 현대그룹노동조합총연합, 〈현대자동차 해고노동자 고 양봉수 씨의 명복을
    삼가 빕니다(양봉수 씨 신상 및 분신 상황, 결의문, 성명서, 분신 상황 일지)〉,

민주화운동기념사업회 오픈아카이브, 1995.06.13., 49쪽.

224) 〈대우조선 노동자 분신자살〉, 《한겨레신문》, 1995.06.22.;
대우그룹노동조합협의회, 〈대노협 속보 24호: 대우조선 박삼훈 동지 분신으로
사망!!〔수신: 한교협 인권위〕〉, 민주화운동기념사업회 오픈아카이브, 1995.06.21.

225) 〈대우조선노조 잔업거부〉, 《한겨레신문》, 1995.06.23.

226) 전국민주노동조합총연맹준비위원회, 〈6/29 고 박삼훈 열사 전국노동자 참가건〉,
민주화운동기념사업회 오픈아카이브, 1995.06.28.

227) 〈철도노동자 분신자살〉, 《한겨레신문》, 1995.09.05.

228) 〈병역특례 해고자 군 문제 해결되나〉, 《한겨레신문》, 1995.12.03.

229) 〈해고로 병역특례 박탈 자살〉, 《한겨레신문》, 1995.12.16.

230) 노동해방열사조수원추모사업회, 〈그 산맥에 우뚝 서라: 노동해방열사 조수원
추모자료집〉, 민주화운동기념사업회 오픈아카이브, 1996.03.15.

231) 안재성, 《파업》, 세계, 1989, 240쪽.

232) 〈'김시자 씨 분신' 올초 노동계 새불씨〉, 《한겨레신문》, 1996.01.21.

233) 안재성, 《김시자 평전: 부르지 못한 연가》, 245~255쪽.

234) 〈한전노조 민주화투쟁〉, 《한겨레신문》, 1996.01.29.

235) 〈국민캡택시 노조 파업 돌입〉, 《연합뉴스》, 1997.04.29.

236) 〈노조원 음독자살로 노동계 운동 거세질 듯〉, 《연합뉴스》, 1997.05.31.

237) 〈국민캡택시 분할매각반대농성 공권력 투입〉, 《연합뉴스》, 1997.05.09.

238) 〈음독자살한 국민캡 노조원, 유서 남겨〉, 《연합뉴스》, 1997.05.31.

239) 〈국민캡 택시운전사 추모대회<속보>〉, 《연합뉴스》, 1997.06.04.

240) 〈노동부, 국민캡 대표 입건<속보>〉, 《연합뉴스》, 1997.06.11.

241) 〈시청 앞 농성 벌이던 국민캡 노조원 30여 명 연행〉, 《연합뉴스》, 1997.06.13.

242) 〈부산 택시 상경시위〉, 《한겨레신문》, 1997.07.01.

243) 〈음독자살 택시운전사 89일 만에 장례<속보>〉, 《연합뉴스》, 1997.08.26.

244) 〈노점상·노상시설물 단속 강화〉, 《경향신문》, 1995.02.16.

245) 〈단속에 쫓기는 장애인 노점상 '서러운 분신'〉, 《한겨레신문》, 1995.03.10.

246) 최인기, 〈빈민운동의 역사와 열사〉, 노점자료실, 민주노점상전국연합,
2012.10.04.

247) 〈'장애인 노점상 최정환 씨 분신사건 비상대책위'〉, 《한겨레신문》, 1995.03.12.

248) 〈'노점상 분신' 항의시위〉, 《한겨레신문》, 1995.03.17.

249) 〈철거민 처절한 대피〉, 《한겨레신문》, 1995.03.17.

250) 〈노점상 장례식 곳곳 격렬 시위〉, 《한겨레신문》, 1995.03.26.; 〈'노점상 장례'
화염병 시위〉, 《동아일보》, 1995.03.26.; 〈노점상 장례 시위 주도 고대생 2명
구속〉, 《경향신문》, 1995.03.27.

251) 〈그해 95년, 최정환과 이덕인〉, 《비마이너》, 2011.11.22.

252) 〈노점상 자립법 제정 요구〉, 《한겨레신문》, 1990.05.30.

253) 최인기, 〈빈민운동의 역사와 열사〉, 노점자료실, 민주노점상전국연합, 2012.10.04.

254) 같은 자료.

255) 〈뒤로 넘어지더니 이마 함몰됐다〉, 인권운동사랑방 〈인권하루소식〉, 1997.02.05.

5부

1) 〈그들의 광주, 우리의 광주〉, 《광주MBC》, 2016.05.20.

2) 〈지부알림터: 〔송석창 열사가 연금노동자에게 2부〕 제 목숨을 걸고 호소하고 싶습니다〉, 민주노총 국민연금지부, 2010.08.03.

3) 〈이경해 씨, 3월 WTO에 "진실을 말하라" 서한〉, 《중앙일보》, 2003.09.12.

4) 〈이경해 씨 추모시위 농민 분신 중태〉, 《매일신문》, 2003.09.19.

5) 〈〔허세욱 씨 유서〕 망국적 한미FTA 폐지하자〉, 《민중의소리》, 2007.04.01.

6) 〈고 허세욱 씨 두 번째 유서 공개돼〉, 《민중의소리》, 2007.04.16.

7) 송기역, 《허세욱 평전》, 삶이보이는창, 2010.

8) 박송이, 〈표현의 자유 가장 큰 적은 총, 두 번째가 손해배상소송〉, 《주간경향》, 2015.12.02.

9) 같은 기사.

10) 홍성태, 〈촛불집회와 민주주의〉, 《경제와 사회》 80 , 2008, 10쪽.

11) 안지은·조대엽, 〈촛불집회의 프레임 변화 과정에 관한 연구〉, 한국사회학회 2012 전기 사회학대회 자료집, 2012, 583쪽.

12) 〈'이명박 규탄' 분신한 이병렬 씨는 누구〉, 《민중언론 참세상》, 2008.05.26.

13) 〈허세욱과 이병렬, 그리고 이명박〉, 《프레시안》, 2008.05.28.

14) 〈축산농가서 실직한 50대 男 분신 중태〉, 《서울신문》, 2008.06.06.

15) 〈자살한 강희남 목사 유서 …… '파장' 일 듯〉, 《이데일리》, 2009.06.07.

16) 〈5일장 …… 공동장례위원장 한완상·변정수 선임 예정〉, 《오마이뉴스》, 2009.06.07.

17) 〈50대 회계사 "4대강사업 중단하라" 투신 시도〉, 《뷰스앤뉴스》, 2010.05.31.

18) 〈문수스님 분신 충격 …… 불교계 긴급 대책 마련〉, 《폴리뉴스》, 2010.06.01.

19) 〈'4대강 중단' 소신공양 문수 스님 장례 엄수〉, 《연합뉴스》, 2010.06.04.

20) 〈'4대강 반대 앞장' 수경스님, 승적도 버리고 자취 감추다〉, 《한겨레신문》, 2010.06.16.

21) 〈문수스님이 맞아준다, 지보사 경내서 40대 여성 분신〉, 《동아일보》, 2011.07.14.

22) 〈'단일화 촉구' 투신자살에 충격〉, 《뷰스앤뉴스》, 2012.11.23.

23) 〈노동자 분신자살〉, 《한겨레신문》, 1998.02.14.

24) 〈착잡한 민주노총 입지 약화·내부 분열 불가피〉, 《경향신문》, 1998.02.14.

열사, 분노와 슬픔의 정치학

25) 산재노동자이상관자살책임자처벌과근로복지공단개혁을위한공동대책위원회, 〈근로복지공단과 방극윤 이사장이 변하지 않는 한 우리는 물러서지 않는다!〉, 민주화운동기념사업회 오픈아카이브, 1999.08.09.

26) 〈IMF 이후 생활고 비관 산재근로자 18명 자살〉,《경향신문》, 1999.09.22.

27) 〈사납금제 철폐를 외치며 택시노동자 분신 사망〉,《민중언론 참세상》, 1999.08.30.

28) 〈택시노동자 또 분신〉, 인권운동사랑방〈인권하루소식〉, 1999.08.25.

29) 〈월급제 시행 뒤 되레 임금 삭감·징계, 택시기사 분신자살〉,《한겨레신문》, 2002.11.26.

30) 〈민주노동열사: 천덕명〉, 민주택시소개, 전국민주택시노동조합.

31) 전국금속노동조합,《금속산업연맹 연표(1998~2006년)》, 노동자역사 한내, 2010.

32) 〈고용불안에 시달리던 화천기계 노동자 오길원 씨 분신〉,《민중언론 참세상》, 1998.03.09.

33) 〈정리해고에 …… 부서 이동에 …… 40대의 슬픈 죽음〉,《경향신문》, 1998.03.05.

34) 나희수(2015년 화천기계 노조지회장) 구술, 2015.12.02.

35) 〈열사의 삶: 윤창녕〉, 추모연대.

36) 〈노점자료실: 빈민운동의 역사와 열사/최인기〉, 민주노점상전국연합, 2012.10.04.

37) 〈열사의 삶: 최옥란〉, 추모연대.

38) 〈박봉규 열사 투쟁의 의미와 빈민투쟁의 과제〉,《민중언론 참세상》, 2002.11.14.

39) 〈노대통령, '노동담화 어정쩡' 관계장관 질타〉,《한겨레신문》, 2003.11.05.

40) 〈노사분규 발생건수 및 근로손실일수(년)(1996~2014)〉, 통계청, 2015.09.31.

41) 김동원, 〈발표1—노사관계 측면: 노무현 정부 노동 정책의 평가와 이명박 정부의 과제〉, 노동경제학회 2008년 춘계공동학술대회, 2008, 3쪽.

42) 〈한국에 노동법원이 필요한 이유〉,《시사인라이브》, 2015.11.18.

43) 〈이명박 정부 4년, 노동자 449명 구속〉,《매일노동뉴스》, 2012.01.27.

44) 〈기업의 '살인'을 막아라!〉,《한겨레21》, 2013.01.18.

45) 김순천,《인간의 꿈: 두산중공업 노동자 배달호 평전》, 후마니타스, 2011, 163~174쪽.

46) 〈두산 박사장 '한중 고용승계 보장'〉,《머니투데이》, 2000.12.13.

47) 〈박용성 상의회장 퇴진 놓고 노사 대립: 재계, '여기서 밀리면 재계 발언권 약화된다'〉,《프레시안》, 2003.01.14.

48) 김순천,《인간의 꿈》, 203쪽.

49) 같은 책, 307쪽.

50) 같은 책, 200~210쪽.

51) 같은 책, 239~250쪽.

52) 같은 책, 244쪽.

53) 같은 책, 304~305쪽.

54) 〈노조 상대 손배, 가압류 1천억 원대〉,《연합뉴스》, 2002.07.07.

55) 〈"파업으로 이익 본 회사가, 노동자에게 102억 가압류라니……"〉,《미디어오늘》,
    2014.03.26.

56) 〈정영임 오프닝〉,《유튜브》, 2013.01.31.

57) 〈수배 노조위원장 분신 중태〉,《한겨레신문》, 2003.10.24.

58) 〈세원테크 갈등 심화…… 26일 대구서 '전국대회'〉,《영남일보》, 2003.11.18.

59) 〈세원테크 사태 마무리〉,《매일신문》, 2013.12.10.

60) 〈집회 노동자 또 분신 위독, 근로복지공단 비정규직노조 광주지부장〉,《경향신문》,
    2003.10.27.

61) 〈노동자대회 비정규직 분신〉,《한겨레신문》, 2003.10.27.

62) 〈노동계 "내달 총파업" 경고〉,《경향신문》, 2003.10.28.

63) 〈자살한 한진중 곽재규 씨 죽기 전/"파업 불참 미안" 큰절〉,《한겨레신문》,
    2003.11.03.

64) 〈한진重 노조원 또 추락 사망 가족·동료들 '자살 가능성'〉,《한국일보》, 2003.10.31.

65) 〈민주노총 5만 명 격렬시위〉,《한겨레신문》, 2003.11.10.

66) 〈손배가압류 '속빈 합의'/노사정위, 법준수·대화해결 선언 수준 그쳐〉,
    《한겨레신문》, 2003.12.18.

67) 〈한진중 노사협상 사실상 타결〉,《한겨레신문》, 2003.11.14.

68) 〈130억 손배 가압류 …… 그러나 밤 깊을수록 새벽도 곧〉,《한겨레신문》,
    2003.12.31.

69) 〈1970년과 2003년, 노동자 유서가 같은 나라〉,《한겨레신문》, 2003.11.12.

70) 〈현대중 협력업체 근로자 박일수 씨 분신자살, '비정규직도 사람이다' 유서〉,
    《경향신문》, 2004.02.16.

71) 〈현대중 비정규직 크레인 점거농성〉,《SBS 뉴스》, 2004.02.17.

72) 〈열사의 삶: 김춘봉〉, 추모연대.

73) 〈동료 25명 정규직 전환〉,《서울신문》, 2004.12.31.

74) 〈열사의 삶: 류기혁〉, 노동자역사 한내.

75) 〈[사설]'현대차 비정규직 사태' 방관하는 노동부〉,《한겨레신문》, 2005.09.10.

76) 〈비정규직 자살에 항의 현대車노조 송전탑 농성〉,《경향신문》, 2005.09.06.

77) 〈불법파견 철폐!/금속연맹 류기혁 씨 추모집회〉,《한겨레신문》, 2005.09.10.

78) 〈'파업투쟁 정당하다' 분신…… 열악한 전기원 삶〉,《오마이뉴스》, 2007.10.27.

79) 〈"건설노동 악조건 대책 강구"〉,《내일신문》, 2007.10.30.

80) 〈열사가 민주노총 조합원들에게 이 싸움 같이 해달라고 했습니다!〉,《민중언론
    참세상》, 2007.10.31.

81) 〈정해진·이근재 열사 죽음에 대한 보고서 발표〉,《민중언론 참세상》, 2007.11.08.

82) 〈자유게시판: 노동열사 정해진 동지 전국노동자장 장례 관련 자료〉, 민주노총,
    2007.11.

83) 〈"전기원 열심히 싸울 테니 하늘에서 꼭 지켜봐달라"〉,《민중언론 참세상》,

2007.11.16.

84) 〈열사추모: 정상국〉, 민주노총 공공운수노조 민주버스본부.

85) 〈민주노동열사: 전응재〉, 민주택시소개, 전국민주택시노동조합.

86) 〈열사추모: 정태봉〉, 민주노총 공공운수노조 민주버스본부.

87) 윤영삼, 〈화물노동자의 노동실태와 생활실태〉, '육상운송비용 절감과 화물노동자
　　　권리보장' 토론회, 2003년 3월.

88) 〈화물연대, 포항제철 입구봉쇄 해제〉, 《프레시안》, 003.05.07.

89) 〈[화물연대 투쟁속보] 물류를 멈춰 세상을 바꾸자.〉, 《오마이뉴스》,

90) 〈화물연대 김해지회장 숨져/트레일러 운행 막다가 추락〉, 《한겨레신문》,
　　　2003.05.08.

91) 〈[성명]빚 독촉 받던 화물연대 조합원 또 자살〉, 민주노총(nodong.org),
　　　2003.07.29.

92) 〈'기름값 인상 비관' 트레일러 운전사 분신 …… 중태〉, 《오마이뉴스》, 2005.09.10.

93) 〈"김동윤을 살려내라", 부산시청 앞 3천 노동자 운집〉, 《민중언론 참세상》,
　　　2005.09.15.

94) 노동운동가박상윤동지추모사업회준비위원회, 〈노동운동가 박상윤 동지 49재
　　　및 추모사업회 결성총회 자료집〉, 민주화운동기념사업회 오픈아카이브,
　　　2005.02.16., 28쪽.

95) 〈계란 던지면 10만 원씩? 그래서 메추리알을 던졌지〉, 《미디어오늘》, 2015.11.01.

96) 조계완, 〈활동가의 우울증과 카뮈〉, 《한겨레21》 제584호, 2005.11.09.

97) 노동운동가박상윤동지추모사업회준비위원회, 〈노동운동가 박상윤 동지 49재 및
　　　추모사업회 결성총회 자료집〉, 9쪽.

98) 조계완, 〈활동가의 우울증과 카뮈〉, 《한겨레21》 제584호, 2005.11.09.

99) 〈'쌀 개방 안 돼' 음독자살 기도 오추옥 농민 유서 공개돼〉, 《민중의소리》,
　　　2005.11.16.

100) 〈자살·자살 …… 농민 극한투쟁 우려〉, 《내일신문》, 2005.11.21.

101) 인권단체연석회의, 〈인권단체연석회의 보고서: 무엇이 이들을 죽음으로
　　　내몰았는가〉, 2007.11.08.

102) 조효래, 〈이명박 정부의 노동 정책〉, 《동향과 전망》 통권 87호, 2013, 250·251쪽.

103) 〈노사분규 발생건수 및 근로손실일수〉, 통계청, 2017.04.12.

104) 〈자유게시판: 고 박종태 열사 유서〉, 민주화운동기념사업회 오픈아카이브,
　　　2009.05.12.

105) 〈또 물류대란 오나 …… 화물연대 총파업·철도노조 일부 업무거부〉, 《한국경제》,
　　　2006.03.28.

106) 〈[사설]누가 화물연대 지회장을 죽음으로 내몰았나〉, 《한겨레신문》, 2009.05.05.

107) 〈'바보 노무현'은 세상을 바꿀 수 없다〉, 《오마이뉴스》, 2009.06.26.

108) 〈민노당 대변인 논평: 현대 아산공장 고 박종길 열사여, 노동이 존중받는 세상에서

다시 부활하시라〉,《국회신문》, 2011.06.10.

109) 〈열사의 삶: 허광만〉, 추모연대.

110) 〈"허광만 동지를 다시 열차에 탈 수 있게 해주십시오"〉,《매일노동뉴스》,
2011.11.28.

111) 〈분신 현대자동차 노조원 끝내 숨져〉,《경향신문》, 2012.01.16.

112) 〈[사설]현대차 노조원 분신, 원인 규명하고 후속 대책 마련해야〉,《한겨레신문》,
2012.01.11.

113) 〈현대차 윤여철 부회장 사퇴 노조원 분신 사망사태 책임〉,《국민일보》,
2012.01.19.

114) 〈자유게시판: 한진중지회 조직차장 자결유서〉, 전국금속노동조합 경남지부
S&T중공업지회, 2012.12.24.

115) 〈열사의 삶: 이운남〉, 추모연대.

116) 〈현대중공업 하청노조 초대 조직부장 자살〉,《민중언론 참세상》, 2012.12.22.

6부

1) 전재호, 〈한국 민주주의와 91년 5월투쟁의 의미〉, 김원·김정한·전재호,《91년
5월투쟁과 한국의 민주주의》, 민주화운동기념사업회, 2004, 65쪽.

2) 〈文측 "단일화 투신자살, 뜻 헛되지 않게 하겠다"〉,《연합뉴스》, 2012.11.23.

3) 〈전국 사업체 수 및 종사자 수(1999~2002)〉, 통계청, 2015.09.30.

4) 〈자유게시판: 택시노동해방열사〉, 민주노총공공운수노조택시지부, 2010.01.26.

5) 편집부, 〈빚더미에 몰린 농민 자살항거 속출〉,《월간말》 6, 월간말, 1986.

6) 〈"일반벼 수매 늘려달라" 농민 낙동강 투신자살〉,《한겨레신문》, 1989.12.02.

7) 〈50대 이장 농약자살〉,《한겨레신문》, 1992.11.17.

8) 〈수매 거부 농민 분신자살 기도〉,《한겨레신문》, 1993.11.18.

9) 〈일산 농민 '새도시 비관' 자살〉,《한겨레신문》, 1989.05.20.; 〈일산 60대 농민 또
자살〉,《한겨레신문》, 1989.05.26.

10) 〈골프장 공사 피해 농민 분신자살 기도 …… 중태〉,《한겨레신문》, 1991.03.19.

11) 〈송전탑 반대 잇단 자살〉,《한겨레신문》, 1996.06.18.

12) '박선영 · 남태현열사추모사업회'에 남긴 친구의 글 중.

13) 〈너무나도 닮은 고 이병렬과 고 허세욱〉,《오마이뉴스》, 2008.06.14.

14) 김경일,《노동》, 도서출판 소화, 2014, 37쪽.

15) 제프 굿윈 · 제임스 M. 재스퍼 · 프란체스카 폴레타,《열정적 정치》, 박형신·이진희
옮김, 한울아카데미, 2012, 51·145쪽.

16) 김종엽,《연대와 열광》, 창작과비평사, 1998, 22~23쪽.

17) 김원, 〈전태일 분신과 '노동열사' 탄생의 서사들〉,《민족문학사연구》 59호,

민족문학사연구소, 2015, 110·131쪽.

18) 김순천, 《인간의 꿈》, 204~205쪽.

19) 전재호, 〈한국 민주주의와 91년 5월투쟁의 의미〉, 앞의 책, 65쪽.

20) 〈노동운동 새로운 모색〉, 《한겨레》, 2004.01.13.

21) 〈쌍용차 김득중 지부장, 단식 45일 만에 중단〉, 《평택시민신문》, 2015.10.21.

22) 천정환, 〈열사의 정치학과 그 전환—2000년대 노동자의 죽음을 중심으로〉, 《문화과학》, 문화과학사, 2013, 88~90쪽.

23) 이호동, 〈잊지 않으마, 기아차 비정규직 해고자 윤주형 열사〉, 《매일노동뉴스》, 2015.01.28.

열사, 분노와 슬픔의 정치학

한국저항운동과 열사 호명구조

초판 1쇄 펴낸날   2017년 6월 22일

지은이   임미리
펴낸이   박재영
책임편집   임세현
디자인   당나귀점프
제작   제이오

펴낸곳   도서출판 오월의봄
주소   서울시 마포구 양화로 133, 1605호
등록   제406-2010-000111호
전화   070-7704-2131
팩스   0505-300-0518

이메일   maybook05@naver.com
트위터   @oohbom
블로그   blog.naver.com/maybook05
페이스북   facebook.com/maybook05

ISBN   979-11-87373-20-9 93300

이 책은 저작권법에 따라 보호받는 저작물이므로 무단전재와 복제를 금합니다.
이 책 내용의 전부 또는 일부를 이용하려면 반드시 저작권자와 도서출판 오월의봄에
서면 동의를 받아야 합니다.
이 도서의 국립중앙도서관 출판예정도서목록(CIP)은 서지정보유통지원시스템 홈페이지
(http://seoji.nl.go.kr)와 국가자료공동목록시스템(http://www.nl.go.kr/kolisnet)에서
이용하실 수 있습니다. (CIP제어번호: CIP2017013871)

• 책값은 뒤표지에 있습니다. 잘못된 책은 바꾸어 드립니다.